Techniques de l'expression écrite et orale

Tome 1

Éditions DALLOZ
31-35 rue Froidevaux, 75685 Paris Cedex 14

Techniques de l'expression écrite et orale

Les techniques de base - l'information

Tome 1

9e édition
actualisée

Denis BARIL Jean GUILLET
Agrégés de l'Université
Maîtres de conférences à l'Université Stendhal (Grenoble III)

avec le concours de
Georges Antoniadis
Maître de conférences d'informatique
à l'Université Stendhal (Grenoble III)

SIREY

SOMMAIRE DU TOME 2

- ***Corrigés des travaux dirigés et compléments***

  – fascicule 1 9e édition.
  – fascicule 2 9e édition.

SOMMAIRE

QUELQUES PROBLÈMES PRÉCIS D'UTILISATION DU LANGAGE

Les confidences de Joseph Grand auxiliaire municipal temporaire

C'est ici que se place l'originalité de Grand ou du moins l'un de ses signes. Il eût pu, en effet, faire valoir, sinon des droits dont il n'était pas sûr, du moins les assurances qu'on lui avait données. Mais, d'abord, le chef de bureau qui l'avait engagé était mort depuis longtemps et l'employé, au demeurant, ne se souvenait pas des termes exacts de la promesse qui lui avait été faite. Enfin, et surtout, Joseph Grand ne trouvait pas ses mots.

C'est cette particularité qui peignait le mieux notre concitoyen, comme Rieux put le remarquer. C'est elle en effet qui l'empêchait toujours d'écrire la lettre de réclamation qu'il méditait, ou de faire la démarche que les circonstances exigeaient. À l'en croire, il se sentait particulièrement empêché d'employer le mot « droit » sur lequel il n'était pas ferme, ni celui de « promesses » qui aurait impliqué qu'il réclamait son dû et aurait par conséquent revêtu un caractère de hardiesse, peu compatible avec la modestie des fonctions qu'il occupait. D'un autre côté, il se refusait à utiliser les termes de « bienveillance », « solliciter », « gratitude », dont il estimait qu'ils ne se conciliaient pas avec sa dignité personnelle. C'est ainsi que, faute de trouver le mot juste, notre concitoyen continua d'exercer ses obscures fonctions juqu'à un âge assez avancé. Au reste, et toujours selon ce qu'il disait au docteur Rieux, il s'aperçut à l'usage que sa vie matérielle était assurée, de toutes façons, puisqu'il lui suffisait, après tout, d'adapter ses besoins à ses ressources. Il reconnut ainsi la justesse d'un des mots favoris du maire, gros industriel de notre ville, lequel affirmait avec force que finalement (et il insistait sur ce mot qui portait tout le poids du raisonnement), finalement donc, on n'avait jamais vu personne mourir de faim. Dans tous les cas, la vie quasi ascétique que menait Joseph Grand l'avait finalement, en effet, délivré de tout souci de cet ordre. Il continuait de chercher ses mots.

Dans un certain sens, on peut bien dire que sa vie était exemplaire. Il était de ces hommes, rares dans notre ville comme ailleurs, qui ont toujours le courage de leurs bons sentiments. Le peu qu'il confiait de lui témoignait en effet de bontés et d'attachements qu'on n'ose pas avouer de nos jours. Il ne rougissait pas de convenir qu'il aimait ses neveux et sa sœur, seule parente qu'il eût gardée et qu'il allait, tous les deux ans, visiter en France. Il reconnaissait que le souvenir de ses parents, morts alors qu'il était encore jeune, lui donnait du chagrin. Il ne refusait pas d'admettre qu'il aimait par-dessus tout une certaine cloche de son quartier qui résonnait doucement vers cinq heures du soir. Mais, pour évoquer des émotions si simples, cependant, le moindre mot lui coûtait mille peines. Finalement, cette difficulté avait fait son plus grand souci. « Ah ! Docteur, disait-il, je voudrais bien apprendre à m'exprimer. »

....

Le reste de l'histoire, selon Grand, était très simple. Il en est ainsi pour tout le monde : on se marie, on aime encore un peu, on travaille. On travaille tant qu'on en oublie d'aimer. Jeanne aussi travaillait, puisque les promesses du chef de bureau n'avaient pas été tenues. Ici, il fallait un peu d'imagination pour comprendre ce que voulait dire Grand. La fatigue aidant, il s'était laissé aller, il s'était tu de plus en plus et il n'avait pas soutenu sa jeune femme dans l'idée qu'elle était aimée. Un homme qui travaille, la pauvreté, l'avenir lentement fermé, le silence des soirs autour de la table, il n'y a pas de place pour la passion dans un tel univers. Probablement Jeanne avait souffert. Elle était restée cependant : il arrive qu'on souffre longtemps sans le savoir. Les années avaient passé. Plus tard, elle était partie. Bien entendu, elle n'était pas partie seule. « Je t'ai bien aimé, mais maintenant je suis fatiguée... Je ne suis pas heureuse de partir, mais on n'a pas besoin d'être heureux pour recommencer. » C'est, en gros, ce qu'elle lui avait écrit.

Joseph Grand à son tour avait souffert. Il aurait pu recommencer, comme le lui fit remarquer Rieux. Mais voilà, il n'avait pas la foi. Simplement, il pensait toujours à elle. Ce qu'il aurait voulu, c'est lui écrire une lettre pour se justifier. « Mais c'est difficile, disait-il. Il y a longtemps que j'y pense. Tant que nous nous sommes aimés, nous nous sommes compris sans paroles. Mais on ne s'aime pas toujours. À un moment donné, j'aurais dû trouver les mots qui l'auraient retenue, mais je n'ai pas pu. »

Albert Camus, *La Peste*, Gallimard, 1947,
Bibliothèque de La Pléiade : *Essais*, *Récits*, *Nouvelles*,
pp. 1252-1253 et 1284.

INTRODUCTION

Il est surprenant que même un étudiant diplômé, à son entrée dans la vie professionnelle et civique, éprouve tant de difficultés à s'exprimer clairement. Dans des situations réelles, le débutant ne sait pas tirer parti de ses possibilités : un effort d'adaptation s'impose.

Pourtant réussir à dire ce que l'on veut et à être compris donne de la joie et de la confiance en soi. Bien que le progrès technique permette de plus en plus à l'image de transmettre, seule, certaines informations ou suggestions, *le langage écrit ou parlé reste le principal moyen d'échange.* D'autre part, un individu se révèle surtout par le contenu et la forme de son expression. Le langage constitue enfin un moyen d'action. Qui n'a cruellement ressenti un jour que, faute d'une intervention pertinente, il laissait échapper une occasion d'avoir prise sur son destin personnel ou de participer à l'évolution de la société ?

Importante dans la vie moderne, indispensable dans l'exercice d'une profession, l'expression individuelle devient un facteur d'efficacité et de réussite sociale. En outre, elle est à la fois une condition et un mode d'épanouissement de la personnalité.

En effet, le perfectionnement de l'expression ne fait pas seulement appel à la mémoire ; il ne se réduit pas à l'application de recettes ou de procédés.

Ce perfectionnement, possible pour tous, des moyens et des formes de la communication est lié chez l'individu à l'enrichissement de la culture, à l'ampleur de l'ouverture sur le monde, à la formation du jugement critique, à l'exercice même de la pensée et de l'imagination.

*

* *

Dans cet esprit, le manuel que nous présentons insiste sur l'organisation de la pensée et du travail intellectuel autant que sur les procédés d'expression.

Notre tentative est d'ordre pédagogique, sans prétention à la recherche. Nous avons préféré les indications sommaires et concrètes aux généralités méthodologiques ou théoriques. Nous n'avons tiré parti que des matériaux qui nous ont paru immédiatement utilisables par des étudiants ou des adultes en formation ; mais nous avons refusé le langage abstrait et la systématisation. On voudra bien considérer ce livre comme un *recueil d'essais et d'expériences* qui peuvent être exploités et développés par les méthodes d'enseignement et d'animation les plus diverses.

Aussi cet ouvrage cherche-t-il à *faire faire* plus qu'à exposer des connaissances ou des théories. Il est conçu comme un *manuel pratique.* Par des conseils limités, modestes, mais rarement rassemblés, par des exemples et des exercices nombreux, progressifs et vivants, il offre la possibilité d'un entraînement aux *techniques d'expression,* c'est-à-dire à tout ce qui permet de parler ou écrire avec correction, ordre et efficacité. Il s'agit ici du langage courant, mis en œuvre par le technicien, le commerçant, l'administrateur, le citoyen.

Les exemples et les sujets de travaux sont empruntés à la réalité, à des documents concrets fournis par les entreprises, la presse, l'actualité ; nous les avons multipliés pour que l'entraînement soit intense et que le choix du professeur puisse varier d'une année à l'autre. Ce désir de maintenir l'ouvrage au contact des faits et des curiosités contemporaines n'oblige pas pour autant à négliger un domaine culturel assez vaste, mais moderne. Nous utilisons de nombreux textes de qualité : c'est en fréquentant des gens qui pensent juste et disent bien que l'on apprend à s'exprimer.

Il nous a semblé nécessaire aussi de décrire les facilités qu'apporte l'informatique pour la documentation, par le traitement de texte et dans les diverses activités de bureau.

*
* *

Ce premier volume propose une initiation aux techniques de base de la communication orale ou écrite. Il enseigne à élaborer et à transmettre l'*information,* et à la recevoir aussi.

Le second volume concerne les techniques plus complexes du rapport, des écrits et interventions orales plus amples et plus nuancés. Il a surtout pour but de mettre l'expression au service de l'action et de la *persuasion.*

Cette distinction de deux objectifs de communication n'apparaît pas nettement dans la réalité. Une information transmise par le langage est rarement dépouillée de toute intention persuasive. L'ordre que nous suivons est justifié surtout par une nécessité pédagogique.

Un chapitre est une unité d'exposition et non une étape obligatoire : chaque utilisateur adaptera son rythme de travail à ses forces et au temps dont il dispose, sans se soumettre au découpage du livre. Par exemple, le chapitre 2, *le plan et l'intention d'informer,* doit faire l'objet de plusieurs séances de travail. L'étudiant est guidé du simple vers le plus compliqué, il lui est demandé d'observer avant de passer à l'exécution.

Les exposés ou mises au point sont parfois coupés et presque toujours suivis d'*exercices,* car la lecture de ce livre n'a aucune utilité si l'on ne passe à l'application immédiate. À la fin du chapitre, on trouvera le corrigé, soit complet, soit indicatif, de ces exercices. Avant d'y recourir, il faut avoir tenté l'effort demandé, sous peine d'ôter toute efficacité à son travail. Souvent inspirés par les travaux de nos étudiants, nos corrigés offrent des solutions perfectibles et non des modèles devant faire autorité.

Les *travaux dirigés* portent sur des exercices plus délicats, plus complets ou collectifs, à exécuter en groupe ou sous la conduite d'un enseignant.

Tout au long de l'ouvrage, des rubriques signalées par ⚠ apparaissent. Elles regroupent des indications et des exercices sur des problèmes précis d'utilisation du langage. Elles attirent l'attention sur des difficultés de la langue française, sur la précision du vocabulaire, sur la variété nécessaire des mots et expressions à employer.

*
* *

Ce manuel est accessible même à des lecteurs qui ont abandonné toute étude depuis longtemps. Il est destiné à trois catégories d'utilisateurs :

- les *étudiants* des universités, des divers départements d'I.U.T., des écoles d'ingénieurs, de techniciens, de cadres des secteurs secondaires et tertiaires. Nous souhaitons soulager nos collègues, chargés de l'enseignement des techniques d'expression, d'une partie de l'exposé des principes, pour leur laisser le temps – dont on manque toujours quand on enseigne – de faire pratiquer de nombreux travaux dirigés à leurs étudiants ;

- les entreprises et administrations qui, de plus en plus, se préoccupent de la formation de leur personnel à tous les échelons. Nous espérons fournir un outil sérieux pour la *formation continue ;*

- *tous ceux, enfin, qui sont soucieux de développer leur capacité d'expression.* Ils peuvent s'exercer en prenant cet ouvrage pour guide. Pour eux surtout, nous avons fait figurer les corrigés à la fin des chapitres – mais non ceux des travaux dirigés – afin qu'ils aient aussi une possibilité de contrôler leurs résultats.

Nous voudrions dissiper *deux idées fausses* qui ont trop souvent cours au sujet du pouvoir individuel de communication.

Si nous étudions une discipline technique, la mécanique ou la comptabilité par exemple, un travail de quelques jours ou de quelques semaines nous permet d'observer un résultat tangible ; il n'en va pas ainsi de notre capacité de parler ou de rédiger. Le progrès n'est pas obtenu par un effort précis et limité, il exige une acquisition et un perfectionnement portant à la fois sur le raisonnement, les connaissances et la sensibilité. De là naît souvent un découragement, parce qu'en face de tant d'exigences – les mots, les règles, la composition, les nuances de style – on ne sait pas où commencer : tout se tient, la tâche semble infinie. Mais cette comparaison de la technique du langage avec les autres techniques n'est pas exacte : avec de l'attention et de la patience, on peut en ce domaine aussi améliorer considérablement ses possibilités. Et l'on découvre que chaque progrès d'expression, donc de pensée, retentit sur toute son activité. La mise au point de l'expression est une œuvre de longue haleine, mais le bénéfice qu'on en tire est général.

La seconde erreur fait souvent répéter que la facilité et la pertinence de l'expression sont un don du ciel. Il est vrai que certains s'expriment naturellement avec plus d'aisance que les autres, comme il existe des gens qui calculent avec une rapidité stupéfiante ou qui disposent d'un talent musical évident. Mais on peut jouer du piano sans prétendre donner un concert, s'initier aux sciences physiques sans songer au prix Nobel, et développer ses moyens d'expression sans poser au grand avocat ou à l'écrivain de génie.

*

* *

Cette 9e édition se caractérise par l'actualisation des exemples et des textes d'exercices.

Nous remercions nos collègues de leur confiance, en espérant qu'ils apprécieront les changements intervenus. Nous avons voulu présenter un manuel encore plus efficace et tenir compte des nombreuses remarques que les utilisateurs ne cessent de nous adresser et dont nous leur sommes reconnaissants.

Denis Baril
Jean Guillet

CHAPITRE 1

S'INFORMER

Toute activité réclame la production et la circulation de l'*information.* On doit recevoir ou donner des instructions, fournir des renseignements, rendre compte, étayer ce que l'on propose. Cela est d'autant plus vrai et plus important lorsque le niveau des responsabilités qu'on exerce augmente. L'information est réciproque et constante à tous les échelons des entreprises et des services comme dans tous les rapports sociaux. Bien entendu, elle est à la base des études individuelles.

Si de nombreuses informations naissent, pour ainsi dire spontanément, de l'expérience et ne demandent, pour être communiquées qu'une mise en forme, **il arrive souvent que l'on doive d'abord définir le contenu de l'information,** ou même **aller à sa recherche, la découvrir.** Il paraît utile, **pour commencer,** d'indiquer comment on peut, selon **les *méthodes traditionnelles,*** se procurer des renseignements et les conserver en vue d'une utilisation à plus ou moins long terme. Nous présentons **ensuite un aperçu des possibilités qu'en matière de documentation l'*informatique* met à notre disposition.**

Il est évident que nous ne pouvons nous intéresser ici à un domaine théorique ou professionnel précis. Pour obtenir une information sur la fabrication d'une pièce de moteur, sur le montage d'un mécanisme, sur une formule chimique, sur l'état d'un stock, sur l'utilisation d'un équipement, bref sur tout ce qui concerne l'activité ou les études propres à chacun, vous ferez appel au professeur chargé de l'enseignement correspondant, au chef de service compétent, au documentaliste, aux archives de l'entreprise, aux ouvrages spécialisés.

Nous n'envisageons que les problèmes de documentation qui échappent à votre formation particulière. Ce cas, au reste, **se présente souvent :** la spécialisation va de pair avec la nécessité de liaisons fréquentes d'une technique à l'autre, d'une préoccupation à l'autre. Par exemple, un chimiste n'envisage pas d'utiliser un produit pour une fabrication sans se soucier des possibilités de fourniture de ce produit : il s'informe auprès du service des approvisionnements. Cela va de soi. Mais dans le cadre et hors du cadre de votre travail, vous aurez encore à rechercher des informations sur des questions d'actualité, de culture générale, de loisirs : sur un pays où vous allez opérer pour la première fois (économie, mœurs, transports), sur la législation relative à la copropriété, etc. La vie professionnelle, familiale, sociale, l'activité associative, syndicale ou politique imposent un effort perpétuel d'information. L'évolution des connaissances et du mode de vie exige de vous tôt ou tard la recherche de la documentation. Il est des ignorances qui ne se pardonnent pas et auxquelles on peut remédier aisément.

1 Où trouver l'information ?

Votre souci est d'éviter des pertes de temps provoquées par une recherche maladroite.

Voici quelques moyens simples pour faire face à l'imprévu ou combler une lacune de votre information.

1. Les services de documentation

Dans les administrations, les entreprises et les établissements d'enseignement, se créent et se développent des services de documentation. Vous y trouverez une information spécialisée, classée et mise à jour de façon permanente.

Ayez recours aux compétences du documentaliste et profitez des moyens techniques dont il dispose. N'hésitez pas à lui demander de rechercher pour vous le renseignement précis que vous souhaitez.

2. La presse

La lecture des quotidiens et hebdomadaires est utile, surtout pour les questions d'actualité. Pourquoi ne recommanderions-nous pas le journal *Le Monde* qui est généralement reconnu comme l'organe d'information le plus sérieux de la presse française ? Conservez les articles qui sont susceptibles de vous servir plus tard. *Le Monde* publie chaque mois *Dossiers et Documents,* supplément vendu à part qui rassemble, autour de 2 sujets distincts, des extraits d'articles parus les années précédentes. Par exemple, le n° 242 d'avril 1996 présente quatre pages sur « L'Afrique des Grands Lacs déstabilisée », quatre pages sur « Le Front populaire », et quatre pages de « clés de l'Info » sur les principaux sujets de l'actualité.

Pour retrouver des articles concernant des faits plus anciens, feuilletez les collections de journaux soit au siège de chaque journal, soit dans une bibliothèque.

Consultez aussi les revues et publications spécialisées. Il en existe pour satisfaire toutes les curiosités. Vous en trouvez la liste complète au dépôt ou bureau local des messageries (à Paris, aux Nouvelles Messageries de la Presse Parisienne – N.M.P.P., 52 rue Jacques Hillairet, 75012 Paris ; en province, aux Messageries Hachette) ou dans le catalogue des périodiques d'une bibliothèque.

3. Les collections

Vous n'ignorez pas les collections d'ouvrages de vulgarisation. Mentionnons parmi les plus accessibles par la modicité de leur prix et leur large diffusion :

- *Que sais-je ?* : publiés par les Presses Universitaires de France, ces volumes réduits offrent des mises au point rédigées par d'excellents spécialistes ; la collection couvre tous les domaines des connaissances modernes (citons au hasard *Le Cannabis, L'exclusion, Les technopoles*...). Cependant les sujets les plus techniques exigent que le lecteur possède certaines notions de base.

- *Mémo,* aux éditions du Seuil : petits ouvrages de synthèse sur l'économie et les sciences humaines ; par exemple, *L'économie française, depuis 1945* ou *Lexique de philosophie.*

- Le même éditeur publie également la collection *Points* qui comporte diverses séries (par exemple, *Points Économie* ou *Points Sciences*).

- *La Petite Bibliothèque Payot* (P.B.P.) offre des volumes sérieux et précis (*Le phénomène-guerre, Les origines de la physique moderne, Le jazz,* etc.).

- *Marabout – Le Monde* : par exemple, *Les banlieues, La justice*...

- *Domino,* collection éditée par Flammarion : par exemple, *Le divorce, La responsabilité médicale*...

- *Les essentiels Milan,* offrant des repères précis ; par exemple, *La bioéthique* ou *Le Multimédia.*

- *Qui, quand, quoi ?* très brefs fascicules publiés par Hachette : par exemple, *La bande dessinée* ou *Le reggae*...

- *Découvertes Gallimard,* qui se recommande par la modernité de la mise en page et le nombre des illustrations (mentionnons, par exemple, *La cité des abeilles, L'épopée du Jazz, La saga de l'espace* ou *Rembrandt le clair, l'obscur*).

- *Repères* aux éditions la Découverte (par exemple, *La faim dans le monde* ou *Les télécommunications*).

- Les autres collections de livres de poche comprennent des titres concernant les divers intérêts ou activités du monde contemporain : demandez à un libraire les catalogues.

4. Les manuels

À l'intention des établissements scolaires, des grandes écoles, paraissent des ouvrages ou des collections spécialisés dans lesquels vous trouverez parfois les renseignements que vous cherchez. Consultez une librairie classique pour connaître les ressources offertes par les manuels d'études.

5. Les dictionnaires et encyclopédies

On oublie souvent que ces gros ouvrages sont une mine de renseignements ; ils fourniront de nombreux éclaircissements, à condition qu'il s'agisse d'une édition récente.

Citons l'*Encyclopaedia Universalis*, l'*Encyclopédie Bordas* et l'*Encyclopédie Larousse.*

6. Bibliothèques publiques et privées

Toutes les villes ont une bibliothèque municipale ; les entreprises de taille importante, les établissements d'enseignement, les Maisons de la Culture, etc., possèdent souvent une bibliothèque ; à côté des Universités, sont implantées des Bibliothèques Universitaires, réservées aux étudiants et aux chercheurs : on accorde sur demande des autorisations spéciales. Sachez tirer parti de leurs richesses ; ne vous laissez pas impressionner par leur aspect qui peut être austère : ce sont des lieux accueillants et ouverts à tous.

Si vous êtes embarrassé, demandez au Conservateur (c'est le titre du directeur de bibliothèque) ou au personnel de vous indiquer les conditions d'emprunt et de guider votre recherche. Les bibliothécaires sont courtois par vocation et heureux, parce qu'ils aiment les livres, d'aider les lecteurs.

Il faut savoir :

- que certaines bibliothèques prêtent des livres à domicile tandis que d'autres ne permettent qu'une consultation des ouvrages sur place ;

- que la plupart présentent deux variétés de catalogues (sur fiches le plus souvent) :
  a) un catalogue des *auteurs,*
  b) un catalogue des *matières* (sujets traités), tous deux dans l'ordre alphabétique ;

- que certains catalogues sont *informatisés* et que des pupitres de consultation sont à la disposition des usagers.

- que dans les salles de lecture un certain nombre d'ouvrages, appelés *usuels,* sont à la disposition du public sans qu'il soit nécessaire de les demander, ... mais il est recommandé de les remettre en place avant de partir. Ces usuels sont des dictionnaires, des ouvrages généraux souvent consultés ;

- qu'il faut faire venir des magasins (= salles où les livres sont conservés) les autres titres, au moyen d'un *bulletin de prêt* à remplir soigneusement (auteur, titre, cote, tous renseignements que l'on aura relevés dans le catalogue) ; on remet ces formules au bureau de la salle de lecture ; la *cote* d'un ouvrage est son numéro de classement ;

- que vous devez donc prévoir une attente de l'ordre de 10 à 30 minutes entre le dépôt du bulletin et la communication de l'ouvrage ;

- que pour un emprunt à domicile, vous aurez à remplir un bulletin d'un autre modèle ;

- que dans les grandes bibliothèques, il existe des salles spécialisées, par exemple une *salle des périodiques* où l'on trouve le catalogue des revues et journaux.

7. Conseils pour la recherche

a) Si l'on ne dispose d'aucun point de départ, déterminer la section générale dans laquelle est susceptible de se trouver le renseignement cherché : philosophie, religion, droit, sciences pures, sciences appliquées, etc. Puis préciser la rubrique : sciences pures – physique – physique nucléaire, etc.

b) Partir toujours des ouvrages ou articles plus généraux pour passer ensuite aux plus précis.

c) Si, dans un catalogue par matières, vous ne trouvez rien sur le sujet qui vous intéresse, voyez aux notions analogues ou voisines. Par exemple, pour *techniques d'expression*, je chercherai à *expression*, à *techniques*, ensuite à *communication*, à *langue française*, etc.

d) Si à la rubrique qui vous convient, vous hésitez devant plusieurs titres, choisissez pour commencer les ouvrages et articles les plus récents, qui en principe tiennent compte des travaux antérieurs.

e) La recherche se poursuit de proche en proche : une lecture en indique d'autres par les citations, les notes, les références.

f) Utiliser les recueils *bibliographiques*, c'est-à-dire les répertoires alphabétiques et chronologiques des livres parus. Les bibliothèques disposent de recueils importants. Mentionnons les revues de bibliographie que vous pouvez consulter facilement chez un bon libraire :

– *Biblio :* répertoire alphabétique très commode des auteurs, des titres et des sujets des livres parus dans l'année.

– *Les Livres du mois,* édité par la Bibliographie de la France, mentionne les ouvrages parus au cours du mois selon le classement bibliographique indiqué ci-dessous, p. 14.

g) La date d'un événement ou d'une invention est utile pour guider l'enquête. Supposons que je cherche des informations sur l'envoi du premier satellite spatial, je sais que je trouverai des reportages et illustrations dans les journaux d'octobre 1957, et des articles plus approfondis dans les revues mensuelles scientifiques et aéronautiques de novembre, décembre et janvier suivants. Les périodiques réagissent à un fait nouveau d'autant moins rapidement que leur parution est plus espacée.

h) Conseillons enfin de noter les titres et références au fur et à mesure, ce qui évite de feuilleter à nouveau les catalogues et répertoires à la séance suivante.

> *Toutes **les informations** que vous pouvez désirer existent, et presque toujours à votre portée. **Vous les trouverez en procédant avec méthode.***

2 La lecture rapide

Comment s'y prendre pour dominer la masse des informations qui nous submergent chaque jour ? Pour s'informer vite, il faut savoir lire vite.

A L'INVENTAIRE RAPIDE DE L'ESSENTIEL

1. Journaux, revues

Les articles sont présentés dans un certain ordre, sous des *rubriques* qui figurent au *sommaire* ou en haut des pages : actualité, politique intérieure, extérieure, économie, spectacles, etc. On indique parfois non seulement les titres des articles, mais aussi, brièvement, leur contenu.

L'habitude d'un périodique en facilite le dépouillement rapide. Vous savez combien l'on est dérouté quand, ne trouvant pas son quotidien habituel, on est obligé de s'en procurer un autre. Tout surprend : l'emplacement des informations, la présentation matérielle (grosseur des titres, mise en page, etc.).

2. Livres

Il est évidemment ridicule de se croire obligé de les lire, tous, du premier mot au dernier. Allez tout droit à la *Table des matières :* vous aurez une idée du contenu, vous pourrez repérer les parties, les chapitres qui concernent votre recherche du moment ou sont susceptibles de vous intéresser. Vous ferez bien ensuite de commencer par la *Préface,* mais surtout par la *Conclusion :* dans les dernières pages, l'auteur s'efforce ordinairement de condenser les résultats de son enquête, de sa réflexion.

B LA VITESSE DE LECTURE

Cette pratique de « l'écrémage » (skimming) s'améliore vite, mais elle ne saurait dispenser de lire complètement certains textes.

Il faut savoir que l'on peut lire à la fois *vite* et *bien,* mais que l'on a à se défaire de mauvaises habitudes.

Il suffit, pour y parvenir, d'avoir eu l'attention attirée sur quelques mécanismes de la lecture et d'appliquer trois principes :

1. Éviter la lecture mot par mot

Nous avons appris à lire de cette façon, ou même par syllabes, et l'étude, au ralenti, des manuels scolaires n'a fait que renforcer cette habitude. Or notre œil peut très bien *voir des ensembles* plus importants, en même temps que nous décelons les mots essentiels : la vitesse de ce déchiffrage sera relative à l'importance du passage. Souvent l'idée maîtresse se trouve dans la première ou la dernière phrase : voilà des « zones » où il conviendra de ralentir.

2. Éviter d'articuler

L'œil va plus vite que les muscles utilisés pour la parole (lèvres, langues, cordes vocales). Très souvent, sans que nous nous en rendions compte, nous esquissons au moins cette articulation muette, d'où un ralentissement considérable. Contrôlez-vous pour tenir immobiles, décontractés, tous ces muscles.

3. Réduire le nombre des points de fixation

L'œil se déplace, suivant la ligne d'écriture, de gauche à droite (en français) et revient au début de la ligne suivante pour recommencer. Mais ce mouvement n'est pas régulier comme celui du pinceau lumineux d'un phare ; l'œil progresse par bonds successifs, sautant d'un point d'arrêt à un autre (généralement deux ou trois par ligne), et nous ne lisons qu'au moment où l'œil est arrêté. On comprend aisément que, pour accélérer la lecture, il faut réduire le nombre de ces points de fixation et s'entraîner à voir des zones de plus en plus vastes autour d'un de ces points (qu'il s'agisse de mots rangés sur la même ligne ou appartenant à plusieurs lignes consécutives). Évitez de revenir en arrière et de suivre les lignes avec un stylo, ce qui freine la progression de l'œil.

Remarque

Il convient d'aller aussi vite que possible, tout *en comprenant* ce qu'on lit et *en retenant l'essentiel*. Mais il n'y a pas de méthode miraculeuse. La vitesse dépend de bien d'autres facteurs : longueur de la ligne d'écriture, dimension des caractères, difficulté du texte (matière nouvelle ou non ; vocabulaire familier ou inconnu), état de fatigue, intérêt que l'on prend à la lecture, etc. Si vous appliquez les trois principes énoncés ci-dessus, vous devez augmenter cette vitesse.

Nous nous en sommes tenus à l'essentiel. Il existe plusieurs ouvrages d'entraînement à la lecture rapide. Vous pouvez par exemple utiliser : F. Richaudeau, M.et F. Gauquelin, *La lecture rapide,* Marabout Service.

Nous vous proposons un exercice, de difficulté moyenne, qui servira de test.

EXERCICE

Regardez votre montre ; il est, par exemple, 14 h 15' 30". Inscrivez sur un bout de papier : 14 h 16'. Vous commencerez à lire à ce moment précis ; il ne restera qu'à noter l'heure à la fin de la lecture et à calculer le temps exact.

Vous trouverez, après le texte, un questionnaire destiné à contrôler la qualité de votre lecture et votre mémoire immédiate. Nous donnons à la fin du chapitre un temps moyen et les réponses aux questions, accompagnées d'un barème (à vous de juger si vous n'avez pas dépassé la vitesse qui vous permet de comprendre). Ne cherchez pas à aller trop vite !

EX 1 **Les 3 x 8**

Voici déjà quelques lustres, le professeur Milliez, participant à un colloque sur l'hospitalisation publique, citait le cas d'une infirmière attachée à son service qui restait quelquefois plusieurs semaines sans même rencontrer son mari à cause de la mauvaise harmonie de leurs horaires de travail : lui quittait la maison un peu avant qu'elle n'y revienne, et réciproquement. Durant ces périodes ils ne communiquaient que par écrit, au moyen de billets épinglés sur les oreillers. Aujourd'hui les infirmières tenues éloignées de leur mari communiquent souvent avec lui par le truchement d'un magnétophone à cassettes, c'est le progrès, on nous permettra cependant de le juger bien mince. Même s'il est vrai que cet appareil permet une meilleure relation, engageant plus que le billet à ajouter aux indications ordinaires (n'oublie pas de sortir le chien, les raviolis sont dans le réfrigérateur, passe voir l'instituteur du petit à la sortie de l'école) quelques mots tendres ou mêmes brûlants. Car qui s'en contenterait ?

Les situations de ce genre se multiplient pourtant, notamment en raison du développement inquiétant du travail en équipes, ou comme on dit aussi du travail posté. Contrairement à ce que l'on croit parfois, il s'agit là d'une relative nouveauté et non d'un des effets du taylorisme. Avant la dernière guerre, le travail de nuit était dans l'industrie exceptionnel. Mais il s'est développé depuis à un rythme considérable, puisqu'en France 12 % des ouvriers travaillaient en équipe en 1957, 21 % en 1963, plus de 25 % aujourd'hui. Cette rapide progression s'explique aussi, il est vrai, par le fait que le travail posté intéresse plus particulèrement les grosses entreprises aux effectifs nombreux.

Jadis le postillon ou le laboureur avait reçu la consigne de laisser souffler le cheval à l'étape ou au bout du sillon. Les premières machines – celles du siècle dernier et du commencement de celui-ci – n'étaient pas non plus entièrement fiables et il était aussi nécessaire, en quelque sorte, de les laisser reposer de temps en temps. Dans certains cas des équipes composées d'un petit nombre d'ouvriers profitaient de l'arrêt nocturne pour procéder aux vérifications, à l'entretien, éventuellement aux réparations.

Mais aujourd'hui les machines peuvent tourner vingt-quatre heures par jour, et en conséquence elles le doivent, du point de vue des possesseurs du capital. Car l'évolution technique est si rapide et sophistiquée que les machines-outils mises en œuvre sont toujours plus compliquées et par ailleurs périmées plus vite. Il faut donc amortir ce matériel aussi rapidement que possible, c'est-à-dire l'utiliser sans aucun temps mort. À un certain niveau de technicité le fait qu'une machine ne puisse pas travailler plus de vingt-quatre heures par jour peut constituer une sorte de handicap.

En vérité il y a longtemps que l'on sait qu'une journée de travail plus courte est relativement mieux remplie (moins de temps morts, moins de fatigue, etc.) et par exemple quand en France la semaine de quarante heures fut instituée, les temps de travail furent réduits en moyenne de 16 %, mais la production de 2 % seulement.

Le travail continu est dans quelques branches inévitable, les syndicats ouvriers sont bien d'accord là-dessus. Dans la sidérurgie par exemple : l'arrêt et la remise en marche d'un haut fourneau sont des opérations délicates, longues et coûteuses. On ne peut laisser les malades la nuit dans les hôpitaux sans infirmières, pas de contestation non plus sur ce point, d'ailleurs lorsque cela se produit dans un service faute de personnel les syndicats sont à juste titre les premiers à protester. Mais dans la plupart des cas l'organisation du travail continu par équipes répond à un souci de rentabilité. Les horaires varient selon les branches, les usines, les régions, mais on peut distinguer, en gros, trois catégories. D'abord les 2 x 8 : l'usine fonctionne seize heures consécutivement, une équipe du matin et une équipe du soir se relayant en travaillant huit heures de suite. Et puis les fameux 3 x 8, qui peuvent être discontinus (l'entreprise chôme le dimanche et quelquefois le samedi) ou ininterrompus : dans ce cas le travail ne cesse ni le dimanche, ni les jours fériés. Les horaires changent chaque semaine, les ouvriers travaillent en principe de cinq à treize heures, puis de treize à vingt et une heures, enfin de vingt et une heures à cinq heures du matin. Les 3 x 8 sont, à tous points de vue, les plus éprouvants, le travail de nuit étant le plus mal supporté, et de loin. C'est bien simple : la plupart des ouvriers interrogés ne s'y font jamais : ils passent le reste du temps à s'efforcer de récupérer les fatigues de cette semaine-là. L'intolérance totale au travail en poste, c'est-à-dire qui oblige à changer d'emploi, va de 10 à 35 % selon le métier exercé et la qualification. Ce n'est pas mince. Mais tant d'autres continuent, traînant comme un boulet leurs petites ou grandes misères, à répertorier dans ce que l'on peut appeler sans crainte la pathologie du posté. L'autre année, aux Entretiens de Bichat, un rapporteur avait montré que le travail en poste était responsable d'obésité, de nombreux troubles intestinaux et gastriques : tout particulièrement de l'ulcère de l'estomac. Les repas toujours déplacés et les casse-croûte nocturnes étaient spécialement mis en accusation : on va voir qu'ils ne sont pas seuls responsables.

Selon une enquête menée en Moselle à l'initiative de la C.F.D.T., 31,4 % des ouvriers travaillant en équipe se plaignaient de troubles nerveux ou digestifs. C'est là un résultat finalement modeste puisqu'une enquête comparable effectuée dans la très importante usine Philips d'Eindhoven en Hollande faisait apparaître 30 à 40 % de troubles du même type parmi le personnel considéré globalement, mais le taux montait à 80 % lorsqu'on interrogeait les seuls travailleurs en poste, les désordres le plus souvent signalés étant, dans l'ordre décroissant, l'insomnie, la fatigue, l'irritabilité, la nervosité, l'anxiété, les troubles de la vigilance, les tendances dépressives. Peut-être les écarts entre les résultats tiennent-ils à la différence de nature du travail accompli ? Quoi qu'il en soit ces désordres sont normaux : les rythmes biologiques n'étant plus respectés, l'alternance veille-sommeil étant perpétuellement brisée, l'organisme ne peut suivre et s'adapter en permanence aux changements répétés qui lui sont imposés. L'utilisation de dopants (deux ou trois litres de café pour un poste de nuit, ce n'est pas rare), puis de calmants ou de somnifères dans l'espoir, selon la formule consacrée, de récupérer, n'arrange rien. L'ouvrier aux horaires changeants est dans la même situation que le pilote de ligne qui, parcourant les fuseaux horaires, ne sait plus trop s'il va dormir à midi ou à minuit, d'ailleurs les hôtesses de l'air et les infirmières employées en équipe connaissent les mêmes désordres hormonaux. Le travail industriel exige moins de force physique et d'effort que par le passé, c'est certain. Mais il y faut plus d'attention : « La machine exige un supplément d'âme », a dit Bergson. Où le trouver ? On a vu que les travailleurs postés se plaignaient tout particulièrement de troubles de la vigilance.

Les autorités sanitaires de différents pays développés ont calculé que le besoin en lits psychiatriques croissait avec le niveau de l'industrialisation. Selon le docteur Paul Chauchard, directeur à l'École des hautes études, « on ne peut rien faire sans sommeil. Repos et sommeil permettent aux centres régulateurs de se rééquilibrer ». Fort bien. Mais comment dormir quant tout est éveillé, s'agite et vit ? Les cités dortoirs ne méritent pas souvent leur nom dans la journée et il ne suffit pas toujours de débrancher la sonnette de la porte d'entrée pour trouver le calme nécessaire au sommeil. Les immeubles modernes sont trop souvent des caisses de résonance ; par ailleurs de quel droit interdire à la gamine du dessous ses exercices quotidiens au piano, au petit voisin de satisfaire son goût pour la guitare ? On ne peut, sous prétexte que contrairement à la logique on travaille la nuit et on dort le jour, imposer à tout le quartier ses façons de vivre. La direction de l'aéroport d'Orly, qui a supprimé les mouvements d'appareils entre onze heures du soir et six heures du matin, de façon à permettre aux riverains de dormir un peu, n'a rien prévu pour le repos des travailleurs postés. Évidemment...

La femme, les enfants doivent tenir compte, eux, de ces horaires invraisemblables et, pour commencer, apprendre à marcher silencieusement, ne pas heurter les portes, n'écouter ni la radio ni la télévision ou alors en sourdine. Cette façon d'entretenir le silence, c'est souvent, si l'on peut s'exprimer ainsi, la seule relation pendant toute la semaine entre le père et ses plus jeunes enfants. Dans certaines régions il n'est pas rare que plusieurs personnes vivant sous le même toit travaillent en équipe avec des horaires différents, le moins que l'on puisse dire alors c'est que ce n'est pas drôle pour la maîtresse de maison. Il en était ainsi fréquemment dans le bassin minier du temps où l'extraction du charbon battait son plein, c'est pourquoi dans cette partie du Nord-Pas-de-Calais la proportion des femmes ayant un emploi était (et est restée) sensiblement inférieure à ce qu'elle était ailleurs : on restait à la maison pour accueillir le mari et les enfants et servir leur repas quelle que fut l'heure. On parvenait ainsi quelquefois à ménager quelques instants d'intimité conjugale, ce qui n'aurait pas été possible sans doute si la femme avait travaillé de son côté : le travail en poste a détruit plus d'un couple.

Il a anéanti aussi plus d'un militant, plus d'un sportif. Car, pour participer à la vie d'un parti politique ou d'un syndicat, il faut assister à des réunions. Pour s'intégrer à une équipe, s'entraîner et disputer des matches, il faut être disponible non pas une semaine sur trois, mais tous les dimanches, et certains jours de la semaine en outre quelquefois. Cette « mort sociale » du travailleur en poste est ce qui apparaît le plus frappant aux sociologues. Elle semble bien inévitable, du moins en l'état actuel du fonctionnement du système : le plus actif finit, comme on dit, par décrocher, et ne manifeste plus beaucoup d'intérêt même pour ce qui auparavant paraissait le passionner. Il perd l'habitude de lire un journal : à l'heure où il commence et finit son travail, souvent, les kiosques et dépositaires sont fermés de sorte qu'il ne peut consacrer le temps du trajet à cette lecture. L'ouvrier qui travaille en équipe ne peut regarder qu'épisodiquement la télévision, et les feuilletons qui se prolongent au-delà d'une semaine lui sont interdits, ou alors il faudra qu'une âme charitable lui raconte la fin.

Au travail en poste personne ne s'habitue jamais vraiment et pourtant, à de très rares exceptions près, les ouvriers interrogés ne souhaitent pas changer leur condition, revenir à des horaires réguliers. La raison en est bien simple, et elle apparaît avec netteté dans l'enquête de la C.F.D.T. déjà citée : à travail égal, en équipe on gagne un petit peu plus, et ce supplément manquerait. En somme tout se paie : la santé compromise, le couple désuni, la vie sociale morte. Quelques billets supplémentaires à la fin du mois et on n'en parle plus ? Ce n'est pas tout à fait aussi simple : le travail en poste a surtout l'avantage de laisser libre, certaines semaines, des matinées ou des après-midi que l'on peut consacrer à autre chose et par exemple au travail noir. Là est le principal bénéfice. Mais bien sûr ce n'est pas par plaisir que postiers, conducteurs de la R.A.T.P. ou tourneurs industriels collent des rouleaux de papier peint sur les murs d'autrui ou se tranforment en plombiers. C'est parce que leur salaire principal n'est pas suffisant. Autre version du même phénomène : à l'usine Renault de Sandouville, où sont instituées les 2 x 8, travaillent nombre d'ouvriers-paysans qui ont conservé un lopin de terre avec une ou deux vaches, et s'y consacrent tantôt le matin et tantôt l'après-midi.

Les syndicats s'efforcent de freiner le mouvement, c'est à peu près tout ce qu'ils peuvent faire dans bien des cas. Mais ils ont su quelquefois empêcher l'institution des 3 x 8 dans des usines où l'intérêt du système n'était pas évident, sinon pour augmenter la rentabilité du capital. Là où le travail en poste existe, ils tâchent de le rendre moins pénible, notamment par la multiplication et le renforcement des équipes de nuit.

Pierre Langlois, *Les 3 x 8*,
in *Pourquoi*, n° 97, avril-mai 1974, pp. 30 à 41.

Questions :

1. ***Quelle est la proportion d'ouvriers travaillant en équipe aujourd'hui en France ?***
2. ***Le travail continu sert-il surtout :***
   - ***à augmenter la production ?***
   - ***à amortir les machines ?***
   - ***à tenir compte d'impératifs techniques ?***
3. ***Pouvez-vous citer trois conséquences graves du travail posté sur l'existence de l'ouvrier ?***
4. ***Quel est, à l'usine Philips hollandaise, le pourcentage de travailleurs en poste qui se plaignent de troubles nerveux et digestifs ?***
5. ***Quelle est l'attitude des syndicats devant cette évolution ?***

3 La prise de notes

On reçoit un renseignement ou des directives, on prépare une action, on dépouille son courrier, ou bien au cours d'une communication téléphonique, en écoutant une conférence, en participant à un débat, pendant une lecture : *on a besoin de prendre des notes.* Seul ce qui est enregistré reste à notre disposition.

Ne vous excusez pas si vous notez : vous serez pris au sérieux.

Sans notes, les informations ne sont ni conservées ni transmises, la documentation ne peut être constituée. Pensez aux déformations que subit un message au cours d'une transmission orale : le jeu du téléphone en apporte la preuve.

> ***On prend des notes pour ne pas charger sa mémoire de matériaux*** *que le papier conservera avantageusement. En même temps,* ***la prise de notes est un moyen et une méthode de réflexion.***

On voit donc que cette technique n'est utile qu'à deux conditions :

- que les notes soient suffisantes pour vous *parler,* même après un délai de plusieurs mois ou années ;
- qu'elles soient *prises clairement* et *rangées efficacement :* elles doivent être un *souvenir organisé.*

Chacun, étudiant ou professionnel, a sûrement fait l'expérience de « notes mortes » : on retrouve des mots sur une feuille, mais ils ont perdu leur sens global, les grandes lignes de la pensée n'apparaissent pas, les notes ne sont plus utilisables. Il n'est pas question ici de prétendre fournir une méthode exemplaire. C'est affaire au tempérament de chacun, à sa mémoire, et surtout à la nature de son travail.

Néanmoins un certain nombre de conseils et de suggestions sont dictés par l'expérience.

A LE MATÉRIEL

1. Pour noter au vol

Que de « bonnes idées » nous avons tous perdues, faute d'avoir eu la volonté de les noter sur-le-champ ! Partout, en route, dans une conversation, sur un chantier, ayez *sur vous* un bloc-notes et un stylo.

Il peut paraître pratique et sécurisant d'enregistrer exposés ou conversations à l'aide d'un magnétophone portable. Mais cette méthode prend du temps : pour exploiter l'enregistrement, il faut souvent l'écouter entièrement.

2. Pour les notes durables

- *Le papier*

Vous ferez le choix d'un *bon papier* (au moins 64 grammes au mètre carré).

Préférer *le blanc :* les encres diverses ressortiront nettement et c'est lui qui rend le mieux avec les procédés de reproduction. Réservez le papier de couleur pour les notes exceptionnelles à trouver du premier coup, et pour l'indexation de vos notes.

Choisissez un *format régulier :* des feuilles de toutes les formes sont une cause de désordre et d'énervement. Le A4 (21 x 29,7) est le plus répandu : lui correspondent des chemises, classeurs et dossiers, des enveloppes, et les possibilités des machines à écrire ou à reproduire.

- *L'écriture*

Il ne peut être question de réformer votre écriture. Tâcher de la rendre *lisible* au moins pour vous et vos plus proches collaborateurs. Pour cela, formez toutes les lettres, distinguez par exemple le *a* du *o,* le *n* du *u.* Et surtout espacez vos lignes et adoptez un caractère assez gros. Même nette, une écriture fine aux lignes serrées réclame un effort supplémentaire d'attention. Faites-en l'économie.

B LA MISE EN PAGE

Une revue moderne offre des titres de dimensions diverses, des décalages, des blancs importants : le regard découvre de lui-même la progression des idées exposées, l'intelligence n'est plus astreinte à un dépouillement monotone. Vos notes doivent *profiter des progrès de la mise en page moderne.*

1. Habituez-vous à ménager *une marge* de 5 cm environ. Elle vous servira à inscrire les titres des subdivisions et les signes de repère.

2. Ne prenez le départ, sur la première feuille d'une série de notes, qu'au tiers de la page : vous pourrez ensuite mettre un titre en gros caractères.

3. Vous n'utiliserez *que le recto de la feuille.* La manipulation de vos notes en sera plus aisée. Le désordre nait de l'utilisation recto-verso des feuilles, vous en avez sûrement déjà fait l'expérience.

4. Si vous avez à *joindre* à vos notes un *papier d'un format différent* (feuille de bloc-notes, photographie, coupure de presse, graphique, etc.), collez-le sur une feuille de votre format habituel et, si ses dimensions sont plus importantes, repliez-le au format voulu.

5. Le retour à la ligne aère les notes, signale un pas en avant dans la progression. S'il ne faut pas en abuser, car alors plus rien ne serait mis en valeur et tout serait émietté, il convient de n'en pas être avare. Mieux vaut, dans le doute, revenir à la ligne : des sous-titres ou une numérotation qu'on inscrira ultérieurement dans la marge gauche sauront rassembler les éléments qui sont liés. Il est fort difficile de marquer une division au milieu d'une page dont les notes sont trop denses.

6. Il sera en outre utile de laisser un intervalle entre les parties principales (c'est-à-dire de sauter deux ou trois lignes). Encore une fois, c'est un signal visuel et d'intelligibilité. Les titres de ces parties seront ainsi mieux dégagés.

N'hésitez pas à changer de feuille dès que vous passez d'une partie à une autre. Un titre apparaît mieux en haut de page.

7. Disposez sur la même verticale les titres qui se correspondent, les débuts de paragraphes, les indexations de même valeur. Les idées ou les faits qui se trouvent mentalement sur le même plan doivent l'être aussi matériellement.

On choisit une verticale distincte pour chaque série de divisions dont on a besoin. Les deux verticales les plus évidentes, donc à réserver aux sous-titres les plus importants, sont celle qui se trouve à gauche du texte dans la marge, et celle qui se trouve au milieu du texte.

Voici un schéma pouvant servir de guide :

■ **1. Partie principale** ______________

A. DIVISION IMPORTANTE

1. Subdivision.
2. Subdivision.
a) *subdivision secondaire ;*
b) *subdivision secondaire.*
3. Subdivision.

B. DIVISION IMPORTANTE

1. Subdivision.
a) *subdivision secondaire ;*
b) *subdivision secondaire ;*
c) *subdivision secondaire.*
2. Subdivision.

■ **2. Partie principale** ______________

A. DIVISION IMPORTANTE

B. DIVISION IMPORTANTE

1. Subdivision.
2. Subdivision.

C. DIVISION IMPORTANTE

■ **3. Partie principale** ______________

A. DIVISION IMPORTANTE

1. Subdivision.
2. Subdivision.

B. DIVISION IMPORTANTE

1. Subdivision.
2. Subdivision.
a) *subdivision secondaire ;*
b) *subdivision secondaire.*

L'essentiel, pour que l'indexation par alignements, chiffres et lettres ne devienne pas une source de confusion, est de s'en tenir toujours et partout à la même *hiérarchie* et à la *même disposition*. Par exemple, garder constamment 1, 2, 3 pour signaler les parties principales dans la marge gauche, A, B, C, comme premières subdivisions alignées sur la verticale du milieu, etc. Ces habitudes prises, l'ordre de vos notes sera chez vous une seconde nature.

C QUE PRENDRE ? ET COMMENT ?

Il s'agit de garder l'essentiel de ce que l'on entend ou lit, donc de faire *un choix*.

1. Le plan

Votre effort d'attention doit chercher à dégager le plan, que justement les alignements et l'indexation feront apparaître. La structure qui soutient l'exposé et le développement des idées, est le minimum que vous devez noter. Vous aurez ainsi au moins les principales idées et les passages de l'une à l'autre.

Référez-vous à notre chapitre 2.

Mais le plan n'est qu'un squelette. Il vous faudra ajouter des notes plus substantielles.

2. Les notes

Il n'est pas sérieux de fixer une règle absolue : le sujet détermine la nature des notes, et l'on « prend » plus ou moins selon que l'on connaît déjà ou non le sujet.

Un mot parfois peut noter une idée. Le plus souvent ce seront des expressions entières : avec l'idée, elles conserveront la nuance, et le style. On aura aussi intérêt, quelquefois, à noter une phrase complète, à saisir une formule frappante ou heureuse.

Il y a une mesure à prendre, un juste milieu à déterminer entre l'inquiétude qui fait écrire trop, de crainte de manquer l'essentiel, et la paresse qui réduit les notes jusqu'aux limites du télégramme. Cette mesure, on la définira *par son expérience personnelle*, en utilisant ses notes antérieures, en les critiquant, en remarquant leurs défauts.

3. Notes de cours ou de conférences

La pratique est loin d'en être aisée ; ne désespérez pas si, comme tous les étudiants, vous ne parvenez pas à des résultats merveilleux. Écrire, en le résumant, ce qui vient d'être dit, tout en continuant d'écouter ce qu'on est en train de dire, c'est un double effort d'attention que l'esprit ne peut soutenir longtemps.

Un progrès est obtenu quand on réussit à réduire le décalage entre ces deux opérations. On y parvient :

1. grâce à une *agilité d'esprit* que toutes les formes d'entraînement intellectuel développent (lecture, étude du plan, exercice de résumé, habitude de rédiger, etc.) ; on acquiert peu à peu le réflexe de saisir l'essentiel de ce qu'on entend, et de le condenser par écrit sous une forme ramassée ;

2. au moyen d'*automatismes manuels :* emploi des abréviations, mécanique de mise en page, accoutumance à un effort prolongé d'écriture rapide (ce dernier détail a plus d'importance qu'on ne le croit).

N'oubliez pas d'autre part de reproduire tout plan, tout schéma qu'un conférencier présente pour illustrer ses propos. Un tableau net peut remplacer de longues notes.

4. Notes de lecture

Elles semblent plus faciles à prendre : on a le loisir de réfléchir sur le choix de ce qu'on va noter, le repentir est permis puisque le texte est disponible pour un retour en arrière. Mais on risque alors de trop recopier.

Une technique particulière peut être suggérée :

1. on procède à une lecture rapide du texte, et l'on coche d'un crayon léger – un livre, surtout emprunté, ne doit pas être souillé : le travail achevé, on aura soin de tout effacer – les passages ou les expressions les plus importantes ou les plus caractéristiques ;

2. après cette lecture, on réfléchit au plan et à l'enchaînement des parties et des idées ;

3. on prend les notes en pratiquant une seconde lecture et en vérifiant que les passages cochés sont bien essentiels – ce qui, on le constatera, n'est pas toujours le cas.

5. Les abréviations

Elles ne sont pas à rejeter. Mais, pour en user à bon escient, un principe rigoureux : *en aucun cas, il ne faut improviser une abréviation.*

Vous avez sûrement trouvé dans vos notes des abréviations indéchiffrables quelque temps après. C'est que, dans la circonstance fortuite, vous aviez inventé un raccourci d'écriture inhabituel.

Pour se servir efficacement des abréviations, il faut s'en constituer petit à petit un code personnel, mais qui doit rester *permanent* dans tous vos écrits.

Nous vous présentons quelques suggestions que vous enrichirez d'après vos besoins.

Code des abréviations.

ĉ = comme ; m̂ = même ; h = homme ; ch = chose ; vs = vous ; ns = nous ; ds = dans ; ms = mais ; pdt = pendant ; qq = quelque ; tps = temps ; cpd = cependant ; tt= tout ; ts = tous ; tte = toute ; devt = développement ; $grav^t$ = gravement ; p. = page ; // = parallèle ; § = paragraphe ; ≠ = différent de ; + = plus ; ± = plus ou moins ; ainsi que divers signes mathématiques $\overline{3} = 3\ 000$; $\overline{\overline{27}} = 27\ 000\ 000$; $\overline{\overline{\overline{1,5}}} = 1\ 500\ 000\ 000$; tjs = toujours ; bp = beaucoup ; nbx = nombreux ; etc = et cætera ; cf = reportez-vous à.

Pour être clair :

- toujours indiquer le pluriel par un s : hs = hommes ;
- ne pas abréger les termes susceptibles de plusieurs terminaisons : mécan. = mécanique ou mécanicien ?

D UTILISATION ET RANGEMENT DES NOTES

On prend des notes pour les utiliser ultérieurement. On ne s'en servira que si on les retrouve au moment voulu. Donc, bien *classer ses notes,* c'est déjà les bien employer, c'est déjà une activité productive.

1. Numérotation des feuilles

Vous avez noirci un certain nombre de feuilles. Cela vous impose de les numéroter avec soin ; sinon vous risquez de ne plus retrouver leur ordre de succession.

Il est prudent, avant une conférence ou une lecture assez longue, de numéroter par avance quelques feuilles. Si l'on ne peut le prévoir, il faut le faire au fur et à mesure des besoins. Le réflexe doit être acquis rapidement : *ne jamais commencer une page avant qu'elle ne porte son numéro.*

Celui-ci sera inscrit dans le coin supérieur droit de la feuille, le plus visible.

2. Références

L'en-tête d'une série de notes, outre le titre servant à les identifier, comportera toujours l'indication de *leur provenance* (titre et auteur du livre ou de la revue, nom du conférencier), *date* et si besoin *lieu* de leur production, suggestions rapides sur leur *intérêt* ou leur *utilisation* (par exemple : « à comparer avec tel rapport », ou bien « à voir pour l'achat de tel matériel »).

3. Classement

Aussitôt terminée la prise de notes, si vous n'avez pas le temps de les relire, astreignez-vous à *mettre dans l'ordre* et à *relier les feuilles* concernant le même sujet.

Rangez, sans attendre, votre liasse dans la chemise ou le dossier qui convient (voir la partie 4 ci-après).

4. Exploitation

C'est une phase que l'on néglige souvent et à tort. Sauf s'il s'agit d'éléments concernant une affaire qui sera traitée à bref délai, et que l'on détruira après utilisation, il est indispensable de reprendre ses notes dans les jours qui suivent leur production.

On les relira pendant qu'on garde encore un souvenir vivant de leur origine, on complètera ce qui aura été mal pris faute de temps, on mettra des *titres* et des *sous-titres,* on vérifiera ou corrigera l'*indexation* de l'ensemble. Ce sera le moment de se servir de *couleurs* pour souligner les expressions importantes, de porter dans la marge des réflexions personnelles qui seront venues à l'esprit.

Cette lecture n'est pas du temps perdu : elle permet d'assimiler le contenu et, quand il s'agit d'une documentation durable, de l'organiser pour la rendre utile dans l'avenir.

> ***Prendre des notes et les classer, c'est :***
> - *gagner du temps,*
> - *s'organiser pour être plus efficace,*
> - *combattre l'éparpillement de la vie moderne,*
> - *disposer d'une information juste, précise et personnelle.*

4 Comment organiser sa documentation

Nous ne parlons que des documents que chacun conserve parce qu'ils peuvent lui servir dans le travail, la vie privée et sociale, un jour ou l'autre. Ces « papiers » divers nous encombrent rapidement et, si nous n'y mettons de l'ordre, nous serons vite submergés et incapables de retrouver la pièce nécessaire au moment opportun.

A CONSTITUTION D'UN DOSSIER

Les notes de cours, de lectures, de conférences, les coupures de presse, les plans, les reproductions d'articles, les lettres et archives sont recueillis et répartis dans des dossiers. Leur organisation dépend du volume à conserver et de la matière.

1. Le matériel

Parmi la multitude des articles proposés par les papeteries, nous distinguons trois types d'importance croissante, les premiers pouvant être insérés dans les suivants et leur servir de subdivisions :

- *le sous-dossier :* chemise de papier accueillant quelques feuilles. Le sous-dossier doit prendre place dans une reliure plus solide ;

- *la chemise :* en carte ou carton plus ou moins rigide. Il en existe des variantes :
  - avec cordon élastique aux deux angles ;
  - à rabats, qui empêchent les papiers de glisser ;
  - à serrage par pince ou levier ou par deux rubans à tirette coulissant dans une rainure de métal ;

- *le dossier* proprement dit :
  - soit une reliure de carton fort à dos toilé dans lequel on peut introduire plusieurs chemises, et que l'on serre par une sangle avec boucle ;
  - soit le classeur trieur avec 3 à 25 séparations portant chacune un onglet et avec dos à soufflet.

Le classeur à perforation n'est utile que pour conserver des documents homogènes (correspondance par exemple) et qui n'ont pas à être manipulés trop souvent.

2. L'organisation

Un dossier par affaire ou sujet important ;
Une chemise pour chaque subdivision ;
Un sous-dossier par groupe de documents.

• *Prenons un exemple simple :* je vais constituer le dossier de mes études en cours à l'I.U.T., en supposant que mon programme comporte seulement quatre matières.

Sur un dossier, je porte la mention : I.U.T.

Je prends ensuite cinq chemises auxquelles je donne le titre des 4 matières, la cinquième étant réservée aux généralités :

- mathématiques appliquées,
- statistiques,
- anglais,
- techniques d'expression,
- divers I.U.T. (programmes, horaires, etc.).

Dans chacune de ces chemises, j'introduis les sous-dossiers dans lesquels je répartirai mes papiers. Je porte le titre de la chemise sur chacun des sous-dossiers qui vont y prendre place, avec un sous-titre le caractérisant. Pour les mathématiques appliquées, cela donne succinctement :

- cours : les ensembles,
- cours : calcul linéaire,
- cours : puissances, calcul exponentiel,
- cours : dérivées,
- problèmes et corrigés.

• *Quelques principes* pour faciliter l'organisation :

– jouer sur les couleurs des chemises et des sous-dossiers pour les distinguer ou les mettre en rapport ;

– en tête du dossier placer un organigramme de son contenu. Il permettra une recherche rapide si vous reprenez votre dossier après un long délai ;

– sur chaque sous-dossier, indiquer brièvement les pièces qu'il renferme.

3. Mise en œuvre

S'il est bon de constituer une documentation personnelle pour avoir sous la main des moyens de travail et de réflexion, il est aussi important de savoir en faire le tri et de ne pas succomber à la tentation de tout garder n'importe comment.

• Ne jamais remettre à plus tard l'insertion d'une pièce dans le sous-dossier correspondant.

• Noter tout ce qui est nécessaire avant de refermer un dossier. Et terminer une affaire, une étude pendant que l'on a tous les éléments présents à l'esprit : la reprise d'un dossier « refroidi » fait perdre du temps.

• Ne stocker que les documents, notes, etc., qui seraient trop difficiles à retrouver en raison de leur rareté, de leur éloignement ou de leur volume. Pour les autres, se contenter de conserver la référence.

• Mettre à jour régulièrement sa documentation : élimination des pièces périmées ou dont l'intérêt a décru pour nous, ce qui est l'effet normal du temps sur l'actualité et sur nos curiosités et activités ; remplacement des documents anciens par les nouveaux, notamment pour les statistiques, les données techniques, les catalogues, les tarifs.

• Il est de bonne méthode de procéder à une révision annuelle de ses dossiers pour en extirper l'inutile et faire la chasse aux brouillons et notules dont l'intérêt n'est que momentané.

B LE FICHIER

Pratique par sa maniabilité, son faible encombrement, son homogénéité, il ne peut être qu'un appoint dans l'organisation de la documentation puisqu'il ne tolère pas des documents de dimensions différentes.

Le classement des fiches se fait suivant l'ordre alphabétique (par thèmes, par auteurs, par matières, etc.).

Parmi les fiches de bristol les plus courantes, nous retiendrons deux formats répondant à deux types d'utilisation :

• pour les références, le format 105 x 148 mm, puisque ne doivent être portées sur la fiche que de brèves indications (références bibliographiques, adresses, etc.) ;

• le format 148 x 210 convient aux textes plus étendus, comme les renseignements techniques, les citations, etc.

On peut utiliser le fichier parallèlement aux dossiers : il renvoie alors aux pièces contenues dans les dossiers ou à des documents extérieurs.

En ce cas, les fiches et le dossier qui se correspondent doivent porter le même titre ou le même numéro de classement.

Le fichier manuel est de plus en plus souvent remplacé par les fichiers et mémoires informatiques (voir partie 5 de ce chapitre).

C LA MÉTHODE DE CLASSIFICATION DÉCIMALE

Elle jouit d'une grande faveur dans les services de documentation, les secrétariats, etc., grâce à sa clarté, sa souplesse d'articulation et aux possibilités d'extension progressive qu'elle permet. Nous n'en indiquons que le principe général, applicable à une documentation individuelle.

À chaque partie principale, on donne un chiffre de 1 à 9, le zéro étant réservé aux généralités. Les subdivisions portent le chiffre de la partie dont elles dépendent, à la droite duquel est inscrit leur numéro d'ordre. Un troisième chiffre est ajouté s'il y a nouvelle division dans la précédente. Et ainsi de suite.

Au cas où le nombre de subdivisions est supérieur à la dizaine, on réserve un groupe de deux chiffres, si besoin de trois chiffres pour numéroter toutes ces subdivisions.

Un retour sur notre exemple précédent (voir A.2) fera comprendre le système :

DOSSIER ÉTUDES I.U.T.

0. Généralités.
   - 0.1. Programmes.
   - 0.2. Horaires.
   - 0.3. Renseignements divers.
1. Mathématiques appliquées.
   - 1.1. Les ensembles.
   - 1.2. Calcul linéaire.
   - 1.3. Puissances, calcul exponentiel.
   - 1.4. Dérivées.
   - 1.9. Problèmes et corrigés.
2. Statistiques.
3. Anglais.
4. Techniques d'expression.
   - 4.1. Cours.
   - 4.2. Documents et textes.
     - 4.2.1. Fournis par le professeur.
     - 4.2.2. Rassemblés par moi.
   - 4.9. Devoirs et exercices.

Si ce classement décimal n'était peut-être pas absolument nécessaire ici, on constate cependant qu'il est un élément d'ordre et dégage nettement le plan d'ensemble. Appliqué à un dossier complexe, aux pièces multiples, comportant des documents hétérogènes, des annexes, il se révèle très efficace.

Son utilisation peut s'étendre également à l'indexation des fiches, à la numérotation des différents points d'un rapport, d'un plan de travail, d'un programme, et même au classement d'une bibliothèque. Cette classification est adoptée par l'Institut international de bibliographie, qui répartit ainsi les disciplines :

0 : généralités (bibliographies, dictionnaires, périodiques, etc.),
1 : philosophie (morale, sciences occultes, etc.),
2 : religion, théologie,
3 : sciences sociales (droit, sciences militaires, etc.),
4 : linguistique, philosophie,
5 : mathématiques, sciences naturelles (physique, chimie, etc.),
6 : sciences appliquées (médecine, technologie, commerce, etc.),
7 : beaux-arts (urbanisme, jeux, sports, etc.),
8 : littérature,
9 : géographie, histoire.

> ***Le dossier*** *conserve un ensemble de documents relatifs à un même sujet ou à une même affaire.* ***Son organisation fait son efficacité.*** *Il renseigne rapidement, il offre un bilan de ce qui a été effectué ou étudié. Il est aussi un tremplin pour une activité ultérieure.*

5 Les moyens de l'informatique

A UN OUTIL AU QUOTIDIEN

Le mot « informatique » a été introduit dans la langue française en 1962 par un ingénieur, Ph. DREYFUS, dans un article où il aurait été le premier à utiliser ce terme technique à partir d'une contraction des mots « **informat**ion » et « automat**ique** ». Il s'est imposé depuis dans la langue courante et fut reconnu par l'Académie française en 1967 lorsque celle-ci adopta le mot féminin « informatique » désignant la « science du traitement rationnel, notamment par machines automatiques, de l'information considérée comme le support des connaissances humaines et des communications dans les domaines technique, économique et social ». Cette définition, très prudente, ne laissait guère prévoir la formidable expansion de cette science. Depuis cette date, son champ d'application n'a cessé de croître. Aujourd'hui l'informatique est devenue un outil indispensable à la quasi-totalité des sciences (mathématiques, physique, chimie, économie,...) et elle a ouvert de nouveaux horizons à un grand nombre d'entre elles ; notons par exemple l'essor considérable pris par la physique et les mathématiques appliquées.

L'utilisation de l'informatique dans chaque discipline a permis aux spécialistes le traitement de très grandes masses d'informations sans intervention humaine (automatiquement) en un temps très court et la résolution donc des problèmes très complexes.

Cette puissance de traitement (ou puissance de calcul comme on dit très souvent) a été assez tôt utilisée par les entreprises et les structures et organisations sociales. Elle a permis d'obtenir un gain de productivité et une diminution des coûts très importants. Une raison principale à ceci : la baisse continuelle du coût d'équipement en matériel informatique (ordinateur et équipement périphérique qui l'accompagne comme imprimantes, lecteurs de données divers, etc.) conjuguée à l'apparition d'ordinateurs de plus en plus puissants, c'est-à-dire qui peuvent traiter une plus grande quantité d'informations en un temps moindre. Notons ici que le coût de l'équipement informatique, à puissance égale, est divisé par dix tous les dix ans.

Ce matériel était accompagné de programmes (logiciels) très variés et bien adaptés aux besoins des utilisateurs. Ils ont permis la résolution de problèmes spécifiques à chaque usager en apportant des solutions le plus souvent satisfaisantes tant au niveau de la productivité et des coûts qu'au niveau de l'amélioration des conditions de travail ; en effet plusieurs tâches fastidieuses et/ou répétitives n'étaient plus exécutées par des hommes mais par l'ordinateur.

1. Micro-informatique

C'est à partir de l'année 1977 que l'informatique, destinée aux professionnels et utilisée jusqu'alors par eux, commence à s'intéresser à un public – et donc à un marché – très vaste et non expert, les particuliers. C'est l'année de l'apparition des premiers micro-ordinateurs (1), c'est-à-dire des ordinateurs destinés principalement à des non-informaticiens pour leur usage personnel (professionnel ou domestique) à un prix relativement bas.

En même temps plusieurs programmes font leur apparition sur le marché permettant l'utilisation de l'ordinateur pour la résolution des problèmes « de la vie quotidienne » (comme par exemple rédaction de courrier, gestion d'un budget, gestion de la documentation personnelle, fabrication des dessins, apprentissage de langues, etc.), ou pour les loisirs (jeux divers, éducatifs ou non).

Le facteur coût a joué, et joue, pour le développement de la micro-informatique aussi, un rôle très important. Avec une baisse annuelle d'environ 20 %, le matériel micro-informatique est devenu vite accessible à la plupart des particuliers et, surtout, à la totalité des entreprises et des institutions pour lesquelles *s'équiper en informatique* est devenu synonyme d'acquisition et d'utilisation de matériels et logiciels de la micro-informatique, utilisable par la quasi-totalité de leur personnel. De plus l'étendue et la diversité des produits proposés, la concurrence effrénée des constructeurs et la tendance technologique consistant à fabriquer du matériel toujours plus petit, plus puissant, plus convivial ont permis une diffusion plus rapide. Les créateurs de logiciels ont suivi la même démarche en proposant des programmes de plus en plus performants, variés et faciles d'emploi, puisque la clientèle principalement visée était celle des non-informaticiens.

Aujourd'hui, la micro-informatique est sûrement la partie de l'informatique la plus dévelop-

(1) Il s'agit des micro-ordinateurs : TRS 80 de Tandy, PET de Commodore Business Machines et APPLE II de Apple Computer Inc.

pée et la plus connue. Pour un très grand nombre d'entreprises elle constitue, avec profit, la seule informatique utilisée. Son expansion a nécessité (et nécessite) de nombreux informaticiens pour lesquels la micro-informatique constitue actuellement une des spécialisations possibles.

Malgré cet aspect euphorique, l'informatique « presse-bouton » n'existe et n'existera sûrement jamais. La manipulation de n'importe quel ordinateur, si convivial soit-il, et l'utilisation de n'importe quel logiciel demande l'acquisition d'un minimum de connaissances et un investissement personnel permanent pour suivre et comprendre l'évolution très rapide dans ce domaine. Il ne s'agit pas de devenir informaticien. Il s'agit d'être utilisateur, mais un utilisateur averti.

2. Téléinformatique, télématique, réseaux

Durant ces années de développement de l'informatique légère, décentralisée et individuelle, une autre partie de l'informatique a progressé à pas de géant. C'est celle qui s'intéresse à l'utilisation de l'ordinateur à distance et à la communication des ordinateurs entre eux (1). Pour ceci une ligne de liaison est nécessaire (de type ligne téléphonique) reliant deux ordinateurs qui communiquent ou un appareil – appelé terminal, composé d'un écran, d'un clavier et d'un *modem* (2) – à un ordinateur, permettant l'utilisation de ce dernier à distance. C'est ce qu'on appelle *la téléinformatique.* Le terminal peut être remplacé par un micro-ordinateur à condition que celui-ci soit équipé, ou qu'on l'équipe, d'un modem. Ainsi on peut accéder à n'importe quel ordinateur n'importe où dans l'hexagone, voire même dans le monde, à condition, bien sûr, que les deux ordinateurs ou l'ordinateur et le terminal soient reliés à un dispositif de transmission de données (informations), ce qu'on appelle un réseau. En France, le réseau principal se nomme TRANSPAC et permet à tout possesseur d'une ligne téléphonique et d'un terminal ou d'un ordinateur d'accéder à chaque ordinateur relié à ce réseau. L'accès aux ordinateurs situés en dehors de la France est possible via TRANSPAC puis les réseaux des autres pays, ou même via TRANSPAC puis satellite pour l'accès par exemple aux ordinateurs situés aux U.S.A.

Depuis quelques années, un autre réseau fait beaucoup parler de lui. Il s'agit d'INTERNET dont les médias relatent souvent les vertus. INTERNET est un réseau mondial, fédérant des réseaux de taille plus restreinte gérant eux-mêmes, éventuellement, des réseaux plus réduits qui, à leur tour, peuvent fédérer des réseaux de moindre dimension... En fait, on est en présence d'une somme de réseaux de taille quelconque. Deux caractéristiques sont à mettre en avant : d'une part, chaque élément d'INTERNET joue le même rôle, quelle que soit sa puissance, d'autre part, aucun élément du réseau n'est essentiel pour son fonctionnement. Cette dernière caractéristique fait la force d'INTERNET : chaque ordinateur du réseau demeure accessible aux autres, quelles que soient les pannes survenues sur le réseau ; en d'autres termes, il existe toujours un chemin menant d'un ordinateur à un autre. Ces particularités ont fait qu'INTERNET connaît un développement spectaculaire. En 1994 il était présent dans plus d'une centaine de pays et on estimait à 3,2 millions le nombre d'ordinateurs connectés à ce réseau avec, environ, 30 millions d'utilisateurs potentiels dans le monde.

Chacun de ces utilisateurs est identifiable et accessible aux autres grâce à son adresse électronique (ou *email* en anglais). Il s'agit de l'identité sous laquelle il est connu d'INTERNET, unique pour chaque utilisateur ; chacun en possède une différente ce qui permet de le distinguer des autres. Elle est composée des noms des réseaux, faisant partie d'INTERNET, auxquels l'utilisateur est connecté successivement. Ainsi, par exemple, **Georges.Dupuis@xerax.parnet.fr** pourrait être l'adresse électronique de Georges DUPUIS dont le poste de travail informatique fait partie du réseau xerax, lui-même faisant partie du réseau parnet qui est un des réseaux français (fr).

Ainsi, des informations ou les programmes stockés sur des ordinateurs disséminés un peu

(1) En réalité il s'agit du même problème.

(2) Mot formé de la contraction des termes MODulateur et DEModulateur : appareil qui transforme les données informatiques en signaux analogiques pour leur transmission sur un réseau et qui effectue l'opération inverse pour leur réception sur un terminal ou un ordinateur.

partout dans le monde deviennent accessibles à chaque particulier ou entreprise.

En France, la téléinformatique a connu dans la pratique un grand succès grâce surtout au *Minitel,* qui n'est rien d'autre qu'un terminal informatique, distribué – ou vendu désormais – par les PTT aux abonnés du téléphone. Destiné au départ à la consultation de l'annuaire téléphonique, il permet actuellement d'accéder, de chez soi, à des masses d'informations très importantes et à des services très variés. Quelques manipulations simples suffisent pour obtenir sur l'écran les horaires de la S.N.C.F. ou de AIR FRANCE, la météo, les cours de la Bourse, des informations professionnelles, syndicales ou municipales, les titres et le contenu de la plupart des journaux, les résultats du tiercé et de la loterie nationale, mais aussi consulter son compte bancaire, commander les articles dont on a besoin, communiquer avec des services ou d'autres personnes en direct ou en différé par envoi de messages (1), ou même s'amuser avec un des différents jeux qui sont proposés.

Il va de soi que les informations obtenues ou les différents services offerts ne sont pas gratuits ; leur coût dépend de la nature du service, du temps d'utilisation (on dit de connexion), du statut de l'organisme qui offre l'information ou le service, de la finalité recherchée par ce même organisme, etc.

Le terme utilisé pour désigner l'ensemble des possibilités ci-dessus est celui de *télématique* (2).

La télématique offre d'autres possibilités plus particulièrement aux professionnels. Elle permet l'interrogation d'une multitude de bases de données (3) et l'obtention d'informations de toute nature. Ainsi le juriste consultera la (les) base(s) de données des lois pour rechercher les textes légaux relatifs à l'affaire dont il s'occupe, le journaliste ou le chercheur interrogera celle qui rassemble les discours du Président de la République afin d'écrire son article, l'industriel consultera la base de données qui contient les propriétés thermodynamiques des métaux afin d'élaborer un nouveau produit, etc. Pour tous, la consultation des bases de données est devenue indispensable, car elle apporte gain de temps, confort de travail, accroissement de la productivité, baisse des coûts, amélioration de la compétitivité... L'existence même de plusieurs entreprises ou organismes est conditionnée par la qualité de leur service de documentation et des informations obtenues. Notons ici que le nombre des bases de données dans le monde a été multiplié par 140 pendant la période de 1970 à 1980. Leur nombre ne cesse d'augmenter de jour en jour.

Il y a quelques années, le principe et la technologie des réseaux nationaux ont été appliqués pour l'élaboration des réseaux à l'échelle locale qu'on appelle des *réseaux locaux.* Un réseau local relie des ordinateurs situés au sein d'une ou plusieurs pièces, d'un étage, d'un immeuble, voire d'une groupe d'immeubles, appartenant, généralement, à la même entreprise ou institution. D'autres matériels peuvent faire partie d'un réseau local comme, par exemple, des imprimantes. Chaque ordinateur du réseau communique avec les autres éléments du réseau et peut utiliser leurs capacités. On peut ainsi consulter ou copier les informations stockées sur l'ordinateur d'un collègue, transmettre instantanément un message à une ou plusieurs personnes faisant partie de l'entreprise ou de l'institution, imprimer ses documents à distance sur une imprimante de qualité, etc. Les réseaux locaux font partie aujourd'hui du paysage de, pratiquement, chaque collectivité. Ils ont permis l'échange et, surtout, le partage des informations et des ressources en leur sein. Ils sont, en ce sens, facteurs d'économie et de productivité.

En cette fin de siècle marquée par l'informatique, l'importance de l'information est capitale. Comprendre l'une pour pouvoir maîtriser l'autre est peut-être le seul moyen pour que le passage des sociétés industrielles vers les sociétés informationnelles, en train de s'opérer, se fasse sans bouleversements majeurs et surtout sans dégâts.

---

(1) Les services, qui permettent le « dialogue » en direct ou en différé par envoi de messages, font partie de ce qu'on appelle la messagerie électronique.

(2) La télématique inclut d'autres services ; par exemple le vidéotex, le télétex, la télécopie, etc.

(3) Ensemble d'informations dans un domaine défini de connaissances, géré par un système informatique et organisé pour être offert aux consultations d'utilisateurs divers.

B INFORMATION, DOCUMENTATION ET INFORMATIQUE

Dans le langage courant, information est synonyme de renseignement. Dans un sens plus étendu, il faut comprendre par information toute forme d'expression ou de représentation d'événements, de faits, d'idées, d'objets, de sensations ou de sentiments. Ainsi un livre, une statue, un morceau de musique, une conversation constituent chacun une forme de conservation ou de communication d'information.

On distingue deux éléments dans l'information : le fond et la forme. Le fond est discernable uniquement par l'homme à travers ses sens et son esprit. La forme, elle, est une présentation symbolique et arbitraire décidée par l'homme et reconnue par lui comme significative.

L'informatique, science du traitement automatique de l'information, ne traite qu'une forme choisie par l'homme et restitue des résultats formels interprétés ensuite par l'esprit humain. En ce sens, l'information qui peut être traitée automatiquement n'est donc que le support des connaissances et des communications de l'homme.

Depuis son apparition, l'homme a essayé de maîtriser l'information. L'oral, qui au début était le seul moyen de communication et de traitement de l'information, a été doublé par un codage, des signes arbitraires, qui constituent l'écrit. Dès cette époque un des soucis majeurs de l'homme était la gestion de la représentation de l'information. On a vu ainsi apparaître des fonds documentaires importants (bibliothèques, archives,...) qui, outre leur fonction de gardien des connaissances, avaient comme rôle la gestion et la restitution à la demande des informations conservées. Avec l'accroissement continuel du volume des informations gérées, plusieurs méthodes et techniques ont été mises au point afin de mieux produire, conserver, gérer, traiter, rechercher et restituer l'information. Du personnel qualifié a été nécessaire pour faire face à une demande accrue d'informations spécialisées. Les entreprises comme les particuliers ont vite senti l'importance de la documentation et ont essayé, chacun à son échelle, de trouver des solutions à la recherche des informations et à la gestion de celles déjà acquises. Ainsi, fouiller les rayons d'une bibliothèque, les archives des journaux, demander conseil à ceux qui savent était (est) une réponse à la recherche de la documentation personnelle. Les petites fiches en carton, les catalogues personnels, les agendas, les annuaires étaient (sont) une réponse à la gestion de la documentation personnelle. Les entreprises et les organismes quant à eux ont mis en place des structures spécialisées telles que les centres de documentation.

L'avènement de l'informatique a permis la simplification de la plupart de ces tâches en les automatisant totalement ou en grande partie. Elle a apporté des solutions efficaces quant au stockage de l'information (supports de grande capacité : disques ou bandes magnétiques, disque optique numérique), à son traitement et à sa recherche. Elle a surtout permis, au professionnel comme au particulier, l'accès à de grandes masses d'information (bases de données diverses) et l'obtention de réponses en temps réel (instantanées).

Bien sûr, l'informatique n'a pas résolu, actuellement, tous les problèmes que pose la documentation. Dans bien des cas, les méthodes manuelles utilisées jusqu'ici, et exposées ci-dessus, peuvent être encore utiles et efficaces.

Néanmoins, l'évolution vers l'informatisation complète de la documentation est inexorable. Ignorer ce qu'actuellement apporte l'informatique dans le domaine de la documentation personnelle ou professionnelle peut constituer un handicap sérieux. Dans la plupart des cas l'information si précieuse est à la portée de la main de chacun, reste à faire l'effort pour la saisir.

1. Se documenter

Nous allons nous intéresser ici à la manière de se documenter en utilisant des moyens informatiques simples et accessibles au plus grand nombre d'entre nous.

a) Matériel

Une ligne téléphonique et un terminal sont nécessaires. Le Minitel distribué par les P.T.T., est une bonne solution bien qu'il soit peu fonctionnel pour une utilisation intensive.

Si on veut garder une trace sur papier des résultats obtenus, on peut acquérir dans le commerce une imprimante connectable sur Minitel.

Les possesseurs d'un micro-ordinateur peuvent utiliser celui-ci comme terminal, à condition qu'il soit équipé, ou qu'on l'équipe, d'un modem. Cette solution présente de nombreux avantages : meilleur confort de travail, possibilité d'utiliser la puissance de traitement et de stockage du micro-ordinateur, possibilité d'utiliser ce matériel pour d'autres tâches... C'est la solution la plus performante, d'autant plus que cet équipement est nécessaire si on veut exploiter d'autres sources d'informations, locales, comme les CD-ROM (1) et les bases de données situées sur les ordinateurs du réseau local dont votre ordinateur fait, éventuellement, partie.

b) Comment acquérir l'information ?

La quasi-totalité des autres sources informatisées est accessible soit par le réseau INTERNET (dans ce cas du matériel informatique et des programmes spécifiques sont nécessaires), soit par Minitel, soit on peut en disposer localement sous forme de CD-ROM achetés dans le commerce ou par correspondance auprès de leurs concepteurs (bibliothèques, musées, maisons d'édition,...).

Les sources INTERNET, disséminées partout dans le monde, offrent une information disparate, très souvent d'intérêt général (voire même publicitaire), pas toujours fiable mais en règle générale gratuite. La forme de l'information, très riche, peut être un mélange de textes, d'images et de sons. Pour y accéder il faut être connu du réseau, c'est-à-dire avoir une adresse électronique obtenue auprès d'un opérateur spécialisé. L'utilisateur paye pour sa connexion au réseau, chaque fois qu'il se connecte, en fonction, généralement, de la durée de cette connexion.

Les sources accessibles par Minitel offrent une information exclusivement textuelle. En général il s'agit d'une information fiable bien que des informations publicitaires puissent en faire partie. Deux types sont à distinguer : les services à accès libre qui offrent pour la plupart d'entre eux une information d'intérêt général et ceux plus confidentiels qui offrent une information plus spécialisée.

Pour les premiers, la connaissance de leur nom de code est suffisante ; par exemple, SNCF est le nom de code du service mis en place par la Société Nationale des Chemins de Fer qui permet d'avoir accès aux informations relatives aux horaires et aux services de cet organisme.

Pour les autres, outre la connaissance du nom de code, il est nécessaire de souscrire un abonnement auprès des organismes qui les exploitent.

Pour les premiers, la tarification est proportionnelle au temps d'utilisation ; pour les seconds, il faut ajouter le coût de l'abonnement et parfois un surcoût suivant le service demandé.

Pour obtenir un service d'information accessible par Minitel (on dit aussi service *télétel*), il faut composer un des numéros télétel disponibles, puis, une fois la liaison établie, taper sur le clavier le nom de code du service (2). On se retrouve ainsi relié, par le réseau téléphonique via le réseau TRANSPAC, à un ordinateur situé peu importe où, sur lequel les informations à rechercher sont stockées et gérées par un programme. Tout ceci est transparent pour l'utilisateur et très souvent le même ordinateur accueille plusieurs services différents. Il s'agit d'un centre-hôte qu'on appelle *centre-serveur* ou tout simplement *serveur*.

Les CD-ROM depuis quelques années commencent à offrir des informations de toute nature, sous une forme attrayante, puisque le plus souvent elle inclut des textes, des images fixes ou animées et du son. Leur capacité de stockage est importante ; par exemple l'ensemble des tomes de l'encyclopédie Universalis peut être contenu sur un tel support. Leur utilisation demande la possession d'un micro-ordinateur équipé d'un lecteur de CD-ROM et, généralement, d'une carte son. Cette carte donne la possibilité à l'ordinateur de traiter et d'émettre des sons numérisés (3).

Quel que soit le type de la source d'informations visée, une fois le contact établi, il faut maintenant exprimer la demande d'information ; en d'autres termes interroger la source (le service). Tous les services n'acceptent pas le même mode d'interrogation pour rechercher les informations ; ni, souvent, un mode unique.

---

(1) CD-ROM (**C**ompact **D**isk **R**ead **O**nly **M**emory) : Support de stockage informatique, pressé en usine, ne pouvant être utilisé qu'en lecture. C'est un type de disque optique numérique.

(2) Certains services sont accessibles directement par des numéros qui leur sont propres.

(3) Sous forme de codages informatiques.

Trois modes d'interrogations (types de recherche) sont, généralement, proposés :
- la recherche par menu,
- la recherche par langage d'interrogation,
- la recherche par navigation.

• *Recherche par menu*

Pour ce mode, l'utilisateur perçoit l'information structurée sous forme d'**arbre.** C'est le système informatique qui garde toujours l'initiative. Il propose successivement à l'interrogateur un menu de choix possibles et l'utilisateur choisit, dans ce menu, le numéro ou le terme qui correspond le mieux à sa demande. Cette opération se répète jusqu'à ce que l'utilisateur arrive au niveau de l'arbre où l'information qui l'intéresse est contenue; alors le système affiche à l'écran les informations recherchées. Ce type d'interrogation a l'avantage d'être facile à pratiquer et accessible à chacun sans connaissances particulières. Mais pour l'utilisateur averti, cela devient vite fastidieux car il est obligé, à chaque interrogation, de donner la séquence des réponses lui permettant d'accéder à l'information recherchée, séquence qui peut être longue.

Pour pallier cet inconvénient, certains services proposent en parallèle la possibilité d'interroger avec un langage de commandes. Il s'agit d'un ensemble de termes (commandes) qui permet à l'utilisateur, en tapant l'un d'entre eux, d'accéder directement au niveau de l'information recherchée. Ainsi l'utilisateur débutant comme le chevronné peuvent cheminer dans le service et l'interroger chacun à son rythme.

Signalons que la plupart de ces services possède une documentation en ligne (consultable sur l'écran) expliquant la nature et le fonctionnement du service.

Une grande partie des services accessibles par Minitel, bon nombre des services accessibles par INTERNET et, parfois, des CD-ROM supportent ce mode d'interrogation.

• *Recherche par langage d'interrogation*

Pour ce mode, c'est l'utilisateur qui doit formuler « librement » sa question, le système n'offrant que peu ou pas d'aide.

Si on se connecte, par exemple, à une base qui contient des références bibliographiques sur l'agriculture et que l'on recherche les références des documents qui parlent de la productivité céréalière en Europe sauf en France et en Italie, la question à poser peut avoir l'allure suivante :

(PRODUCTIVITE ET CEREALES ET EUROPE) SAUF (FRANCE OU ITALIE)

Formuler la question de la manière ci-dessus suppose la connaissance du langage d'interrogation du système, c'est-à-dire d'une part du *vocabulaire* utilisé (pour notre exemple les termes « productivité », « céréales », « Europe », « France », « Italie ») et d'autre part de la *syntaxe* acceptée (pour notre exemple l'utilisation des opérateurs logiques « et », « ou », « sauf » et la portée et signification des parenthèses).

Et même si la syntaxe peut ne pas rebuter ceux qui ont quelques notions de logique, le vocabulaire utilisé demande la connaissance du système. Rien ne laisse supposer a priori que le système au lieu de « productivité » n'utilise pas le terme « rendement » et qu'au lieu de « céréales » il n'utilise pas « céréale » ou même « rendement céréalier » ou encore « productivité céréalière ». Dans ce cas, l'utilisateur verra affiché sur son écran « zéro réponses » alors que le système contient des références bibliographiques qui répondent à sa question mais qui ont été répertoriées avec d'autres termes (on dit avec d'autres mots-clefs ou descripteurs) (1).

On voit ainsi la difficulté d'interroger des services acceptant ce mode. En général le plus sage est de s'adresser à un service de documentation et d'exprimer clairement au documentaliste l'objet de la recherche. C'est lui qui choisira le(s) service(s) le(s) plus apte(s) à contenir l'information recherchée et qui, pour chaque service, formulera la question.

Des sources d'informations accessibles par Minitel, par INTERNET ou sur CD-ROM supportent ce type de recherche.

• *Recherche par navigation*

On ne rencontre ce mode que pour des sources d'informations sur CD-ROM ou sur

---

(1) Il n'est pas dans nos intentions d'exposer ici les problèmes complexes liés à l'interrogation des systèmes d'information informatisés. L'exemple simplifié que nous présentons n'a comme valeur que de permettre au lecteur de prendre conscience des difficultés d'une telle tâche.

INTERNET. Il s'agit d'une variante de la recherche par menu et très souvent elle est associée avec elle. Dans chaque page d'informations affichée, des termes sont surlignés ; l'utilisateur peut choisir un de ces termes, ce qui permet d'afficher de nouvelles informations relatives au terme choisi. Ces informations peuvent, encore, contenir d'autres termes surlignés parmi lesquels on pourra choisir le plus approprié pour sa recherche. Ainsi, de proche en proche, on accède aux informations recherchées en « naviguant » de page en page. La structuration de ces pages d'informations n'est, souvent, pas clairement explicite. Parfois, sur INTERNET, le choix d'un terme peut nous faire passer sur une autre source d'informations, distincte de la première et localisée physiquement à un autre endroit. On parle alors de navigation en surf.

Très plaisant, ce mode de recherche s'avère, parfois, peu efficace, surtout sur INTERNET. Sans pouvoir établir une stratégie de recherche dès le départ. on se sent, souvent, vite perdu dans des eaux troubles !

Quelle soit votre demande d'information, il est rare qu'il n'existe pas une source informatisée qui puisse vous satisfaire. *Une grande partie de ces sources est accessible sans connaissances approfondies. Pour le reste, n'hésitez pas à avoir recours aux services d'un spécialiste. La documentation est un métier et une science. Vous ne pourrez peut-être pas devenir un spécialiste de la documentation,* ***vous pouvez (devez) devenir un documenté averti.***

Voici, à titre d'exemple, un schéma partiel de la structuration des informations qu'AIR FRANCE proposait par Minitel. En vue d'obtenir les renseignements concernant les vaccinations obligatoires pour se rendre dans un pays donné, il faut taper la suite des choix : 2 (informations générales), 3 (renseignements pratiques), 3 (vaccins exigés)...

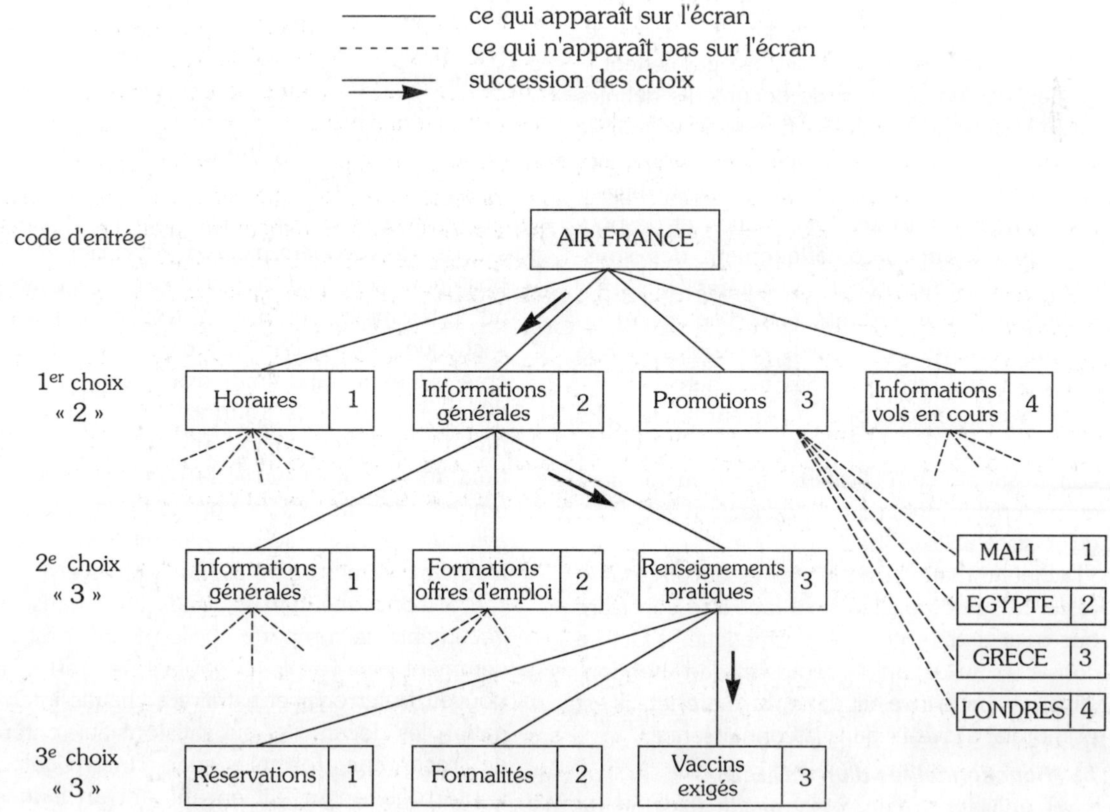

2. Gérer sa documentation

Nous allons aborder dans cette partie les possibilités qu'offre la micro-informatique pour la gestion de la documentation personnelle ou professionnelle. Il faut entendre ici par documentation l'ensemble de documents de contenu réduit, comme par exemple adresses, numéros de téléphone, liste de clients ou de fournisseurs, textes courts,... Pour le reste, livres, revues, journaux, disques, diapositives, collection de monnaies, de tableaux, de timbres, etc., il s'agira de gérer une description de chaque document et non le document lui-même. C'est ce qu'on appelle la référence bibliographique du document. Ainsi, pour un stock de disques de musique, l'information gérée par l'informatique pour chaque disque sera un ensemble de valeurs comme titre du disque, genre, nombre de chansons contenues, nom des chanteurs, durée des morceaux,... plus éventuellement la localisation physique du disque : nom du service où il se trouve, numéro du rayon de la discothèque,...

a) Outils nécessaires

Deux outils sont indispensables pour la gestion informatisée des documents personnels ou professionnels : un *micro-ordinateur* d'autant plus performant que la masse d'informations à gérer est grande et un *logiciel* de type « Système de Gestion de Base de Données », ou plus brièvement S.G.B.D., qu'on trouve dans le commerce. Les S.G.B.D. sont des logiciels qui permettent la gestion des descriptions de documents définies par l'utilisateur ; cette description peut contenir le document lui-même, c'est le cas par exemple des listes de fournisseurs ou de clients. Leur utilisation permet de stocker l'information et de pouvoir en extraire automatiquement des sous-ensembles qui répondent aux critères établis par l'utilisateur. Par exemple, si l'on gère un ensemble d'adresses de clients, on peut obtenir la liste des clients qui habitent à Strasbourg.

Un troisième « outil » est sûrement plus essentiel que les deux premiers. Il s'agit des connaissances de l'utilisateur pour le maniement du matériel informatique et du logiciel S.G.B.D. qu'on veut utiliser. Il est utopique de croire que « l'achat du matériel est le plus essentiel, pour le reste on se débrouillera », il faut être conscient que pour tirer profit de l'informatique, il faut lui consacrer au départ du temps et de l'attention. Ainsi, avant d'investir dans du matériel, il est primordial d'investir dans la connaissance.

b) Fonctionnalités d'un S.G.B.D.

L'utilisation d'un Système de Gestion de Bases de Données suppose au préalable la structuration de l'information qu'on veut exploiter. Pour ce faire, il faut définir la structure de la description des documents, appelée le plus souvent *description*. Cette description se fait en définissant le nombre et la nature des caractéristiques décrivant un document, appelées *champs*. Ainsi, par exemple, pour un ensemble d'adresses, une description possible peut être la suivante : quatre champs dont un pour le nom et le prénom, un pour l'adresse proprement dite (rue et numéro), un pour le lieu et un pour le code postal.

À chaque champ, on doit associer un nom. Par la suite, l'accès à ce champ se fera uniquement par l'intermédiaire de ce nom. Prenons pour notre exemple les noms suivants : « NOM » pour le champ contenant le nom, « ADRESSE » pour le champ du numéro et de la rue, « VILLE » pour celui du lieu et « CODE » pour le champ contenant le code postal.

Cette description, opération intellectuelle à faire au préalable, il faut par la suite la communiquer au logiciel à l'aide de l'une de ses commandes. Une fois cette opération terminée, on peut commencer la saisie, c'est-à-dire associer une valeur à chaque champ précédemment défini. Chaque document sera donc représenté dans l'ordinateur par les valeurs des champs qui composent sa description. Voici, pour notre exemple, l'aspect que pourrait avoir un des documents gérés par le logiciel :

NOM : DUPONT JACQUES
ADRESSE : 5, RUE DU PALAIS
VILLE : BORDEAUX
CODE : 33000

La saisie s'opère pas à pas. Le logiciel propose pour chaque document la liste des champs qui le composent et invite à associer une valeur à chaque champ. Le fonds de documents ainsi créé est exploitable immédiatement. Plus tard d'autres documents pourront le compléter au fur et à mesure, par exemple, de leur acquisition, mais toujours avec la même description (en ce sens la description faite initialement avant toute saisie revêt une importance particulière dans la mesure où elle est définitive).

Si l'on constitue un fonds informatisé de documents de n'importe quelle nature, c'est évidemment pour l'exploiter par la suite, c'est-à-dire pouvoir l'interroger et extraire à chaque interrogation les documents qui satisfont aux critères de recherche formulés par l'interrogateur. L'interrogation se fait en utilisant un langage d'interrogation (1). Les questions formulées à l'aide de ce langage se confectionnent en indiquant une valeur possible de champs ou en combinant des valeurs possibles de champs et des opérateurs logiques, principalement : « ET », « OU ». Par exemple, si l'on demande quelles sont les personnes qui habitent Marseille, la question à poser aura l'allure suivante.

VILLE = MARSEILLE

ce qui veut dire « chercher tous les documents dont la valeur du champ VILLE est égale à « MARSEILLE ». Si l'on s'intéresse à ceux qui habitent à Marseille ou à Paris, il faudra poser la question :

VILLE = MARSEILLE OU PARIS

Si maintenant on veut connaître tous les Jacques DUPONT habitant à Marseille ou à Paris, on interrogera par :

(VILLE = MARSEILLE OU PARIS)
ET (NOM = DUPONT JACQUES)

Le lecteur attentif n'a pas manqué de remarquer l'emploi systématique des majuscules pour la valeur des champs de notre exemple. En fait, ce qui est important, c'est l'emploi systématique de l'une des deux possibilités d'écriture (en majuscules ou en minuscules) à la saisie comme à l'interrogation. En effet, pour l'informatique un caractère est représenté par un code numérique. Ainsi, pour l'ordinateur, « A » ou « a » sont deux caractères différents puisqu'ils sont représentés par des codes numériques distincts. Du coup, la question « VILLE = Marseille » ou même « VILLE = marseille » risque de ne donner aucun résultat si la graphie utilisée pour Marseille à la saisie était « MARSEILLE ». Mélanger donc majuscules et minuscules créera sûrement des problèmes insurmontables et rendra le fonds constitué vite inutilisable.

D'autres problèmes de même nature risquent de se poser si on ne prend pas soin de définir préalablement des conventions strictes de saisie et d'interrogation. Par exemple, les deux graphies possibles de Pays-Bas :

« PAYS-BAS », « PAYS BAS »

sont des valeurs distinctes pour l'informatique puisque chacune est une juxtaposition différente de caractères.

Normaliser pour « survivre », telle pourrait être la devise pour chaque fonds de documents informatisé.

(1) Voir « Recherche par langage d'interrogation », page 20.

c) Limites des S.G.B.D.

Les Systèmes de Gestion de Bases de Données utilisables sur micro-ordinateur, actuellement sur le marché, offrent beaucoup de fonctionnalités et chaque nouveau produit qui apparaît apporte, en général, un confort de travail supplémentaire et des fonctionnalités nouvelles. Ainsi, la quantité d'informations gérable par ce type de logiciel a considérablement crû, la forme de l'interrogation a été perfectionnée... Néanmoins presque tous présentent actuellement la caractéristique suivante : à un champ, on ne peut associer qu'*une valeur*. Cette caractéristique limite le nombre d'applications possibles.

Supposons, par exemple, qu'on veuille gérer avec un S.G.B.D. un petit fonds d'ouvrages personnels. Une description des documents pourrait être la suivante : trois champs ; un, nommé TITRE, pour le titre de l'ouvrage, un, nommé AUTEUR, pour l'auteur de l'ouvrage et un troisième enfin, nommé DATE, qui contiendrait la date de parution. Le problème auquel on a affaire immédiatement est le suivant : comment faire si un ouvrage est écrit, par exemple, par trois personnes ? Le champ AUTEUR n'acceptant qu'une valeur, il est impossible de tenir compte de trois.

Cette limitation est assez gênante pour bon nombre d'applications du type gestion d'un fonds d'ouvrages, de disques, de photos, d'objets, etc. et en général pour toute description dont les champs ne sont pas en correspondance biunivoque avec les valeurs associées.

Il est vrai que des solutions peuvent exister suivant le logiciel utilisé, mais en général ce sont des solutions complexes, difficiles à mettre en œuvre par un non-spécialiste et qui, le plus souvent, apportent des contraintes supplémentaires à l'exploitation du fonds des documents.

La solution consiste à utiliser un logiciel documentaire qui accepte plusieurs valeurs pour chaque champ. Il s'agit de logiciels couramment utilisés dans les centres de documentation par les documentalistes.

Malheureusement, le prix actuel de ces logiciels, sans doute beaucoup moins répandus, les rend inaccessibles à la plupart des particuliers. Néanmoins, ils sont, à notre avis, les seuls aptes à bien gérer des descriptions à champs multivaleurs et, de surcroît, ils comportent un éventail de fonctionnalités supplémentaires. Leur utilisation demande des connaissances en documentation et apporte, si on sait en tirer profit, un confort de travail appréciable.

Gérer *sa documentation,* ***c'est*** *aussi et avant tout* ***choisir le logiciel*** *en fonction de l'application visée.* ***Mieux vaut donc être capable de*** *pouvoir* ***juger soi-même*** *des merveilles vantées par les sirènes du commerce.*

6 Critique de l'information

Après la découverte, le rassemblement, le classement de la documentation, le travail est pour une grande part effectué, mais il n'est pas achevé. Encore faut-il apprécier *la qualité de l'information* dont on dispose. Pour cela, on soumettra chaque document à un certain nombre d'interrogations.

A IDENTIFICATION DES SOURCES D'INFORMATION

• *Qui est l'informateur ?*

On se demandera quel est son statut, quels sont ses titres et ses fonctions, s'il parle en son nom personnel ou au nom d'un organisme, d'un collectif. On distinguera, par exemple, la communication savante, qui vient directement du producteur de l'information, et l'article de vulgarisation, souvent de seconde main, écrit par un journaliste. Ce dernier, même consciencieux et compétent, aura peut-être apporté des simplifications, des déformations, parfois involontaires. D'où l'intérêt de toujours préciser, dans le domaine de la documentation, les références exactes de la source (voir encadré ci-dessous).

• *Quelle est la forme de diffusion de l'information ?*

On mesurera le degré de sérieux du périodique, de la collection, de l'éditeur. Le support (mensuel technique, quotidien avide de sensations, nature de l'émission télévisuelle, etc.) fournit une indication sur la valeur et l'ampleur de l'information distribuée.

• *Date de l'information ?*

Elle a une importance évidente dans les secteurs où les évolutions des connaissances sont rapides. Un document de 1970, outre son intérêt historique, peut être valide s'il contient des idées générales, s'il touche à un problème permanent. Par contre, il sera périmé en grande partie s'il concerne des données économiques ou techniques. Il convient donc de classer les documents dans l'ordre chronologique inverse, en commençant par les plus récents qui ont plus de chance d'apporter l'information la plus à jour.

B DÉCODAGE DES INTENTIONS

Nous l'avons dit dès l'introduction de ce livre, l'information pure, objective n'existe pratiquement pas dans l'absolu. La formulation choisie, le mode de communication donnent forcément un aspect plus ou moins subjectif à l'énoncé d'un fait. Il faut donc comprendre les conditions d'élaboration de l'information et découvrir les intentions, même inconscientes, de son producteur. Cela permet de mieux juger le document.

Une attitude de précaution et de doute est dans une certaine mesure nécessaire, tant le souci d'approcher la vérité peut subir des déviations de la part de l'ambition, l'amour-propre, la cupidité, la solidarité nationale ou politique ou professionnelle. Sans être désespéré par une méfiance systématique, on peut essayer de rester perspicace...

C RECOUPEMENT

En cas de doute, c'est la méthode à utiliser. Ce procédé, illustré par les enquêtes policières, a toujours son efficacité. Confirmer un fait par deux ou plusieurs documents confortent les certitudes. En opposant contradictoirement des sources, des essais, des données, on parvient à mieux établir les faits.

Présentation usuelle des ***références :***

• ***pour un livre :*** *auteur, titre, collection éventuelle, éditeur, lieu et date d'édition (voir, à titre d'exemple, les références des textes dans les exercices du chapitre 2), pages ;*

• ***pour un article :*** *auteur, titre, « in » suivi du titre de la publication, numéro, date, pages ;*

• ***pour un autre document*** *(lettre, rapport, etc.) : auteur, entreprise ou service, destination, date, etc.*

QUAND IMPORTANT DEVIENT IMPORTUN

Nous éprouvons souvent le besoin d'attirer l'attention sur un fait ; nous disons alors : *ceci est important.* Mais nous avons tendance à trop utiliser cet adjectif. Un directeur d'administration observait que toutes les notes de service circulant dans son département concernaient des affaires *importantes,* tant chacun s'efforçait d'insister sur ce qui l'occupait. Tout étant *important* – le détail comme les grandes questions –, plus rien ne l'était... Ce directeur faisait la même remarque à propos de l'urgence, notons-le en passant !

Pour que chaque fait soit mentionné avec son *importance* réelle et relative, gardons-nous de tomber dans l'inflation verbale et cherchons à varier les termes qualificatifs.

EXERCICES

EX A **Les noms qui suivent désignent, chacun dans un contexte particulier, ce qui est *le plus important*. Complétez les phrases avec celui qui leur convient.**

Centre, clou, cœur, corps, fait, gros, tout, vif.

1. Gagner sa vie semble facile, le ... est d'y parvenir. 2. Après de longues politesses, le diplomate a enfin abordé le ... du sujet. 3. Il a confié le ... de la besogne à une entreprise spécialisée. 4. Les douze chapitres, qui forment le ... de l'ouvrage, ont été rédigés par une équipe. 5. La plaidoirie de l'avocat s'éternisait et l'on se demandait quand il arriverait au ... 6. Ce tour de chant, très attendu du public, sera sans doute le ... de la soirée. 7. Au ... du débat se trouvait un différend d'ordre économique. 8. Votre affaire, Cher Monsieur, est au ... de nos préoccupations.

EX B **Modifiez le vocabulaire ou la tournure des phrases suivantes de façon à éviter les mots *important* ou *importance*. Ne vous contentez pas toujours de simples synonymes.**

1. Le nouvel attaché de direction fait l'important. 2. J'ai subi une perte importante au jeu cette semaine. 3. Quelle est l'importance de cette affaire ? 4. Le metteur en scène fait jouer le personnage le plus important à sa femme. 5. Un huissier garde sa porte et il dispose de trois secrétaires : ce personnage a un poste important. 6. La moindre erreur dans le compte à rebours serait importante pour le vol de la fusée. 7. Ce carrefour est important dans la circulation urbaine. 8. Notre agent de maîtrise a de l'importance aux yeux du patron. 9. L'important, c'est la rose. 10. La commande passée par les Russes est importante pour le développement de nos exportations. 11. Votre rapport est assez important. 12. Nous nous trouvons à un moment important : pourvu que le prototype donne satisfaction ! 13. C'est un personnage important dans les milieux bancaires. 14. Les rapports humains sont importants dans la vie de l'entreprise. 15. Vous avez fait un compte rendu trop important de la dernière réunion. 16. Qu'est-ce qu'il y a d'important au courrier, ce matin ? 17. Il est important de s'en souvenir. 18. Les moyens de production de nos concurrents sont très importants ; nous devons en tenir compte. 19. Il m'a dit en secret des choses très importantes. 20. La construction que nous envisageons à Sceaux sera importante.

CORRIGÉ DES EXERCICES

► S'INFORMER

EX 1 **Les 3 x 8**

Nombre de mots : environ 2 200.
Temps de lecture moyen : 9 minutes, soit 250 mots/minute. Considérer que l'on est un lecteur lent si on a mis pour ce texte plus de 11 minutes.

Réponses aux questions :
1. 25 % environ (un point). 2. Amortir les machines (deux points). 3. Vie familiale perturbée : santé menacée surtout par manque de sommeil; participation sociale ou sportive interdite; possibilité d'une activité complémentaire (trois points). 4. 80 % (un point). 5. Ils reconnaissent des nécessités spécifiques, dans les hôpitaux par exemple; ailleurs ils cherchent à freiner le développement du travail posté; ils réclament le renforcement des équipes de nuit pour alléger le travail nocturne (trois points).
Un lecteur correct doit atteindre au moins 6 sur 10.

► QUAND IMPORTANT DEVIENT IMPORTUN

EX A 1. tout. 2. vif. 3. gros. 4. corps. 5. fait. 6. clou. 7. cœur. 8. centre.

EX B

1. Le nouvel attaché de direction paraît vaniteux, plein de suffisance, ou se met en vedette.
2. J'ai connu de sévères déboires au jeu, cette semaine.
3. Quelle est la portée de cette affaire?
4. Le metteur en scène confie le premier rôle à sa femme.
5. Ce personnage est chargé de lourdes responsabilités, ou il exerce de hautes fonctions.
6. La moindre erreur aurait des conséquences graves, ou serait désastreuse.
7. Ce carrefour est un point névralgique de la circulation urbaine.
8. Notre agent de maîtrise jouit d'un crédit certain auprès du patron, ou est tenu en grande estime par le patron, ou est bien vu du patron.
9. Il ne serait pas heureux ici de modifier le leitmotiv de la chanson!
10. La commande passée par les Russes marque une étape dans le développement de nos échanges commerciaux.
11. Votre rapport ne manque pas de valeur.
12. Nous nous trouvons à un moment crucial, ou critique.
13. C'est un personnage écouté, ou qui jouit d'une autorité certaine auprès des milieux bancaires.
14. Les rapports humains exercent une influence réelle sur la vie de l'entreprise.
15. Vous avez donné trop d'ampleur au compte rendu de la dernière réunion.
16. Qu'avez-vous à me signaler dans le courrier, ce matin?
17. Cela mérite d'être retenu, *ou bien :* Notez-le.
18. Nous devons considérer la puissance de production de nos concurrents.
19. Il m'a confié des secrets de taille.
20. La construction que nous envisageons à Sceaux aura de vastes dimensions, ou sera de belle dimension.

CHAPITRE 2

LE PLAN ET L'INTENTION D'INFORMER

Bien comprendre ce qu'on écoute ou ce qu'on lit **exige de percevoir le plan du discours ou du texte.** Pour être bien compris lorsque l'on parle ou écrit, **il faut avoir organisé ses idées,** avoir élaboré un plan.

Aujourd'hui, avec l'extraordinaire développement des médias, la production de discours ou de textes est tellement abondante, tellement hâtive que l'on s'en tient souvent à une disposition approximative des idées.

Voyez, par exemple, dans la presse, la prolifération des **interviews.** Ces conversations enregistrées et publiées telles quelles ont le charme de la spontanéité et la force du témoignage ; mais, si l'interviewer n'a pas préparé avec soin ses questions ou si l'interviewé est capricieux, confus, le lecteur éprouve quelque difficulté à dégager les idées importantes.

Certaines techniques de production de textes aboutissent aussi à des développements peu ordonnés, peu maîtrisés, faisant mal ressortir les idées essentielles et surtout les rapports qu'elles ont entre elles. De nombreux **articles et livres** sont **dictés au magnétophone,** c'est-à-dire parlés, enregistrés, et ensuite transcrits, souvent sans qu'il y ait un effort de réorganisation suffisant. D'où des articles, des chapitres, des livres très émiettés, décousus.

Il faudrait un grand entraînement intellectuel pour produire, de cette façon, un texte précis, clairement enchaîné. Si l'on n'a pas cette maîtrise, on doit s'astreindre à un effort préalable d'organisation des idées, c'est-à-dire **construire un plan**.

Qu'il s'agisse de déchiffrer un message ou de le produire, la tâche sera facilitée si l'on connaît quelques types de plans usuels. **Nous nous bornerons, dans ce premier volume, à l'étude de plans simples** qui conviennent à la présentation objective des éléments d'un problème, des aspects d'une situation, etc. Nous montrons, dans le second volume, que la volonté de présenter les choses sous un jour favorable ou défavorable, de pousser quelqu'un à prendre une décision ou à agir de telle ou telle façon influe sur l'organisation des idées (voir *Le désir de persuader et le plan,* tome 2).

1 A la recherche du plan

Voyons d'abord comment le destinataire et l'émetteur d'une communication peuvent procéder avec méthode, le premier pour comprendre le message qui lui est destiné, le second pour construire ce message.

A VOUS ÊTES LE DESTINATAIRE

1. Ecoute d'un discours

La mise en relief d'une idée et des rapports qu'elle entretient avec les autres s'effectue, dans la communication orale, grâce à des moyens spécifiques et le plus souvent de façon appuyée.

La mimique, le geste, la voix (vitesse du débit, intensité, intonation, pauses variées), diverses formules (ouverture ou clôture d'un développement, annonce des parties qui vont suivre, transitions, etc.) sont utilisés, souvent presque spontanément, pour bien marquer les articulations de la pensée (voir ci-dessous).

S'entraîner à bien repérer toutes ces indications conditionne, en grande partie, la qualité de l'écoute. On s'y prépare aussi en cherchant le plan d'un texte écrit.

2. Déchiffrage d'un texte

a) Eliminer les difficultés dues au vocabulaire et à la construction de la phrase

On ne peut avoir la prétention d'aborder, sans préparation, n'importe quel texte : tel exposé technique, parfaitement clair pour un spécialiste, n'est qu'un grimoire pour un profane. Mais se persuader aussi que, très souvent, un texte, jugé difficile à la première lecture, s'éclaircit peu à peu. Sachons nous arrêter aux mots qui « résistent », dont le sens ne nous apparaît que confusément et sur les phrases de construction plus ample ou plus embrouillée.

b) Repérer l'idée essentielle

• Elle est souvent exprimée soit au début soit à la fin du texte. Parfois, c'est le titre qui la condense, mais méfiez-vous des titres à effet qui mettent l'accent sur un aspect partiel.

• Soulignez les expressions qui « ramassent » les idées secondaires ; ce sont fréquemment des noms ou des groupes constitués autour du nom.

c) Etudier les articulations logiques

Leur fonction est d'indiquer rapports et enchaînements d'idées, soit à l'intérieur d'un même paragraphe, soit d'un paragraphe à l'autre. Elles explicitent les liens entre les éléments du message, les étapes du déroulement de l'énoncé.

Voici les plus courantes d'entre elles :

• *Articulations d'amorce :*

elles annoncent ou soulignent que ce qui est dit n'est qu'un moment de la pensée.

– *formules introductives :* commençons par, d'abord, avant tout, le point de départ doit être...
– *premier terme d'une énumération :* en premier lieu, d'une part, la première remarque porte sur...
– *préparation d'une opposition ou concession :* certes, s'il est vrai que, il se peut que...
– *insertion d'une illustration :* par exemple, examinons le cas de...
– *annonces diverses :* sait-on que, je précise que, reste le fait que...

• *Articulations de liaisons :*

elles marquent un lien entre ce qui précède et ce qui suit.

– *addition :* et, puis, aussi, également, en outre, passons à présent à, venons en à, après avoir considéré, en second lieu, ensuite, d'autre part...
– *insistance :* même, à plus forte raison, d'autant plus que, de plus, non seulement... mais...
– *cause* (raisons) : car, en effet...
– *conséquence :* donc, ainsi, par conséquent, c'est pourquoi...
– *opposition :* mais, cependant, toutefois, pourtant, au contraire, néanmoins, en revanche...
– *confirmation avec changement de point de vue :* d'ailleurs, du reste, aussi bien...

• *Articulations de rappel :*

elles renvoient à ce qui a déjà été exprimé. Ainsi, de même, de là, d'où, pour cela, n'en restons pas à ce stade, ce n'est qu'un premier point...

• *Articulations de terminaison :*

elles signifient le terme d'un développement, la fin d'une énumération, la conclusion. Donc, enfin, en résumé, en définitive, pour conclure...

Attention !

Ne vous fiez pas à la seule formule d'articulation : replacez-la dans son contexte. Et n'oubliez pas qu'elle peut ne pas être exprimée : le français d'aujourd'hui a tendance à juxtaposer plus qu'à lier les séquences.

d) Sous-titrer

Pour les textes assez longs, on a intérêt à porter dans la marge des sous-titres brefs et provisoires qui marquent les parties principales. On peut s'inspirer des usages de la presse. Quand *le Monde* publie un document d'une certaine ampleur, il introduit dans le texte des divisions auxquelles le journaliste donne un titre pour faciliter la lecture, tout en prévenant par cette formule : « les inter-titres sont de la rédaction du journal ». Quelques publications font parfois courir dans la marge, en caractères plus gros, une sorte de résumé. Ce procédé vivant, permis par la mise en page moderne qui multiplie les blancs, reprend une habitude de l'édition ancienne : dans certains livres des premiers temps de l'imprimerie, l'auteur annonçait en marge ce qui était le plus remarquable dans ses développements.

Ce faisant, on disposera de points d'appui à partir desquels on appréhendera l'ensemble du texte et on saisira son mouvement.

Mais, attention ! chaque alinéa ne marque pas obligatoirement le début d'un nouveau paragraphe, c'est-à-dire d'une nouvelle idée ; il convient parfois de se méfier, surtout dans les journaux et revues, de la mise en page qui peut être trompeuse. *Se laisser guider, mais non abuser, par la présentation matérielle et typographique d'un texte.*

Vous pourrez aussi *numéroter* provisoirement les idées successives que vous distinguez.

B VOUS ÊTES L' ÉMETTEUR

C'est à vous de présenter une information et vous voici en quête d'un plan.

1. Existe-t-il des plans préfabriqués ?

On sait combien la recherche et la mise en ordre des idées sont parfois longues et difficiles : dans quelle direction chercher ? N'a-t-on rien oublié ? Comment distribuer les idées ?... On aimerait disposer d'un guide, d'un canevas.

a) Hélas ! *aucun plan ne peut s'adapter automatiquement* à n'importe quelle réalité ou pensée. Certains schémas que vous aurez déjà utilisés pour des cas semblables pourront parfois vous économiser un nouvel effort, mais le plus souvent un aménagement s'imposera, faute duquel vous feriez violence à votre sujet.

b) Ni artificiel, ni mystérieux, le plan n'est pas un cadre que l'on plaque arbitrairement sur une réalité, mais il n'est pas davantage fourni spontanément par celle-ci qui souvent peut être considérée sous des angles différents. Donc *plusieurs plans sont en général possibles*. Rares sont les sujets qui n'admettent qu'un plan unique, à moins qu'ils ne soient très simples.

c) Le plan que vous adoptez répond à la nature de la matière que vous cherchez à dominer. Ce qui suppose un effort d'*analyse* préalable à la *mise en ordre* que constitue à proprement parler votre plan.

d) *Des procédés mécaniques* sont assez souvent recommandés. Ainsi, pour faire le tour d'un problème, on peut se poser une série de question dans un ordre convenu : de quoi s'agit-il ? (objet) Pour quelles raisons ? Dans quel but ? (motifs, objectif) Comment ? Avec qui ou avec quoi ? (moyens)... ou, pour une description : aspect général ? qualités physiques (poids, dimensions, couleurs...) ? Utilisation ? Servitudes ?... Cette méthode est vieille ; il ne faut pas la sous-estimer, car elle aide au moins à « démarrer ».

e) Le plan n'est pas non plus une exigence d'ordre littéraire. Au contraire, *il règle la démarche scientifique* : un théorème, une expérimentation en laboratoire supposent toujours et partout un ordre strict, un plan. Constatation qui explique la vogue actuelle de la notion de « planning » dans une société qui vise à l'efficacité.

2. Le classement provisoire des idées

a) La confusion première, qui règne le plus fréquemment dans notre esprit, ne devrait pas nous affoler. On se décourage, oubliant que cet ordre parfait que l'on admire dans certains textes ou discours est un résultat, un point d'aboutissement. L'esprit humain travaille ordinairement dans le décousu, le désordre, livré à des associations d'idées parfois étranges, souvent peu solides. Il faut s'y résigner. Sortir de la confusion, c'est affaire de souplesse et de patience. Une première ébauche du plan, quand on en aura le temps, gagnera à mûrir quelques heures ou davantage.

b) Utilisez plusieurs feuilles à la fois, « spécialisez » ces brouillons :

- une feuille pour les faits, les arguments... sans préoccupation de l'ordre ;
- une autre, pour des amorces de plan, des idées sur l'ordre ;
- une autre, pour des développements qui « viennent » bien, etc.

c) Exprimer les idées de la façon la plus précise, la plus concise, tel doit être l'effort le plus important au cours de cette étape. Pas de phrases complètes, aucun souci de « rédaction » proprement dit : laissons ce travail pour une étape ultérieure.

d) Un tri provisoire des idées est le plus souvent possible dès ces premiers tâtonnements. Ce classement permet de gagner du temps et favorise la prospection : il joue le rôle de *plan de recherche*. Il arrive que ce premier plan soit finalement adopté ; ce qui se produit pour des cas simples, ou bien lorsqu'on est suffisamment entraîné. Pour ce tri, contentez-vous de classifications sommaires, par exemple : aspects économiques, financiers, moraux, etc. Vous consacrez une feuille à chacun de ces aspects et vous reportez sur elle les matériaux de vos premières ébauches.

e) Lorsque ce plan de recherche ne pourra pas devenir un plan clair d'exposition, vous répartirez d'une autre façon les éléments qu'aura dégagés votre analyse.

En guise d'encouragement : il y a trois siècles déjà, Descartes se proposait :

de diviser chacune des difficultés qu'(il) examinerai(t), en autant de parcelles qu'il se pourrait, et qu'il serait requis pour les mieux résoudre...
de conduire par ordre (ses) pensées, en commençant par les objets les plus simples et les plus aisés à connaître pour monter peu à peu, comme par degrés, jusqu'à la connaissance des plus composés...

Discours de la méthode.

3. Caractères généraux du plan

Tout plan doit présenter des qualités bien connues.

a) La simplicité est une garantie de clarté au stade de l'élaboration, et une garantie d'efficacité lors de la communication. Mais simplicité n'est pas simplisme et plan simple ne veut pas dire plan artificiel.

b) L'équilibre des parties peut passer pour vaine élégance ou superstition. Il est évidemment ridicule de rechercher l'équilibre en donnant une importance excessive à un développement secondaire et en sombrant du même coup dans le bavardage : respecter la force, l'importance réciproque des idées est un signe d'intelligence. Toutefois, la clarté, la richesse d'un exposé augmentent presque toujours quand on s'applique à découvrir un ordre qui fasse disparaître toute disproportion trop accentuée.

c) Plan en 2, 3 ou 4 parties ?

Nous avons évité d'attirer trop l'attention sur cette question : le nombre des divisions d'un développement n'est pas à déterminer dans l'absolu, par superstition ou formalisme. Certains types de plan imposent une division, par exemple binaire : ainsi le plan construit sur une opposition peut offrir 2 parties. Mais une grande souplesse demeure indispensable.

- L'abondance des divisions et subdivisions nuit à l'impression d'unité et à la clarté, donc ne favorise pas la compréhension et décourage.

- Inversement la réduction excessive du nombre des parties risque de fausser l'exposé (on force les rapprochements, les rapports de dépendance des idées ou des faits), bien que cet effort pour regrouper et hiérarchiser soit en général légitime et fructueux.

On adoptera donc généralement de 2 à 4 divisions (et de même, de 2 à 4 subdivisions).

d) Plan statique ou plan dynamique ?

Il est bon de choisir une idée directrice qui crée le mouvement de l'exposé ; depuis l'introduction on conduit peu à peu son lecteur ou son auditeur à une conclusion. Chaque partie joue alors son rôle dans *un organisme vivant*, et les transitions, les conclusions partielles viennent naturellement à l'esprit.

2 Principaux types de plan

A LE PLAN CONSTITUÉ PAR UNE ADDITION

1. L'addition d'éléments simples

C'est la structure la plus rudimentaire, la plus primitive pourrait-on dire. L'enfant y recourt spontanément : « Il y a ceci, ceci et cela ». On se borne à *énumérer,* à *juxtaposer* les faits, les remarques. Ce premier effort de rangement des idées suffit souvent pour la présentation d'informations assez brèves ; en s'allongeant, l'énumération engendre la monotonie, lasse la mémoire. C'est pourquoi on emploie cette structure dans des parties de plan plutôt que pour charpenter un ensemble.

Voici des extraits d'un article consacré aux nuisances provoquées par les autoroutes et construit sur une addition :

§ 1 Les autoroutes occupent des surfaces de territoire de plus en plus vastes. Leur emprise, qui se limitait hier à une cinquantaine de mètres de large, atteint aujourd'hui le double, soit en moyenne une « consommation » de 10 hectares au kilomètre. Si rien ne vient freiner la motorisation croissante des Européens (la France compte déjà 25 millions de voitures et en aura 37 millions dans vingt ans), les experts prédisent qu'il faudra soit élargir (comme on l'a déjà fait dans la vallée du Rhône et le Languedoc), soit doubler le réseau autoroutier actuel. À terme, celui-ci occupera plus de 100 000 hectares.

§ 2 Déjà, à l'instar du TGV, l'autoroute cloisonne le territoire comme aucun autre aménagement – sauf les canaux – ne l'avait fait auparavant. Bien que les ingénieurs s'efforcent de rétablir le maillage des routes secondaires et des cours d'eau, au prix d'un ouvrage de franchissement par kilomètre, le ruban d'asphalte ferme d'innombrables petites voies de communication qui sont de véritables capillaires pour les écosystèmes.

§ 3 Si les hommes s'en accommodent, les animaux le paient cher. Grands voyageurs, les sangliers ont totalement déserté certains secteurs désormais enclavés. On a construit sur certaines autoroutes de spectaculaires passerelles à gibier (environ 80 pour tout l'Hexagone) et même, pour les batraciens amoureux, de très médiatiques « crapeauducs ». Mais ces concessions à la vie sauvage sont insuffisantes. Mâles et femelles de certaines espèces ne parviennent plus à se rejoindre, et ces populations sont menacées de disparition. Quelques centaines de cerfs, chevreuils et sangliers laissent leur carcasse sur l'asphalte chaque année. Sans parler des trotte-menu.

§ 4 Les constructeurs d'autoroute compensent financièrement le remembrement des domaines agricoles traversés (on compte en moyenne 125 hectares par kilomètre). Mais l'opération qui, au total, touche déjà plus d'un million d'hectares, se révèle désastreuse : les haies et les arbres disparaissent, les prairies sont labourées, la faune et la flore s'appauvrissent, les crues peuvent devenir dévastatrices, les nitrates se répandent dans les nappes phréatiques.

§ 5 Une nuisance majeure figure à peine dans les études d'impact, tant on la considère comme inévitable et banale : la pollution atmosphérique. Sur les autoroutes les plus fréquentées les usagers se déplacent en permanence dans un brouillard peu visible – mais pas inoffensif – de gaz d'échappement, de poussières et de microparticules de métaux lourds. Or, malgré tous les efforts en faveur du « moteur propre », les émissions additionnées de nos voitures (oxyde de carbone, hydrocarbures et oxyde d'azote) ont augmenté de 30 % depuis 1970.

§ 6 Si certains de ces gaz sont toxiques, ils ont au moins le mérite de se diluer dans l'atmosphère. Restent les particules. Bon an mal an, une autoroute où circulent 35 000 véhicules/jour reçoit par kilomètre 73 tonnes de poussière, 146 kilos de plomb, 54 kilos de zinc et 2,5 tonnes d'hydrocarbures !

§ 7 Quels sont les effets d'un tel cocktail sur les conducteurs, les riverains et les végétaux ? *« Il y a des années que nous ne l'avons pas étudié,* reconnaît-on à l'équipement, *mais nous commençons à être inquiets pour les usagers, et des équipes vont reprendre les recherches. »* Emportés par le vent, les polluants, notamment le plomb, le plus dangereux, se déposent alentour. Les lichens de la forêt de Fontainebleau qui poussent à 15 mètres de l'autoroute du Sud contiennent 20 fois plus de plomb que la normale et ceux que l'on ramasse à 500 mètres en ont encore deux fois trop.

§ 8 A ceux qui jardinent à proximité d'une voie autoroutière, il est souvent conseillé de laver soigneusement la production de légumes ou de fruits.

Mais le lessivage entraîne une contamination des cours d'eau et celle des nappes lorsque la pluie nettoie les chaussées. Les citernes de produits chimiques et de pétrole qui se renversent à la suite d'accidents (plusieurs dizaines par an) sont redoutées, ainsi que les saumures qui résultent de l'épandage de sel en hiver (...)

§ 9 Mais, de toutes les nuisances autoroutières, le bruit est certainement l'ennemi numéro un des riverains. Alors que 55 décibels représentent le confort acoustique, que 65 décibels sont le maximum tolérable dans une habitation, les croisées ouvrant sur une autoroute reçoivent couramment 75 et parfois même 83 décibels.

§ 10 Conformément à la réglementation de 1983, les ingénieurs des travaux publics évitent, autant que faire se peut, les agglomérations et interposent entre l'ouvrage et ses riverains des talus et des murs anti-bruit. Mais ils confessent que le résultat est rarement vérifié. Pour les 1 000 kilomètres d'autoroutes urbaines restant à construire, le devis des protections acoustiques atteint 10 milliards de francs. Emploiera-t-on au moins ces nouvelles chaussées absorbantes qui enlèvent au bruit de roulement de 4 à 9 décibels, ce qui est considérable ? Ce n'est pas acquis (...)

§ 11 Toutes les perturbations entraînées par l'autoroute trouvent finalement leur traduction dans le paysage. D'abord, celui de la voie elle-même. Sur les soixante derniers kilomètres de l'autoroute du Nord, avant Paris, on peut relever 350 panneaux de signalisation réglementaires. Sans compter les publicités et les enseignes racoleuses. Les premières sont théoriquement interdites à moins de 200 mètres en rase campagne et à moins de 40 mètres en agglomération. Mais les dérogations sont monnaie courante et le laxisme des maires fait le reste. Si les péages et les stations-services ne sont pas des modèles d'architecture, que dire des zones d'activité qui s'étalent à proximité de chaque échangeur ? L'autoroute devient petit à petit la vitrine de toutes les bavures esthétiques (...)

Marc Ambroise-Rendu, *Les autoroutes brouillées avec la nature, Le Monde,* 6 oct. 1990, p. 13 (Extraits).

Le sujet traité invite à l'*énumération,* à l'*inventaire.* On repère aisément les six nuisances suivantes :

1. les surfaces occupées (§ 1),
2. le cloisonnement du territoire (§ 2-3),
3. la destruction de l'aménagement foncier (§ 4),
4. la pollution atmosphérique (§ 5-8),
5. le bruit (§ 9-10),
6. la pollution visuelle (§ 11).

L'auteur consacre un ou plusieurs paragraphes à chacune de ces nuisances, selon l'importance qu'il lui accorde.

L'avantage de ce type de plan est d'être simple et clair. Il est souvent rendu plus apparent, soit par la répétition d'une formule annonçant chaque élément de l'énumération (anaphore), soit par la numérotation de ces éléments (1°, 2°, 3°, etc.), soit par l'emploi de termes signalant la juxtaposition (*d'abord..., ensuite..., enfin...*).

Signalons un procédé qui est en vogue aujourd'hui, dans la presse comme dans les discours des hommes politiques : on annonce au départ les principaux termes de l'addition, soit deux ou trois noms, soit deux ou trois verbes, soit deux ou trois adjectifs ; puis on reprend chacun de ces termes – qui servent de têtes de chapitre, de repères – en les développant. Ce procédé donne l'impression d'un discours maîtrisé, voire élégant. Ainsi le critique Jacques Siclier, consacrant un article au cinéaste François Truffaut qui venait de disparaître, a écrit ceci :

François Truffaut fut à la fois le plus classique et le plus secret des cinéastes français issus de la « Nouvelle Vague ».

Le plus classique parce que, tels Jean Renoir, Jacques Becker et Sacha Guitry, il savait faire exister une histoire et des personnages, entre le réalisme de la vie et la fiction du spectacle ; il connaissait la valeur des mots associés aux images, usant parfois d'un commentaire parlé, d'une lecture prenant une fonction narrative.

Le plus secret, parce que chacun de ses films a recélé, à travers des images d'enfance, des conflits sentimentaux, passionnels, des émotions subtiles, des pirouettes de comédie, son propre univers intérieur dont il prêtait à d'autres, ses comédiens, ses personnages, les états successifs, que sa pudeur, sa retenue, lui imposaient de ne pas étaler au grand jour.

Le Monde, 23 octobre 1984, p. 1.

2. L'addition d'éléments composés

(catégories, thèmes, aspects, points de vue, etc.)

Quand les éléments à ranger sont nombreux, on peut procéder à des *regroupements* selon leurs affinités.

a) Les catégories usuelles

Dans certains domaines, il existe des schémas traditionnels, presque obligatoires :

- en chimie, on présentera successivement les propriétés physiques, les propriétés chimiques d'un corps,
- en géographie, on analysera le relief d'une région, puis son climat, puis ses ressources agricoles et industrielles, enfin les transports et le commerce,
- une situation sera étudiée selon ses aspects économiques, sociaux et politiques.

Exemple :

Quelles sont les matières premières utilisées dans l'industrie des plastiques ?

– on signalera d'abord les matières minérales (calcaire, houille, pétrole brut, gaz naturel, parce que ce sont les plus nombreuses et les plus importantes pour cette industrie ;

– ensuite, les matières végétales qui donnent la cellulose, matière de base des résines cellulosiques ;

– en dernier lieu, une matière animale, la caséine, qui est la base de la galalithe (beaucoup moins employée maintenant).

b) Catégories à créer

Ce type de plan peut être adopté fréquemment ; cependant on recherchera les cadres plus adaptés à chaque exposé, en évitant de se rabattre trop systématiquement sur les schémas connus. Le nombre des catégories, aspects ou thèmes est d'ailleurs inépuisable : origine, nature, matériaux, formes, couleurs, dimensions, utilisations, champ d'application, durée, secteurs concernés, etc...

3. Faut-il ménager une progression ?

Le classement des éléments simples ou regroupés permettra de soutenir l'intérêt du lecteur ou de l'auditeur ; mais le principe d'ordre n'est pas toujours évident.

a) Si les faits ou les idées à inventorier ne sont pas de même nature, on ne peut établir de progression.

Exemple :

Quels sont les grands traits qui caractérisent le sous-continent nord-américain ?

- l'immensité des espaces ; une « échelle » différente de celle du continent européen ;
- la « jeunesse » du « Nouveau monde » ; sa mise en valeur est relativement récente (un siècle) ;
- sa richesse ; les U.S.A. sont la première puissance économique mondiale.

Peut-on classer ces éléments descriptifs selon leur importance relative ? Difficilement, car ils sont de nature différente (géographique, historique, économique), et a priori, l'un n'a pas ici plus de valeur que l'autre.

b) Mais si les divers éléments sont de même nature, il est habituel de les classer, selon leur importance, par ordre décroissant et plus souvent croissant.

B LE MOUVEMENT LINÉAIRE

C'est un ordre que l'on adopte aisément, car il correspond aux grands axes de l'univers humain : l'espace et le temps.

1. L'espace

Si j'ai à *décrire* un local, une installation, je peux énumérer les éléments qui les composent en suivant le mouvement même du regard qui les découvre successivement dans l'espace : de la gauche vers la droite, ou du bas vers le haut, ou depuis l'entrée jusqu'au fond, etc.

Voici un exemple de ce type de plan :

Une usine hydraulique se compose en général des ouvrages suivants :

- un barrage de prise d'eau sur le cours d'eau dont on veut capter la puissance ;
- un canal d'amenée dans lequel sont dérivées les eaux ;
- une conduite forcée ;
- l'usine elle-même, et un canal de fuite qui restitue les eaux dans le lit naturel de la rivière.

G. Thaller, *La Houille blanche*,
P.U.F., coll. Que Sais-je, 1952, p. 24.

Après avoir énuméré d'amont vers l'aval les quatre ouvrages successifs qui constituent une usine hydraulique et, du même coup, annoncé son plan, l'auteur va consacrer un chapitre à chacun de ces éléments.

2. Le temps

L'ordre chronologique est peut-être plus spontané encore, plus courant. C'est celui de tout récit historique évidemment.

Un bon exemple est constitué par le compte rendu d'un accident de la circulation qui se doit d'être précis en ce qui concerne la suite des faits dans le temps.

Voici comment, s'appuyant sur la chronologie, un journaliste raconte l'évolution qui s'est produite dans la distribution de l'essence de 1950 à 1990 :

En 1973, il y avait 46 000 stations-service en France. Il n'en reste aujourd'hui que 24 000. En moins de vingt ans, près d'une sur deux a disparu. Zones les plus touchées : le cœur des grandes agglomérations et les zones rurales à faible densité de population. Dans le même temps s'est produit une concentration des points de vente en banlieue sur les parkings des grandes et moyennes surfaces. Même phénomène au détriment des routes secondaires et en faveur du réseau autoroutier. Là le trop plein, ici le vide.

De la création des réseaux...

Jusque dans les années 50, le développement des points de vente d'essence a tout naturellement suivi celui du développement de l'automobile. Garagistes et réparateurs s'équipaient alors de pompes et des dizaines de distributeurs se partageaient le marché. Dans un deuxième temps, les principales compagnies pétrolières ont créé leurs réseaux sur l'ensemble du territoire national. Une grande bataille d'enseignes à coups de promotions publicitaires, de cadeaux distribués aux enfants qui atteint son paroxysme dans les années 70.

C'est encore l'époque où les prix des carburants sont imposés. Sur les principaux axes routiers, toutes les marques sont présentes. Côte à côte ou face à face. Seules quelques zones, proches des sources d'approvisionnement, proposent des tarifs légèrement inférieurs. La différence et le choix du consommateur se font à partir de la qualité du service ou du gadget offert. On choisit son carburant comme sa lessive.

...À l'arrivée de la G.M.S.

Ces 20 dernières années, 40 % du marché de la distribution passe sous la coupe du secteur de la grande distribution alimentaire. Les grandes enseignes, comme Carrefour ou Mammouth, font du carburant un produit d'appel. Avec la bénédiction des pétroliers trop heureux de trouver là des débouchés concernant d'importants volumes. En 1991, on compte en France plus de 3 500 stations dans le réseau G.M.S. (grandes et moyennes surfaces).

Au passage, victimes de cette concurrence, les petites stations ferment. Les réparateurs automobiles, l'un après l'autre, abandonnent la fourniture de carburant. Cette tendance s'accélère encore à partir du 29 janvier 1985, date de la décision de la Cour européenne de justice, déclarant non conforme au traité de Rome, la fixation du prix minimal des carburants par le gouvernement. Cette décision ayant été prise à la suite de la demande pressante d'Édouard Leclerc.

La bataille des prix

Depuis tous les coups sont permis. Pour le plus grand profit du consommateur. La bataille des prix fait rage entre les enseignes de la G.M.S. et les réseaux des pétroliers qui sont aussi les fournisseurs des premières. Une fois de plus, les petits distributeurs font les frais de la casse tarifaire. Plus les prix baissent, plus il faut faire du volume pour s'en sortir. Un cercle vicieux.

« C'est une catastrophe pour notre profession », clame Charles Sinanian, président du syndicat national des détaillants. « À moins de 250 000 litres par mois, un détaillant ne peut pas s'en sortir, d'autant que les pétroliers nous livrent le carburant, 20 ou 30 centimes plus cher que le prix pratiqué pour les grandes surfaces ».

Pour Claude Bonazza, directeur général d'A.G.I.P. Française, « c'est une question de productivité. Les pétroliers ne peuvent soutenir des affaires non rentables ou qui ne sont pas modernisables. Cela ne procède pas d'un choix délibéré mais d'une obligation de suivre le marché. C'est le consommateur qui a fait le succès de la grande distribution car il y trouve son compte en terme de prix à la pompe ».

Conséquence inéluctable, à de rares exceptions près, toutes les stations n'atteignant pas 200 000 litres par mois ont fermé.

Le bidon de secours

Reste qu'aujourd'hui on se retrouve avec une France des automobilistes à deux vitesses. Il y a ceux qui vivent dans des zones fortement urbanisées ou à fort potentiel commercial à proximité de grands axes routiers et les autres, ceux des zones rurales, des zones de montagne.

Pour faire le plein, mieux vaut être citadin et client de supermarché, qu'habitant d'une zone rurale et fidèle du commerce local. La logique économique ne fait pas toujours bon ménage avec la qualité de la vie. Si d'aventure vous restez en panne d'essence sur une petite route de l'Ardèche, des Hautes-Alpes ou de la Drôme, un dimanche soir, rassurez-vous, vous trouverez encore des automobilistes solidaires. À la campagne, le bidon de secours dans le coffre fait partie de la vie quotidienne. Et puis vous aurez le temps d'apprécier le paysage. Il n'y a pas de raffinerie.

Florent Dessus, *La nouvelle distribution, Le Dauphiné libéré,* 7 novembre 1991.

Le texte suit bien la chronologie, mais le récit est rendu plus clair, plus net, du fait que l'auteur :

a) selon une technique journalistique connue, détache, dès le premier paragraphe, les faits caractéristiques : durée considérée, nombre de stations-service disparues, répartition inégale des points de vente,

b) découpe, dans la durée, des périodes significatives que signalent les intertitres :

- de 1950 à 1970 : réseaux des grandes compagnies pétrolières,
- de 1970 à 1990 : réseau G.M.S. et exaspération de la concurrence ;

c) enfin marque rapidement la conséquence de cette modification de la distribution pour les deux catégories d'usagers (le citadin ; le rural).

Remarques :

- Très souvent un même plan associe la succession des faits dans le temps et dans l'espace. Ainsi un compte rendu de voyage est en même temps géographique et chronologique.
- Le plan linéaire ne manque pas d'efficacité, mais s'il est tentant pour ceux qui répugnent à pousser plus loin leur effort d'analyse et de composition, il faut se méfier de son apparente facilité.
- Il convient de renoncer très souvent à l'ordre linéaire et d'en adopter un autre plus révélateur. Ainsi après une enquête, un stage, une réunion, une inspection, etc., on ne se contentera pas simplement de transcrire ou de lire les notes que l'on a prises ; ce serait souvent une grave erreur de méthode. L'ordre linéaire, qui est celui de l'investigation et de la recherche, sera distingué de l'ordre selon lequel on présentera les résultats.

c LE PLAN FONDÉ SUR UNE OPPOSITION

On rencontre partout cette structure : le jour et la nuit, le chaud et le froid, l'avant et l'arrière, le haut et le bas, la gauche et la droite, le masculin et le féminin, etc.

Il n'est donc pas étonnant de la retrouver fréquemment dans le mouvement de la pensée et qu'on l'utilise pour ordonner ses idées, qu'il s'agisse d'une véritable *opposition* ou bien d'une *comparaison* ou d'une *alternative*. D'où un plan en 2 parties, un « diptyque » comme on aime à dire aujourd'hui.

On considérera, par exemple, un seul objet et l'on opposera deux de ses aspects (pour/contre, avec/sans, avantages/inconvénients, etc.) : toute situation, tout projet peut ainsi être examiné de façon contrastée.

Ou bien l'on comparera deux objets, cherchant quel est le meilleur, le plus beau, le plus utile : on se demandera ainsi quelle est la meilleure de deux décisions, quelle est, de deux opportunités qui se présentent, celle qui sera la plus intéressante.

Ainsi, dans un passage de son livre consacré aux rapports entre le progrès et le chômage, l'auteur se pose la question : à qui va profiter le progrès technique ? Aux États ou bien à l'individu ? Sa réponse est construite sur un emboîtement d'oppositions.

Le progrès technique est un *instrument* de *puissance,* voire de déséquilibres pour les États, alors qu'il peut être un moyen permettant à un individu de jouir d'un niveau de vie supérieur et de s'épanouir. L'un peut-il aller contre l'autre ? L'un peut-il l'emporter sur l'autre ? Tentons de présenter un à un les termes de cette problématique : la bombe H et la guerre des étoiles, fruits du progrès scientifique et technique, confèrent à certains États la puissance militaire... et politique ; le progrès technique est source de croissance économique et octroie à certains États, aux firmes transnationales et aux chefs d'entreprise la puissance économique. *Il est aussi générateur de déséquilibres et de ruptures,* qui déstabilisent les États, parfois les plus puissants d'entre eux : à la fin des années 80, l'équilibre Est-Ouest des années 50 à 80 est devenu un déséquilibre au profit de l'Occident, déséquilibre qui trouve en partie son origine dans la faible diffusion du progrès technique dans les économies de l'Est et dans leur faible productivité. On devine bien combien ces déséquilibres négatifs, qui touchent d'abord l'Europe de l'Est, sont sources de ruptures potentielles graves, qui sont non seulement technologiques, mais aussi et surtout économiques, sociales et politiques. Déséquilibre entre l'Est et l'Ouest, mais aussi au sein de l'Occident : le progrès technique est une des causes majeures de la croissance et des forts excédents du Japon, qui exporte massivement ces produits à forte densité technologique que sont les robots, les magnétoscopes, les caméscopes, les voitures... Ces excédents posent problème à l'Occident et induisent, à travers des déséquilibres, une réévaluation de la position économique et politique du Japon.

Outil de puissance donc, mais aussi outil qui *peut* servir le citoyen-consommateur : sans progrès technique, l'Occident ne connaîtrait pas le *niveau de vie* qu'il connaît. Sans tous ces biens de consommation que l'on évoquait plus haut, son monde serait bien différent. On en a la preuve de différentes manières, et notamment en comparant notre niveau de vie à celui des pays de l'Europe de l'Est. Par ailleurs, dans la mesure où le progrès technique diminue le temps de travail nécessaire pour produire un objet, il permet de réduire la *durée de travail,* si les besoins augmentent moins vite que la productivité : rappelons qu'en 1870 on travaillait 70 heures par semaine. L'innovation de procédés a été un facteur décisif pour abaisser cette durée à 39 heures en France. Dès lors, on peut poser une question : quelle sera demain la capacité de réponse de l'individu, disposant d'un capital de temps non contraint, face aux multiples produits de l'industrie des loisirs et de la culture comme à ceux des multinationales de l'information ?

Et l'on peut se demander si le progrès technique servira demain d'abord les appétits de puissance des États et des firmes transnationales ou au contraire l'homme dans sa volonté de construire un être, fait de bien-être, de dignité et de richesses culturelles ?

Bernard Réal, *La puce et le chômage*, Seuil, 1990, pp. 14-15.

Ce développement est construit sur le schéma suivant :

introduction : la question posée

1re partie : progrès technique et États (1er §) ;
- a. effets positifs : puissance militaire et politique,
- b. effets négatifs : déséquilibres et ruptures (entre l'Est et l'Ouest, et au sein de l'Occident) ;

2e partie : progrès technique et individu (2e §) ;
- a. effets positifs : amélioration du niveau de vie réduction du temps de travail
- b. effets incertains : quelle sera la capacité de l'individu à organiser ses loisirs ?

En ce qui concerne les effets du progrès technique sur le sort de l'individu, l'auteur est plutôt optimiste ; il ne décèle pas de conséquences à proprement parler négatives.

Quant à la conclusion, elle reste interrogative : quelle priorité visera le progrès technique ? Le bien des Etats et des firmes transnationales ou le perfectionnement de l'individu ?

La transition entre les deux parties principales est fortement marquée : « Outil de puissance donc, mais aussi ... ».

Ce type de plan permet de classer rapidement ses idées, mais il expose à la raideur mécanique, à la fausse symétrie, aux reprises. Ainsi l'opposition entre effets positifs et effets négatifs, tout à fait acceptable ici, ne saurait être répétée indéfiniment.

> *Si l'on a à* ***opposer 2 aspects d'un même objet*** *ou* ***à comparer 2 objets :***
>
> a) *au* ***stade*** *de la* ***recherche*** *des idées et du premier classement, adopter le* ***plan*** *le plus simple* ***en 2 parties,*** *articulé sur* ***l'opposition;***
>
> b) *au* ***stade*** *de* ***l'exposé oral ou écrit,*** *plutôt que de consacrer un long développement à chacun des deux aspects du même objet ou à chacun des deux objets,* ***regrouper les idées autour des 2, 3 ou 4 points essentiels ou catégories : l'opposition, le parallèle*** *s'établissent* ***à l'intérieur de chaque partie.***

D LE PLAN CONSTRUIT SUR UN RAISONNEMENT

1. La relation de cause

Rendre compte d'un ensemble de faits n'est pas se limiter forcément à un inventaire descriptif (catégoriel, linéaire ou antithétique). Pour informer, on adoptera aussi parfois un plan articulé sur une réflexion dynamique.

a) Après avoir *décrit* les faits constatés, on cherche à les *expliquer*. C'est une démarche régressive. D'où le schéma :
- la situation,
- ses causes.

b) En sens inverse, une démarche progressive donnera l'articulation suivante :
- la situation,
- ses conséquences.

c) Un même exposé assurera fréquemment les deux mouvements (ce qui est souvent le cas dans une étude ou un rapport) :
- la situation,
- ses causes,
- ses conséquences.

d) Les causes peuvent être certaines ou probables, les conséquences sont effectives ou envisagées. La situation elle-même peut être hypothétique. D'où, si l'on veut, le plan suivant :
- description de l'hypothèse,
- ses conséquences éventuelles.

Voici un exemple d'exposé construit principalement sur la relation de cause :

La pauvreté urbaine dans le tiers-monde

§ 1. Tour à tour, la Banque mondiale et l'Organisation mondiale de la santé (OMS) viennent de tirer la sonnette d'alarme : si, très vite, de nouvelles stratégies de développement ne sont pas mises en œuvre dans les pays du tiers-monde, la pauvreté urbaine va devenir le problème politique et économique *« le plus explosif du siècle prochain »*. À vrai dire, les chiffres et les prévisions sont tellement catastrophiques qu'il est sans doute trop tard et que, comme le dit l'OMS, la *« mégacrise »* des mégapoles semble inéluctable.

§ 2. De 1950 à 1990, la population urbaine des pays en voie de développement a quintuplé, passant de 286 millions d'habitants à 1,515 milliard d'habitants. À ce rythme – et tout porte à croire qu'il ne ralentira pas d'ici là – en 2020, la population mondiale aura augmenté de moitié (passant de 5,2 à 7,8 milliards) tandis que dans le même temps la population urbaine aura doublé. D'ici à la fin du siècle, certaines villes du tiers-monde auront atteint des proportions gigantesques. Mexico aura 31 millions d'habitants, Sao-Paulo 26 millions, Rio-de-Janeiro, Bombay, Calcutta et Djakarta 16 millions chacune, etc.

§ 3. Durant les années 90, sur les vingt et une villes dont la population dépassera les 10 millions d'habitants, dix-sept se situeront dans les pays en voie de développement. Et d'ici à l'an 2000, précise la Banque mondiale dans son rapport intitulé « *Politique urbaine et développement économique : un agenda pour les années 90* » qu' elle vient de rendre public, vingt des vingt-cinq plus grands centres urbains mondiaux se trouveront dans les pays les plus pauvres de la planète. En 2020, pour la première fois dans les pays en voie de développement, la population urbaine sera plus nombreuse que la population rurale.

§ 4. On peut considérer qu'actuellement 25 % de la population urbaine totale du tiers-monde, soit 300 millions de personnes, vivent dans un état de pauvreté absolue (...) Économiquement parlant, l'écart entre les zones urbaines et les zones rurales ne cesse de se creuser. Ainsi, selon la Banque mondiale, 60 % du produit intérieur brut (PIB) de la plupart des pays en voie de développement sont engendrés actuellement dans les centres urbains. En Thaïlande, par exemple, 10 % de la population produisent 80 % du PIB du pays. Dacca, qui compte 4 % de la population du Bangladesh, abrite 60 % de son industrie de transformation. En outre, il est acquis que l'importance des villes dans les économies nationales va s'accroître de plus en plus. D'où la nécessité absolue de s'attaquer à la pauvreté, de répondre à la crise grandissante de l'environnement et de mieux contrôler les processus de développement urbain.

§ 5. Il va sans dire que cette situation est à l'origine de conséquences sanitaires dont les effets pourraient très vite se révéler catastrophiques. Ne serait-ce que parce que, dans ces grandes villes du tiers-monde, pour 25 % à 50 % la population n'a pas accès à des sources d'eau potable et aux services des égouts, les différents indices permettant d'apprécier l'état sanitaire de ces populations ont tous, depuis longtemps, viré au rouge. Et il est à craindre que des situations semblables à celle que l'on observe actuellement à Lima et dans certaines autres grandes villes d'Amérique latine, du fait de l'épidémie de choléra, ne se multiplient dans un proche avenir si rien n'est fait, au moins pour améliorer les conditions d'hygiène et d'apport en eau (...).

§ 6. La pollution, et son cortège de pathologies associées, tend à devenir un véritable fléau dans les mégapoles du tiers-monde. À Mexico, rapporte l'OMS, des caissons à oxygène vont être bientôt mis à la disposition des habitants pour atténuer les maux engendrés par les émissions de gaz d'échappement et de vapeurs industrielles. Dans bien des villes, « *respirer peut être dangereux pour la santé* ». Rien qu'en Amérique latine, estiment les experts de l'OMS, 24 000 décès seraient dus chaque année à l'exposition permanente à de forts taux de pollution atmosphérique.

§ 7. D'une manière globale, on estime à 600 millions le nombre de citadins du tiers-monde vivant dans des logements et quartiers qui mettent leur santé en danger. Dans la même ville, mais dans des quartiers différents, il n'est pas rare d'observer de considérables disparités. Ainsi, dans certaines villes d'Amérique latine, le taux de mortalité infantile peut être cinq fois plus élevé dans les quartiers pauvres que dans les quartiers où vivent des gens aisés.

§ 8. En définitive les populations urbaines des pays pauvres doivent faire face à la fois aux pathologies liées au sous-développement et aux pathologies caractéristiques de l'industrialisation. Dans le premier groupe, on retrouve bien sûr les maladies infectieuses et la malnutrition. Dans le second groupe, on observe des maladies cardio-vasculaires et respiratoires, des cancers, des maladies mentales et des accidents de toutes sortes souvent en nombre aussi élevé que dans les pays industrialisés. À cette seule différence que les structures de prise en charge, aussi bien médicales que sociales, n'existent le plus souvent pas.

Franck Nouchi,
Des mégapoles en mégacrise,
Le Monde, 12 juin 1991, p. 19.

Cet article est nettement construit sur un raisonnement.

Introduction (§ 1) :
une « mégacrise » inéluctable..

1. La **situation** (§§ 2-4)
La démographie urbaine en expansion.
Statistiques actuelles et prévisionnelles.

2. Les **conséquences** sanitaires (§§ 5-8) :
- manque d'eau potable, d'égouts ; risques d'épidémie (§ 5),
- la pollution (§ 6) ;

d'où : la santé des pauvres en danger ; elle est menacée à la fois par le sous-développement et par l'industrialisation (§§ 7-8).

2. Autres formes de raisonnement

Des rapports logiques variés servent à articuler les divisions principales ou secondaires d'une communication d'information ; par exemple, le passage du général au particulier (ou l'inverse), ou du théorique au concret, ou encore le fameux mouvement dialectique (thèse/antithèse/synthèse). (Voir aussi le *syllogisme* au chapitre 2 du tome 2).

E STRUCTURES COMBINÉES

Si les structures que nous venons de passer en revue suffisent à mettre en ordre un texte bref, c'est souvent leur combinaison qui permet d'ordonner un texte plus long et plus complexe. Ainsi une de ces structures commandera l'ensemble et, à l'intérieur de chacune des parties, d'autres viendront organiser les développements secondaires.

Vous constaterez vite que tout le monde utilise peu ou prou ces enchaînements d'idées et que la clarté d'exposition et le talent ne sont souvent que la maîtrise de ces structures étagées. Et vous vous convaincrez aussi que cela est à votre portée, soit pour pratiquer une lecture approfondie, soit pour construire à votre tour le plan de vos interventions écrites et orales.

Prenons comme **exemple** cet article :

§ 1. Aujourd'hui l'horizon familial de nos sociétés développées se situe quelque part entre la famille matricentrée de type afro-américain (la femme, chef de ménage, vivant seule avec ses enfants et parfois sa mère, auxquels s'ajoutent, comme des pièces rapportées, des mâles de passage qui restent le temps de faire un enfant supplémentaire)... et la solitude pure et simple.

§ 2. Cette solitude voulue, heureuse (?), est-elle fille de l'esprit du temps qui encourage les tendances les plus narcissiques de l'individu ? Il y a quelques années, une superbe créature qui s'affichait sur les murs de Paris annonçait avec un sourire espiègle : « *Ce soir, j'ai rendez-vous avec moi.* » Le phénomène n'est pas propre à la France. Comme les autres indicateurs des nouvelles façons de vivre – baisse de la natalité, déclin du mariage, augmentation des divorces, légalisation de l'avortement, etc. –, il touche presque tous les pays occidentaux, avec une diffusion progressive du Nord au Sud : les pays scandinaves ont été les pionniers du changement ; les pays méditerranéens (Italie, Espagne, Grèce, etc.) rattrapent le peloton à marche forcée.

§ 3. Mais la tendance au célibat s'appuie aussi sur une assez longue tradition par laquelle l'histoire de nos pays occidentaux se distingue non seulement de l'est de l'Europe mais de presque toutes les autres civilisations. Le démographe britannique John Hajnal, qui a été le premier à théoriser la particularité du « *modèle de mariage occidental* », le définit par deux traits qui l'opposent nettement à ce qui se pratique à l'est de l'Europe, au-delà d'une ligne « Leningrad-Trieste » : 1) le mariage tardif autour de 25 ans (à peu près au même âge pour les hommes et pour les femmes), alors qu'à l'Est les filles sont mariées dès l'âge nubile ; 2) un pourcentage de célibataires « définitifs » (ceux qui ont plus de 50 ans), qui est encore à la fin du XIXe siècle de trois à quatre fois supérieur à ce qu'on trouve à l'Est.

§ 4. L'importance du célibat ne peut s'expliquer directement par l'influence de l'Église, qui faisait de la chasteté un état supérieur au mariage, considéré par saint Paul comme un simple « *remède à la concupiscence* » ; encore moins par l'impact du célibat ecclésiastique. Car l'Europe orientale, en majorité orthodoxe, était de ce point de vue à même enseigne. Ce nouveau modèle de comportement, en outre, s'est mis en place au cours des XVIe et XVIIe siècles, au moment où une partie de l'Europe occidentale, devenue protestante, supprimait le célibat ecclésiastique.

§ 5. Le nouveau célibat, qui répondait en général à des contraintes professionnelles (pour les domestiques) ou à des stratégies de préservation des patrimoines (chez les paysans comme dans la haute artistocratie), touchait aussi bien les sommets que les couches inférieures de la société. Dans la pairie anglaise, on trouve à la fin du XVIIe siècle plus de 20 % de célibataires définitifs chez les hommes comme chez les femmes ; une proportion qui est identique chez les ducs et pairs de France et encore plus forte dans l'aristocratie vénitienne. En 1746, Deparcieux dénombre 20 % de célibat définitif chez les hommes et 15 % chez les femmes, à Paris dans la très huppée paroisse Saint-Sulpice, peuplée d'une abondante domesticité.

§ 6. Ajouté au retard des mariages – contrariant comme lui le rythme naturel de la reproduction biologique –, le célibat a été un puissant facteur de régulation démographique qui a permis à l'Europe occidentale d'épargner ses ressources, d'accueillir le capitalisme et de s'engager précocement dans la révolution industrielle. Mais, curieusement, les avantages de ce dispositif malthusien ont été totalement méconnus par l'opinion et par ceux qui étaient censés l'éclairer. L'Église devenue marieuse acharnée incite les veufs à se remarier sans tarder et encourage même les gens trop âgés pour procréer à convoler en juste noces pour ne pas se retrouver seuls face aux maux de la vieillesse. Les philosophes des Lumières dénoncent le célibat des clercs pour son parasitisme teinté d'immoralité et celui des laïcs pour son inutilité.

§ 7. Sous la Révolution, le célibataire est l'ennemi que l'on matraque d'impôts supplémentaires. Au XIXe siècle, l'homme célibataire, souvent rentier, artiste ou homme de lettres, est un monstre, facilement suspecté d'égoïsme ou de turpitude. Quant à la vieille fille, quand on ne la soupçonne pas de dissimuler une cupidité d'accapareuse (voir Balzac), on l'appelle « mademoiselle » avec un mélange de compassion et de mépris.

§ 8. En réalité, le célibat a pu exister dès le XVIIe siècle dans l'Europe occidentale parce que nos sociétés avaient déjà atteint un niveau d'organisation et de prise en charge publique qui donnait à l'individu les moyens de ne pas dépendre intégralement de la protection familiale. Vivre seul n'était pas encore un statut admis ou désirable, mais ce n'était plus un naufrage. La solitude est un luxe de pays développé. Nos célibataires du passé, comme tous les pionniers du changement, ont préparé dans la honte et la marginalité l'accouchement d'un monde nouveau.

André Burguière,
Les sans-famille de l'histoire,
Le Nouvel Observateur, 18-24 avril 1991, p. 13.

Plan analytique du texte

Introduction (§ 1) :

La famille aujourd'hui, en Europe occidentale, est située entre deux extrêmes : la famille matricentrée et le célibat.

1. Pourquoi ? (§§ 2-4)

a. le narcissisme contemporain,
b. une longue tradition,
c. l'influence de l'Église ?

2. Apparition, à partir du XVIe siècle, d'un nouveau célibat (§§ 5-7)

a. son développement (§ 5)
– contraintes professionnelles et préservation des patrimoines,
– couches de la société (aristocratie/couches inférieures),
– répartition hommes/femmes ;
b. conséquences en chaîne (§ 6)
– régulation démographique,
– progrès économique ;
c. son intérêt méconnu par (§§ 6-7) :
– l'Église,
– les philosophes du XVIIIe siècle,
– les révolutionnaires,
– le XIXe siècle.

Conclusion (§ 8) :

le célibat utile et luxe de pays développés.

Remarques

Dans cet article, plusieurs structures se retrouvent, à divers niveaux.

• La charpente maîtresse est *chronologique* : panorama d'une histoire du célibat, en Europe occidentale, du XVIe siècle à nos jours.

• L'introduction (la situation familiale actuelle) est suivie de trois paragraphes d'*explication*, c'est-à-dire d'une addition de causes, dont une d'ailleurs est rejetée (influence de l'Église).

• Le paragraphe 4 (apparition d'un nouveau célibat à partir du XVIe siècle) est repris et développé :
– historique et descriptif (§ 5),
– ses conséquences heureuses... (§ 6),
– mais (opposition) ... qui ont été méconnues jusqu'au XXe siècle (§§ 6-7).

• La conclusion corrige l'erreur d'appréciation des siècles précédents (en réalité), donc mouvement d'*opposition*, et réaffirme le rapport entre célibat et société développée.

Le plan n'exerce pas une contrainte absolue, il reste un *projet ;* on sera très souvent amené à le nuancer et à l'adapter au cours de la mise en forme.

Cependant, pour un exposé simple et court, on n'aura pas intérêt à utiliser un plan trop subtil qui échapperait à l'auditeur ou au lecteur. En définitive, on s'assurera avant tout que le plan adopté n'entraîne pas à des redites.

Le peintre a rarement conçu son tableau dans tous ses détails, lorsqu'il s'installe devant son chevalet ; c'est en maniant ses brosses et ses couleurs qu'il découvre les exigences internes de son œuvre.

> *Structures et plan analytique*
>
> **L'étude des structures** *permet de mieux comprendre la pensée de l'auteur et sa stratégie, mais elle* ***ne fournit qu'un*** **schéma abstrait.**
>
> **Le plan analytique** *rend compte du* ***mouvement*** *de la pensée et aussi du* **contenu** *du texte. Il doit faire apparaître non seulement la structure, mais encore les idées principales formulées de façon précise et* **concrète.**

EXERCICES

EX 1 Dégager le plan du texte suivant :

Panégyrique de Grenoble

Pour définir Grenoble, on est parfois tenté de reprendre le mot de Paul Valéry, qui baptisa Sète, sa ville natale, une « île singulière ». Mais chaque cité est unique : la France forme un archipel de singularités. Au demeurant, une seule épithète ne suffit pas à caractériser Grenoble. Mieux on la connaît, plus on s'aperçoit qu'elle est, tout à la fois, exceptionnelle, surprenante, orgueilleuse, paradoxale.

Exceptionnelle, Grenoble l'est par son site admirable au confluent des vallées, par la beauté des montagnes qui l'entourent, par le rôle qu'elle a joué dans l'histoire de France, par la rapidité de sa croissance contemporaine, par sa passion pour la science et les techniques, par son ouverture aux idées nouvelles, par ses pulsations accordées au rythme du monde.

Surprenante, comment douter que Grenoble le soit? Elle compte, proportionnellement parlant, plus de classes, d'amphithéâtres et de laboratoires que toute autre ville française. Elle est plus jeune, non seulement par l'âge de sa population mais encore par son esprit. Elle rassemble plus d'étudiants. Elle reçoit plus d'étrangers. Elle groupe plus d'ingénieurs. Elle emploie plus de techniciens. Elle comprend plus de sportifs. En définitive, elle a plus de globules rouges...

Orgueilleuse, va-t-on cacher que Grenoble l'est un tantinet? Elle conserve une légitime fierté d'avoir servi de berceau à deux des plus grandes révolutions du monde moderne : celle de 1789 et celle de l'électricité. Son contentement n'est pas celui du mastroquet enrichi. C'est celui de l'homme d'action, qui a créé et construit. Ils aiment le temps de la récolte, les gens d'ici. Mais, à bien les connaître, on peut se demander s'ils ne lui préfèrent pas la saison des semailles. Voyez-les, dans les sillons, marcher, depuis tantôt deux mille ans, en lançant à pleines poignées idées et inventions...

Ville paradoxale, enfin, que cette Grenoble. Elle qui fut la capitale du Dauphiné, voilà qu'elle abrite aujourd'hui beaucoup moins de Dauphinois que d'allogènes. Elle qui se veut d'avant-garde, elle ne parvient pas toujours à briser avec le conformisme ou le traditionalisme. Elle qui se passionne pour le progrès, elle n'a pas délié toutes les bandelettes de la routine. Elle qui se dit ouverte aux vents du grand large, il n'est pas nécessaire de la visiter longuement pour y respirer encore les effluves d'un provincialisme désuet Elle qui s'est engagée hardiment sur les chemins de l'avenir, elle s'embourbe, de temps en temps, dans les ornières de mesquines et ridicules querelles locales. On pourrait ainsi multiplier les antithèses. Mais à quoi bon? Le tableau de Grenoble est, par définition, un diptyque. Comme celui de beaucoup de villes, dans notre monde en mutation.

Paul Dreyfus, *Grenoble, de César à l'Olympe,* Arthaud, 1967, pp. 7-8.

EX 2 Cherchez sous quelles grandes rubriques sont classées les informations dans un quotidien comme *Le Monde.*

EX 3 Dégager l'idée maîtresse et la structure du paragraphe suivant :

Tant que les hommes se contentèrent de leurs cabanes rustiques, tant qu'ils se bornèrent à coudre leurs habits de peaux avec des épines ou des arêtes, à se parer de plumes et de coquillages, à se peindre le corps de diverses couleurs, à perfectionner ou embellir leurs arcs et leurs flèches, à tailler avec des pierres tranchantes quelques canots de pêcheurs, ou quelques grossiers instruments de musique, en un mot, tant qu'ils ne s'appliquèrent qu'à des ouvrages qu'un seul pouvait faire et qu'à des arts qui n'avaient pas besoin du concours de plusieurs mains, ils vécurent libres, sains, bons et heureux autant qu'ils pouvaient l'être par leur nature et continuèrent à jouir entre eux des douceurs d'un commerce indépendant, mais dès l'instant qu'un homme eut besoin du secours d'un autre, dès qu'on s'aperçut qu'il était utile à un seul d'avoir des provisions pour deux, l'égalité disparut, la propriété s'introduisit, le travail devint nécessaire et les vastes forêts se changèrent en des campagnes riantes qu'il fallut arroser de la sueur des hommes et dans lesquelles on vit bientôt l'esclavage et la misère germer et croître avec les moissons.

J.J. Rousseau, *Discours sur l'origine de l'inégalité.*

EX 4 **Vous êtes journaliste. Voici des informations qui « tombent » sur le fax. Sous quelles rubriques du journal les classez-vous ?**

1. La commission médicale du Comité Olympique international a fixé les modalités des contrôles « antidopage » aux prochains Jeux Olympiques. 2. *L'Homme et la société* a consacré un important numéro spécial à la situation des femmes. 3. Deux émissaires de Washington à Damas et à Jérusalem. 4. Les « Années Rimbaud », célébration du centième anniversaire de la mort du poète, viennent de s'achever. 5. L'indice des prix a connu une progression de 0,9 % le mois dernier. 6. L'opposition critique la réduction des dépenses militaires. 7. La voiture se retourne dans un virage : trois morts. 8. Pour la première fois, un ambassadeur russe nommé en Israël. 9. Le Président de la Commission des Lois à l'Assemblée Nationale demande à être reçu par le Garde des Sceaux. 10. Le prix de journée de tous les hôpitaux publics et privés va être majoré de 4 %.

EX 5 **Dégager le plan du texte suivant :**

Situation géographique de la France

La France, me semble-t-il, a trois versants qui répondent à trois critères différents. Il y a en France un versant occidental, un versant européen et un versant méditerranéen.

Par son versant occidental, la France a un fond atlantique : elle appartient à l'Océan, elle regarde vers l'Occident, elle regarde vers le dehors, elle est ouverte aux influences extra-continentales ; c'est par là qu'elle est douée, dans une certaine mesure, d'un esprit d'expansion et d'aventure ; et, par le fait qu'elle regarde vers l'Occident, elle appartient au groupe occidental, c'est-à-dire qu'elle est naturellement associée, par sa civilisation et par ses manières de voir, aux pays libéraux que sont l'Angleterre ou encore hier les États-Unis. Une civilisation franco-anglo-américaine, ayant son axe dans l'Atlantique, répond à tout un aspect de la France, mais ce n'est qu'un des aspects.

Le second aspect, c'est le versant continental européen. La France, géographiquement, appartient au continent européen par un lien de chair dont elle est inséparable. Ce lien de chair, l'Angleterre ne l'a pas, la Scandinavie non plus. Tout notre bord oriental, en France, appartient déjà à l'Europe centrale, qu'il s'agisse de la Flandre, de la Lorraine, de l'Alsace, de la Franche-Comté, presque, dans une certaine mesure, de la Bourgogne et de la Savoie. Quand vous êtes dans cette bande orientale de la France, vous êtes déjà dans l'atmosphère de l'Europe centrale. Une ville comme Lyon, comme Nancy, comme Strasbourg, comme Mulhouse, d'autres encore, sont des villes de l'Europe centrale. Et nous sommes tellement inséparables du continent européen qu'il est inconcevable de faire une Europe sans la France et qu'il est bien difficile de concevoir une France ayant une existence indépendante en dehors du continent européen.

Troisième aspect, le plus curieux de tous : c'est notre aspect méditerranéen. Par son front méditerranéen, la France est en contact direct avec l'Asie, avec l'Afrique, avec l'Orient, avec l'Extrême-Orient, c'est-à-dire non seulement avec un monde extra-européen, mais avec le passé le plus illustre de l'humanité. Un méditerranéen a derrière lui deux ou trois mille ans d'histoire. Il n'est étranger ni en Algérie, ni en Égypte, même pas en Asie occidentale. Il est à son aise dans le monde romain, dans le monde grec. En un mot, notre tradition classique, pour le Méditerranéen, est une parfaite réalité. Et, dans ces conditions, nous nous apparentons à des civilisations très anciennes, à des formes de culture traditionnelles avec lesquelles l'Occident a perdu contact. L'Angleterre a perdu ce contact, l'Amérique également, tandis que nous, de ce fait, avons des relations de famille avec des types de civilisations que l'Occident ne connaît pas.

Ces trois aspects, si différents, unissons-les dans une personnalité commune et nous avons la France, une France très unie mais très contradictoire.

André Siegfried, *Aspects de la Société française*, Introduction pp. 7-9, Librairie générale de droit et de jurisprudence, 1954.

EX 6 Voici, dans l'ordre où les énumère le Code de la route, 14 cas principaux d'interdiction de dépasser. Essayez de les regrouper selon les raisons qui justifient l'interdiction.

Le dépassement est interdit : 1. Entre les panneaux de signalisation « Défense de dépasser » et « fin d'interdiction de dépasser ». 2. Lorsqu'il amènerait le chevauchement ou le franchissement d'une ligne blanche continue. 3. Lorsqu'il obligerait à emprunter la voie la plus à gauche sur une chaussée à double sens de circulation, comportant plus de 2 voies matérialisées. 4. À droite, sauf lorsque l'usager qui précède a signalé qu'il tournait à gauche ou s'il s'agit d'un tramway. 5. Au sommet d'une côte, ou dans un virage (sauf cas de sens unique ou de voie matérialisée). Il est toutefois possible de dépasser cycles et cyclomoteurs en sommet de côte ou virage si l'on n'est pas obligé de dépasser l'axe médian. 6. Par temps de brouillard et de pluie. 7. Lorsque la chaussée est rétrécie, glissante, bombée. 8. Lorsqu'un usager vient en sens inverse. 9. À une intersection de routes ou de rues, sauf si on se trouve sur une route à priorité ou un passage protégé. 10. Au franchissement d'une voie ferrée sur un passage à niveau non gardé. 11. Sur un passage pour piétons. 12. Lorsqu'on est soi-même sur le point d'être dépassé. 13. Lorsque l'usager qui précède n'a pas compris le signal de dépassement ou refuse d'en tenir compte. 14. Au panneau « Danger ».

EX 7 Présenter le graphique suivant

(L'évolution en pourcentage de la population par âge, en France) :

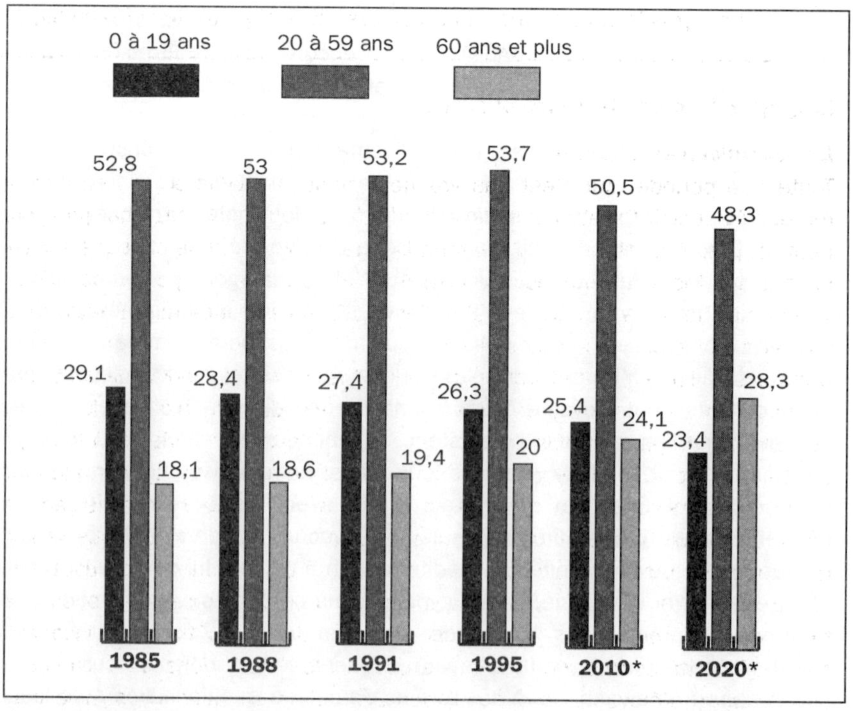

* prévisions

D'après l'I.N.E.D.

EX 8 **Dégager le plan du texte suivant :**

Quand la terre tremble...

À l'heure actuelle, le risque sismique tend à décroître dans les pays développés par suite de l'adoption de normes antisismiques de plus en plus sévères en matière de construction et, en date plus récente, par celle de schémas d'aménagements urbains et de plans d'occupation des sols qui interdisent l'édification d'habitations dans des zones de failles actives.

Dans le tiers monde, au contraire, le nombre de personnes exposées au risque sismique connaît un accroissement incessant. Cela résulte d'une part de l'explosion démographique, et d'autre part de l'exode rural concomitant qui conduisent un nombre croissant de personnes à venir s'installer illégalement dans des bidonvilles situés à la périphérie de vastes cités elles-mêmes édifiées en zone dangereuse. Parallèlement à cette explosion démographique urbaine s'accroît donc le nombre d'habitations misérables, incapables de résister à la moindre secousse tellurique. L'absence de normes de construction rigoureuses et strictement appliquées, *a fortiori* celle de planification de l'environnement tant en zone urbaine que rurale dans les pays du tiers monde, aggravent dans des proportions considérables le risque sismique des populations exposées.

On est par ailleurs surpris de constater que dans les régions du globe où les séismes se manifestent de façon récurrente, l'habitat traditionnel n'est jamais conçu pour protéger les personnes qui y vivent des effets d'un tremblement de terre. En Italie, en Turquie, au Pakistan, en Iran et en Amérique latine, la plupart des maisons sont construites en pierres jointes par du mortier, de la chaux, voire en pisé. Ces murs épais supportent une lourde charpente recouverte de tuiles, d'ardoises ou de pierres plates, couvertures toutes également dangereuses en cas de séisme. Si l'intensité de celui-ci est plus forte, les murs eux-mêmes s'écroulent, écrasant les habitants qui sont restés dans leur demeure.

En conséquence, l'impact des tremblements de terre sur les populations urbaines et rurales des pays en voie de développement ne peut qu'aller en s'accroissant compte tenu de l'explosion démographique, de la misère concomitante, du manque de matériaux résistants (ciment, acier), de l'absence de connaissances sur la construction d'édifices anti-sismiques.

François Ramade, *Les catastrophes écologiques,*, Mc Graw-Hill, 1987, Paris, p. 82.

EX 9 **Dégager le plan du texte suivant :**

L'économique et le social

Toute une période, qui n'est pas vraiment close, a largement conçu l'économique comme le moteur du social. On attendait (on attend) d'une économie moderne, prospère, productive, compétitive, performante, etc., qu'elle fournisse les moyens d'une politique sociale « avancée » s'appuyant sur les « retombées du progrès ». Et, pensait-on, peu importe que l'on détruise en « modernisant », car on dégage ainsi les moyens de reconstruire mieux, rénovant nos sociétés comme nous avons rénové nos villes.

Dans cette vision des choses, un cercle vertueux unit l'économique au social. Des populations mieux soignées, mieux logées, plus instruites, accédant de plus en plus à la culture, ne peuvent que devenir de plus en plus productives. Et on imagine un horizon où tous, grâce aux bénéfices du progrès et de l'instruction, étant devenus compétents, dynamiques, responsables, etc. l'union de la modernité économique et du progrès social aura triomphé sans restes.

Mais la réalité correspond de moins en moins à ce schéma. Car que veut dire bénéficier des retombées du progrès quand on est exclu de l'emploi (même si l'on est bien assisté). Or, poussée dans toutes ses conséquences, acharnée à se débarrasser de tous les « poids morts », de tous ceux qui sont « dépassés », insuffisamment « compétitifs », « incapables », la recherche d'une efficacité économique maximale est lourde d'exclusions. Plus on veut être « en pointe », plus la barre s'élève. Et on ne voit pas à l'horizon de politique sociale capable de dissoudre dans les bataillons de producteurs rentables ceux que leur âge, leur santé, la faiblesse de leurs diplômes, etc. ne rendent compétitifs qu'en acceptant d'être déchus.

Comment, dans ces conditions, obtenir une articulation acceptable entre l'économique et le social, sans cesser d'accorder une priorité absolue au souci de performance économique maximum ; sans admettre, dès le départ, qu'il faut concevoir le fonctionnement de l'économie de telle façon que chacun, même s'il n'est que modérément performant, ait une chance de trouver une place honorable ?

Philippe d'Iribarne, *Le chômage paradoxal,* P.U.F., 1990, pp. 177-178.

EX 10 **Proposer, pour le sujet suivant, deux plans différents (le premier fondé sur l'opposition, le second, par catégories) :**

« Pour ou contre la suppression de toute activité scolaire, même à l'école élémentaire, le samedi ? »

EX 11 **Comparez deux voitures (performances à peu près égales, même nombre de places) de marques différentes, par exemple la Renault Mégane et la Peugeot 306.**

EX 12 **Parallèle entre deux chanteurs (classique ou variétés), deux champions sportifs, etc.**

EX 13 **Dégager le plan du texte suivant :**

Le prolétariat éclaté

Au cours d'une quinzaine d'années de crise, en France comme dans la plupart des pays occidentaux, on a assisté à une fragmentation croissante du prolétariat, qui, en mettant en cause son unité, a tendu à le paralyser en tant que force sociale.

Dans le spectre actuel des figures prolétariennes, trois grands ensembles se dessinent :

1. Les travailleurs stables et garantis : soit pour des raisons juridiques (cas de la majorité des salariés de l'appareil d'État), soit pour des raisons économiques (cas des salariés des entreprises ou des secteurs qui ont pu échapper à la crise ou qui l'ont surmontée). Ils continuent à se voir garantir leur emploi, la croissance ou du moins le maintien à niveau de leur salaire, une négociation collective de leurs conditions de travail, une protection et une expression syndicales, des possibilités plus ou moins étendues de « carrière » et de promotion sociale dans l'entreprise, etc.

Cependant, au fur et à mesure que la crise se prolonge, non seulement ce noyau de travailleurs stables tend à se rétrécir mais encore leurs « garanties » tendent à se restreindre (par exemple dans le sens d'une plus grande flexibilité des conditions qui régissent l'usage et l'échange de leur force de travail).

2. Les exclus du travail, voire du marché du travail tout court, que la crise jette durablement ou même définitivement sur le pavé – notamment les travailleurs âgés ou peu qualifiés des secteurs en déclin – ou auxquels – c'est le cas des jeunes – elle interdit tout simplement de pénétrer dans la vie active. Les uns et les autres sont voués au chômage de longue durée, donc à l'assistanat, entrecoupé de divers stages, avec au bout du compte, pour un nombre croissant d'entre eux, la plongée dans la pauvreté et la misère.

3. Entre ces deux pôles, la masse flottante des travailleurs précaires, au sein de laquelle il convient de distinguer différentes catégories :

– *les travailleurs des entreprises,* généralement des PME, *opérant en sous-traitance et en régie,* au rythme des commandes des entreprises donneuses d'ordres, plus sensibles aux fluctuations économiques. Depuis le début de la crise, la sous-traitance s'est développée, en particulier dans le textile-habillement, la construction mécanique, la transformation des plastiques. On peut y

adjoindre les travailleurs à domicile, impliqués dans une forme apparemment archaïque de soumission du travail au capital, à laquelle la crise a cependant conféré une nouvelle jeunesse ;
– *les travailleurs à temps partiel,* par définition mal intégrés au collectif de travail de leur entreprise, et ne bénéficiant souvent pas des avantages sociaux réservés aux travailleurs à plein temps. C'est là une de ces formes de travail « atypique » qui ne cessent de se développer en dépit de la récession économique : ainsi, en France, alors que les actifs à temps complet diminuaient de 501 000 entre 1982 et 1988, les actifs à temps partiel augmentaient de 111 000 durant la même période, 83 % d'entre eux étant des femmes ;
– *les travailleurs temporaires,* intérimaires ou sous contrat à durée déterminée (CDD), qui n'ont aucune garantie d'emploi permanent (de même que les vacataires et auxiliaires des administrations et des services publics).
Quasi inconnues avant la crise, ces formes de travail précaire n'ont cessé de croître depuis, parallèlement à la diminution des emplois salariés « normaux » (à temps plein et à durée indéterminée) : tandis que ces derniers chutaient d'un peu plus de 1 million entre 1982 et 1988, ceux de la première catégorie s'accroissaient de 334 000 en équivalent d'emplois normaux. Il s'agit d'une catégorie de travailleurs particulièrement mobiles, passant souvent de l'activité au chômage et vice versa ;
– *les stagiaires,* essentiellement des jeunes mais aussi de plus en plus des travailleurs âgés, « bénéficiant » des nombreuses formules de stage (d'insertion, de qualification, d'adaptation, de reconversion, etc.) que les gouvernements multiplient, moins pour lutter contre le chômage que pour le masquer ou en prévenir les risques sociaux et politiques ;
– enfin, au comble de la précarité, *les travailleurs de l'« économie souterraine »,* qui tentent d'échapper au chômage en travaillant « au noir », fréquemment placés en situation de sous-traitance par rapport à l'économie officielle, ou en se livrant à la petite production marchande, essentiellement dans le secteur des services rendus aux particuliers.

Alain Bihr, *Le prolétariat dans tous ses éclats,*
Le Monde diplomatique, mars 1991, p. 25 (extraits).

EX 14 **Dégager le plan analytique du texte ci-dessous, en indiquant les paragraphes concernés dans chaque partie et subdivision.**

À la santé du vin

Savez-vous si le saumur-champigny est un touraine blanc, un anjou rouge ou un bourgogne blanc ? Si le tavel est un vin de Provence, des Côtes-du-Rhône ou du Béarn ? Non ? Rassurez-vous, vous n'êtes pas le seul : 90 % des Français l'ignorent. 3 % seulement ont pu donner au moins douze bonnes réponses à vingt questions de ce type, posées par la Sofres, à la demande de la revue ***Cuisine et Vins de France.***

Les Français sont les plus grands consommateurs de vin du monde (les deux tiers d'entre eux en prennent tous les jours), mais ils ne savent pas ce qu'ils boivent. Ils sont ignares en œnologie. D'ailleurs, la plupart des spécialistes en la matière – les grands chroniqueurs, les auteurs d'ouvrages de référence – sont anglais, américains, hollandais, suisses, russes... Rarement de chez nous. Une honte ! Les Français, pendant longtemps, se sont désintéressés de ce qui est une de leurs fiertés nationales, un élément de base de leur culture.

On dira que déjeuner avec du château-margaux n'est pas à la portée de tout le monde et qu'il n'est pas nécessaire de savoir si le pauillac est un bordeaux ou un bourgogne pour écluser avec satisfaction le verre de rouge qui accompagne le steack-frites quotidien. Les vins fins, même s'ils font partie des gloires nationales, comme la haute couture ou les tableaux du Louvre, n'entrent pas dans l'ordinaire du Français moyen. Ils sont associés à un univers de luxe réservé à une minorité de privilégiés. Les gros bataillons de buveurs français consomment du vin de table.

Pourtant, cette réalité-là a beaucoup évolué au cours des années. On s'aperçoit que le comportement des Français à l'égard de leur boisson nationale est en train de changer.

D'abord, ils boivent moins. La consommation par personne est passée, en moyenne, de 136 litres par an en 1964 à 98 en 1979. En quinze ans, le nombre des consommateurs a diminué de plus de 20 % et l'eau a remplacé le vin en tête des boissons de table.

La consommation régulière de vin était surtout caractéristique des milieux ruraux et populaires (artisans, ouvriers). Avec l'urbanisation, la sédentarisation et l'augmentation du niveau de vie, elle tend à devenir plus occasionnelle. La présence de nombreux travailleurs musulmans et la crainte des accidents du travail font que la consommation de vin diminue chez les ouvriers. La surveillance du taux d'alcoolémie sur les routes a une influence sur l'ensemble de la population. La diminution de la consommation régulière a des répercussions sur les jeunes : ceux-ci ont d'autant plus de chance de devenir de façon précoce des buveurs réguliers, qu'ils sont dans une famille où l'on boit régulièrement.

Mais si les Français boivent moins, on peut dire qu'ils boivent mieux. Alors que la consommation des vins de table diminue, celle des vins de qualité augmente. Les buveurs de vins fins n'ont pas le même « profil » que les autres. Ce ne sont pas des buveurs réguliers. Ils appartiennent aux classes moyennes et supérieures (employés, commerçants, cadres, professions libérales...). On les trouve surtout dans la région parisienne et dans les villes. Ce sont souvent des jeunes. Ainsi face à la bouteille, deux France s'opposent : celle du gros rouge, des buveurs quotidiens des campagnes et de l'usine, des travailleurs manuels et des gens de la nature. Population en récession, du fait de l'exode rural et de l'évolution de la classe ouvrière et des conditions de travail. Et la France des villes et des bureaux, des catégories en expansion et en voie d'ascension sociale, qui préfèrent, au repas quotidien, boire de l'eau plutôt que de la piquette et se réservent, le dimanche ou quand il y a des amis à la maison, le plaisir de sortir une bonne bouteille.

Cette bouteille, le buveur « moderne » la tire de sa cave, s'il en a une – éventualité malheureusement rare dans les immeubles modernes – ou plus généralement du supermarché du coin, où sa femme l'a achetée en faisant ses courses. Car le vin de marque est devenu un produit de consommation courante, pour lequel les grandes surfaces ont fait un effort commercial particulier.

D'autre part – autre changement dans les mœurs... – le vin n'est plus considéré comme le monopole intangible des hommes : tandis que ceux-ci dédaignent de moins en moins de venir au fourneau, les femmes ne se sentent plus disqualifiées pour s'occuper des alcools (un quart des Françaises estiment être « bon connaisseur » en vin).

Ce changement dans le type de consommation reflète une évolution plus profonde dans les relations des Français avec la boisson et la nourriture. Le vin n'est plus considéré comme un aliment de base, un reconstituant indispensable pour affronter la fatigue de l'existence, mais comme un plaisir, comme un compagnon de fête. Il accompagne un événement d'exception. Il marque une parenthèse. On boit pour recevoir, en famille ou entre amis. Pour marquer une distance par rapport à l'ordinaire. On lève son verre, on trinque, on se retrouve. On est heureux. C'est dimanche.

On boit entre soi. Chez soi. Le goût nouveau pour le vin fin correspond à un retour à la vie domestique. Si le restaurant reste prisé comme occasion de sortie, de dépaysement physique et gustatif, le vin est trop cher pour qu'on puisse faire des folies. On se contentera de la « réserve du patron ». À la maison, en revanche, on pourra se lancer, comparer les vins, tester les crus. Le goût pour le vin y accompagne le renouveau de la pratique de la cuisine. Quand on a mijoté un bon petit plat, une bonne bouteille s'impose.

La constitution d'une cave personnelle – même modeste, mais elle s'enrichira peu à peu – est un exercice excitant. C'est l'occasion de se documenter, de prendre contact avec les producteurs, d'échanger les bonnes adresses avec les amis, d'organiser des virées pour s'approvisionner. L'intérêt pour le vin est l'occasion de s'initier à toute une science nouvelle. D'où le succès des publications spécialisées, des ouvrages consacrés à ce précieux breuvage.

Le numéro spécial de septembre sur le vin du ***Gault et Millau*** tire à plus de deux cent mille exemplaires. La revue ***Cuisine et vins de France,*** créée il y a cinquante ans par Curnonski, et réservée pendant longtemps aux spécialistes, est maintenant, sous la houlette de Jean Ferniot, vendue en kiosque et tirée à quatre-vingt-huit mille exemplaires.

Des associations se créent pour enseigner aux profanes la science du vin, l'art de la dégustation. La plus connue est l'Académie du vin. L'une des plus récentes , « Hobby vins », se propose, en trois séminaires où se mêlent la théorie à la pratique, de vous initier à la qualité et au vocabulaire des vins blancs et rouges. On y apprend « *à ventiler un vin dans sa bouche et à le cracher* », les principes de la vinification, les « *harmonies et discordances qualitatives entre les vins et les mets* », à lire les étiquettes et à se repérer dans les systèmes d'appellation, à reconnaître les arômes-clefs et à détecter les défauts. Ces colloques se terminent par un exercice intitulé : « *libres propos et synthèses des convives sur les découvertes individuelles* »... tant il est vrai que la dégustation est un mélange indissociable de science et d'impression, de tradition et d'intuition. Et qu'elle est inséparable du discours qui l'accompagne. Goûter le vin ne peut être un exercice solitaire. Cela demande la confrontation des sensations, la convivialité. D'où le recours à une terminologie aussi pointilleuse que fantaisiste, qui permet aux convives d'échanger avec le maximum de minutie des informations incommunicables. Le vin se goûte et il se parle. Impossible de garder pour soi une révélation aussi essentielle qu'impalpable. Le plaisir du vin va avec celui de la conversation.

Lorsque vous aurez acquis, dans les savants séminaires organisés à votre intention, les titres en œnologie indispensables à tout amoureux du vin, vous pourrez mettre votre science toute fraîche en application dans les nombreux « bistrots à vins » qui s'ouvrent un peu partout à Paris et dans les grandes villes.

Cet engouement pour les vins de qualité est un phénomène récent en France, qui nous vient des pays anglo-saxons. Aussi peut-on prévoir qu'il a de beaux jours devant lui. Il y a encore beaucoup à faire pour que le pays de la vigne devienne un pays de connaisseurs. Mais parions que les Français mettront les « gorgées doubles » pour être à la hauteur de leur réputation.

Frédéric Gaussen, *Le Monde Dimanche,* 18 avril 1982, p. IX.

EX 15 **Les sources d'énergie dans le monde. Quel plan proposez-vous pour traiter ce sujet ?**

EX 16 **L'engouement actuel pour « l'ancien » (mobilier, bibelots...), ou pour les animaux de compagnie (chien, chat, hamster...). Proposez un plan pour ce sujet.**

EX 17 **Peut-on envisager pour un avenir plus ou moins proche une semaine de travail réduite à 30 heures ? Faites un plan.**

UN VERBE TOUCHE-À-TOUT : FAIRE

1. Employé seul, FAIRE a des sens variés suivant le contexte.

2. Suivi d'un nom ou d'un verbe, FAIRE est le premier élément d'un très grand nombre de « locutions verbales » comme : *faire attention, faire choix de, faire croire, faire front, faire honneur, faire preuve, faire savoir, etc.* Ne vous laissez pas entraîner par elles à de maladroites répétitions.

EXERCICES

EX A Dans chacune des phrases suivantes, trouvez le sens particulier du verbe *faire* en donnant un équivalent :

1. Nous avons fait la Sicile cet été. 2. C'était très bien organisé : en huit jours on a fait Naples, Rome et Florence. 3. Il est étudiant : il fait de la sociologie. 4. Elle est malade : elle fait de la température. 5. Cette pièce fait environ 4 mètres sur 5. 6. Desmaison a fait la face Ouest des Drus. 7. Vous ferez mon bureau à fond et ensuite vous ferez le parquet de l'entrée. 8. Combien faites-vous cette commode Louix XV? 9. Il se fait trente mille francs par mois. 10. Il a fait de la prison pour escroquerie. 11. J'ai fait celui qui ne savait rien. 12. Ce titre ne fait pas bien. 13. La décoration fait tout à fait 1900.

EX B Dans les phrases suivantes, vous avez avantage à remplacer les locutions avec *faire* par leur équivalent :

1. Nous ferons ce soir la connaissance de quelques hommes qui se sont fait une large place dans la profession. 2. Pour nous faire connaître ce poète, les auteurs de l'émission se sont efforcés de faire apparaître un portrait au travers de ses textes : ainsi doivent se faire jour les tendances révélatrices de la personnalité du poète. 3. Le ministre a fait un tour d'horizon et a fait un tableau assez sombre de la situation économique.

TRAVAUX DIRIGÉS

TD 1 Construire le plan du texte suivant :

Les grands thèmes de la rumeur

L'analyse des rumeurs politiques montre que celles-ci ne font que décliner à l'infini un petit nombre de thèmes, sept en l'occurrence, que l'on pourrait appeler les sept péchés capitaux de la rumeur. Nous les présentons un par un, sans que l'ordre signifie que l'un est plus fréquent que l'autre, tout comptage en la matière se révélant hasardeux.

Le premier thème est celui de la main cachée, du pouvoir occulte, de la société secrète qui tire les rênes du pouvoir. Ce thème découle logiquement de la conception de la vie politique comme un théâtre. Il postule un théâtre de marionnettes, où les ficelles sont en des mains invisibles. Derrière la mise en scène électorale et une façade démocratique, il existerait en réalité un pouvoir occulte, une main cachée, libérée elle des entraves du parlementarisme et du suffrage universel. Le thème des sociétés secrètes est une des constantes de l'imaginaire politique français : toute société un peu fermée et mystérieuse pouvait servir de bouc émissaire. Ainsi les rumeurs ont-elles longtemps porté sur les jésuites avant de changer de bouc émissaire : ce fut alors le cas des juifs (par exemple la rumeur du complot des Sages de Sion) et des francs-maçons. Ces groupes dirigeraient en réalité le pays, quelle que soit la nature du gouvernement en place. La rumeur est prompte par exemple à rappeler que les hommes de bord opposé sont tous frères dans la franc-maçonnerie.

Aux États-Unis, l'influence de la pègre et en particulier de la Mafia sur la Maison-Blanche est un thème montant des rumeurs : ainsi on dit que R. Nixon avait mis fin à la guerre du Viet-Nam pour pouvoir reprendre les relations avec la Chine populaire et ainsi ouvrir le marché chinois aux industriels américains, en particulier ceux liés à la Mafia. Cette thèse est présente dans la pièce *Secret Honor,* filmée par Robert Altman. De même, selon la rumeur, Marilyn Monroe ne se serait pas suicidée. En effet, dès 1950, on sait que la star fréquentait Robert Kennedy, alors président d'une commission d'enquête sur les syndicats américains. Pour Kennedy, les syndicats et en particulier le plus puissant d'entre eux, celui des camionneurs, dirigé par Jimmy Hoffa, étaient intimement liés à la Mafia. Pour répliquer, Hoffa aurait fait installer des micros dans la maison de Marilyn afin de mouiller Robert voire John Kennedy dans un scandale à caractère sexuel. Les États-Unis sont encore très puritains : ce genre de rumeurs ne pardonne pas. Marilyn Monroe aurait été assassinée pour étouffer ce scandale politique.

La France profonde reste très sensible aux rumeurs de franc-maçonnerie. Aussi l'émotion fut-elle grande en février 1977, lorsque *le Canard enchaîné* publia un article sous le titre : « Il veut se faire franc-maçon : Giscard sonne à la porte de la loge. » Le président de la République aurait, selon cet article, demandé son admission à la « Loge Mozart », située dans le XVIe arrondissement. L'information fut démentie. Certes, à plusieurs reprises le président de la République avait eu des contacts avec de hauts dignitaires maçonniques, mais ses prédécesseurs à l'Élysée en avaient fait de même avant lui (1).

À gauche, l'imaginaire du complot est occupé par la Commission trilatérale, créée à l'initiative de David Rockefeller et rassemblant les personnages en vue du monde financier, économique, politique et universitaire du camp occidental. Cette commission est dénoncée comme « un pouvoir occulte où les puissances financières internationales font et défont les équipes dirigeantes occidentales (2) ». Les rumeurs et un article récent du journal *Le Monde* (3) ont d'ailleurs insisté sur la participation ouverte de Raymond Barre à cette Trilatérale.

---

(1) *La Correspondance de la presse,* 21 février 1977.

(2) *Le Monde,* 30 mai 1985.

(3) *Op. cit.*

À quoi correspond cette volonté obstinée de rechercher « le chef d'orchestre clandestin » qui ordonne le monde en secret ? Pour M. Gauchet, il s'agit de l'expression de l'angoisse du totalitarisme. Pour de nombreuses personnes, « les bornes dans lesquelles le gouvernement légitime issu du suffrage populaire est tenu sont absolument insupportables. Il faut qu'ils reconstruisent, derrière, une puissance immense dont ces politiciens dérisoires ne seraient que le masque ». La rumeur ne fait que dénoncer cette mainmise. Elle exprime une crainte totalitaire : il y aurait en coulisses des gens qui ne s'embarrassent pas des lois et de la démocratie républicaine.

Le deuxième thème des rumeurs politiques est celui de l'accord secret. Il y aurait des rencontres et des arrangements liant en secret les adversaires politiques, contredisant ainsi leur attitude publique. Le moindre indice sert à la rumeur : pour quelle raison croyez-vous donc que F. Mitterrand soit allé rendre une visite courtoise, le 6 juillet 1984, à Valéry Giscard d'Estaing, lors d'un voyage officiel en Auvergne ? Cela va de soi : le président et son rival se sont d'ores et déjà entendus pour se partager le gâteau électoral des législatives de 1986. Telle était la rumeur de l'été 1984, relancée de plus belle lorsque François Léotard rencontra le président F. Mitterrand, le 25 août, dans sa résidence d'été à Brégançon. Enfin, au nom de quoi, subitement, François Mitterrand a-t-il décidé d'arrêter la procédure visant à faire entendre l'ex-président dans l'enquête sur les « avions renifleurs » ? Pour la rumeur, la cohabitation était déjà amorcée.

Ce thème de l'alliance découle du mythe du théâtre. Sur scène les candidats se disputent et s'invectivent ; en coulisse, chacun le sait, ils dînent ensemble et fréquentent les mêmes salons.

Les trois thèmes suivants sont les fameux trois « s » : sous, santé et sexe. On ne compte pas les rumeurs de fortunes cachées, d'accumulations scandaleuses, de profit sur le dos de la collectivité. Léon Blum avait une vaisselle d'or ! Edgar Faure aurait reçu un million du sultan du Maroc ! Laurent Fabius s'achèterait une résidence luxueuse à Cléguer, près de Lorient !

La sexualité a perdu un peu de sa vigueur comme thème de rumeur. Aujourd'hui, le strip-tease est devenu banal dans le « Collaro Show », *Cocoricocoboy,* à une heure de très grande écoute. La sexualité est de moins en moins secrète et taboue : elle échappe donc lentement à la rumeur.

Si une certaine vie amoureuse est acceptée, les sexualités déviantes sont, quant à elles, intolérables. Dans les villes de province, les réputations sont détruites par les rumeurs des ballets roses ou d'homosexualité. De même, conséquence des tensions liées à l'immigration, un nouveau thème de liaison interdite est apparu : la fréquentation d'un ou d'une immigrée. Ainsi, lors des élections municipales de 1983 à Roubaix, une rumeur accusait Pierre Prouvost, candidat du parti socialiste, d'avoir « engrossé une Algérienne ». Quelle part doit-on attribuer à cette rumeur dans la défaite du candidat ?

Le thème de la santé est, nous l'avons souligné plus haut, un des favoris de la rumeur. Comme il est malséant en France d'interpeller publiquement un homme politique sur son état de santé réel, cette tâche échoit à la rumeur. Dans les démocraties occidentales, les électeurs exigent de plus en plus de tout savoir de la santé des hommes qui les gouvernent. Aux États-Unis, la procédure est institutionnalisée : même les candidats à l'investiture du parti républicain ou démocrate doivent publier les résultats de leur check-up. Le temps est bien révolu où, au siècle dernier, le président Cleveland s'était fait opérer en grand secret sur un bateau. Tout le monde a suivi la moindre évolution du bouton nasal de Ronald Reagan.

Le sixième thème est celui du double langage : les intentions réelles de l'homme politique seraient à l'opposé de ce qu'il proclame publiquement. La persistance des rumeurs concernant l'attitude réelle de Georges Marchais pendant la Seconde Guerre mondiale en est un exemple. Il est vrai que le pacte initial entre J. Staline et A. Hitler allait dans le sens de la rumeur. L'histoire récente, la Résistance et la collaboration sont encore un humus actif pour les rumeurs. De même, pour contrer l'image douce que cherche à acquérir Jean-Marie Le Pen, la rumeur a puisé dans son passé récent pendant la guerre d'Algérie.

Le dernier thème est celui de l'immigration. Comme le précédent, c'est un thème de trahison. La France des années 80 est prompte à vilipender l'homme politique suspect de connivence maghrébine. Ce fut le cas lors des élections municipales de 1983 à Grenoble et à Roubaix : la rumeur attaqua deux candidats du parti socialiste. Ces rumeurs ne sont pas nouvelles. À l'aube de sa carrière politique, lorsqu'il se présenta pour la première fois aux élections dans le Doubs, Edgar Faure fut l'objet d'une rumeur identique : il s'appellerait en réalité Lehman, mais tenait à cacher son ascendance juive ! Aujourd'hui, le bouc émissaire a changé.

Tels sont donc les sept thèmes dominants des rumeurs. Certes, la liste n'est pas exhaustive. Cependant, on comprend mieux pourquoi l'affaire Markovic, par exemple, était dangereuse. Une même rumeur comportait plusieurs thèmes essentiels : la mort, la sexualité trouble, la pègre, le star-système, la présidence de la République, un étranger. Les ingrédients mêmes du roman policier moderne.

Jean-Noël Kapferer, *Rumeurs. Le plus vieux média du monde,*
Seuil, 1987, pp. 251 à 255.

TD 2 Faire le plan du texte suivant :

L'homme fasciné

La question immédiate que je me pose en présence des effets des techniques courantes sur l'homme existant, enfant, adulte, et leur probable développement, c'est le type d'homme qui est effectivement créé par millions, déjà maintenant, et sans la moindre intervention génétique. Or, je qualifierais cet homme, tel que je le rencontre, d'homme fasciné, halluciné, diverti.

L'homme de notre société après avoir été un obsédé du travail devient un homme fasciné par la multiplication des images, l'intensité des bruits, la dispersion des informations. Or, dans ces trois domaines, il s'agit bien de l'effet des techniques sur l'homme quelconque, même s'il n'est pas un passionné de télévision ou de spectacles. Il ne peut strictement pas y échapper. Je pense à la croissance générale du bruit dans toutes les formes de la musique moderne.

Bien entendu on dira : « Ce n'est pas la faute de la technique, c'est l'homme, l'utilisateur, qui met son poste au maximum » (lorsqu'il ne s'agit pas d'un concert). Mais c'est justement cela qui me paraît inquiétant ! C'est justement le fait que ce soit l'auditeur qui demande qu'on lui fournisse une musique totalement écrasante, destructrice de la conscience, et c'est en cela qu'il est fasciné. Il est dans la situation du drogué qui ne peut pas vouloir autre chose. Et ce qui me paraît à la fois le pire et le plus significatif dans cet ordre de situation, c'est le développement du « walkman ». Il devient absurde et affolant de constater que les jeunes ne peuvent simplement pas supporter de vivre une heure sans cette musique qui écrase leur cerveau. Ils sont tellement intoxiqués par ce bruit qui efface tout le reste qu'ils en ont besoin dans un train, dans une auto... Ils ne peuvent plus échapper à ce magnétisme, qui les empêche à la fois de prendre conscience du monde extérieur, de recevoir d'autres impressions, de vivre dans un monde réel, et de sortir de leur obsession. Ce bruit, car on ne peut pas appeler cette musique autrement que « bruit », vient, et c'est très significatif, *redoubler* le bruit du milieu urbain. On est en général très d'accord pour admettre la nocivité de ce bruit permanent (autos, engins de travail...) et parfois pour lutter contre, mais voici que la musique impose un bruit autrement redoutable et d'autant plus nocif qu'il est choisi.

C'est le même événement qui se produit avec l'invasion des images, non seulement celles qui sont diffusées par la télévision ou le cinéma, mais celles de la publicité par exemple, qui n'est plus la publicité neutre et immobile des affiches sur les murs, mais la publicité mobile et active des panneaux publicitaires animés, donc forcément attractifs. Les images en même temps accaparent l'attention et la dispersent. L'homme est saisi par un univers de possibles dérisoires et massivement imposés. Bien entendu je ne veux pas du tout dire que telle publicité conduit l'acheteur à acheter le produit. Ce n'est pas la question. Mais la multiplicité de ces images envahissantes disperse, dilue l'homme dans un univers complètement factice. Il n'y a là encore aucune réflexion, aucun choix, aucune délibération possibles. Or, cette publicité n'est en rien innocente. Si elle réussit, c'est qu'elle rend compte de la réalité de l'homme moderne, de ses manques, de ses désirs. Et quand nous analysons les thèmes principaux, nous apercevons que, d'une part, il y a le thème de violence (très remarquable, des séries publicitaires pour des objets divers, mais tournant toutes autour de l'impératif : « Soyez modernes », et toutes avaient pour image fondamentale des images d'agressivité, de conquête, de puissance, de violence), d'autre

part, s'il y a beaucoup moins de publicité autour de l'homme ou de la femme idylliquement heureux, beaux, etc. il y a tout un courant publicitaire sur l'amitié, la convivialité, la familiarité... précisément au sujet de ce qui l'évoque le moins.
Et l'ordinateur devient l'assistant totalement indispensable exactement dans la mesure où l'excès d'informations risque pour un homme normal de provoquer la désinformation. Heureusement cette information va être assumée, entièrement enregistrée, assimilée et toujours mise à votre disposition grâce à la mémoire du système. Mais là encore, c'est merveilleux et cela veut exactement signifier que l'homme est dépossédé. L'ordinateur n'est pas un outil qui est seulement au service d'un questionnement humain. Il a sa fonction propre et l'homme est dépossédé de son pouvoir spécifique du choix de l'information à conserver et à combiner en lui. Et ce n'est absolument pas la même opération que celle qui consiste à la faire faire par l'ordinateur. Elle est qualitativement différente dans la mesure où dans le tri et la composition de l'information par l'individu entre un facteur subjectif essentiel, inévitablement absent de l'appareil. Or, c'est ce facteur subjectif qui rend l'information, construite par l'homme, cohérente à la décision. Celle-ci n'est jamais la solution d'un problème (ce que l'ordinateur peut faire) et toujours une « décision » qui tranche le « nœud gordien » !
Tous ces exemples successifs (et qui ne sont que des exemples !) sont là pour faire comprendre ce que j'entends par l'homme fasciné. Cet environnement de bruit et d'images est tellement envahissant, suggestif et attractif, que l'homme ne peut pas continuer à vivre sur le mode de la distanciation, de la médiation, de la réflexion, mais seulement sur le mode de l'*immédiateté,* de l'*évidence* et de l'*action hypnotique.* C'est-à-dire trois caractéristiques de l'absurde, au sens existentiel.

Jacques Ellul, *Le bluff technologique,* Hachette, 1988, pp. 258-259.

TD 3 Dégager le plan analytique du texte suivant. Vous indiquerez les paragraphes concernés dans chaque partie et subdivision.

Intégrismes et laïcité

§ 1 – L'intégrisme n'est pas un fait divers, accidentel, ni limité aux Iraniens ou à l'Islam. Ce n'est pas un phénomène nouveau ; il est au contraire plus ancien et plus tenace que l'humanisme et la tolérance, en matière religieuse comme en politique. Comme le sida, il est simplement latent et resurgit périodiquement, dans les moments de changements sociaux accélérés, qui angoissent les gens, les font se réfugier dans ce qui les rassure, parce que plus archaïque.

§ 2 – Cette conception, que l'on pourrait appeler totalitaire, n'est pas seulement le fait d'esprits religieux : il existe des totalitarismes en politique comme en philosophie. Ils reposent sur deux postulats. Le premier est que la vérité, évidemment leur propre conception de la vérité, est absolue. Intégrisme signifie intégrité de la tradition, évidemment interprétée à leur manière. Elle ne supporte donc aucune autre restriction, sans être elle-même en danger. Ce qui prouve, à mon sens, que, malgré les apparences, les totalitaristes ne sont ni tellement sûrs d'eux-mêmes ni sûrs de leur vérité, sinon ils n'auraient pas besoin de la défendre si âprement. Ils ont besoin de mettre Dieu dans leur jeu.

§ 3 – Le second postulat, qui découle du premier, est que les individus et les peuples qui s'opposent à cette conception unitaire doivent être mis dans l'impossibilité de nuire, par la coercition, par la destruction s'il le faut. L'idéologie se clôt par une action radicale, sans quoi elle ne serait pas totale.

§ 4 – À l'opposé de cette philosophie, périlleuse pour la vie des individus et des peuples, se trouve la conception que l'on peut qualifier de laïque, ou de libérale, faute d'autre terme. Elle repose également sur deux postulats.

§ 5 – Le premier est la distinction de la raison et de la foi, religieuse ou politique. C'est cette séparation qui a permis l'extraordinaire développement de la science et des techniques, qui sont les conditions mêmes de la civilisation occidentale. Cette civilisation a triomphé partout dans le monde, car même l'Iran des ayatollahs utilise, à son corps défendant, la rationalité et les schémas des structures technico-industrielles pour faire fonctionner ses usines ou ses bateaux de guerre.

§ 6 – Ce triomphe exige le doute préalable, et non la soumission à une autorité préétablie, aussi prestigieuse soit-elle ; la relativité de la vérité, toujours révisable, et toujours soumise à l'expérience. Ce qui suppose évidemment le respect du contradicteur, professât-il une opinion différente : sans quoi, on n'aurait guère besoin de ce respect.

§ 7 – Précisons une fois de plus que cette conception n'implique aucun discrédit porté contre la foi et les croyances des gens : il s'agit simplement de deux domaines qui fonctionnent avec des règles différentes. Rappelons la belle phrase de Louis Pasteur, catholique pratiquant : *Lorsque je rentre dans mon laboratoire, je laisse ma foi au vestiaire.*

§ 8 – Le second postulat est la distinction entre le droit et l'autorité, politique ou religieuse, ce que l'on appelle encore la séparation des pouvoirs. Aucune autorité, si puissante soit-elle, ne saurait annihiler le droit d'un individu ou d'un groupe, fût-il minoritaire, marginal ou économiquement démuni : c'est le fondement même de la démocratie.

§ 9 – Il est remarquable que ce principe a également triomphé dans le monde entier, en apparence au moins ; témoin les gains constants de la doctrine des droits de l'homme dans les dernières décennies. Même ceux qui pratiquent l'exclusion des minorités, le racisme, la torture et le coup de force permanent proclament qu'ils sont, au fond, démocrates. Ils cherchent à excuser leurs conduites actuelles par quelque circonstance exceptionnelle ; ou, bien sûr, au nom des intérêts supérieurs de leur nation, leur Église, leur groupe... en quoi ils se contredisent, puisque le droit, précisément, ne se mesure pas à ces intérêts.

§ 10 – Malheureusement, ce double triomphe de la raison et de la justice, qui coïncide dans la démocratie, n'est jamais définitif. Ceux qui ont cru, après la dernière guerre, que l'humanité ne se laisserait plus entraîner par de sinistres projets se sont trompés. Nous avons assisté au retour, plus ou moins sournois, des racismes, des partis fascistes et, maintenant, des intégrismes.

§ 11 – Contre ces démons, la vraie bataille est celle de l'humanisme laïque, qu'il nous faut mener ensemble : par-delà nos groupes respectifs, y compris les croyants ; par-delà nos Églises respectives. Car seule la laïcité est le commun dénominateur à tous : elle n'exclut personne, elle inclut quiconque accepte le contrat commun : celui du respect de tous les autres.

§ 12 – Car chacun doit balayer devant sa porte. Nous nous le devons d'abord à nous-même avant de le réclamer des autres. Il faut que chacun, pour son compte et avec les moyens de son bord, tente d'aller au fond des choses. Pourquoi ne pas se demander, par exemple, une bonne fois ce que signifie vraiment la notion de sacré ou simplement de respect ? Extraordinaire exigence de soumission *inconditionnelle* à un système de valeurs, de mythes quelquefois, religieux ou politiques... réclamée impérativement des autres, qui ne le partagent pas !

§ 13 – Je comprends ce qu'il peut y avoir de bouleversant à voir mettre en question les piliers d'une tradition. Il serait naïf de penser que l'on puisse secouer les béquilles des gens sans aviver leurs angoisses et, du même coup, provoquer leur colère. Ce que j'ai proposé naguère de nommer les ruptures de dépendance. Et je ne crois pas que Rushdie (1) soit aussi naïf qu'il veut le faire croire : c'est bien à une telle remise en question qu'il participe. Il vaut mieux là encore que les choses soient courageusement claires. Mais cette permanente possibilité critique de tout l'acquis culturel de toute l'humanité, est la condition même de toute recherche et de tout progrès. Que l'on prenne garde à ceci : si l'on admet la notion de sacré, celle de blasphème suit immédiatement après, et le blasphème appelle la coercition et bientôt l'agression. On ne sortira pas de là.

§ 14 – On nous dit qu'il serait dangereux de toucher à certains tabous, essentiels pour la survie de l'humanité. Mais ce n'est pas parce qu'ils sont tabous qu'ils sont essentiels ; nous les avons promus tabous parce qu'ils sont essentiels au fonctionnement de la plupart des sociétés humaines : sur l'inceste, par exemple, nous nous apercevrions rapidement que, religion ou pas, nous serions tous d'accord, croyants et agnostiques. Dieu est mort, tout serait permis ? Non ! Qu'il soit vivant ou mort, il y a des conduites qui ne sont pas permises. La morale n'est pas le monopole des croyants.

---

(1) Salman Rushdie, auteur des *Versets sataniques.*

§ 15 – Sur tout cela, il faudra bien se décider à réfléchir, ensemble. J'ai le regret de dire qu'il y a plus de vigueur et d'irrévérence à cet égard chez de nombreux sages de l'Antiquité grecque que chez la plupart de nos philosophes à l'égard des « sacrés » contemporains. En attendant, que le ciel nous préserve de la confiscation du pouvoir temporel par les intégristes, quels qu'ils soient !

Albert Memmi, *Intégrismes et laïcité, Le Monde diplomatique*, mars 1989, p. 3.

TD 4 Faites le plan du texte suivant :

La carte de France du vacarme

Le bruit est placé – toujours ! – en tête des nuisances dont se plaignent les Français. Mais de quel bruit s'agit-il ?

Aboiements de chiens, téléviseurs, appareils électroménagers, bricolage, chaînes hi-fi, scènes de ménage, cris de bébés, instruments de musique : ce sont d'abord les troubles de voisinage. *« Ils ont augmenté de façon considérable en l'espace de dix ans »*, affirme Jean Rigotard, directeur de la prévention et de la protection civile à la Préfecture de police de Paris. Vrai, en effet, que les statistiques délivrées par le Bureau des nuisances sont éloquentes : 36 % des plaintes en 1972, plus de 50 % en 1982. Parallèlement, les réclamations concernant les bruits de la rue (circulation, chantiers, etc.) passent de 23 à... 5 %! *« Situation pour le moins paradoxale,* constate Jean Rigotard, *car, lorsque nos techniciens munis de leur sonomètre dressent leurs constats chez des particuliers, la circulation y fait souvent plus de bruit que les voisins... »*

Le paradoxe, à vrai dire, n'est qu'apparent. Dans un environnement de bruits, il est plus facile de contrer le voisin, personne physique, que la circulation, monstre non identifiable, ou le domaine public, ou l'État. Il n'empêche, elles sont souvent pathétiques, les lettres reçues par le Bureau des nuisances ou les associations de défense contre le bruit : *« Vous êtes mon seul recours... », « Je vous en prie, c'est un appel au secours... », « Je risque ma place et ma santé », « Empêchez-les de me détraquer complètement »*, etc.

Les griefs les plus souvent évoqués ? Les aboiements de chiens. Dans les appartements formant caisse de résonance, ils peuvent être épouvantables. Or – fait nouveau – c'est maintenant par centaines de milliers que les chiens vivent, du moins en France, dans les grandes villes. Citons encore le travail au noir effectué la nuit, les chaînes hi-fi à plein régime, les disputes, les pianos et, de plus en plus, tam-tams et batteries. Sans oublier, bien sûr, les « boums » : elles méritent même qu'on s'y attarde un peu.

Habitués à la « surpression » sonore des discothèques et concerts pop, un nombre croissant de jeunes perdent, sans s'en rendre compte, une part de leur acuité auditive. Bref, ils deviennent plus ou moins sourds ou, selon les dires de spécialistes, *« entendent comme des vieillards »*. Ce qui les conduit – cercle vicieux – à réclamer, au concert ou à la danse, de plus en plus d'intensité. Aujourd'hui, un orchestre de musique pop débite avec ses amplificateurs des décibels proches, pour une oreille intacte, du seuil de douleur ! Or, cette pression acoustique aberrante, beaucoup veulent la recréer dans des appartements évidemment non insonorisés. Du coup, dans les villes, les « boums » deviennent un véritable cauchemar pour le voisinage.

Même problème, d'ailleurs, pour les discothèques mal isolées. Dans le Vieux-Lyon, le seul remède efficace trouvé en définitive pour que les voisins d'une boîte dorment tranquilles a été de plomber le potentiomètre de la sono !

Après ceux du voisinage, les bruits de la rue. Ils ne sont pas près non plus de diminuer. Un Français sur quatre se plaint des nuisances sonores de la circulation routière. Certes, depuis 1981, de nouvelles normes sont entrées en vigueur pour limiter le niveau sonore des véhicules. Mais, entre la théorie, la réglementation et la pratique, le fossé est incommensurable. Les motos récentes par exemple ne font effectivement guère de bruit... à vitesse stabilisée ; mais que les motards déchaînent leurs chevaux en première ou en seconde, et le rugissement du moteur devient insupportable. Ne parlons pas des cyclomoteurs dont on a trafiqué le pot d'échappement (avis aux bricoleurs : un décret du 8 juin 1983 impose aux constructeurs des pots indémontables).

Éloquente démonstration : un deux-roues à moteur « gonflé » ou bruyant entrant à la porte d'Auteuil à 2 heures du matin, traversant Paris pour en ressortir par la porte de Vincennes, réveille à lui tout seul 200 000 personnes !

À Paris, toujours – selon les conclusions du Centre d'étude des transports urbains – 80 % des riverains du réseau routier sont soumis à plus de 72 dBA en façade (dBA = décibel mesuré sur la courbe de pondération des sons ; c'est une unité de mesure qui tient compte de la sensibilité de l'oreille humaine. À titre d'indication, des bruits compris entre 50 et 70 dBA perturbent fortement une conversation.) Le boulevard Saint-Michel à lui tout seul affiche 76 dBA. Quant au périphérique, il bat tous les records avec les 83 dBA issus des 220 000 véhicules qui l'empruntent vingt-quatre heures sur vingt-quatre.

La plupart des villes françaises rencontrent les mêmes problèmes : le « capital silence » est en train de fondre. Malgré plusieurs campagnes, la création d'une Association des victimes des troubles de voisinage, l'installation d'un « Monsieur Antibruit » à la préfecture (comme dans chaque département), Marseille, par exemple, reste une ville trop bruyante. Les grands hôtels situés sur la Canebière ou autour du Vieux-Port ont dû investir dans le double vitrage et la climatisation pour prévenir la fuite de la clientèle. Lyon n'est, hélas ! pas en reste. Au demeurant, les nuisances de la circulation ne sont pas les seules gênantes. Dans toutes les agglomérations, des bruits nouveaux sont apparus. Même dans les rues peu fréquentées.

La radio dans les voitures, par exemple. Qui, de son lit et en pleine nuit, n'a goûté aux charmes du poste autoradio d'un citadin rangeant son véhicule, toutes vitres baissées ? C'est qu'ils prennent du « muscle », les amplis et les haut-parleurs qu'on installe aujourd'hui dans l'automobile.

Et puis, il y a les nouvelles sirènes stridentes des policiers, importées tout droit du Canada. Et les alarmes, donc ! La recrudescence des vols a entraîné une multiplication des systèmes d'alarme sonore (voitures, appartements, magasins et même deux-roues). Malheureusement, nombreux sont ceux qui se déclenchent sans raison, à toute heure du jour et de la nuit.

Enfin, le tourisme, le folklore, rend certaines rues insupportables à ses habitants : guitares, chansons, jeux, altercations. Il ne s'agit certes plus là de bruits nouveaux : après tout, la ville écrit depuis toujours ses propres symphonies, surtout dans les pays du soleil. Oui, mais lorsque les villes grandissent, le nombre d'insomniaques grandit avec elles.

Les Méridionaux eux-mêmes finissent par se lasser du bruit. Que ce soit à Toulouse, à Marseille, à Toulon ou ailleurs, même la célèbre pétanque se fait de plus en plus d'ennemis : l'été, les plaintes affluent chaque semaine, par dizaines, aux commissariats de quartier. « *Vous savez, dès qu'il fait beau, le moindre espace, la moindre cour se transforme en boulodrome,* raconte un Marseillais. *Pour les habitants qui voudraient profiter de la fraîcheur de la nuit et dormir la fenêtre ouverte, les fins de semaine ne sont pas drôles : chaque point est accompagné d'exclamations. Et puis, chez nous, impossible de tenir les boules sans les frapper l'une contre l'autre ; cela fait partie du plaisir et du jeu. Mais, Dieu, que cela fait du bruit !...* »

Il y a plus traumatisant, certes, que la pétanque : les hurlements de réacteurs ! Un million de Français, riverains d'aéroports civils ou militaires, sont gênés par le bruit. Seuls ceux d'Orly et de Roissy bénéficient d'une aide à l'insonorisation.

Enfin et surtout, l'atelier, l'usine, certains travaux suscitent des bruits continus ou intermittents, parfois fort dangereux. La surdité occupe en Europe la troisième place des maladies professionnelles. Mais heureusement, c'est dans son milieu de travail que l'homme a su lutter de la façon la plus efficace contre les nuisances sonores. Pour le docteur Loth, du laboratoire de biophysique sensorielle de l'hôpital Lariboisière, à Paris, le nombre de surdités professionnelles est maintenant en constante régression : grâce à la protection accrue des personnes (port du casque, par exemple), à l'insonorisation des locaux et des machines.

Reste que certaines professions sont encore très exposées : ouvriers manipulant des marteaux piqueurs par exemple, ou des perceuses, ou des forges, etc. Exposés, les standardistes le sont aussi : entre la source du bruit (l'écouteur) et l'oreille, il manque la distance suffisante pour atténuer les sons. Or, la pratique du casque hi-fi et, dans une mesure moindre, du Walkman recrée les mêmes conditions pathologiques. Haro sur les écouteurs !...

Qu'ils aient pour origine les voisins, les autos, les poids lourds, les deux-roues, les avions, les trains ou l'atelier, tous ces bruits ne sont pas innocents. Plus ils montent en intensité, plus ils sont nerveusement fatigants. À 50 dBA, ils sont déjà gênants. Entre 60 et 80 dBA, ils font apparaître – les médecins spécialisés l'affirment – de nettes perturbations physiologiques et psychologiques. Au-delà de 80 dBA, ils sont dits « destructeurs » (surtout si les fréquences sont aiguës).

C'est que, néfaste pour l'ouïe, le bruit est aussi une source de stress. À Bordeaux, des enquêtes ont montré que des élèves soumis pendant leur scolarité à des nuisances prononcées (circulation routière) faisaient preuve d'une grande inattention et rencontraient davantage d'échecs aux examens. Un bruit fort fait sécréter de l'adrénaline, accélère le pouls et élève la tension artérielle. Les sujets sensibles ou hypertendus connaîtront donc, à cause de lui, la fatigue cardiaque. Pour tous, ce seront l'insomnie, la fatigue générale, la spasmophilie latente, et à travers elles l'agressivité et l'hyperémotivité.

Puisque le constat est aussi édifiant, on se demande pourquoi ce véritable fléau fait toujours autant de ravages. On lui doit, selon le secrétariat d'État à l'Environnement, 11 % des accidents du travail, 20 % des internements psychiatriques et 15 % des journées de travail perdues.

Pourtant, la France dépense chaque année 5 milliards de francs pour lutter contre le bruit. La somme peut faire illusion : en fait, il en faudrait dix fois plus ! Insonorisation des logements et façades ; couverture des voies ; butées de terre ou écrans : la protection des riverains des grandes artères appelle à elle seule des sommes fabuleuses. À L'Haÿ-les-Roses, dans le Val-de-Marne, deux murs anti-bruit, d'à peine 1 kilomètre, ont coûté la bagatelle de 11 millions de francs. Résultat : quelques décibels gagnés devant les étages bas des immeubles ; une misère...

Sans doute convient-il de procéder autrement. Désireuses de s'attaquer à la source, certaines municipalités ont usé de la carotte et du bâton (limitation de vitesse, contrôle des véhicules, campagnes de persuasion). Rien de déterminant qui ait échappé à l'usure du temps.

Le Conseil national du bruit vient, quant à lui, de dresser une liste de propositions, parfois fort concrètes. On retiendra, entre autres, une grande campagne d'éducation à la télévision ; des timbres-amendes après procès-verbal ; la création d'escouades anti-bruit de la gendarmerie ; le contrôle renforcé des véhicules bruyants ; l'abaissement des normes de bruit des appareils ménagers et des tondeuses à gazon, etc.

La lutte contre le bruit commence avec l'apprentissage de la vie en société. Pas de chance : voilà un art de vivre qu'on a plutôt tendance en France à désapprendre.

J.P. Adine et O. Liger, in *Le Point* n° 587, 19 décembre 1983.

TD 5 **Rassemblez pendant une période de huit jours les coupures de journaux relatant les accidents de la route. Classez-les. (Quels critères de classement allez-vous choisir ?)**

TD 6 **Voici, par ordre alphabétique, 30 raisons pouvant déterminer le choix d'une résidence secondaire. Essayez de les regrouper sous quelques grandes rubriques générales.**

1. Accès facile et rapide. 2. Beauté du paysage. 3. Cachet ancien. 4. Calme. 5. Champs de neige peu éloignés. 6. Cheminée ancienne. 7. Climat chaud et sec. 8. Construction robuste. 9. Eau de source. 10. Électricité. 11. Facilités de paiement. 12. Faible distance de la résidence principale. 13. Médecin et pharmacien à proximité. 14. Mer à proximité. 15. Nombreuses dépendances. 16. Orientation au sud. 17. Plusieurs pièces habitables dans l'immédiat. 18. Poutres apparentes. 19. Prix intéressant. 20. Ravitaillement facile et abondant. 21. Région giboyeuse. 22. Rivière à proximité. 23. Sanitaire équipé. 24. Sous-sol aménagé en garage. 25. Terrain boisé. 26. Toit de tuiles. 27. Toiture rénovée. 28. Tout-à-l'égout. 29 Vaste grenier. 30. Vue imprenable.

TD 7 (oral) **Vous venez de voir un film ou une émission dramatique à la Télévision, vous venez de lire un roman policier... Dégagez les grandes phases de l'intrigue à l'intention de vos camarades.**

TD 8 **Décrivez, depuis l'arrivée des matières premières jusqu'au stade de l'expédition, la fabrication d'un produit dans l'entreprise où vous travaillez, ou une usine que vous avez visitée. Vous combinerez la chronologie des opérations avec la description des lieux et vous grouperez vos observations en distinguant les phases importantes.**

TD 9 **Décrivez un système de collecte et d'incinération des ordures, ou bien, si vous en avez visité une, une station d'épuration.**

TD 10 **Faites le plan du texte suivant :**

Condamnés à l'intelligence

Ces grandes vagues du système technique, qui traversent toute l'industrie, sont lentes. Ce mouvement est séculaire, ce qui donne à l'évolution des techniques un caractère relativement prévisible et largement compréhensible. Ainsi, contrairement à ce que pensent beaucoup de contemporains, l'actuelle révolution industrielle ne se réduit pas à l'impact électronique. Nous nous plaçons aujourd'hui à la fois dans la continuité de l'évolution historique et en rupture avec elle.

La continuité est évidente : l'homme introduit plus d'intelligence que jamais dans la matière, dans tous ses actes, de la création à la production et la communication. Toutes ces activités sont plus pensées que jamais. Toutes les industries s'intellectualisent. Au point que la notion même de « secteurs de pointe » devient pernicieuse. Du textile à la mécanique, de l'agro-alimentaire à l'aérospatial, dans chaque secteur, il y a des entreprises en pointe et des entreprises en retard, cela dépend non du type d'industrie mais du dynamisme des entrepreneurs, de leur clairvoyance. Toutes les entreprises sont condamnées à devenir des sociétés de matière grise ou à disparaître (...). Désormais l'investissement immatériel, c'est-à-dire l'intelligence, le talent, est bien ce qui fait la différence. La notion même de matériau stratégique en est bouleversée. On pense encore à des réserves de métaux rares, mais en réalité cela est dépassé : les prochains avions de combat devront notamment leurs performances à l'emploi de nouvelles fibres de carbone. Le carbone est tout à fait banal et partout disponible. Ce qui demeure rare, ce sont les connaissances pour élaborer et produire en série, économiquement, des fibres de qualité.

En corollaire, jamais les activités techniques n'ont été aussi complexes parce que la recherche de solutions de plus en plus fines aux problèmes qui se posent passe par la mise en œuvre de connaissances qui débordent largement les compétences d'un homme ou d'un métier : personne ne peut aujourd'hui posséder toutes les compétences nécessaires pour créer une voiture nouvelle et encore moins une centrale nucléaire! Ainsi, le travail devient collectif et l'organisation passe nécessairement d'un modèle hiérarchisé basé sur le commandement à un mode participatif qui permette à chacun de s'exprimer et d'apporter sa contribution créatrice.

Cela est renforcé par la tendance à la complexité croissante des objets et des unités de production. Par rapport à leurs prédécesseurs d'il y a dix ans, les satellites de télécommunication emportent 100 fois plus de composants électroniques. Et ceux-ci sont eux-mêmes 1 000 fois plus complexes : le facteur de complexification en dix ans approche donc de 100 000 dans ce secteur.

On comprend que cette évolution impose d'intégrer la maîtrise de la qualité à chaque étape de la conception et de la production. Le vieux système du contrôle *a posteriori* par des spécialistes a fait faillite, car il est à la qualité ce qu'est la médecine légiste à la médecine préventive.

Parce que les Occidentaux ne l'ont pas assez vite compris, on voit des usines « ultra-modernes » constamment en panne ou produisant des taux de rebuts prohibitifs.

De grandes entreprises électroniques américaines ont dû se réorganiser d'urgence il y a peu d'années pour ne pas aller à la faillite : elles produisaient trop de composants défectueux (...).

Or, cette gestion moderne de la qualité, intégrée à chaque étape industrielle, passe par la responsabilisation de chaque opérateur, du P-DG à l'ouvrier de base. On découvre même qu'un bon cinquième des problèmes échappe aux spécialistes, car il faut être vraiment quotidiennement sur le terrain pour les détecter et leur trouver des solutions : d'où la nécessité de confier leur résolution hors hiérarchie aux hommes de terrain, ouvriers, simples employés ; cela explique le succès et l'efficacité des cercles de qualité, groupes de travail collectifs basés sur le volontariat de chaque individu. Tout cela n'est pas marginal, l'enjeu pour la France est de quelque 300 milliards de pertes annuelles par non-qualité ! Ainsi l'intellectualisation des activités liées à la technologie conduit à renforcer les investissements intellectuels, pas seulement dans les états-majors mais dans toute l'entreprise : la gestion doit devenir qualitative et participative. C'est cela aussi la révolution de l'intelligence. Une intelligence dont l'exercice est réparti et non plus confisqué par quelques-uns.

Nous avons parlé de continuité et de rupture avec le passé. Cette rupture s'observe dans notre relation au temps. Jusqu'à présent l'homme était obligé de suivre le rythme des machines. Le chronomètre de Taylor, régentant la durée de chaque geste de l'ouvrier, demeure le meilleur symbole de la révolution industrielle du siècle passé. Aujourd'hui, pour la première fois, la machine atteint de telles vitesses avec le millionième ou le milliardième de seconde, rythme des circuits électroniques, que la relation s'inverse. Il n'est plus question pour nous de suivre la machine ; au contraire, celle-ci devient capable de fonctionner au rythme de notre pensée, d'où les systèmes interactifs d'aide à la décision, travaillant en temps réel. D'où les machines de vision, de reconnaissance de forme ; les robots acquièrent des yeux, le sens tactile. Les machines peuvent enfin remplacer l'homme dans des tâches astreignantes, pénibles, dangereuses. Pour la première fois depuis son apparition sur terre, l'homme ne paie plus le fait d'être intelligent par l'obligation d'accomplir ces tâches. L'intelligence n'est plus la cause du servage ! La malédiction du Paradis perdu, de Prométhée enchaîné est en train de s'estomper !

Cette rupture de l'évolution a des conséquences très profondes qui renforcent singulièrement la nécessité – et la possibilité pratique – du management qualitatif et participatif. Ainsi, à la lumière de ces faits, l'entreprise high tech est celle qui a compris et assimilé notre passage d'une société de production – celle du siècle dernier – à une société de création.

Dans la société de production, ou plutôt de reproduction, car tout y évolue lentement, des procédés aux produits... et aux mentalités, les ordres viennent d'en haut. Les gestes de chacun sont régentés : il y a ceux qui pensent, les chercheurs ; ceux qui décident, la direction générale ; ceux qui exécutent sans initiative, la production. La réussite dépend de l'observation d'un code. La hiérarchie est là pour le faire appliquer une fois pour toutes. Cette organisation se révèle très fragile dès que l'environnement – marchés, techniques, mentalités – change.

La société de création est à l'inverse en adaptation constante avec les mouvements du monde et ses exigences : tout le monde à chaque niveau agit, mais observe et pense pour agir mieux. Dans ce modèle, la communication est essentielle, la liberté d'expression, le droit à l'erreur sont des conditions de base à la communication.

La hiérarchie est là plus pour animer, recueillir les bonnes idées que pour régenter. Tout cela naturellement dans le cadre des objectifs de l'entreprise, qui doivent faire l'objet d'un consensus.

Tant que l'on n'attendait de la « main-d'œuvre » (expression caractéristique par son aspect réducteur) qu'un effort physique, on pouvait user de la contrainte financière ou physique. Mais la société de création exige que l'on mobilise constamment les talents et les énergies. On ne crée pas sous la contrainte. Au moins, dans notre monde occidental, compte tenu de nos mentalités, l'évolution technologique impose une société d'hommes libres ! Et comme le talent est plus rare que l'argent, le pouvoir et le capital doivent désormais se mettre au service du talent !

André-Yves Portnoff, *Condamnés à l'intelligence,*
in *France High Tech,* Éd. Autrement, 1985, pp. 214 à 218.

TD 11 Vos horaires de travail vous satisfont-ils ?

Oui, parce que... Non, parce que...

TD 12 Vacances d'été ou vacances d'hiver ?

TD 13 Comparez les programmes électoraux de deux candidats, de deux partis.

TD 14 Étudiez une difficulté économique locale (par exemple l'effondrement des prix de tel produit, la disparition d'une industrie ancienne, etc.). Présentez un plan.

TD 15 On parle beaucoup aujourd'hui de la revalorisation du travail manuel. Utopie ? Gadget politique ? Impératif économique ? Exigence de justice sociale ? Quel est votre avis ? Faites un plan.

TD 16 L'exploration spatiale. Structure d'un exposé.

TD 17 Faites le plan du texte suivant :

Le mur du progrès

§ 1 – Où peut conduire ce progrès technique dont on répète que rien ne peut l'arrêter, à la fois parce qu'il est impossible de revenir en arrière et parce qu'il constitue une force irrésistible que nous ne pouvons maîtriser mais que nous subissons comme un destin fatal ?

§ 2 – Le progrès scientifico-technique a été souvent représenté par des graphiques qui cherchaient à mettre en évidence son accélération de plus en plus rapide.

§ 3 – Sur une ligne horizontale il serait possible de représenter approximativement la période de 27 siècles qui va du VIIIe siècle av. J.-C. (pour ne pas remonter au-delà) au XVIe siècle, par un segment de droite long de plusieurs mètres. Le XVIIe et le XVIIIe siècle occuperaient encore quelques décimètres supplémentaires. Mais, à partir du XIXe siècle, tout se précipite et il faudrait articuler en millimètres pour faire ressortir l'importance de l'apparition des chemins de fer, de la dynamo, de l'automobile, de l'avion, des ondes électro-magnétiques, de la théorie microbienne des maladies, de la vaccination. La première moitié du XXe siècle ne pourrait plus être représentée, proportionnellement aux autres périodes, que par un millimètre à l'intérieur duquel il faudrait marquer des coupures mettant en évidence l'apparition de la télévision, des moteurs à réaction, des antibiotiques, des nouvelles techniques chirurgicales de pointe, de l'énergie nucléaire, de l'astronautique, etc. La seconde moitié du XXe siècle n'occuperait plus que quelques dixièmes de millimètre et ainsi de suite.

§ 4 – Pourra-t-on poursuivre indéfiniment ? La question relève d'un domaine beaucoup plus vaste que celui de l'économie auquel on serait tenté de la réduire ; certes il ne faut pas oublier que les ressources matérielles et énergétiques du globe ne se reconstituent pas au fur et à mesure qu'on les utilise, certes la surface des terres cultivables n'est pas extensible et pourtant la population du globe ne cesse d'augmenter à un rythme accéléré, certes nous sommes en train de vivre une crise d'énergie. Il s'agit bien là de problèmes tragiquement réels sur lesquels on ne se penche pas vraiment parce que l'on pense que l'on a *encore* du temps pour « voir venir ». Toutefois, un certain nombre de signes commencent de se manifester de façon peut être latente mais bien symptomatique. L'accélération permanente du progrès provoque des débuts de phénomènes de sursaturation. Le plus spectaculaire est celui des embouteillages dans les moyens de communications par terre, par air, par fil ou par ondes : on communique de plus en plus mal parce qu'on communique trop. Mais on assiste également à un embouteillage de la documentation. Dans tous les domaines le nombre de mesures législatives, de réglementations administratives, de publications spécialisées, de découvertes, de brevets de fabrication de produits ou de médicaments nouveaux est tel que, malgré toutes les ressources de l'informatique, il devient de plus en plus difficile de se tenir au courant. C'est pourquoi la formule sur laquelle repose obligatoirement la vie sociale : « Nul n'est censé ignorer la loi » n'a jamais été aussi absurde. Le champ de chaque spécialité, devenant de plus en plus complexe, se réduit chaque jour davantage pour donner naissance à de nouvelles spécialités qui viennent accroître la confusion. Si bien que le chercheur, le savant et le technicien ressemblent à ces ordinateurs dont le fonctionnement se bloque parce qu'ils reçoivent trop d'informations. La prolifération de l'information est devenue un facteur de paralysie.

§ 5 – Le progrès technique déclenche, en outre, des processus auto-destructeurs. Sans parler de l'épuisement des matières premières, de la pollution des éléments, ni des problèmes posés par l'évacuation des déchets radio-actifs, les archives de l'humanité semblent vouées à des suicides au ralenti.

§ 6 – Il est bien connu, en effet, que, sous l'influence des gaz que les moteurs envoient dans l'atmosphère, les monuments de pierre les plus solides sont profondément attaqués et rongés. Les frises, les cariatides, les tympans, les chapiteaux, les murs, se noircissent et s'effritent comme s'ils étaient vaporisés d'acides. C'est ainsi que le Parthénon a beaucoup plus souffert pendant ces dix dernières années que pendant les vingt-quatre siècles qui nous séparent de sa construction. Dans le même ordre d'idées, bien que dans un domaine différent, on vient de s'apercevoir que les ouvrages imprimés depuis la fin du XIXe siècle et déposés dans les bibliothèques, étaient voués à une destruction prochaine et certaine : l'encre d'impression pâlit et s'efface, quant au papier utilisé depuis une soixantaine d'années il se désagrège rapidement. Des centaines de milliers de livres sont donc inéluctablement condamnés à finir en poussière illisible.

§ 7 – Cette auto-destruction des archives, à laquelle on peut toujours espérer trouver un remède pour l'arrêter ou empêcher qu'elle ne se reproduise, se double d'une autre auto-destruction par le progrès. La transformation de plus en plus accélérée des objets manufacturés lancés sur le marché, le remplacement de plus en plus rapide des machines par d'autres appareils toujours plus sophistiqués, fait que les nouvelles productions s'auto-périment. À peine un prototype, dont la mise au point a demandé de longs calculs et de patientes recherches, passe-t-il au stade de la fabrication en série, qu'un nouveau modèle encore plus perfectionné le rend bon pour le musée des arts et techniques. Ainsi s'accentue une véritable asphyxie par le progrès.

§ 8 – Toutes ces considérations conduisent à se demander si le développement de la technique ne rencontrera pas, tôt ou tard, un mur du progrès que, à la différence du mur du son, il ne sera pas possible de traverser. Une telle situation naîtra lorsque, à travers les problèmes économico-énergétiques au sein desquels il s'exacerbera, le Désir exaspéré se trouvera finalement confronté à son propre mur et constatera qu'il ne peut ni se maîtriser ni se dépasser lui-même.

§ 9 – En d'autres termes, l'homme aura beau tenter de percer les cuirasses de ses situations, il se heurtera aux murailles de sa Condition.

§ 10 – Car le Désir ne peut passer sur « l'autre rive ».

Jean Brun, *Les masques du désir,*
Buchet/Chastel, 1981, pp. 231 à 233.

TD 18 Faire le plan du texte suivant :

Les difficultés du système de protection sociale en France

§ 1 – Il y a deux façons d'envisager la crise du système de protection sociale. Ou c'est un simple problème comptable ou c'est une détérioration fondamentale de notre système qui peut-être s'éloigne des principes de base sur lesquels il s'est fondé au lendemain de la Seconde Guerre mondiale.

§ 2 – Deux attitudes dès lors : ou bien attendre des jours meilleurs en se contentant de faire quelques réformes à la marge ou bien envisager des réformes de structure beaucoup plus profondes.

§ 3 – Depuis trente ans, les dépenses de protection sociale ont plus que doublé. Depuis vingt ans, ce sont les prélèvements sociaux qui sont responsables de l'augmentation des prélèvements obligatoires. N'est-ce qu'une conséquence directe du ralentissement de l'économie ?

§ 4 – Les recettes dépendent directement de l'activité économique, de l'emploi, du niveau des salaires, alors que les dépenses dépendent de facteurs tout à fait autres : une épidémie, le développement du sida, l'évolution de l'espérance de vie, la natalité, etc.

§ 5 – Le problème sera-t-il résolu lorsque les recettes seront revenues à un niveau plus compatible avec l'évolution des dépenses ou bien sommes-nous arrivés à un niveau et à un type de protection sociale tels que trop de protection nuirait à la protection ? C'est la théorie du risque moral : quand le niveau de protection collective me garantit le remboursement de mes soins, une retraite élevée, je prends moins soin de ma santé, des économies préventives... Les dépenses collectives ont-elles pris en charge trop de dépenses qui relèveraient plutôt de l'attention de chacun, de la responsabilité de chacun ?

§ 6 – En matière de retraite, notre système assure l'un des niveaux de remplacement les plus élevés (proche de 80 %), mais on n'a pas provisionné pour prendre en compte les bouleversements démographiques auxquels nous allons faire face. Nous avons souscrit, vis-à-vis de la génération qui vient, des engagements que nous aurons beaucoup de mal à tenir.

§ 7 – En matière de politique familiale, on a beaucoup souligné le montant des dépenses, la complexité des prestations, mais il faut constater que nous sommes maintenant avec un taux de natalité proche de celui des autres pays.

§ 8 – En matière de santé, nous sommes entre le dixième et le quinzième rang pour les performances avec un niveau de couverture à peine supérieur à 70 %.

§ 9 – Il y a des pays qui arrivent à couvrir mieux leur population, qui arrivent à donner une meilleure qualité de soins, tout en dépensant moins. Ceci conduit à s'interroger sur l'efficacité du système de santé français.

§ 10 – Si maîtriser les dépenses de santé se traduit par un rationnement des soins, ce n'est pas légitime, Si cela se traduit par une rationalisation de l'utilisation des ressources que l'on consacre aux soins, cela devient non seulement nécessaire, mais un devoir. On ne pourra pas indéfiniment vivre sur un rythme de doublement tous les neuf ans des dépenses de santé. On pourrait ne pas trouver l'argent pour prodiguer les soins les plus utiles, cela peut conduire au drame.

§ 11 – Qu'a-t-on tenté ces vingt dernières années ? On a essayé de maîtriser la demande de soins en diminuant le taux de remboursement. C'est la politique du ticket modérateur. Elle ne marche pas. Faisant cela on ne distingue pas soins utiles ou soins inutiles.

§ 12 – Deuxième type d'action : la modération des prix, le blocage des honoraires, des prix de journée... Quand on modère les prix, les volumes augmentent, les actes se multiplient.

§ 13 – Troisième voie : la maîtrise de l'offre. C'est l'instauration d'un numerus clausus, la régulation du nombre de médecins, la réduction du nombre de lits... Cette politique, difficile, se heurte aux oppositions les plus vives.

§ 14 – Quelles sont les pistes suggérées aujourd'hui ? La séparation du « petit risque » et du « grand risque ». La pathologie grave, l'hospitalisation relevant de la collectivité, le rhume, le bouton à faire disparaître... devant être assumés par la personne seule pour l'équivalent d'une somme qu'elle n'hésite pas à dépenser pour une sortie au cinéma, au restaurant. Outre que séparer le petit risque du grand risque est en réalité très difficile (personnes âgées, grippe pouvant déboucher sur une bronchite grave...), cela aboutirait à accroître la pression sur les populations les plus défavorisées. D'où un double effet : augmenter les disparités dans l'accès aux soins et entraîner un transfert vers les dépenses beaucoup plus chères.

§ 15 – Deuxième piste : la franchise fixe ou proportionnelle aux revenus, c'est-à-dire une part laissée aux patients. Les plus aisés, pour s'en affranchir, pourraient recourir aux assurances privées, les plus pauvres n'auraient très vite droit qu'à un système moribond d'assurance collective.

§ 16 – Troisième piste : remettre en cause le monopole de la Sécurité sociale et confier l'assurance-maladie à des assurances privées. Les assureurs assurent en fonction des risques. Les assurances devraient-elles sélectionner en fonction de l'âge, proposer des cotisations faibles pour les bien-portants, élevées pour les autres ? Il est impossible de vouloir à la fois les avantages d'une gestion privée et les contraintes, les devoirs de la solidarité. Du reste, les frais de gestion des assureurs privés sont beaucoup plus élevés que ceux d'un système collectif.

§ 17 – En conclusion, je reviens à ce mot magique qui est celui de responsabilité. Mais, comment responsabiliser les acteurs ? Comment faire qu'un comportement rationnel au niveau de l'individu (patient ou praticien) le soit aussi au niveau de la collectivité ? L'une des hypothèses, c'est de lier effectivement les prestations à un comportement qui soit satisfaisant. Ceci dans le cas de consultations multiples d'un patient, d'un recours à une batterie de spécialistes sans avis préalable du généraliste, mais aussi pour la rémunération des praticiens en fonction de leur souci de l'intérêt général.

§ 18 – Cette voie n'est pas facile mais c'est celle qui est la plus porteuse d'avenir.

Martin Hirsch, in *Valeurs mutualistes*, n° de mars 1994.

TD 19 Proposez un plan pour le texte suivant :

Démographie et avenir de la planète

§ 1 – L'avenir de l'humanité passe aussi par le nombre et la répartition des hommes sur la planète. Dès le prochain siècle, un homme, ce sera d'abord un musulman, un Africain, un Asiatique – de toute façon un citadin. L'équilibre du monde est en train de basculer de façon peut être irrémédiable : les vieux pays, fiers de leur culture, de leur civilisation industrielle, sont tous malades de leur démographie. Leur population est vieillissante, elle s'étiole, incapable de se renouveler. Leur temps va bientôt passer.

§ 2 – En face, des puissances nouvelles émergent et vont renouveler le visage de la Terre. Elles montent rapidement, autour de la Méditerranée, en Afrique, en Asie, en Amérique du Sud, fortes d'une population jeune et entreprenante. Cette redistribution des cartes va frapper de plein fouet le troisième millénaire : ce sera le problème majeur de nos enfants.

§ 3 – Qui s'en préoccupe ? En dehors des démographes, personne : les hommes politiques ne s'intéressent qu'à ce qui va se passer dans les prochaines années. Pourtant la réalité est déjà là : ces hommes qui vont changer la face du monde dans un demi-siècle naissent actuellement, à raison de 2 par seconde, plus de 7 000 à l'heure, 300 000 par jour, 2 millions par semaine.

§ 4 – On a cru longtemps que le monde courait à la catastrophe sous le poids d'une population trop nombreuse pour les ressources disponibles. Il faut moduler cette affirmation : les progrès en matière d'agriculture accroissent les rendements, et l'augmentation des revenus fait diminuer le nombre des enfants. La courbe se stabilisera donc avant la catastrophe. On a fêté en 1987 le cap des 5 milliards d'hommes. Pour le démographe Jean Bourgeois-Pichat, il vaudrait mieux dire que, depuis que l'homme existe, il s'est reproduit à 80 milliards d'exemplaires et que 75 milliards sont morts. Il a fallu un million d'années pour atteindre 1 milliard d'individus. Le deuxième milliard n'a réclamé que cent vingt ans, le troisième trente-deux ans, le quatrième quinze ans. Nous serons sans doute 6 milliards en l'an 2000, et 10 à 11 milliards au prochain siècle, chiffre qui pourrait marquer la stabilisation de l'espèce humaine.

§ 5 – Mais l'important est bien la répartition de ces hommes : sur les 6 milliards d'hommes qui vivront après l'an 2000, 75 p. 100 seront du tiers monde et 15 p. 100 seulement des hommes des pays développés. L'équilibre démographique bascule dans le camp des pays qui cherchent à conquérir une économie viable. L'explosion la plus spéctaculaire sera celle de la région la plus pauvre, l'Afrique au sud du Sahara : sa population s'accroît de 3,2 p. 100 par an, doublant tous les vingt-deux ans. De 450 millions en 1985, elle passera à 1,5 milliard en 2020, à 2 milliards en 2100, alors que le revenu moyen y baisse de 2 p. 100 par an et que l'espérance de vie n'y est que de cinquante ans – près de la moitié de celle des femmes américaines.

§ 6 – Comment survivront ces hommes et ces femmes, si rien ne change dans la redistribution des richesses ? Ils habitent une région où le désert gagne chaque année, où la forêt pourvoyeuse de bois et de gibier recule sans cesse, où l'on attend pour l'an 2000 plus de 600 millions de malnutris. La situation alimentaire sera préoccupante aussi en Inde, qui verra sa population doubler après l'an 2000, mais non ses ressources. Celle du Bangladesh va tripler : 270 millions d'individus devront survivre sur un territoire grand comme un État américain, entre inondations et sécheresses. L'Asie du Sud comptera 3,3 milliards d'hommes et de femmes en 2075, contre 2,6 milliards en Afrique : les pays industrialisés ne représenteront, à cette époque, que le sixième de l'humanité, contre le quart aujourd'hui. Que sera leur poids politique dans ce contexte ?

§ 7 – Divers scénarios pourraient modifier cette situation explosive. Si la lutte contre le vieillissement devenait plus efficace, si les hommes vivaient plus de cent ans, l'explosion de certaines populations serait encore accrue. L'Islam passerait à 6 milliards d'individus après 2125 – contre 2 milliards pour les chrétiens. En trois siècles, commente Jean Bourgeois-Pichat, la situation se sera renversée : en 1800, il y avait 20 musulmans pour 80 chrétiens ; après 2125, on compterait 84 musulmans pour 30 chrétiens.

§ 8 – Autre hypothèse : que la médecine réussisse à reculer ou à faire disparaître la ménopause ; les femmes pourraient, alors, avoir davantage d'enfants, les pays industrialisés pourraient retrouver leur vigueur démographique et retarder leur déclin, face à la poussée du tiers monde.

§ 9 – Dernière possibilité, la plus pessimiste : la fécondité baisse partout : si l'espérance de vie n'augmente pas, si le verrou de la ménopause ne saute pas, l'humanité aura un sombre avenir. Après avoir atteint son apogée avec 10 milliards d'individus, elle risque de disparaître vers l'an 2050.

§ 10 – De quelque côté que l'on se tourne, l'avenir démographique est sombre. L'évolution la plus probable est celle d'un conflit inévitable entre les jeunes d'un tiers monde où l'on ne mangera pas à sa faim et où l'on ne trouvera pas de travail, et les habitants âgés des pays industrialisés dont l'avenir ne se conçoit plus sans l'apport d'une main-d'œuvre immigrée. Au milieu du prochain millénaire, toutes les grandes agglomérations auront changé de camp et seront dans les pays en développement. Mexico aura 30 millions d'habitants en l'an 2000, Buenos Aires 26 millions, Shanghai 23 millions, Lagos, au Nigéria, 20 millions. En 2025, 5 hommes sur 8 vivront dans des villes, beaucoup de façon misérable.

§ 11 – Nous sommes tous concernés par ces problèmes, trop souvent laissés dans l'ombre. Les pays nantis ne peuvent laisser se développer ce déséquilibre qui finira inévitablement par les atteindre. Malheureusement, les solutions sont difficiles à mettre en œuvre et longues à aboutir. Accroître le nombre des naissances dans les pays à démographie faible est aussi compliqué que de réduire celles des pays à démographie galopante. Dans les deux cas, il faut agir à la fois sur la psychologie des couples et aller à l'encontre d'habitudes sociales ; il faudrait modifier le statut des femmes, redistribuer les revenus – ce qui relève d'une politique à long terme, pas nécessairement populaire, que les décideurs n'aiment guère pratiquer. Il y va pourtant de l'avenir de nos enfants et de nos petits-enfants qui pourraient connaître, du fait de la démographie, la crise la plus grave que le monde ait vécue.

Robert Clarke, *L'homme mutant*,
Robert Laffont, 1989, pp. 193 à 197.

TD 20 **Voici (« dans le désordre », comme on dit au tiercé) les conseils donnés aux automobilistes partant en vacances par la Fédération des syndicats pharmaceutiques. Classez-les selon un plan clair ; donnez un titre aux parties et sous-parties.**

1. Tout comme votre permis de conduire ou votre carte d'identité, ayez sur vous la carte de votre groupe sanguin. 2. Avant un long trajet, il est prudent de voir son médecin pour un rapide bilan de santé. 3. L'excès de vitesse : un accident à 100 km/h équivaut à une chute libre de 40 m de hauteur. 4. Attention aux enfants qui échappent à la surveillance pour aller jouer sur la

route ! 5. Il faut garder le blessé en bonne position, couché sur le côté, la tête basse, ramenée doucement en arrière. 6. Attention aux bruits (musique trop forte, cris des enfants) : fatigue auditive. 7. N'oubliez pas qu'un repas trop copieux incite à la somnolence. 8. Il faut prévenir les autres automobilistes : signalez le lieu de l'accident au moins 200 m en avant. 9. Il faut réchauffer le blessé, couvertures ou vêtements posés sur lui. 10. Ne faites pas une halte au bord de la route. C'est dangereux et malsain pour la détente ou le pique-nique. 11. Attention à la mauvaise ventilation, au froid, à la trop grande chaleur, à l'intoxication par la fumée de cigarette, tous facteurs de fatigue. 12. Si vous êtes actuellement en traitement, ayez un certificat établi par votre médecin traitant dans votre portefeuille. 13. L'asphyxie : une seule technique, le bouche à bouche. Apprenez à le pratiquer. 14. Ne laissez pas un enfant seul dans une voiture à l'arrêt. 15. Attention aux mauvaises positions et aux longs trajets : fatigue musculaire. 16. Il ne faut pas transporter un blessé en le prenant par les membres. 17. Ne laissez jamais les passagers descendre du côté de la route. 18. Arrêtez-vous au moins tous les 200 km. 19. Avez-vous fait vérifier votre vue ? Souvenez-vous qu'au volant, la vue c'est la vie. 20. Le non-respect de la signalisation : la signalisation est une protection, pas une brimade : respectez-la. 21. L'inattention : pas de bavardage et surtout pas de discussions en conduisant. 22. Rappelez-vous que l'alcool multiplie les risques d'accident par 100. 23. L'hémorragie : pas de garrot ; utilisez un pansement compressif ou la compresse manuelle. 24. Il ne faut pas donner à boire à un blessé, surtout de l'alcool. 25. Pensez aux imprudents : piétons sur la chaussée, cyclistes mal éclairés. 26. Il ne faut pas asseoir un blessé ou l'adosser à un arbre. 27. Pensez à ceux qui vous précèdent ou qui vous suivent : signalez vos manœuvres. 28. Il ne faut pas déplacer un blessé inutilement. 29. Si vous devez conduire après avoir absorbé le moindre médicament, demandez d'abord l'avis de votre pharmacien. 30. Attention à la fatigue visuelle : reflets de soleil dans le pare-brise, monotonie des autoroutes, éblouissement par les phares la nuit. 31. Une règle impérative : d'abord donner l'alerte. 32. Et surtout ne luttez pas contre le sommeil : arrêtez-vous. 33. En attendant les secours : mieux vaut ne rien faire que nuire. 34. Ne prenez pas la route sans être convenablement reposé. 35. La tentation de la compétition : la route des vacances n'est pas un autodrome. 36. Pensez aux vôtres : jamais d'enfants sur le siège avant de la voiture.

TD 21 Rédigez, avec les éléments suivants qui vont ont été fournis « en vrac » par un correspondant, un article que vous intitulerez « une serrure magnétique qui défie les cambrioleurs ».

1. L'inconvénient majeur des serrures courantes, c'est le trou de serrure proprement dit. 2. L'humidité pénétrant dans le trou de la serrure est susceptible de geler (de nombreux automobilistes des pays froids en ont fait l'expérience). 3. Le trou de serrure permet l'étude du fonctionnement mécanique et la fabrication de crochets et rossignols. 4. Une serrure a été mise au point en Suède. 5. C'est d'un ingénieur suédois, M. Claes V. Allander, que vient l'idée de cette serrure incrochetable. 6. Il l'a ensuite perfectionnée en collaboration avec M. Rune Ununger. 7. M. Rune Ununger est spécialiste en matière d'électronique et de télécommunications. 8. Le nouveau dispositif est lancé sous le nom de « Punch Lock ». 9. La serrure elle-même comporte un nombre égal de goupilles mobiles orientées de manière à se trouver en face de la partie de la serrure sur laquelle la « clef » est appliquée. 10. Le nouveau dispositif fonctionne à l'aide d'une plaque munie d'aimants disposés dans un certain ordre et enrobés dans un bloc rectangulaire de matériel non magnétique, tel qu'une matière plastique, du cuivre, de l'or ou de l'argent. 11. On considère que 6 aimants, disposés sur une seule rangée, confèrent une sécurité absolue à une serrure de porte. 12. Chacun des aimants peut être placé dans 7 positions différentes, ce qui veut dire que 8 aimants permettront 5 764 801 combinaisons différentes et 16 aimants 33 234 330 589 210 combinaisons. 13. Une clef à 4 aimants, convenant à de petits cadenas, mesure 40 x 4,5 x 10 mm. Une clef à 8 aimants mesure 40 x 20 x 4,5 mm. 14. Les aimants de la clef sont fixés par des anneaux enrobés dans une masse anti-magnétique, généralement de matière plastique. 15. Les aimants disposés sur la plaque clef agissent sur les goupilles mobiles, à l'autre extrémité desquelles est disposée une

plaque perforée actionnant le crochet qui ouvre ou ferme comme les serrures à taraud de bois trouvées dans les tombes antiques d'Égypte. 16. Une petite boucle ménagée à l'extrémité de la clef permet de la saisir et de la fixer à un porte-clefs. 17. Cette serrure est étanche. 18. Elle est à éléments magnétiques et mécaniques. 19. Selon M. Ununger, le prix de revient de cette serrure est modeste et il sera facile de la fabriquer en grandes séries sans compromettre la marge de sécurité. 20. Elle peut être utilisée pour les cadenas, les serrures de porte et être installée sur les poignées et boutons de porte, les coffres-forts, les tiroirs, les voitures, les cadrans d'appareils téléphoniques et même pour les serviettes, portefeuilles et les écrins à bijoux. 21. L'utilisation de plusieurs couleurs permet de distinguer facilement les clefs entre elles. 22. Elle permet un nombre quasi illimité de combinaisons. 23. Elle vient d'être lancée sur le marché mondial. 24. Elle offrirait une sécurité absolue contre les cambrioleurs. 25. Elle est adaptable non seulement aux cadenas ordinaires et aux fermetures de porte, mais aux usages les plus divers.

Document tirée de la revue *Électronique industrielle*
n° 114, juin 1968, p. 415.

LES REPRÉSENTANTS DU NOM

Il, lui, leur, son, ses, etc. ne prennent un sens plein que si le contexte permet d'*identifier* la chose, la personne qu'ils représentent, à laquelle ils renvoient. Mais cette identification est parfois difficile en raison de :

1. L'éloignement. Si, par exemple, le pronom *il* (ou *ils*) renvoie à un objet dont il a été question précédemment, et si l'attention en a été détournée depuis, le lecteur pourra hésiter.

Au-dessus de Paris, le ciel de printemps était clair. Les trois amis remontaient les Champs-Elysées. Les touristes japonais se photographiaient sur fond d'Arc-de-Triomphe. Les amoureux flânaient, main dans la main, devant les vitrines de mode ou les agences de voyage. *Ils* (?) se décidèrent à entrer dans un complexe cinématographique où l'on donnait la dernière comédie en vogue.

2. L'ambiguïté. Dès que l'on vient de parler de deux personnes ou de deux objets au moins, on court le danger d'exposer le lecteur ou l'auditeur à l'incertitude.

Pierre et Paul se promènent ; *son* (?) fils joue à côté d'eux.

Est-ce le fils de Paul ou celui de Pierre ? Cette phrase, isolée du contexte, ne nous renseigne pas.

Pierre se promène avec Paul ; son fils joue à côté d'eux.

On pourrait croire, à première vue, que cette deuxième phrase est plus claire et que *son,* très proche du mot *Paul,* renvoie à ce deuxième personnage. Mais *Pierre,* sujet du verbe et placé en tête, domine toute la phrase : on a le droit de penser qu'il s'agit de son fils.

Comment ne pas être obscur ?

L'emploi malheureux de ces pronoms et adjectifs montre à quel point un auteur est parfois incapable de « se mettre à la place » de son lecteur : la phrase était claire pour lui-même. Il savait très bien, par exemple, que l'enfant qui jouait était le fils de Paul. Il n'a même pas songé qu'un autre, ne disposant pas de ce renseignement, pourrait hésiter. Si l'on s'aperçoit de la difficulté, comment faire ?

1. Ne pas renvoyer par « il, lui, son... » à un mot éloigné ; surtout si l'on a parlé d'autre chose depuis. Au besoin, répéter le nom.

2. En cas d'ambiguïté, ***remplacer le pronom ou l'adjectif par un mot plus précis, un synonyme,*** **ou** ***répéter le nom représenté*** :

Pierre et Paul se promènent ; le fils (du premier/du deuxième, de ce dernier) joue à côté d'eux (ou le fils de Pierre/de Paul).

3. Modifier la phrase :

Le fils de Paul joue dans la cour ; non loin de lui, son père se promène avec Pierre.
Pierre se promène avec Paul *dont* le fils joue à côté d'eux.

EXERCICES

EX A **Modifiez les phrases suivantes de façon à éviter toute maladresse ou toute obscurité dans l'emploi des pronoms et adjectifs. (Proposez, au besoin, deux interprétations différentes.)**

1. Le journaliste et le photographe ne s'entendent pas. Il lui a reproché la mauvaise qualité de ses clichés. Le rédacteur en chef est intervenu pour lui dire qu'il exagérait. 2. La vache franchissait la route ; une voiture arrivait ; elle s'est arrêtée pour la laisser passer. 3. La souris s'est approchée de ma cousine qu'elle n'avait pas vue ; elle a eu très peur et elle s'est enfuie. 4. L'ouvrier est allé trouver le contremaître ; il lui a demandé de lui permettre de sortir à 17 h 30 au lieu de 18 h ; il lui a déclaré qu'il n'était pas possible de travailler dans ces conditions. 5. Le train traversait des villes qu'il n'avait pas le temps de reconnaître à cause de sa vitesse. 6. Le clown regardait, avec admiration, les sauts du voltigeur. Il frôlait chaque fois son chapeau pointu et il a fini par rouler par terre. Le chapeau était couvert de poussière et il a montré le poing. 7 (Devinette) Deux aveugles rencontrent leur frère. Leur frère meurt. Or le défunt n'avait pas de frère.

EX B **Rédigez une carte de visite à la 3e personne : M. et Mme La Haye : remerciements à M. et Mme Amsterdam qui les ont invités et refus de cette invitation avec un motif précis.**

CORRIGÉ DES EXERCICES

► S'INFORMER

EX 1 **Panégyrique de Grenoble**

Voici deux études différentes proposées par nos étudiants.

1er corrigé :

Introduction.
Les 4 caractères de Grenoble :
- ville exceptionnelle,
- surprenante,
- orgueilleuse,
- paradoxale.

A. Elle est exceptionnelle :
a) par son site,
b) par son rôle historique,
c) par sa croissance contemporaine,
d) par son esprit de progrès.

B. Elle est surprenante :
a) c'est une ville d'étudiants et de chercheurs,
b) elle est jeune,
c) elle a une forte proportion d'ingénieurs et techniciens,
d) elle est sportive.

C. Elle est orgueilleuse :
a) elle a été le berceau de deux grandes révolutions (celle de 1789 et celle de l'électricité),
b) elle a l'esprit de création.

D. Elle est paradoxale :
a) capitale du Dauphiné, elle abrite une minorité de Dauphinois,
b) il y a antithèse entre son esprit de progrès et les restes de son conformisme et de son provincialisme.

Conclusion.
Grenoble a un double aspect, comme beaucoup de villes d'aujourd'hui.

N.B. Le plan est construit très clairement sur le développement successif de 4 adjectifs; grâce à l'inversion de l'attribut, chaque paragraphe commence par un de ces adjectifs : c'est une construction nette et agréable, qui permet ici de classer des éléments un peu hétéroclites.

2e corrigé :

Texte composé avec la plus grande netteté.

Premier paragraphe : introduction : Grenoble, ville singulière. Énumération de quatre caractères généraux repris ensuite dans le même ordre : 1) ville exceptionnelle, 2) ville surprenante, 3) ville orgueilleuse, 4) ville paradoxale. Chaque paragraphe juxtapose ensuite les preuves ou les marques du caractère exceptionnel, surprenant, etc.
La structure générale du texte, ainsi que celle de chaque paragraphe, est fondée sur l'addition. Le premier paragraphe, toutefois, s'enrichit de deux oppositions successives. (Mais, Au demeurant), le 4e oppose au plaisir de la récolte celui des semailles (Mais, à bien les connaître), le dernier enfin fait déboucher une série de paradoxes sur une perspective élargie (Grenoble n'est pas la seule ville à présenter, à notre époque de mutation, des aspects contradictoires).
Idée maîtresse, exprimée par le titre : évocation élogieuse de Grenoble.

EX 2 Voici, en gros, quelle est l'organisation d'un numéro du journal « Le Monde ».

Page 1 : annonce des grands événements et départs des principaux articles.

Page 2 et suivantes : les rubriques essentielles subdivisées en sous-rubriques, plus ou moins développées selon l'actualité :

– INTERNATIONAL (Amériques, Asie, Afrique, Europe...);
– FRANCE : – régions,
  – politique,
  – événements, etc.;
– SOCIÉTÉ : – social,
  – justice,
  – éducation, etc.;
– HORIZONS : – enquêtes,
  – analyses,
  – débats (articles plus ou moins polémiques où s'expriment des personnalités ou des spécialistes sur les question d'actualité).
– ENTREPRISES;
– FINANCES ET MARCHÉS (dont les cours de Bourse).
– AUJOURD'HUI – sports,
  – agenda (météo, jeux, etc.),
  – sciences...;
– CULTURE : arts, théâtre, littérature, etc.;
– progammes quotidiens de radio et télévision.

Dernière page : billet d'humeur et informations de dernière heure.

• ***Remarque :***

– l'ordre des rubriques peut être bousculé par les grands événements que la rédaction place alors dans les premières pages;
– *Le Monde* ajoute des suppléments hebdomadaires aux numéros :
  – daté dimanche-lundi : « Télévision-Radio-Multimédia » (programmes, critiques, enquêtes),
  – daté mardi : « Initiatives-Métiers »,
  – daté mercredi : « Initiatives-Emploi » (avec annonces d'offres),
  – daté vendredi : « Monde des Livres »,
– la sous-rubrique « cinéma » est plus développée dans le numéro daté jeudi car les nouveaux films sortent le mercredi;
– comparez cette organisation avec la structure de votre quotidien régional.

EX 3 Ce paragraphe est constitué d'une seule longue phrase appelée période.

Idée maîtresse : la division du travail est responsable de l'inégalité, elle-même source de tous nos maux.

Jean-Jacques Rousseau montre de façon concrète et vivante comment, selon lui, l'inégalité et son cortège de malheurs sont apparus parmi les hommes.

Cette évolution se fait dans le temps; l'auteur distingue deux époques. Le mouvement du paragraphe est créé par cette évolution *chronologique* assortie d'une *opposition*.

Le mot de liaison, clef de voûte de la phrase, est *mais (dès l'instant qu'un homme...)*.

1. *Tant que les hommes... d'un commerce indépendant* (première époque : Égalité et bonheur), *mais*
2. *dès l'instant que... avec les moissons* (deuxième époque : Inégalité et malheur).

EX 4 Si nous laissons de côté des rubriques trop précises (ou des sous-titres) et le fait que n'importe quelle information peut passer en première ou dernière page, si elle est importante, nous pourrons classer de la façon suivante :

1. Actualité politique :
   a) intérieure : 6,9;
   b) internationale : 3,8.
2. Actualité sociale et économique : 5, 10.
3. Actualité sportive : 1.
4. Faits divers : 7.
5. Culture : 4.
6. Revue de la presse : 2.

EX 5 Ici, le plan est nettement annoncé, puis souligné par l'auteur lui-même : vous avez remarqué combien cette netteté facilite votre lecture. Souvenez-vous de cette agréable clarté lorsque vous aurez à votre tour à rédiger ou à exposer...

Idée maîtresse : les liens géographiques variés expliquent le caractère de la France.

Dans chacune des trois parties, vous pouvez discerner des idées secondaires :

le versant occidental :

1. ouverture sur l'Océan : esprit d'expansion, d'aventure;
2. regard vers l'Occident : lien avec la civilisation anglo-américaine;

le versant européen continental :
1. le lien avec l'Europe ;
2. pas d'Europe sans la France (et vice versa) ;

le versant méditerranéen :
1. contact avec l'Asie, l'Afrique, l'Orient ;
2. lien avec la tradition classique et les civilisations du passé.

EX 6
- À cause de la route : 3, 5, 6, 7.
- À cause des autres usagers : 4, 8, 12, 13.
- Pour obéir à la signalisation : 1, 2, 14.
- En raison d'intersections diverses : 9, 10, 11.

EX 7 Ce graphique illustre très clairement le vieillissement de la population française pendant la période 1985-2020. Le commentaire évitera de l'obscurcir.

Une mauvaise méthode consisterait à décrire cette évolution année par année : « En 1985, la population française était composée de 29,1 % de jeunes, de 52,8 % d'adultes et de 18,1 % de personnes âgées de plus de 60 ans, etc. ».

Plutôt que de suivre l'ordre chronologique, mieux vaut partir des 3 *catégories* : « De 1985 à 2020 :
a. le pourcentage des jeunes de moins de 19 ans *baisse* de 29,1 % à 23,4 %, soit de 5,7 % ;
b. celui des adultes, après avoir progressé jusqu'en 1995, *baissera* de 52,8 % à 48,3 % soit de 4,5 % ;
c. enfin celui des personnes âgées de plus de soixante ans passera de 18,1 % à 28,3 %, *augmentant* de 10,2 %.

Ces chiffres révèlent le vieillissement de notre population, très marqué même sur la seule décennie pour laquelle nous disposons de statistiques certaines. »

EX 8 Les dégâts provoqués par les tremblements de terre.
1. Dans les pays développés (§ 1) : risque décroissant.
2. Dans le tiers monde (§§ 2 et 3) : risque croissant :
   a. explosion démographique, exode rural, bidonvilles,
   b. zones exposées : on n'y a pas amélioré l'habitat traditionnel.

Cette description est bien articulée sur l'*opposition* entre pays développés et tiers monde. À noter cependant que les zones exposés, dont il est question en 2 b, appartiennent surtout, mais pas exclusivement, à des pays en voie de développement ; l'auteur croise ici un autre principe de classement : la fréquence des séismes.

EX 9 Rapport entre l'économique et le social.

2 appréciations contradictoires :
1. le développement de l'économique entraîne le progrès social (§§ 1-2) ;
2. l'efficacité économique maximale aboutit à des exclusions (§ 3).

Conclusion : le souci du rendement ne doit pas l'emporter sur la considération du social.

L'*opposition* entre ces deux opinions, ou ces deux faits, n'est pas figée ; elle s'établit dans *une évolution chronologique* (« Toute une période, qui n'est pas vraiment close... »).

EX 10 ***Plan construit sur une opposition***

1. *Pour :*
   a. tous les enfants libres de partir avec leurs parents dès le vendredi soir ;
   b. deux jours complets d'arrêt : sorties plus longues.
   c. les enfants ne seront plus livrés à eux-mêmes le mercredi.
2. *Contre :*
   a. difficultés familiales (comme pour le mercredi) lorsque le père (et parfois la mère) travaille le samedi matin ;
   b. les parents libres perdront en partie leur indépendance et la possibilité de se reposer le samedi matin.
   c. circulation routière augmentée le vendredi soir.

Plan par catégories
1. Le point de vue familial.
2. Le point de vue scolaire.
3. Aspect économique et social (incidences sur la circulation routière, l'hôtellerie, etc.).

Conclusion : cet aménagement, simple en apparence, aurait des répercussions importantes.

EX 11 Suggestion : ne décrivez pas l'une après l'autre ces deux voitures, ressemblances et différences n'apparaîtraient pas nettement. Comparez-les l'une à l'autre successivement au point de vue : 1. du prix et des équipements ; 2. de l'esthétique ; 3. de la tenue de route ; 4. du confort ; 5. de la consommation. Le plan est ainsi fondé à la fois sur une *distinction de catégories* et sur un *parallèle.*

EX 12 Même suggestion : qualité du répertoire, la voix, l'interprétation.

EX 13 ***Le prolétariat éclaté***

L'emploi du paragraphe et de l'alinéa, le recours à une numérotation et à des tirets permettent de visualiser le classement à deux niveaux, opéré par l'auteur :

1. les travailleurs stables ;
2. les exclus du travail ;
3. les travailleurs précaires :
   - les travailleurs des entreprises en sous-traitance et en régie,
   - les travailleurs à temps partiel,
   - les travailleurs temporaires,
   - les travailleurs stagiaires,
   - les travailleurs au noir.

Le plan par *catégories* donne ici, dans la description d'une réalité économique et sociale, une impression d'objectivité et d'exhaustivité ; on pourrait cependant souhaiter des indications moins sommaires sur les volumes respectifs de ces groupes de travailleurs.

Dans le texte, l'auteur ne range pas dans n'importe quel ordre les catégories de travailleurs qu'il a distinguées. En fait, il recourt à deux principes de classement. Dans les trois grands ensembles, il *oppose* aux deux extrêmes (les stables/les exclus) la masse des travailleurs précaires. Il distingue ensuite, dans le 3e ensemble, cinq sous-ensembles qu'il *énumère* selon le degré d'instabilité de l'emploi.

EX 14 ***À la santé du vin***

Introduction (§§ 1 à 4)

Les Français, quoique les plus grands buveurs de vin, sont ignares en œnologie, contrairement aux étrangers (§§ 1-2).
Ils boivent du vin de table, car les vins fins sont un luxe trop coûteux (§ 3).
Cependant une modification de leur comportement est en train de se produire (§ 4).

1. Évolution de la consommation (§§ 5 à 7)

A. Changement quantitatif (§§ 5-6)

a. Données chiffrées :
   – moins de consommateurs,
   – et qui boivent moins.
b. Causes :
   – urbanisation et niveau de vie,
   – les musulmans qui s'abstiennent,
   – la prévention des accidents du travail,
   – surveillance du taux d'alcoolémie des conducteurs de voiture.

B. Changement qualitatif (§ 7)

Buveurs de vins fins : les catégories sociales plus évoluées et plus aisées, « cols blancs » et citadins, qui ne boivent pas quotidiennement.

2. Le nouvel art de boire (§§ 8 à 11)

a. Où s'approvisionner? (§§ 8-9)
   – sa propre cave,
   – le supermarché,
   – l'intervention des femmes.
b. Quand boit-on? Le vin n'est plus un aliment, mais un signe de fête, accompagnant la « nouvelle cuisine » (§§ 10-11).

3. Comment se former à l'œnologie ? (§§ 12 à 15)

Introduction partielle : se documenter et échanger (§ 12).

a. Succès des revues consacrées au vin (§ 13).
b. Les associations, la convivialité (§ 14).
c. Les « bistrots à vin » (§ 15).

Conclusion (§ 16)

Les Français vont rattraper leur retard en matière d'œnologie.

• ***Remarques :***
Article nettement composé : parti du constat de la situation antérieure, l'auteur aboutit à une perspective nouvelle, après avoir étudié d'abord les manifestations du changement et ses causes, ensuite les pratiques récentes (ce qui complète l'explication du changement), enfin la méthode pour y parvenir.

L'**idée maîtresse** (= une évolution récente dans la consommation de vin en France) est exprimée à la fin de l'introduction, au § 4. Elle a été amenée par le rappel de la situation qui prévalait jusqu'à présent.

La première partie est distribuée clairement (cf. le début du § 7 : « moins », « mieux ») selon les deux **catégories** bien connues : quantité, qualité. Le § 6 juxtapose les raisons de la baisse de consommation : structure d'**addition.**

L'**addition** fournit encore l'armature de toute la troisième partie.

L'emploi du paragraphe est rigoureux : chacun d'eux développe une idée distincte.

La conclusion répond bien à l'introduction : le paradoxe constaté au départ (les Français, grands producteurs de vin, sont ignorants en œnologie) est en voie de résolution à la fin (les Français seront bientôt à la hauteur de leur réputation).

EX 15

Deux classements des différentes sources d'énergie (charbon, pétrole, gaz naturel, eau (énergie hydraulique), marées, énergie solaire, énergie atomique) peuvent être envisagés :

a) L'étude de ces sources d'énergie *dans l'ordre chronologique* où elles ont été découvertes et utilisées :
- le bois est resté pendant des millénaires la source presque unique d'énergie thermique (encore largement utilisée dans les pays sous-développés) ;
- la houille est utilisée comme source d'énergie thermique et mécanique (machine à vapeur) depuis le XVIIIe siècle ; elle est encore la source d'une grande partie de l'énergie électrique consommée dans le monde (centrales thermiques) ;
- l'hydro-électricité et le pétrole sont les deux nouvelles sources d'énergie du XXe siècle et ont connu un développement considérable ;
- les trois dernières sources d'énergie citées dans la liste sont encore inégalement exploitées ; cependant le nucléaire a connu une croissance rapide et considérable, en particulier en France.

b) L'étude de ces sources d'énergie *dans l'ordre de leur importance* quant à la puissance qu'elles fournissent respectivement. Mais ici le plan sera compliqué du fait que :
- cette importance a beaucoup varié selon les années ;
- cette répartition globale est sujette à de très grandes variations selon les pays.

EX 16

La mode de l'antiquaille

I. ***Manifestations*** de cet engouement :
A. sujet de nombreuses conversations (dames surtout?) ;
B. appartements parfois envahis par les bibelots ;
C. activité commerciale : nombreux antiquaires ; succès des ventes aux enchères, des marchés aux puces ; publicité dans des hebdomadaires ou des revues spécialisées.

II. ***Causes.***
A. Vanité (étaler ses connaissances, montrer son goût, preuve d'un certain standing...).
B. Amour réel de l'antique et répulsion devant le moderne (froid, fabrication trop rapide...).
C. Évasion hors d'un monde fatigant ; création d'une « profondeur » temporelle...

III. ***Conséquences.***
Des effets paradoxaux liés à l'excès, au caractère superficiel.
A. La tricherie (faux ; prolifération de copies médiocre ou de vagues imitations). À nuancer : des commerçants sérieux, des artisans et artistes remarquables. La montée des prix.
B. « L'antiquité » risque de devenir banale, donc « inefficace ».
C. Le snobisme n'aboutit pas toujours à une formation du goût.

EX 17

Introduction

On peut envisager des réductions plus importantes que celles qui ont déjà été accordées.

1. ***Pourquoi ?***
a. accélération du progrès scientifique et technologique (mécanisation, informatisation, robotique, etc.),
b. superproduction mondiale,

d'où accroissement du chômage ; des secteurs touchés (cf. aciéries, S.N.C.F., etc.).

2. ***Conséquences*** éventuelles :
a. bouleversements économiques et sociaux,
b. transformation de la vie familiale,
c. place importante du loisir : tourisme, demande culturelle.

Conclusion : époque de mutations profondes.

UN VERBE TOUCHE-À-TOUT : FAIRE

EX A 1. Nous avons parcouru, visité... 2. Nous avons visité (« On » mis pour « Nous »). 3. Il est étudiant en sociologie ; il étudie la sociologie ; il poursuit des études de sociologie. 4. Elle a de la fièvre. 5. Cette pièce mesure.. 6. Desmaison a gravi, escaladé la face Ouest des Drus ; a réussi l'ascension de la face... 7. Vous nettoierez... vous frotterez (cirerez)... 8. Combien vendez-vous... 9. Il gagne... 10. Il a purgé une peine de prison pour escroquerie ; il a été emprisonné pour... 11. J'ai feint de ne rien savoir ; j'ai feint l'ignorance. 12. Ce titre ne convient pas. 13. La décoration est de style 1900 ; est dans le style 1900 ; rappelle tout à fait le style 1900.

EX B 1. Nous aurons ce soir l'occasion de connaître (ou : nous rencontrerons ce soir) quelques hommes qui ont acquis une solide position (ou : qui jouent un grand rôle ; qui se sont taillé une grande place) dans la profession. 2. Pour nous permettre de découvrir ce poète (ou : pour nous présenter ce poète)... de tracer un portrait (ou : de dessiner, d'esquisser un portrait)... ainsi doivent apparaître les tendances (ou : ainsi doivent être mises en évidence...). 3. Le ministre a examiné l'ensemble de la situation économique (ou : a considéré les principaux aspects de la situation) et en a brossé un tableau assez sombre (ou : a peint ; ou : l'a décrite sous des couleurs assez sombres).

LES REPRÉSENTANTS DU NOM

EX A 1. Le premier a reproché à l'autre – pour dire au journaliste. 2. une voiture, qui arrivait, s'est arrêtée pour la laisser passer (ou bien : une voiture arrivait ; l'animal s'est arrêté pour la laisser passer). 3. la souris (ou bien : ma cousine) a eu très peur et s'est enfuie. 4. Il lui a demandé l'autorisation de sortir à 17 h 30 au lieu de 18 h en lui disant qu'il n'était pas possible de... (ou bien : il lui a demandé l'autorisation de sortir à 17 h 30 au lieu de 18 h ; mais le contremaître lui a répondu que ce n'était pas possible de...). 5. que le voyageur n'avait pas le temps de reconnaître à cause de la vitesse. 6. Ce dernier frôlait chaque fois son chapeau pointu qui a fini par rouler par terre. Le chapeau était couvert de poussière et le clown a montré le poing. 7. Comprenez que les deux aveugles sont deux *sœurs* aveugles. L'équivoque créée par le mot « aveugles » porte sur le *genre :* l'adjectif *leur* n'est pas ici responsable de l'obscurité.

EX B Si l'on ne prend pas de précautions, les pronoms ou adjectifs prêteront à équivoque et la carte de visite deviendra fort embrouillée :

M. et Mme La Haye adressent *leurs* remerciements à M. et Mme Amsterdam pour *leur* invitation qu'*ils* ne peuvent accepter, ce dont *ils les* prient de bien vouloir *les* excuser, parce qu'*ils* ont à affectuer un voyage urgent.

On écrira donc :

M. et Mme La Haye adressent leurs remerciements à M. et Mme Amsterdam qui ont eu l'amabilité de les inviter, mais se voient contraints de décliner cette invitation à cause d'un voyage urgent. Ou mieux encore (en coupant la phrase et en passant à la 1re personne) :

M. et Mme La Haye adressent leurs remerciements à M. et Mme Amsterdam qui ont eu l'amabilité de les inviter. Nous nous voyons malheureusement contraints de décliner cette invitation à cause d'un voyage urgent et nous vous prions de bien vouloir nous en excuser.

CHAPITRE 3

CONCLUSION – INTRODUCTION

Ce qui nous embarrasse, lorsque nous avons à prendre la parole ou à écrire un texte d'une certaine longueur, **c'est surtout le début et la fin de notre intervention. Savoir partir, savoir terminer.** Nous sentons bien qu'il s'agit de moments importants et, par là, redoutables. C'est la difficulté de composer une bonne introduction et une bonne conclusion, et le désir de ne pas perdre de temps et de ne pas en faire perdre au lecteur, qui expliquent que certains articles, voire même des livres, démarrent ou s'achèvent brutalement, ce qui est souvent regrettable.

Vous aurez sans doute trouvé étrange le titre de ce chapitre qui mentionne l'introduction après la conclusion. Mais le départ ne peut être convenablement orienté que si nous savons où nous allons. Voilà pourquoi, **sauf le cas d'improvisation, l'ouverture d'un discours ne peut être composée sérieusement qu'après la mise au point de l'ensemble.** C'est, du moins, le conseil que nous vous donnons quand vous avez le temps de préparer votre intervention.

1 La conclusion

« Eh bien, voilà, j'ai fini » : formule gênée que prononce assez souvent l'apprenti-orateur devant un auditoire qui n'avait précisément pas compris... que c'était fini ! Il faut croire que la conclusion n'était pas apparente – ou qu'il n'y en avait pas.

Tout a une fin, pourtant ; *épilogue,* annonçaient les romans de notre enfance, à la grande satisfaction des jeunes lecteurs ; on attend le *dénouement* d'une pièce, la *conclusion* d'une démonstration ; l'appel passionné lancé par l'orateur à la fin de son discours, la *péroraison,* a toujours été considéré comme capital.

La conclusion va entraîner l'approbation – ou la critique –, déclencher ou infléchir la décision, achever tout le travail préalable de démonstration ou de persuasion, en laissant au lecteur ou à l'auditeur une vue claire de la question et une dernière impression favorable. Donc, une première nécessité :

A MARQUER NETTEMENT LA CONCLUSION

Les accords finaux des symphonies de Beethoven, plaqués avec force pendant plusieurs mesures, ont l'avantage d'éviter aux mélomanes peu avertis des applaudissements prématurés : l'« accord final » d'un exposé doit lui aussi être marqué par l'intonation, celui d'un écrit par l'allure du style.

1. Oralement

- marquez une pause avant la conclusion afin de la détacher nettement ;
- jetez un regard panoramique sur vos auditeurs pour les « reprendre » et les avertir ;
- votre diction doit souligner le changement : ralentissez le débit, modifiez le ton de votre voix (le plus souvent vous la rendrez plus grave) ;
- annoncez que vous arrivez à la fin, par une transition originale et astucieuse si vous le pouvez ; sinon par une déclaration franche, que l'oral tolère mieux que l'écrit : *Concluons ; une conclusion s'impose ; je terminerai... ; Enfin, et ce sera ma conclusion* ; etc.
- votre style change, voyez ci-dessous pour l'écrit.

2. Dans un texte écrit

- détachez par un espace blanc votre conclusion de ce qui la précède : le lecteur verra immédiatement votre intention ;
- donnez plus de fermeté et, si possible, d'élégance à votre style : le *vocabulaire* peut être plus recherché, la phrase plus ample, le *rythme* plus pressant ou plus calme. Voici, entre mille autres, un exemple : le dernier paragraphe d'un livre dans lequel Jacques Attali donne sa vision de l'avenir du monde qui verra l'invention d'une nouvelle économie et d'une nouvelle géopolitique (*Lignes d'horizon,* Fayard, 1990, pp. 214-215).

> Seul l'avenir donne un sens au passé. Ce que nous laisserons à nos enfants détermine la valeur de la vie que nous aurons vécue. La Terre est comme une bibliothèque à laisser intacte après s'être enrichi à sa lecture et l'avoir enrichie. La Vie en est le livre le plus précieux. Il convient de la protéger amoureusement avant de la transmettre – accompagnée de nouveaux commentaires – à d'autres qui oseront plus tard la porter plus loin, plus haut.

Remarquez « l'accord final » : le rythme de la dernière phrase est en effet un élément non négligeable de la conclusion.

Si votre style ne parvient pas toujours au seuil de la poésie, efforcez-vous de condenser votre pensée finale dans une formule frappante ; la conclusion en est tout particulièrement le lieu, puisqu'une formule sait résumer avec force et originalité l'essentiel du sujet. Pour sourire un peu, rappelons cet ingénieur en organisation qui bouclait chacun de ses rapports par un slogan du type : « Avec notre solution, c'est la fortune pour votre entreprise ; si vous la rejetez, vous n'avez d'autre choix que la décadence ». Le procédé est un peu gros, mais il fut efficace les premières fois, paraît-il.

B SA DOUBLE FONCTION

À vrai dire, il n'y a pas de méthode universelle pour bien conclure. Votre goût, votre matière, votre public vous guident. Mais deux attitudes sont possibles à la fin d'un discours : soit reprendre brièvement ce qu'on a dit, soit en indiquer les perspectives futures.

1. La conclusion récapitulative

elle rappelle avec netteté les points principaux de la question traitée ; la mémoire ainsi « rafraîchie », le lecteur ou l'auditeur conserve une vue à la fois nette et globale.

Attention : elle ne doit pas répéter longuement ce qui a déjà été dit, mais ne revenir que sur l'essentiel, sur les principales étapes.

Cette conclusion convient aux comptes rendus, aux exposés de caractère technique, aux historiques, aux mises au point. C'est ainsi que Claude Fohlen *(Les Indiens d'Amérique du Nord,* Coll. Que sais-je ?, P.U.F., 1985, pp. 121-122), après avoir décrit la situation des Indiens aujourd'hui et retracé leur histoire, termine son ouvrage par les lignes suivantes :

> L'histoire des Indiens d'Amérique du Nord relève d'un processus unique dans l'histoire, celui de peuples noyés dans la marée des immigrants qui ont submergé leur propre contrée et destinés à disparaître face à l'expansion d'une civilisation matérielle à la puissance irrésistible. Point n'est besoin de parler d'un génocide : les plus faibles ont été vaincus par les plus forts. Dans d'autres pays, en Afrique notamment, les colonisés ont fini par rejeter la tutelle de leurs maîtres pour recouvrer leurs terres et leur souveraité. Ailleurs, en Amérique latine, le métissage entre colonisés et colonisateurs a créé une civilisation originale qui s'épanouit, non sans heurts ni violences dans les républiques andines. Aux États-Unis et au Canada, les Indiens ont réussi à surmonter leurs défaites, leurs humiliations, leurs massacres et leurs déportations pour resurgir en plein XXe siècle et faire reconnaître leur droit à la différence. Les procès qu'ils ont menés soit contre l'État fédéral, soit contre les divers États ont souvent tourné à leur avantage. Les communautés les plus nombreuses et les mieux organisées ont réussi à s'autodéterminer dans le cadre d'une législation plus favorable. Les revendications indiennes sont parvenues à se faire entendre, en adoptant des techniques et des méthodes inspirées des autres minorités, et en revendiquant le *red power.* Sans doute, les résultats peuvent-ils paraître minces, mais un point essentiel est acquis, l'avenir des Indiens est désormais assuré en Amérique du Nord. Ils ont connu, au cours des dernières décennies, une renaissance que rien ne pouvait laisser prévoir, et leur identité culturelle est reconnue. Minorité parmi les autres minorités, sur un sol qui fut jadis le leur, ils contribuent à l'étonnante diversité ethnique, politique, religieuse et culturelle du Nouveau Monde hier encore anglo-saxon.

Sans revenir sur le détail et en procédant par des comparaisons, l'auteur fait ressortir le trait spécifique de cette histoire : les Indiens d'Amérique du Nord ont réussi, au XXe siècle, à conquérir leur autonomie et à faire respecter leur minorité.

2. La conclusion prospective

elle envisage l'avenir du problème soulevé, suggère des solutions, pose des questions en s'appuyant sur l'étude qui vient d'être faite.

En voici un exemple emprunté à un article consacré au noyau central de la terre (Jacques Hinderer, Hilaire Legros et Annie Souriau-Thévenard, *Le noyau terrestre,* in *La Recherche,* n° 233, juin 1991, p. 769) :

> Au terme de cet article, nous pouvons constater que, bien qu'inaccessible, le plus grand océan de la Terre commence à révéler certaines de ses caractéristiques dynamiques physiques. Ces dernières pourront être précisées dans le futur grâce à l'amélioration des techniques de mesure : couverture satellitaire pour le champ magnétique, réalisation en laboratoire d'expériences à des conditions de température et de pression toujours plus élevées, détermination des paramètres de rotation de la Terre par géodésie spatiale, développement d'un réseau de gravimètres supra-conducteurs. Mentionnons enfin que le problème de l'existence d'un noyau et celui de sa nature se posent également pour les autres planètes telluriques du système solaire et que les connaissances acquises sur le noyau terrestre permettront une meilleure investigation des intérieurs planétaires lors des futures missions spatiales.

Au bilan rapide des travaux exposés dans leur article, les auteurs ajoutent des indications sur les progrès envisagés. Élargissant le propos, ils soulignent qu'une meilleure connaissance du noyau terrestre permettra, à l'avenir, de mieux comprendre celui des autres planètes du système solaire.

Ces dernières réflexions montrent la voie de futures recherches. On a, en effet, le souci de donner une impulsion à l'action que l'on souhaite.

3. En réalité, **la conclusion combine très souvent ces deux procédés** et, tout en rappelant globalement les grandes lignes du sujet, s'ouvre vers l'avenir. Ainsi celle d'un court article sur la vente des armes avant la guerre du Golfe :

> Exemplaire de l'égoïsme affairiste des firmes et de leurs dirigeants, sans mémoire ni responsabilité, la terrifiante leçon n'aura pas servi. Manifeste aujourd'hui, autour des ventes d'armes et de procédés de destruction massive à l'Irak, la vertueuse surprise indignée a des précédents. Elle devrait s'étendre à bien d'autres

pays, à commencer par ceux qui se prétendent du côté du droit. Elle réapparaîtra ailleurs, demain, si les citoyens continuent à tolérer que la libre entreprise demeure hors la loi commune.

Christian de Brie et Jacques Brillot, *Les affaires permanentes des marchands de mort,* in *Le Monde diplomatique,* mars 1991, p. 9.

L'article donnait des exemples précis et dénonçait l'irresponsabilité des firmes industrielles. Proportionnée aux dimensions de l'article, cette brève conclusion est, à la fois, récapitulative et prospective : elle prononce une condamnation et formule une mise en garde.

Principaux types de conclusions :

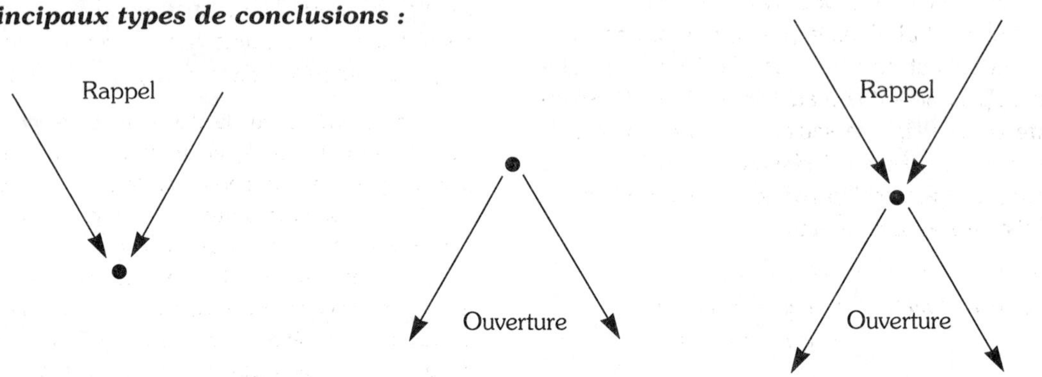

Récapitulative **Prospective** **À double mouvement**

C POUR EN FINIR

• *Une faute à ne pas commettre :* conclure sur un point de détail. Il est évident d'après ce qui précède que c'est sur l'*ensemble* du sujet traité que doit porter la conclusion, ou en tout cas sur le point essentiel dégagé.

• *Une manie inefficace :* celle de la citation en guise de conclusion. À moins d'être parfaitement adaptée au sujet que vous avez traité, elle provoque une sorte de rupture avec votre style personnel et relâche plutôt l'attention du lecteur (ou de l'auditeur) qui vous avait jusqu'ici suivi dans *votre* raisonnement.

• *Un cas particulier :* la conclusion de chaque partie importante du texte. Elle fixe les idées sur ce qui vient d'être traité et, les « arrières » ainsi assurés, permet de passer au point suivant, qu'elle annonce parfois : on pourrait donc appeler ces conclusions partielles des « conclusions-transitions ».

• *Quelle doit être la longueur d'une conclusion ?* Cela dépend évidemment de la longueur du texte. Pour un court article d'une à deux pages, la conclusion ne devra pas excéder une dizaine de lignes. Mais un rapport de 30 pages peut présenter une conclusion de deux pages. Proportionnez votre conclusion au « calibre » de votre œuvre.

À l'oral, méfiez-vous des conclusions qui traînent. Si vous avez annoncé « Et maintenant je voudrais conclure ce trop long exposé... », n'ouvrez pas de nouveaux développements devant un auditoire qui se lasse.

• Enfin, et surtout, que la conclusion, même si elle est récapitulative, ne donne jamais l'impression que vous piétinez, que vous vous répétez. Cherchez des *formules de synthèse* denses et originales.

2 L'introduction

Vous faire écouter ou vous faire lire, tel est votre objectif. La réussite dépend en grande partie de votre départ. Voilà pourquoi la première qualité d'une introduction est d'intéresser au sujet les auditeurs ou le lecteur. Au besoin en les forçant, parfois avec vigueur, le plus souvent par le charme, l'inattendu, la pertinence de vos paroles initiales.

Après avoir saisi l'attention, vous cherchez à donner l'envie de connaître la suite. Pour cela, facilitez la compréhension de tout ce que vous allez dire en préparant les destinataires à cheminer avec vous. Que la question soit claire dès le début afin qu'on éprouve le besoin de connaître la réponse. Et pour guider mieux, indiquez d'avance la route qui sera la vôtre et sur laquelle vous souhaitez qu'on vous accompagne.

Aujourd'hui, dans la presse notamment, l'introduction est souvent remplacée par ce que l'on appelle le « chapeau » de l'article. C'est un texte court qui, non seulement attire l'attention sur le sujet, mais aussi résume plus ou moins le contenu. Parfois l'introduction traditionnelle subsiste après le chapeau.

L'introduction	• *capte l'attention* • *annonce le plan*

A QUE DIRE AU DÉBUT ?

1. *Ne comptez pas sur le titre* éventuel de votre exposé ou de votre écrit pour préciser le sujet que vous traitez. Un titre est rarement assez explicite, souvent il n'est pas lu, et s'il l'est, parfois mal compris ou pas retenu. Dites-vous au départ que vos auditeurs ne sont pas au courant.

2. Vous n'entrerez donc pas directement dans le vif du sujet, mais *vous éviterez* tout autant de démarrer sur :

• un lieu commun passe-partout,

• un « hors-d'œuvre » qui n'a rien à voir avec votre sujet,

• une généralité vague, qui vous fait partir inutilement de trop loin. Si vous étudiez par exemple le rendement d'une machine, ne vous croyez pas obligé de remonter au modèle d'il y a deux siècles ou d'évoquer l'ensemble de l'évolution économique de la production contemporaine !

Commencez par étudier entièrement votre sujet, composez complètement le plan : alors seulement, vous songerez au choix d'une introduction. Pascal avait tout à fait raison : « *La dernière chose qu'on trouve en faisant un ouvrage est de savoir celle qu'il faut mettre la première.* » Souvenez-vous donc des efforts stériles et déprimants que vous avez faits pour commencer à rédiger une introduction, lorsque le reste n'était pas encore sur pied !

3. *N'affirmez pas* dès l'introduction ; le problème n'est pas résolu, il s'agit de le poser. Respectez la loi du « suspense ». Un exemple : les auteurs ouvrent ainsi leur article consacré au noyau terrestre (ouvrage cité, pp. 760-761).

Il est paradoxal que le plus grand océan de la planète, en l'occurrence le noyau terrestre, soit aussi le plus énigmatique. Son inaccessibilité en est la cause. Il est situé à 2 900 kilomètres sous nos pieds, alors que les forages les plus profonds ne dépassent pas la douzaine de kilomètres ! Pourtant, en dépit de son éloignement, cette énorme masse liquide, qui représente 16 % du volume de la Terre, constitue un élément essentiel de la dynamique du Globe. Le noyau joue aussi un rôle important sur la biosphère. C'est en effet à l'intérieur du noyau qu'est créé le champ magnétique de la Terre. Or l'existence de ce champ est primordiale pour les êtres vivants puisqu'il les protège du rayonnement électromagnétique émis par le Soleil. Par ailleurs, on sait que les changements dans les mouvements du noyau sont capables d'altérer la rotation terrestre et, par conséquent, de modifier l'évolution du climat. Enfin, il semble qu'un regain d'activité de la tectonique des plaques ait lieu aux époques géologiques où la fréquence des inversions du champ magnétique se modifie. Mieux connaître les propriétés du noyau terrestre paraît donc essentiel. En l'absence de témoins, les informations les plus directes dont nous disposons proviennent des études sur le champ magnétique terrestre. Malheureusement, nous sommes encore loin de bien connaître ce dernier : comment est-il engendré ? Quand et comment est-il apparu ? Comment a-t-il évolué ? Néanmoins, ainsi que nous le verrons dans la suite de cet article, les progrès techniques réalisés au cours des dix dernières années en sismologie et en mécanique permettent aujourd'hui de mieux comprendre comment le noyau a pu se former et évoluer, et comment son histoire a pu affecter l'évolution géologique de la Terre.

L'introduction pique la curiosité en soulignant un paradoxe : le noyau terrestre, d'une importance capitale, est mal connu ; il reste mystérieux.

Son rôle est ensuite brièvement rappelé : il influe sur la dynamique du globe, sur le magnétisme et la rotation de la terre, etc.

Il est donc essentiel de mieux le connaître et, pour cela, de s'adresser désormais, non plus seulement au magnétisme terrestre, mais à la sismologie et à la mécanique : la dernière phrase annonce le contenu et le plan de l'article.

4. Dire l'essentiel dès le début, c'est déflorer l'intérêt de votre intervention.

5. Trois questions constituent la matière de l'introduction :

• *Pourquoi ce problème?* Vous montrez l'intérêt du sujet traité, vous le rattachez à son contexte, vous le situez, mais avec précision.

• *De quoi s'agit-il?* Vous cernez exactement le sujet, vous le limitez, vous le définissez.

• *Quels seront les points traités?* Vous annoncez le plus adroitement possible les divisions de votre plan, vous justifiez rapidement les phases successives de votre exposé. Attention aux « gros sabots » : « Nous allons étudier d'abord... puis nous passerons à... enfin nous essaierons de... »; mais ce procédé un peu lourdaud vaudrait toutefois mieux qu'une absence complète d'indications. Le destinataire a besoin d'être averti par avance des étapes principales, de disposer de repères afin de ne pas s'égarer en cours de route. À titre d'exemple, voici l'introduction d'un petit ouvrage consacré à l'astrologie :

> L'astrologie est avant tout une donnée de civilisation liée à la prise de conscience par l'Homme du temps qui s'écoule et des rythmes de la nature.
>
> Son histoire s'étend sur une période de plus de 5 000 ans et son évolution se poursuit d'une façon discontinue à la fois sur les plans temporel et géographique.
>
> L'observation du ciel, la connaissance de mouvements du Soleil ou de la Lune, des planètes et des étoiles, la succession des jours et des nuits, celle des saisons, ont très tôt marqué l'esprit de l'Homme. C'est pourquoi divers systèmes spatio-temporels de nature astrologique ont vu le jour au cours du développement de nombreuses civilisations, qu'elles soient égyptienne, hindoue, hellénistique, chinoise ou maya.
>
> Issue des traditions égyptienne, mésopotamienne et grecque, seule l'astrologie occidentale est étudiée ici. Ce petit ouvrage voudrait, en la situant historiquement sur des bases descriptives, en rassembler les éléments objectifs dont nous disposons.
>
> Cependant, il ne nous a pas paru possible de donner un aperçu sérieux de l'astrologie sans, au préalable, en connaître les lignes essentielles et la substance principale. C'est pourquoi nous nous sommes efforcé d'exposer dans un premier chapitre les composantes de la technique astrologique généralement admises aujourd'hui. Cette démarche nous a paru indispensable en raison de l'étendue de l'emploi du mot astrologie et de sa grande imprécision, presque paradoxale, dans l'esprit du public.
>
> Ainsi pourrons-nous mieux comprendre l'origine et mieux suivre les développements et avatars de ses éléments depuis Babylone jusqu'à nos jours au cours de trois chapitres historiques.
>
> Bien définie et située historiquement, il devient alors possible, dans un cinquième chapitre, de confronter l'astrologie et la science moderne : problème épineux et difficile s'il en est. Nous en ouvrirons le dossier avec ses faits les plus marquants, le plus objectivement possible, avant de tenter une conclusion provisoire que pourra poursuivre le lecteur.

Suzel Fuzeau-Braesch, *L'astrologie,*
Coll. Que sais-je?,
P.U.F., n° 2481, 1989, pp. 3-4.

L'auteur commence par rappeler que l'astrologie est un fait de civilisation fort ancien, dont elle évoque l'extension géographique. Elle précise que, seule, l'astrologie occidentale sera étudiée dans ce livre. Enfin, elle annonce très nettement sa démarche, donc le plan de l'ouvrage.

B L'INTRODUCTION SERT DE RECOMMANDATION

Non seulement elle donne une idée du reste du discours, mais il lui faut charmer et gagner les auditeurs. Pour cela vous cherchez à :

1. L'adapter au sujet et aux circonstances

• *Aux destinataires* qui peuvent être bienveillants, indifférents ou hostiles. En particulier à l'oral, méfiez-vous de ces « décalages » malencontreux qui vous feraient aborder sur le mode hilare une assemblée glacée, ou heurter brutalement de front des récalcitrants qui ne demandent qu'à manifester leur désaccord : tout est ici affaire de *tact.* Cela est d'ailleurs vrai aussi à l'écrit – mais vous courez moins de risques immédiats!

En préparant votre intervention, demandez-vous quelles sont les dispositions de votre public, ce qu'il attend, quel procédé pourra l'atteindre, quelle réaction vous voulez provoquer.

• *Au moment :* on ne se concilie pas des clients éventuels à la fin d'un bon déjeuner de la même manière qu'un auditoire de spécialistes à 8 h du matin.

• *Au lieu :* on n'« attaque » pas de la même façon un compte rendu d'expérience dans un rapport technique et dans une vulgarisation destinée à des profanes ; dans un bureau et dans une salle de conférences.

• *À la nature du sujet :* ne « volez » ni trop haut ni trop bas. Ne faites pas comme petit Jean, dans les *Plaideurs* de Racine, qui, accusant le chien d'avoir dérobé un chapon, commence ainsi :

> Messieurs, quand je regarde avec exactitude
> L'inconstance du monde et sa vicissitude ;
> Lorsque je vois, parmi tant d'hommes différents,
> Pas une étoile fixe, et tant d'astres errants ;
> Quand je vois les Césars, quand je vois leur fortune ;
> Quand je vois le soleil, et quand je vois la lune...

Vos démêlés personnels avec le téléphone pourront être amusants s'il s'agit d'introduire un court article pour la revue de l'entreprise, mais ils seront tout à fait déplacés dans une étude technique sur les télécommunications.

• *Au temps ou à l'espace dont vous disposez :* un exposé de dix minutes et un rapport de 40 pages, bien évidemment, n'auront pas une introduction de même longueur. C'est une question de *proportion* comme pour la conclusion. De l'ordre de 1/6 du total pour une intervention courte, de 1/10 ou moins encore pour un exposé ou un texte long.

2. Lui donner de la vie

• *Attention :* en tenant compte de ce qui précède, évitez l'impertinence, l'inopportunité, l'incongruité.

• N'épuisez pas vos ressources dès le début : un acteur qui a cinq actes à jouer ne commence pas « à plein volume ».

• Simplicité, modestie, enjouement, familiarité de bon aloi sans aucun appel à la complicité ni à la vulgarité, telle est l'allure qui convient. Ne vous « forcez » pas malgré votre désir de séduire, les destinataires sont sensibles à l'excès d'artifices.

• Donc vous tâcherez de donner de l'animation, voire du piquant à votre début :
- par des interrogations,
- par des chiffres éloquents,
- par un historique,
- par une citation bien choisie, une formule célèbre,
- par un dialogue,
- par une définition,
- par une anecdote amusante ou étonnante, etc.

• Vous vous rappellerez que l'humour, l'imprévu, le paradoxe, l'actualité brûlante vous ouvrent l'attention des destinataires, qu'un sourire est toujours apprécié dans les rapports humains comme dans un texte ou un discours.

Ni l'introduction ni la conclusion ne sont plaquées artificiellement sur le corps du développement. Elles en sont l'origine et l'achèvement. C'est pourquoi nous devons nous persuader qu'*elles sont naturelles* et que nous les découvrirons en étant attentifs à la logique interne de la matière que nous traitons.

Bien entendu, une fois que vous avez défini le rôle dynamique de votre introduction et de votre conclusion, il vous reste à leur donner un tour agréable et donc efficace. Vous mettrez en œuvre les procédés d'animation de la parole dont vous disposez.

Pour cela vous ferez preuve aussi d'invention. L'habitude vous en rendra capable. *L'observation* vous fera découvrir des pistes, vous remarquerez les idées ingénieuses des bons conférenciers que vous avez l'occasion d'entendre, des auteurs d'articles ou de rapports que vous serez amené à lire. Vous vous convaincrez que vous pourrez, vous aussi, trouver d'heureux moyens d'intéresser les autres à ce que vous voulez leur communiquer.

Les exercices qui suivent ont principalement pour but de stimuler votre esprit d'observation. Votre travail ou vos études vous fournissent constamment des occasions de rédiger.

EXERCICES

EX 1 **Voici la dernière page d'un livre consacré à une critique en règle de l'école qui ne donne pas à l'enfant le goût de se cultiver ni le désir de construire sa vie.**

Quels sont les procédés utilisés dans cette conclusion?

Il existe à Hauterives, petit village de la Drôme, un monument historique, le plus insolite de tous : le « Palais idéal » du facteur Cheval. C'est l'œuvre d'un seul homme, Joseph Ferdinand Cheval, né en 1836, facteur de son état, qui entreprit de réaliser un projet insensé : se construire un palais. Non pas une maison comparable à celle de ses voisins, mais un monument qui ne ressemblerait qu'à lui. Il n'avait rien, ne possédait aucune fortune, ne connaissait pas la maçonnerie, il n'était riche que de ce rêve obstiné. Il apprit seul à tracer des plans, à manier la truelle et le marteau, à dresser des murs, à saisir le ciment, à sculpter la pierre. Il trouva dans les environs, au hasard de ses tournées, les matériaux qu'il ne pouvait acheter. Il travailla plus de trente années pour édifier un monument comme il n'y en aurait jamais d'autre, incroyable enchevêtrement de fioritures architecturales, délirante accumulation de naïves décorations, invraisemblable foisonnement de personnages, d'animaux, de symboles qui, pour lui seul, avait un sens et une beauté. À la même époque, l'architecte Antonio Gaudi construisait à Barcelone l'église de la Sagrada Familia qui stupéfia le monde entier par son exubérance. Pourtant, le sanctuaire de Gaudi, salué comme le chef-d'œuvre de l'architecture onirique, paraît bien sage, presque classique, comparé aux imprévisibles jaillissements du « Palais idéal ».
Le facteur n'était ni fou ni sage, il bâtissait sa vie à travers un monument dont il entendait faire son tombeau. Son palais, c'était sa propre image qu'il façonnait longuement, au fil des ans, au hasard de ses pensées, au prix de son travail. Je connais peu l'histoire de ce bâtisseur du soir et du dimanche, mais je trouve la parabole superbe. Et j'éprouve ce même mélange de respect, de tendresse et d'admiration chaque fois que je croise par chance un de ces personnages qui, sortant du rail scolaire et professionnel, est parti à l'aventure, apprenant ce qu'il ignorait, pour aller au bout de lui-même.
Que l'école donne à tout élève une place, ce serait déjà très bien, mais qu'elle lui ouvre un chemin, ce serait tellement mieux. Non pas l'une de ces routes connues et balisées qu'il faut aussi emprunter, mais un chemin bien à soi, que l'on trace pas à pas, une étoile en tête pour unique boussole : l'itinéraire d'une seule vie construite jour après jour avec l'obstination de ce facteur Cheval qui toujours allait à pied et chaque soir ajoutait un caillou du chemin au palais de ses rêves.

François de Closets, *Le bonheur d'apprendre et comment on l'assassine*, Seuil, 1996, pp. 346-347.

EX 2 **Un article intitulé *« Paranormal et art du doute »* se termine par la conclusion ci-dessous.**

1. Dégagez les idées principales.

2. À quel type de conclusion rattachez-vous celle-ci?

Pour revenir au problème plus général du « paranormal » dans son ensemble qui est l'objet de cet article, je voudrais en conclusion insister sur le fait que l'on assiste, à l'heure actuelle, à l'utilisation courante d'arguments émotifs et non rationnels dans des « discours » où la personne impliquée émotionnellement ne pèse plus le pour et le contre. L'habitude de l'erreur qui s'introduit ainsi est très dangereuse; amollir l'esprit critique, le sens du réel, c'est-à-dire affermir une conception magique du monde peut avoir de tragiques conséquences (dans notre type de société, le vernis scientifique recouvre souvent une mentalité « primitive »). La raison est une conquête fragile qui doit être défendue si l'on ne veut pas qu'un tourbillon de déraison l'emporte.

Les pseudo-sciences ne fournissent aucun matériau pour un débat scientifique mais fournissent par contre un intéressant moyen d'attirer l'attention sur certains aspects des sciences. Nous aboutissons ainsi à ce paradoxe apparent : les fausses sciences ont un pouvoir de performance nul, c'est-à-dire qu'aucun progrès ne peut leur être attribué, et pourtant l'on pourrait faire en sorte que, par l'exemple de leur déraison, les fausses sciences aboutissent... au progrès de la raison !

Le développement de la réflexion critique est une nécessité, non seulement pour la vision « scientifique » du monde, mais également pour la vision « poétique », car il n'existe pas de distanciation profonde entre les deux.

Le « paranormal » fait de la mauvaise science et de la mauvaise poésie et, en se réclamant de l'une et de l'autre, il les abîme toutes deux.

Henri Broch, *Paranormal et art du doute,* in *Sciences et Avenir,* n° spécial hors série, n° 56, *L'irrationnel face à la science,* p. 63.

EX 3 Voici la conclusion d'un article consacré à la création et à l'utilisation d'outils par les chimpanzés. Pouvez-vous la rattacher à un type connu ?

Plus les chercheurs observant les chimpanzés dans leur milieu naturel sont nombreux, plus de nouveaux comportements sont mis en évidence. De tout temps, l'humanité, souvent à travers ses philosophes et ses scientifiques, s'est interrogée sur ce qui la différencie des autres animaux. Mais cela ne fait que quelques décennies que des humains font l'effort d'aller étudier les animaux dans leur milieu originel pour constater *de visu* ce que ces espèces sont réellement capables de faire. Un effort pour ne pas détruire le monde qui nous entoure s'impose afin que nous puissions mieux le connaître et par conséquent mieux nous connaître nous-mêmes.

Christophe Boesch et Hedwige Boesch-Achermann, *Les chimpanzés et l'outil,* in *La Recherche,* n° 233, juin 1991, p. 731.

EX 4 L'auteur va parler de *l'origine de l'homo sapiens.*

Comment est présentée son introduction ?

Parmi les nombreux problèmes qui se posent au paléontologiste, celui de l'origine de l'homme moderne est, sans conteste, un des plus délicats. De quelles formes fossiles est issu l'homme actuel ? Où et quand il est apparu ? C'est là un problème qui complète celui de l'origine de la lignée humaine. Comment l'homme est apparu, comment il a atteint le stade d'achèvement que nous lui connaissons aujourd'hui, voilà deux questions essentielles qui se posent à la Paléontologie humaine.

B. Vandermeersch, in *Revue des questions scientifiques,* n° 3, tome 140, 5e série, tome 30, p. 333.

EX 5 De quels éléments est formée l'introduction ci-dessous à un ouvrage sur la thalassothérapie ?

Si l'utilisation de l'eau douce a donné naissance à une spécialité médicale nouvelle : l'hydrothérapie, si l'utilisation des eaux minérales thermales s'appelle : la crénothérapie, ce n'est qu'à la fin du XIXe siècle que l'utilisation de l'eau de mer fraîchement prélevée et chauffée a donné naissance à une discipline nouvelle : la thalassothérapie, terme créé par le D^{r} de La Bonnardière à Arcachon à la fin du XIXe siècle.

En fait la thalassothérapie moderne est l'utilisation thérapeutique des bains de mer (balnéothérapie) en association avec l'influence bénéfique des conditions bioclimatiques créées elles-mêmes par les relations entre les milieux marin et terrestre environnants.

Il n'y a de thalassothérapie qu'au bord de la mer. Pour la cour d'appel de Paris : « La thalassothérapie est l'exploitation à des fins curatives des propriétés combinées de l'eau de mer, de l'air et du climat marins ; cette thérapeutique exige des installations au bord de la mer, spécialement équipées pour recueillir cette eau fraîchement puisée, protégée de toute pollution, et édifiées en des lieux réputés pour leur microclimat. »

En bref, les principes fondamentaux de cette thérapeutique marine sont l'utilisation des propriétés optimales :

- de l'eau de mer et de ses composants,
- des dérivés marins (algues, boues),
- du bioclimat marin particulier à la latitude,
- de l'environnement socio-démographique,

associée :

- à la rééducation physique par la kinéo-balnéothérapie,
- et à la réadaptation fonctionnelle.

Jacques-Bernard Renaudie, *La thalassothérapie,* Coll. Que sais-je ?, P.U.F., n° 2141, 1984, pp. 5-6.

EX 6 Voici le début d'un article sur les mélanges de couleurs. Quel est le procédé utilisé dans cette introduction ?

Tout le monde sait, au moins en théorie, que la lumière blanche est la somme de toutes les lumières de couleur du spectre. Mais quand un jeune enfant s'amuse à mélanger toutes les couleurs de sa boîte de peinture, les parents savent trop bien que c'est d'un enduit sombre ou noirâtre que le jeune artiste risque de barbouiller les meubles et ses vêtements ! C'est là toute la différence entre les mélanges additifs et les mélanges soustractifs de couleurs.

In *Atomes,* n° 267, juillet-août 1969, p. 413.

EX 7 Consacré à un phénomène fréquent, le rire, et fort peu connu au demeurant, un article commence de la façon suivante que vous essaierez de caractériser.

On rit de tout, jamais de rien. Sous cape ou à gorge déployée, gras ou jaune, l'éclat de rire est toujours comme une rupture, un comportement soudain, à peine contrôlable, jamais gratuit. Paradoxe : on rit aux larmes. Le fou rire renvoie au rire fou, et si l'on en vient à s'écrouler de rire, voire à se « pisser dessus », ce peut être au risque d'en mourir. Au sens propre. Cela s'est déjà vu au Kenya, où une mystérieuse « épidémie » de rire incoercible affecta un millier d'écolières et leurs familles. Plusieurs personnes durent être hospitalisées d'urgence. L'une d'entre elles en perdit la vie.

Le rire, pourtant si familier, garde encore une bonne partie de son mystère. Pourquoi rit-on ? De quoi ? Comment ? Quelle est la signification profonde de cette déformation grotesque du visage accompagnée de vocalisations incohérentes et de spasmes violents ? Une chose apparaît cependant certaine : le rire est le propre de l'homme, on l'a suffisamment dit, à la suite de ce grand rieur de Rabelais. Encore faudrait-il savoir à quel moment de l'évolution l'hilarité a fait son entrée dans la lignée des *Homo.*

Philippe Chambon, *Le rire, Sciences et Avenir,* n° 530, avril 1991, p. 28.

EX 8 Qu'est-ce qui caractérise ce début d'un article annonçant la mise en place de centrales solaires dans l'espace ?

Niché aux commandes de sa cellule de travail robotisée, à 35 000 kilomètres au-dessus de l'équateur, l'ingénieur regarde défiler les 50 000 tonnes de la titanesque plate-forme orbitale avec une indifférence qui trahit l'habitude. Il commande le chantier de remplacement des cellules photovoltaïques endommagées par l'impact d'un météorite sur la 41e centrale solaire spatiale. Une urgence : sans l'intervention rapide de son équipe, le Sud-Est asiatique pourrait bientôt manquer d'électricité.

Nous sommes en 2030, et cet ingénieur n'est peut-être pas encore né. Mais ce scénario est moins une fiction qu'une projection. L'idée d'exploiter les ressources énergétiques du Soleil au-delà du filtre atmosphérique terrestre n'est pas vraiment nouvelle. La consommation mondiale d'énergie, pendant une année, équivaut à l'énergie solaire captée par la Terre en 40 minutes! Imaginé il y a vingt ans par Peter Glaser, alors vice-président de la société américaine d'études Arthur D. Little, le concept a donc conquis plus d'un scientifique.
Près de cent équipes, provenant d'une quinzaine de pays, sont aujourd'hui engagées dans des programmes de recherche visant à valider les options technologiques à mettre en œuvre pour satelliser ces « monstres » de 50 km^2.

Paul Molga, *Le solaire renaît de l'espace,* in *Sciences et Avenir,* n° 535, sept. 1991, p. 78.

EX 9 **Quelle figure de style structure cette introduction à un article sur la douleur?**

Le réseau de la douleur est une sorte de garnison dont les colonnes se déploieraient depuis une tour de contrôle, le cerveau, jusqu'à des millions de sentinelles postées à la périphérie de notre corps, sous la peau, les viscères, les muscles à l'affût d'un agresseur – une lame, un marteau, une maladie. Qu'on vienne à les rencontrer et, ouille! toute la garnison est alertée. L'information douloureuse est embarquée à bord d'une fibre nerveuse, elle-même passagère d'un nerf, et transmise à travers un circuit complexe, avec des feux rouges, des feux verts, des sens uniques, des voies sans issue et un grand carrefour, la moelle épinière, d'où part un ascenseur. Destination : les étages supérieurs du cerveau. Les grandes lignes du plan commencent à être cernées par les chercheurs. Mais des zones d'ombre subsistent. Comment le circuit est-il précisément contrôlé? Pourquoi ne parvient-il pas à s'éteindre parfois? Et pourquoi lui arrive-t-il de s'allumer sans raison apparente? D'incertitudes en espérances, de controverses en frustrations, les chercheurs parviendront-ils un jour à vaincre la douleur?

A.S., *Pourquoi souffrons-nous?,* in *Sciences et Avenir,* n° 528, fév. 1991, p. 50.

UN ROUAGE DÉLICAT : DONT

Le pronom relatif est un rouage qui relie deux pièces dans un mécanisme.

On voit en général nettement la pièce située en amont, souvent aussi la pièce située en aval.

L'homme qui sonnait à la porte...

L'homme que j'ai aperçu...

L'homme dont le chapeau...

Mais parfois la pièce située en aval est plus malaisée à distinguer, ainsi que la liaison établie entre elle et le pronom relatif :

L'homme dont j'ai aperçu le chapeau...

Démontons ce mécanisme,

pour mieux comprendre le double rôle joué par le pronom.
Exemple :

Ce chien, dont vous admirez la taille, est un saint-bernard.

Cette phrase contient deux indications :

(1) Ce chien est un saint-bernard.

(2) Vous admirez la taille *de ce chien.*

– *Dont* permet de relier ces deux indications : il rattache la proposition (2) au mot « chien » dont il évite la répétition.

– Le démontage fait apparaître la fonction de *dont.* De même que, dans la proposition (2), *chien* est complément du mot *taille, dont* est, dans l'exemple étudié, le complément du nom *taille.*

Le mécanisme doit être complet

Lorsque l'auditeur perçoit le pronom *dont,* il attend la pièce qui viendra compléter le rouage. Inversement lorsqu'on a énoncé *dont,* la suite de la phrase doit contenir la pièce sans laquelle *dont* est un rouage inutile, désengrené.

Ce montage un peu astreignant du rouage et de la pièce qui suit, exige un effort d'attention. C'est pourquoi le langage familier ressent l'emploi de *dont* comme légèrement recherché et hésite à utiliser ce pronom. Au lieu de :

La jeune fille *dont* le père est maçon...

on dit de façon incorrecte :

« La jeune fille que le père est maçon... »

N'ajoutons pas une pièce inutile

« Ce chien, *dont* vous admirez *sa* taille, est un saint-bernard. »

Cette phrase est incorrecte.

Le pronom *dont* indique qu'il s'agit de la taille du *chien.* Mais, un des rôles du pronom étant oublié, on introduit l'adjectif possessif *sa* qui nous renvoie une deuxième fois au mot *chien. Sa* est une pièce inutile.

On corrigera :

Ce chien dont vous admirez *la* taille...

De même, la phrase suivante contient une pièce de trop :
« Voilà un produit *dont* l'acheteur pourrait à peine *en* reconnaître la marque. »

On corrigera, en supprimant l'un des deux :

Voilà un produit *dont* l'acheteur pourrait à peine reconnaître la marque.

ou bien :

Voilà un produit : l'acheteur pourrait à peine *en* reconnaître la marque.

La deuxième pièce n'est pas toujours un nom

- Elle peut être un adjectif :

C'est une campagne publicitaire dont nous pouvons être *fiers.*
(= nous pouvons être fiers *de cette campagne*).

Dont est complément de l'adjectif *fiers.*

- Elle peut être un verbe :

Le concurrent dont vous vous méfiez n'est pas dangereux
(= vous vous méfiez de ce concurrent).

Dont est complément du verbe *se méfier.*

Dont ne peut pas s'adapter :

à un nom précédé d'une préposition :

L'ami, à l'entreprise *duquel (de qui)* vous collaborez, vous remerciera.

(et non : « à l'entreprise dont »).

EXERCICES

EX A Dans les phrases suivantes, évitez les répétitions en employant le pronom *dont*.

1. J'ai acheté une moto neuve. Je me sers de cette moto surtout pour mes sorties du dimanche. 2. Nous souffrons de nombreux maux : la bureaucratie excessive est un de ces maux. 3. Toutes les informations que l'on pourra recueillir sur les réactions des consommateurs donneront des indications précieuses ; on pourra user de ces indications pour approfondir l'étude du marché. 4. L'ordinateur de la dernière génération vient d'être installé ; les techniciens admirent les capacités de cet ordinateur. 5. Vos conseils m'étaient nécessaires dans cette situation difficile, je vous suis reconnaissant de vos conseils.

EX B **Mettez le pronom qui convient à la place des pointillé dans les phrases suivantes :**

1. N'oublions pas les fondateurs de l'entreprise ... nous sommes les successeurs. 2. Le chef de service ... tu succèdes était un homme travailleur mais désordonné. 3. Devant les répétitions incessantes du conférencier, l'auditeur éprouvait une irritation ... il avait peine à maîtriser. 4. L'auditeur entendait des répétitions incessantes ... il s'irritait peu à peu. 5. C'est de ce livre ... j'ai besoin. 6 .Croyez-vous que c'est de nous ... cette affaire dépend ?

EX C **Corrigez les phrases suivantes relevées dans la presse :**

1. Il ne faut pas jeter la pierre aux avants de Saint-Étienne dont leur enthousiasme n'a pas connu la réussite. 2. Une firme, dont la marque en est l'instrument principal de concurrence sur le marché, a besoin d'informations sur l'attitude des clients. 3. C'est là un problème dont la complexité fait tout son intérêt. 4. Le cadran du nouveau modèle, dont il faut savoir en utiliser les indications, se trouve à gauche sur le tableau de bord. 5. J'ai visité à Saint-Tropez votre maison dont vous êtes le propriétaire.

EX D **Corrigez les phrases suivantes, toutes fautives, en employant *duquel, de laquelle,* ou, pour remplacer les noms de personnes seulement, *de qui.***

1. Le médecin, par les soins dont le pape est traité, est professeur à la Faculté de Milan. 2. Il est impossible de lancer un produit dont on ne s'est pas d'abord préoccupé de l'emballage. 3. Monsieur X, dont j'ai dû avoir recours aux bons offices, a mis fin à cette situation difficile. 4. Que les sapeurs-pompiers, dont nous nous inclinons devant le dévouement, reçoivent toutes nos félicitations. 5. Le lancement dont cette agence a participé à la préparation, a été soigneusement étudié. 6. Un film vient de sortir dont j'ai un peu collaboré à l'élaboration du scénario *(entendu à la télévision).* 7. La production, au développement dont nuit la crise économique, a fortement baissé.

TRAVAUX DIRIGÉS

TD 1 Dans son exposé, l'auteur a évoqué successivement tous les domaines où s'introduit la vitesse qui caractérise la civilisation d'aujourd'hui. Étudiez la composition de sa conclusion.

Ainsi donc, l'homme moderne, épris de vitesse, imprime au monde qui l'entoure une accélération toujours plus grande. Vitesse sans cesse accrue des productions, des échanges, des communications, tout cela affecte notre vie quotidienne pour le meilleur ou pour le pire. Même dans des domaines jusqu'à présent considérés comme insensibles à cette accélération, la biologie animale ou végétale par exemple, nous contraignons la nature à adopter un rythme toujours plus rapide. Est-ce un bien ? Est-ce un mal ? Le problème reste posé et le sera sans doute pendant longtemps encore.

Jacques Lachnitt, *Le siècle de la vitesse,*
Hachette, 1966, p. 113.

TD 2 Voici la conclusion d'un ouvrage, surtout historique et descriptif, consacré aux sectes.

1. Analysez-là.

2. Qu'a-t-elle de particulier ? Peut-on la rattacher à l'un des trois types principaux ?

Aujourd'hui, on comprend la quête errante de spirituel et de chaleur humaine qui en met en route beaucoup à la recherche d'un « Ailleurs », et d'un groupe chaud qui en offre déjà les prémices.

On est alors impressionné, au terme de ce voyage au pays des sectes, par l'immense capital de sincérité, de bonne volonté, de désir de rencontrer Dieu qui s'y révèle. On est d'autant plus navré de le voir parfois récupéré par des marchands de spirituel sans scrupule. On se sent alors poussé à agir. Ce serait d'ailleurs rendre un bien mauvais service à certains de ces mouvements que d'avaliser inconditionnellement leurs déviations au bénéfice de la seule bonne foi de leurs membres. La tolérance implique la vérité. Le dialogue vrai suppose l'expression claire de la différence, seul moyen pour chacun de progresser dans sa voie.

On se sent pressé aussi d'agir sur les racines du mal : un certain dysfonctionnement de nos sociétés occidentales. Bergson appelait déjà notre civilisation à un « supplément d'âme ». Saint-Exupéry confiait : « Je hais mon époque de toutes mes forces, l'homme y meurt de soif. ». Car l'homme ne peut vivre uniquement de moyens de vivre. Il a besoin de raisons de vivre. Si notre époque s'avérait incapable de les lui fournir, les sectes auraient un bel avenir. Car nous en fabriquerions alors la clientèle potentielle.

Jean Vernette, *Les sectes,* Coll. Que sais-je ?,
P.U.F., n° 2519, 1990, p. 125.

TD 3 Après un exposé, assez inquiétant, consacré à l'activité volcanique, voici quelle conclusion choisissent les auteurs. Comment pouvez-vous la caractériser ?

Ne terminons pas sur une note pessimiste : les volcans ont aussi de bons côtés. Il semble que le gaz carbonique émis par les volcans ait eu une grande importance pour les débuts de la photosynthèse sur la Terre. Après une éruption, il faut bien sûr du temps pour que la végétation reprenne sur les coulées (encore qu'en climat tropical cela se fasse vite), mais le sol qui finira par se recomposer sera alors un sol riche et fertile. À proximité de volcans (anciens ou actifs) on trouve aussi des gisements de minerais (du soufre, des métaux)...

Il ne faut pas non plus oublier la chaleur des volcans, anciens ou actifs, qui peut parfois être exploitée : c'est une des formes de l'énergie géothermique. En Islande par exemple, une bonne partie du chauffage est assurée de cette manière. En Guadeloupe, un forage géothermique près du geyser de Bouillante produit une part non négligeable de l'électricité de l'île.
Et puis, n'est-ce pas un beau spectacle ?

Andrée Bergeron et Sylvie Gruszon, *Histoires de volcans...*, Revue du Palais de la découverte, vol. 19, n° 189, juin 1991, p. 36.

TD 4 Quel est le procédé utilisé dans cette introduction d'un article sur l'*économie ?*

Le terme économie, dérivé des mots grecs *oikos* (maison) et *nomos* (loi), signifiait primitivement « art d'administrer un bien ». Dans le langage courant (« faire des économies »), il désigne une restriction des dépenses et correspond donc à la notion économique de l'épargne. Il désigne aussi l'ensemble des actions d'une collectivité humaine en vue de produire des richesses (on parlera de l'économie française, de l'économie américaine, de l'économie internationale). Il s'applique aussi à la science qui étudie l'ensemble de ces activités (économie politique, science économique). On envisagera ici les deux dernières acceptions, plus particulièrement spécifiques du langage économique.

In *Alpha encyclopédie*, n° 88, 9 juillet 1969, p. 2102.

TD 5 Analysez le plan et les procédés dans cette introduction à une étude sur un problème complexe : *L'inné et l'acquis dans la structure du cerveau.*

Quelle part de notre comportement, de nos actes, de nos idées, de notre conscience est déterminée par le contenu chromosomique de l'œuf fécondé dont nous sommes issus – en un mot, est *inné ?* Quelle part au contraire est *acquise* lors de l'interaction de l'individu avec son environnement immédiat : physique, social ou culturel ? Cette question a donné lieu au cours de l'histoire à des prises de position passionnées où les idées préconçues d'inspiration morale, religieuse ou philosophique l'emportaient souvent sur la stricte objectivité scientifique.
Mon propos n'est pas de trancher ce débat, mais plutôt d'essayer de définir les limites dans lesquelles il doit être tenu. Pour ce faire, je rapporterai quelques observations récentes d'anatomistes, psycho-biologistes, généticiens ou neurobiologistes qui s'intéressent à la morphogenèse fonctionnelle du système nerveux central des vertébrés supérieurs. Je ne ferai qu'occasionnellement référence à l'espèce humaine, me limitant aux problèmes déjà fort complexes posés par l'organisation cérébrale de petits mammifères comme la souris. Le lecteur sera évidemment tenté d'extrapoler à l'homme les résultats obtenus chez l'animal. Cette démarche est souvent légitime, mais, en certains cas, une extrapolation hâtive risque de mener à des simplifications abusives masquant un problème fondamental plus complexe. Rappelons toutefois, comme l'écrivait Buffon, que « s'il n'existait pas d'animaux, la nature de l'homme serait encore plus incompréhensible ».

J.P. Changeux, in *la Recherche*, n° 3, juillet-août 1970, p. 213.

TD 6 Le journaliste va enquêter sur *ces inconnues dans la cité : nos prisons.* À quel procédé fait-il appel dans son premier paragraphe ?

La prison, qu'est-ce que c'est ? Il y a la forte définition de M. Alphonse Boudard : *« d'abord une odeur ».* L'auteur de *la Cerise*, dont un haut fonctionnaire de l'administration pénitentiaire dit qu'il a traduit à 85 % la réalité de la maison d'arrêt telle qu'il l'a connue, retrouve dans son raccourci ce que Victor Hugo, dans une autre langue, exprimait en 1846 : *« La première impression lorsqu'on entre dans une prison, c'est un sentiment d'obscurité et d'oppression, une diminution de respiration et de clarté, je ne sais quoi de nauséabond et de fade qui se mêle au lugubre et au funèbre. La prison a son odeur comme elle a son clair-obscur. L'air n'y est plus de l'air, le jour n'y est plus du jour. »*

J.M. Théolleyre, in *Le Monde*, 8 avril 1967.

TD 7 Voici l'introduction d'un ouvrage sur les autoroutes : analysez-la et dites à quel type vous la rattachez.

Le XIXe siècle est le siècle de la machine à vapeur, de la locomotive et de la voie ferrée.
Le XXe siècle est celui du moteur à explosion, de l'automobile et de l'autoroute.
Sans doute est-il aussi le siècle de l'aviation et de la conquête de l'espace.
Mais rares sont les aviateurs. Encore plus rares les cosmonautes. Tandis que tout le monde – ou presque – est automobiliste.
L'automobile est aujourd'hui le plus commun sujet de conversation, au bureau, au salon, au café, ou à la plage, qu'il s'agisse de ses performances, du coût de son carburant, des « moyennes » qu'elle permet d'atteindre, ou des accidents qu'elle provoque.
Fréquemment est abordée la question des autoroutes. On est pour – ou contre. On s'indigne d'y voir pratiquer le péage.
Mais connaît-on bien les autoroutes ?
L'auteur de ce petit ouvrage, en tentant d'esquisser leur histoire récente, se propose, sans prétendre être exhaustif, ni infaillible, de dire comment elles furent conçues, financées, construites, comment elles sont exploitées, de quel régime juridique elles relèvent et comment elles sont – déjà ! – entrées dans la légende.

Charles Rickard, *Les autoroutes,* Coll. Que sais-je ?, P.U.F., n° 2198, 1984, p. 3.

TD 8 La fabrication et l'utilisation d'outils par des singes : sujet intéressant ! Voici quelle introduction les auteurs donnent à leur article. Par quels moyens excitent-ils l'intérêt du lecteur pour leur recherche ?

Avril 1986, Parc national de Taï. Côte-d'Ivoire. Héra et son fils de trois ans, Eros, sont un peu à l'écart du groupe principal de chimpanzés, progressant tranquillement entre les grands arbres qui bordent la rivière à l'est de leur territoire. Je suis régulièrement Héra depuis trois ans car elle est une remarquable utilisatrice de marteaux. Efficace et habile, elle réussit à ouvrir les noix les plus dures avec des outils de forme et de poids très variables, et cela avec une étonnante économie d'énergie de mouvements. Maintenant, la saison des noix touche à sa fin et Héra n'en casse plus que rarement. Soudain, au détour d'un arbre, je vois qu'elle s'est approchée d'une grosse branche fraichement tombée sur le sol et qu'elle l'inspecte attentivement. Je présume, par expérience, qu'une ruche d'abeilles Mélipones pourrait se trouver à l'intérieur, une petite espèce d'abeilles qui fabriquent du miel mais ne piquent pas, faute de dard.

Après un regard circulaire, Héra s'approche d'un arbuste pour en arracher de la main une branche, puis en revenant vers la ruche, elle coupe avec les dents un morceau d'environ quarante centimètres de long. Finalement, de la main, elle enlève les feuilles qui se trouvent encore sur la baguette. Arrivée près de la ruche, Héra arrache un fragment d'écorce de son outil puis l'introduit dans une ouverture. Ressortant la baguette quelques secondes après, elle lèche le miel collé sur l'extrémité. Son petit, qui manifeste un vif intérêt pour cette friandise, ne reste pas bredouille. Plusieurs fois, Héra lui permet de lécher la baguette qu'elle sort du trou sans y toucher elle-même. Héra « pêche » ainsi le miel dans la ruche pendant dix minutes avant de reprendre sa route.

Je dois avouer que la première fois qu'un chimpanzé a fabriqué devant moi une baguette pour extraire des restes d'une noix qu'il venait d'ouvrir avec un marteau de pierre, je n'ai rien remarqué... et c'est seulement la troisième fois que j'ai réalisé le rôle de ce mouvement latéral rapide du casseur de noix vers un arbuste : il ne sert pas à chasser des mouches mais à détacher rapidement une petite branche ; l'animal en coupe un morceau de dix centimètres et affine une extrémité avec les dents, tout en enlevant d'une main les feuilles restantes – soit quatre modifications en moins de dix secondes. Une telle facilité à fabriquer un outil m'avait époustouflé à l'époque.

Nous sommes souvent tentés de définir l'homme par l'exclusion ; par exemple, seul l'homme fait des outils, il est le seul capable de concevoir un plan mentalement ou, lui seul, par sa faculté de manipuler son environnement, peut éviter les lois « animales » de la sélection naturelle. Ce système par exclusion n'a de raison d'être que si l'on connaît parfaitement ce que les autres êtres vivants sont capables de faire. Nous en sommes encore très loin. Il est donc intéressant et utile de déterminer les capacités de manipulation d'outils du chimpanzé sauvage, l'espèce animale dont le génome et le comportement sont les plus proches des nôtres.

article cité dans l'exercice 3 ci-dessus, p. 724.

TD 9 Montrez, en dégageant avec précision les idées principales de cette introduction, quel contenu elle annonce pour l'ouvrage qui porte sur le « travail noir ».

« Le travail noir revient à la surface. »
« Le travail noir fait voir rouge. »
« Faut-il blanchir le travail noir ? »
« Guerre déclarée contre le travail noir. »
« 800 000 travailleurs au noir traqués. »
« Un dossier explosif : le travail noir. » Etc.

Périodiquement, le problème du travail noir revient à l'ordre du jour. Mais il suscite actuellement un intérêt tout particulier, comme le montrent les titres à sensation parus dans la presse depuis 1976.

Le travail noir est un phénomène complexe, multiforme et ambigu, particulièrement difficile à cerner.

Dans le langage courant, le terme « travail noir » désigne aussi bien le bricolage rémunéré du salarié, du chômeur ou du retraité qui veulent « arrondir leurs fins de mois », que l'emploi de travailleurs clandestins ou le travail exécuté sans facture, ou avec une facture minorée, par un artisan déclaré.

La loi, elle-même, est peu précise ; le caractère occasionnel qu'elle définit est une notion trop floue pour être retenue dans cet ouvrage. Notre objectif n'étant pas de proposer une nouvelle définition du travail noir « punissable », nous considérons comme travail noir toute activité professionnelle, unique ou secondaire, exercée à titre lucratif, en dehors des dispositions législatives et réglementaires, qu'elles soient fiscales ou sociales.

Au-delà des problèmes de définition qu'il soulève, le travail noir se prête mal, par nature, à toute tentative d'évaluation. En l'absence de données statistiques fiables sur le sujet, il faut se contenter d'estimations approximatives. Et si rien ne permet d'affirmer que le phénomène connaît réellement une ampleur nouvelle depuis quelques années, il est indiscutable qu'il suscite aujourd'hui de plus en plus de réactions, dues à une prise de conscience plus aiguë en période de crise – en France comme à l'étranger.

Autrefois uniquement considéré comme une source de revenus permettant d'améliorer ses ressources ou de diminuer ses dépenses en fraudant le fisc et la Sécurité sociale, le travail noir apparaît aujourd'hui comme un phénomène de société.

Certes, les motivations financières sont souvent primordiales et travailler au noir permet de compléter des ressources, voire de subsister. Mais il n'en reste pas moins qu'à ces motivations financières viennent souvent s'ajouter, plus rarement se substituer, des motivations d'ordre sociologique ; travailler au noir signifie alors liberté, épanouissement personnel, satisfaction des besoins de création et d'autonomie, etc.

L'analyse socio-économique du travail noir serait incomplète sans un chapitre consacré à ses conséquences. Si ces dernières sont relativement faciles à déterminer au niveau individuel, il n'en est pas de même si l'on s'intéresse à l'incidence macro-économique du travail noir, extrêmement difficile à apprécier.

Selon les intérêts qu'ils défendent, les différents partenaires sociaux combattent plus ou moins activement, tolèrent, voire encouragent implicitement le développement du travail noir. Le débat qui s'instaure alors rejoint souvent la polémique plus vaste engagée autour du thème de l'économie souterraine, dont le travail noir fait partie au même titre que d'autres activités informelles telles que le travail domestique, le troc ou le bénévolat.

Rosine Klatzmann, *Le travail noir*, Coll. Que sais-je ?, P.U.F., n° 2013, 1982, pp. 3-4.

TD 10 **Vous trouverez ci-dessous l'introduction, puis la conclusion d'un court article intitulé « Développer les transports en commun ».**

1. **À quel type appartient l'introduction ?**
2. **Quelle remarque faites-vous sur la conclusion ?**

- **Introduction :**

Les transports en commun marquent le pas en France. En croissance continue depuis une quinzaine d'années sous l'effet de la décentralisation et de la création de la taxe du versement transports, leur fréquentation a, de façon mal expliquée, stagné, voire reculé, en 1990 et en 1991. Est-ce par manque d'offres et donc d'investissements ou par un changement survenu dans les mœurs des Français ? Doit-on incriminer la crise urbaine ou la crise économique, la trop grande séduction de la voiture individuelle ou l'insécurité dans les bus et les métros ?

- **Conclusion :**

Les séductions de l'automobile n'ont pas fini d'agir, comme le prouve le cercle tout à fait vicieux dont pâtissent les transports urbains : leur coût continue à augmenter, notamment en raison des embouteillages qui les paralysent, et leurs recettes baissent, parce qu'il est plus confortable et plus rassurant de supporter ces mêmes embouteillages assis dans sa propre voiture plutôt que dans un bus.

Alain Faujas, *Le Monde,* 29-30 mars 1992, p. 11.

TD 11 **Voici une réponse des organismes de sondage à des critiques qui leur sont faites. L'introduction et la conclusion ont été enlevées. En tenant compte de la fonction de ce message (cf. le titre) et à partir du développement, composer une introduction d'une centaine de mots qui regroupe en deux catégories les attaques lancées et annonce la réplique, puis une conclusion d'une cinquantaine de mots qui réaffirme l'intérêt des sondages.**

Une mise au point de l'IFOP et de la SOFRES

1) Les sondages sont fondés sur les lois du calcul des probabilités dont les principes ont été découverts au XVIIe siècle par Pascal et Bernouilli. L'application de ces lois de probabilité permet, en effectuant une mesure sur une partie d'un ensemble, appelée « échantillon », de porter un jugement sur l'ensemble considéré et d'estimer la précision de ce jugement. Les sondages d'opinion ne sont que l'une des applications de la méthode de l'échantillonnage utilisée couramment dans tous les domaines. Citons par exemple le contrôle des fabrications en série, les études démographiques, la mesure des phénomènes économiques, la recherche biologique et médicale.

2) Comme toutes les techniques scientifiques, le sondage d'opinion est défini par des principes théoriques et par des règles d'application qui sont décrites dans les ouvrages spécialisés depuis plus de quarante ans. Il répond à la condition fondamentale de toute technique scientifique, à savoir que deux sondages effectués au même moment auprès de deux échantillons nationaux représentatifs de mille personnes chacun donnent le même résultat.

3) Les sondages d'opinion sont désormais utilisés dans la presque totalité des pays : pays capitalistes et pays socialistes, pays développés et pays en voie de développement, pays de culture occidentale et pays de culture asiatique ou africaine. Partout l'apport de l'étude des sondages s'avère un élément irremplaçable dans la connaissance des opinions, attitudes et comportements.

4) En période pré-électorale, la tentation est grande d'assimiler sondages et prévisions. Rappelons un extrait d'un communiqué commun IFOP-SOFRES, publié le 28 novembre 1967 :
« Le sondage est une photographie des tendances du corps électoral à un instant donné : il ne décrit que le présent et doit, à ce titre, être nettement distingué de la prévision qui, en intégrant

un certain nombre d'hypothèses, s'efforce de décrire l'avenir. Même lorsqu'il est réalisé quelques jours avant une élection, un sondage ne doit donc pas être considéré comme une prévision électorale puisqu'il ne peut pas tenir compte des modifications de dernière heure dans les intentions de vote. »
Les données scientifiques issues des sondages constituent un des éléments de l'information pendant les semaines précédant les consultations électorales. Il appartient aux commentateurs et aux hommes politiques de les intégrer dans leurs analyses.

5) Il est légitime de s'interroger sur l'effet possible de la publication des sondages sur les choix électoraux. Les spécialistes français, comme leurs confrères étrangers, notamment américains et anglais, ont étudié ce point depuis de nombreuses années. Disons d'abord que toute intervention au cours d'une campagne électorale (les sondages ne comptant que pour une petite part dans cet ensemble) peut avoir cinq effets : confirmation des intentions préexistantes, activation des indécis dans le sens de leur inclination, neutralisation des décidés qui deviennent indécis, effet nul, et enfin conversion, c'est-à-dire changement diamétral des intentions préalables. Ces effets ont été mesurés ; le plus important, de loin, est celui de la confirmation, les cas de changement d'opinion étant peu fréquents. Lorsqu'il y a changements d'opinion, l'expérience montre qu'ils se produisent dans des sens opposés et qu'ils se compensent.
On sait, par ailleurs, que les électeurs qui prêtent le plus d'attention aux résultats des sondages sont aussi ceux qui ont les opinions les plus fermes.
La non-publication de résultats de sondages sur l'opinion des électeurs, dans les périodes précédant les consultations électorales, risquerait de donner libre cours aux rumeurs les plus diverses.

6) Les spécialistes des sondages d'opinion, comme tous les scientifiques, connaissent les limites de leurs techniques. Certains domaines ne leur sont pas ou pas encore accessibles. Dans tous les cas ils s'attachent à donner au lecteur des résultats de tous les éléments qui lui permettront de comprendre le sens et la portée de l'information présentée : texte des questions, nombre et nature des personnes interrogées, date de l'enquête, etc.

Le Monde, 22 septembre 1970, p. 9.

LES BONNES CAUSES

Il existe des **équivalents du verbe *causer* et du nom *cause.*** Employons-les pour varier l'expression.

EX A **Évitons la lourdeur du verbe *causer* employé à la forme passive. Préférez-lui un verbe actif.**

1. La couleur de nos vieilles cathédrales est causée par la nature même de la pierre. 2. Ses hésitations sont causées par des scrupules désintéressés. 3. Votre proposition est causée par un bon sentiment, mais elle n'est pas réaliste. 4. L'accueil réservé du public est causé bien plus par l'audace du sujet que par le style de l'auteur. 5. Le comportement des délinquants juvéniles est souvent causé par de mauvais exemples. 6. L'erreur dans ces statistiques est causée par des données peu sûres. 7. Sa méchante humeur est causée par une santé fragile.

EX B **Remplacez *cause* par un nom différent dans chaque phrase :**

1. Nous savons bien que le coup d'éventail ne fut que la cause apparente de la conquête de l'Algérie. 2. Il ne peut justifier sa conduite : il agit sans cause valable. 3. Ce nouveau match France-Espagne sera la cause d'une revanche espérée par les amateurs de football. 4. Notre imprévoyance est la cause de tous nos ennuis. 5. Le vol que ce pauvre bougre a commis avait pour seule cause la faim. 6. La liberté, cause de toute sa politique, le conduisit à l'échafaud. 7. L'animosité des villageois contre les habitants du chef-lieu n'a pas de cause connue. 8. Un malentendu est la cause de cette dispute. 9. Les évolutions de satellites habités dans le cosmos sont toujours pour moi une cause d'émerveillement.

EX C ***Cause* est impropre pour désigner les responsabilités d'un homme dans une action. Choisissez un autre terme.**

1. Galliéni, par sa manœuvre hardie, fut ... de la victoire de la Marne. 2. Ce résistant était ... de la plupart des coups de main contre les transports ennemis. 3. Langevin et Wallon furent ... d'une réforme démocratique de l'enseignement. 4. On considère Jeanne Duval, la jolie mulâtresse, comme ... de nombreux poèmes de Baudelaire. 5. On a prouvé que ce conducteur est ... de l'accident. 6. Bonnot, le chef de bande, a été ... de multiples forfaits. 7. Pasteur nous apparaît comme ... d'une thérapeutique moderne. 8. Les calomniateurs sont ... de bien des drames conjugaux.

CORRIGÉ DES EXERCICES

► CONCLUSION-INTRODUCTION

EX 1

a. F. de Closets fait appel à une *comparaison* qui sert d'exemple. Elle a valeur symbolique (l'auteur emploie lui-même le terme de *parabole*), donc dotée d'une force démonstrative.

b. Cette analogie, entre le facteur Cheval et l'individu capable, hors du conformisme scolaire, de réaliser ses ambitions personnelles, évoque un personnage connu et jouissant d'une réputation artistique et pittoresque. Elle donne de l'*autorité* (voir tome 2, chapitre 2) à l'affirmation, ainsi qu'une connotation culturelle.

c. Remarquons aussi le rythme ample et presque lyrique de la phrase ultime, qui « ramasse » bien la thèse soutenue tout au long de l'ouvrage.

EX 2

1. **Idées principales**
   - On emploie, pour défendre le paranormal, des arguments non rationnels et dangereux.
   - Ces pseudosciences ne nous apportent rien, mais, indirectement, elles peuvent susciter une pensée rationnelle (cf. le titre de l'article).
   - Le « paranormal » nuit à la vision poétique et scientifique du monde.
2. **Le double mouvement,** récapitulatif et prospectif, est repérable dans cette conclusion. L'auteur tire la leçon des faits qu'il vient d'exposer et invite à développer le sens critique.

EX 3

Ici, pas de récapitulation globale de l'article, mais l'accent mis sur une question de méthode : c'est dans leur milieu naturel qu'il faut observer ces animaux si l'on veut obtenir des résultats intéressants.

Il faudra donc – et la conclusion ouvre sur l'avenir – protéger la nature si l'on désire mieux connaître le monde et l'homme.

EX 4

Cette introduction, très rapide, et d'un type banal, est présentée sous forme de questions, directes pour les premières, indirectes pour les dernières qui annoncent le plan. Remarquez qu'elles ne sont pas posées en termes techniques, mais qu'elles sont formulées de manière à intéresser un vaste public toujours curieux de connaître l'origine de son espèce.

EX 5

La thalassothérapie étant une thérapeutique encore mal connue, l'auteur la *définit*. Après un bref historique, une première définition, puis une seconde telle que formulée par la cour d'appel de Paris.

Énumération ensuite des principes fondamentaux, qui fourniront les titres des chapitres.
La définition est donc le point de départ de l'annonce du plan, non sans une certaine insistance.

EX 6

Cette introduction fait appel à un exemple simple et concret (celui du jeune peintre) pour définir le sujet traité. En même temps elle annonce les deux points de l'article : mélanges additifs et mélanges soustractifs.

EX 7

Cette introduction est, à la fois, amusante et fonctionnelle. Partant d'expressions stéréotypées et familières, l'auteur évoque ensuite un cas étrange, enfin annonce le contenu de l'article au moyen d'une série de questions.

Il sait éveiller l'intérêt du lecteur.

EX 8

Cet article scientifique s'ouvre sur un scénario apparemment de science-fiction, lequel est destiné à piquer la curiosité du lecteur.

Ce scénario, en fait, est une extrapolation vraisemblable à partir de la situation actuelle : l'exposé, tout à fait sérieux, peut commencer...

EX 9

Pour faire comprendre comment la douleur se répand à travers tout un réseau, l'auteur emploi une métaphore prolongée de caractère militaire, qui se transforme en une autre métaphore, celle de la circulation routière. Les deux métaphores sont liées par l'idée de transport.

Puis l'introduction se poursuit, de façon plus banale, par une série de questions annonçant le contenu de l'article.

► UN ROUAGE DÉLICAT : DONT

EX A 1. dont je me sers. 2. la bureaucratie excessive est un des maux dont nous souffrons. 3. dont on pourra user pour. 4. l'ordinateur, dont les techniciens admirent les capacités. 5. vos conseils dont je vous suis reconnaissant.

EX B 1. dont. 2. auquel. 3. qu'. 4. dont. 5. que (ou : c'est le livre dont j'ai besoin). 6. que.

EX C 1. dont l'enthousiasme. 2. dont la marque est. 3. dont la complexité fait tout l'intérêt. 4. dont il faut savoir utiliser les indications. 5. la maison dont (ou : votre maison).

EX D 1. par les soins duquel. 2. de l'emballage duquel on. 3. aux bons offices de qui j'ai dû. 4. devant le dévouement desquels. 5. à la préparation duquel cette agence. 6. à l'élaboration du scénario duquel (ou coupez : ...vient de sortir; j'ai un peu collaboré au scénario). 7. au développement de laquelle.

► LES BONNES CAUSES

EX A 1. ...*tient à* la nature même de la pierre. 2. ... *proviennent* de scrupules désintéressés. 3. Votre proposition *part* d'un bon sentiment, mais... 4. L'accueil réservé du public *est dû* bien plus *à* l'audace du sujet qu'*au* style de l'auteur. 5. ...*s'inspire* souvent *de* mauvais exemples. 6. L'erreur *vient de* données peu sûres. 7. Sa méchante humeur *procède* d'une santé fragile.

EX B 1. ... ne fut que le *prétexte* de la conquête. 2. ... il agit sans *raison* valable. 3. ... sera l'*occasion* d'une revanche. 4. ... est la *source* de tous nos ennuis. 5. ... avait pour seul *motif* la faim. 6. La liberté, *principe* de toute sa politique, ... 7. ... n'a pas d'*origine* connue. 8. Un malentendu est au *point de départ* de cette dispute. 9. ... un *sujet* d'émerveillement.

EX C 1. l'artisan. 2. l'instigateur. 3. les promoteurs. 4. l'inspiratrice. 5. le responsable. 6. l'auteur. 7. le créateur. 8. les agents.

CHAPITRE 4

L'EXPRESSION ÉCRITE

Le français qui s'écrit et celui qui se parle sont très différents. Il suffit, pour s'en apercevoir, d'étudier l'enregistrement au magnétophone d'une intervention orale, et d'essayer de la transcrire sur le papier telle qu'on l'entend... **Il y a là deux *codes,*** autrement dit deux systèmes **de communication qui possèdent, chacun, leurs caractères particuliers,** aussi bien pour la construction des phrases que dans le choix des mots, ou dans la façon de « ponctuer » – sans oublier toute la part de l'expression qui est propre à l'oral et disparaît à l'écrit : gestes, mimiques, intonations... **Passer d'un code à l'autre pour transmettre la même information** (par exemple, d'une communciation téléphonique à une lettre) **fait apparaître** clairement **la nécessité de se plier à des règles spécifiques.**

Si vous produisez une **information écrite,** dans toute la mesure du possible **il faut *imaginer* votre destinataire, bien « cibler » votre message ;** ce n'est pas toujours facile, d'où le caractère plus général, plus impersonnel que prend parfois ce type d'information.

Ce qui intimide dans l'écriture, c'est qu'elle est une communication à distance et qu'elle a un caractère persistant et définitif. **Le scripteur** œuvre de loin, hors de la présence du destinataire. Il **est** donc **contraint d'être complet et prévoyant : son message doit être auto-suffisant immédiatement et ne pourra être corrigé.** Enfin l'écrit reste ; l'effet qu'il produit ne peut être effacé et le texte est susceptible d'être relu, exploité, irrémédiablement.

Nous n'avons pas l'intention de passer en revue tous les aspects du code de l'écrit, mais nous rappellerons la nécessité de **contrôler l'orthographe, d'observer les règles de ponctuation et d'organiser des paragraphes.** Ainsi la correction matérielle du texte facilitera la transmission de vos idées, et déjà à ce premier lecteur que peut être votre secrétaire. **Nous verrons** aussi **quelles facilités apportent, à la rédaction, les techniques du traitement de texte.** Suivront quelques indications sur la correspondance.

1 Le contrôle indispensable

A L'ORTHOGRAPHE

On discute depuis longtemps d'une simplification possible de l'orthographe ; mais, dans les écrits professionnels, on continue à exiger l'orthographe traditionnelle. Sans doute, pour des raisons complexes, certains sont-ils plus doués que d'autres ; pourtant, même les plus doués ou les mieux formés rencontrent des difficultés et s'obligent à des vérifications indispensables.

Voici quelques conseils pratiques :

1. Rédiger un brouillon

Objecter que c'est perdre du temps est une sottise, c'est au contraire un moyen d'en gagner. Un brouillon *propre, aéré,* permettant les corrections et les retouches, évite un gaspillage de temps et de matériel, assure la netteté du texte définitif.

2. Se fabriquer un « pense-bête » personnel

Chacun peut avoir constaté que ce sont souvent les mêmes mots, les mêmes règles qui embarrassent ; on vérifie un jour dans un dictionnaire et, à quelque temps de là, on hésite à nouveau. Pourquoi ne pas constituer, pour soi-même, une liste de ces difficultés orthographiques et autres ? Les méthodiques distingueront ce qui concerne le vocabulaire, la prononciation, les règles d'accord ; d'autres se contenteront d'une fiche ou de quelques pages de carnet. Pour tous, gain de temps et vérification aisée.

3. Avoir sous la main un dictionnaire et une grammaire

Ayez un dictionnaire à votre portée ; ne laissez pas toute la peine à la secrétaire.

Rappelons, parmi les dictionnaires en un volume :

le Dictionnaire usuel Quillet-Flammarion, Flammarion,
le Nouveau Petit Larousse illustré, Larousse,
le Dictionnaire du français contemporain, Larousse,
le Petit Robert, Société du nouveau Littré,
le Lexis et *l'Omnis,* Larousse.

On ouvre un dictionnaire aussi souvent pour vérifier l'orthographe d'un mot que pour en éclairer le sens.

Une grammaire s'impose lorsqu'il s'agit des règles d'accord, de l'emploi des temps, des modes, etc. Choisir celle que l'on a utilisée pendant ses études, ou si on ne l'a pas conservée, adopter :

J. Cl. Chevalier, Cl. Blanche-Benveniste, etc., *Grammaire Larousse du français contemporain,* Larousse ;

ou bien : M. Grévisse, *Précis de grammaire française,* Éd. J. Duculot, Gembloux, Belgique ;

ou encore, plus détaillée : R.L. Wagner, J. Pinchon, *Grammaire du français classique et moderne,* Hachette. Index très pratique.

De nombreux ouvrages recensent, de façon plus ou moins claire et complète, les difficultés de la langue française ; certains d'entre eux peuvent être utilisés. Convenons que ce genre d'ouvrage présente, par la force des choses, un caractère rébarbatif. Signalons :

- Adolphe V. Thomas, *Dictionnaire des difficultés de la langue française,* Larousse (existe aussi en édition de poche).
- Joseph Hanse, *Dictionnaire des difficultés grammaticales et lexicologiques,* Baude, Bruxelles.
Plus complet, mais plus ancien.
- J.P. Colin, *Nouveau dictionnaire des difficultés du français,* les Usuels du Robert.
- J. Girodet, *Pièges et difficultés de la langue française,* Bordas, 1988.

4. Savoir se relire

Le contrôle de la correction orthographique dépend non seulement de l'état de vos connaissances, mais aussi de la nervosité, de la fatigue, de l'émotion qui dérèglent les mécanismes. Quand vous le pourrez, vous aurez intérêt à faire relire par un tiers qualifié et... attentif ! Sinon, pratiquez au besoin deux lectures de contrôle. La première, qu'on pourrait qualifier « de nettoyage », vous assurera que vous n'avez pas omis ou répété à l'excès certains mots, que vous avez placé les accents et la ponctuation qui conviennent ; la deuxième sera consacrée aux accords (noms-adjectifs, sujets-verbes), et tiendra compte de vos hésitations personnelles : tel doit savoir, par exemple, qu'il a tendance à négliger l'accord verbe-sujet, lorsque ce dernier se trouve inversé ; tel autre se méfiera des participes passés, etc.

B LA PONCTUATION

Un journal était ouvert à la page des faits divers on devrait plutôt dire des méfaits évoquant les cambriolages récents de plusieurs grandes banques avec assurance didier s'écria une chambre forte moderne est inviolable mais qui était donc cet homme au ton si péremptoire l'un de ces miraculeux techniciens qui savent ouvrir les serrures les plus compliquées sans les détériorer cela ne veut pas dire que toutes ces portes protègent des fortunes ajouta didier le préposé à la salle des coffres d'une banque avait remarqué un sexagénaire qui chaque jour visitait son coffre repartait l'air satisfait le rencontrant au café que gardez-vous à la banque lui demanda l'employé avec curiosité le médecin m'a interdit l'alcool comme ma famille me surveille je cache mon whisky dans mon coffre.

Est-ce facile à comprendre ? Que manque t-il à ce texte pour être immédiatement intelligible ? Nous y cherchons d'instinct une *signalisation :* où sont les limites de chaque idée ? Quels rapports les groupes de mots ont-ils entre eux ?

Bien sûr, nous pouvons comprendre ce texte, mais au prix d'un effort de réflexion, et avec quelque hésitation. Par exemple, n'avons-nous pas lu d'abord :

les cambriolages de plusieurs grandes
banques avec assurance ?

Et il nous a fallu nous reprendre pour lire :

... évoquant les cambriolages récents de plusieurs grandes banques. Avec assurance, Didier s'écria...

L'emploi de la *ponctuation* et des *majuscules* évite justement ces équivoques et ces pertes de temps. Ce sont des *signes* qui avertissent le lecteur et l'informent sur la structure du texte écrit ; ils indiquent, pour une lecture orale, des coupes et des nuances que la voix devra marquer.

D'autre part, le sens même peut varier en même temps que la ponctuation et les majuscules :

Le client prétendait le vendeur
n'honore pas ses engagements.

On peut hésiter :

Le client, prétendait le vendeur,
n'honore pas ses engagements.
Le client prétendait :
« Le vendeur n'honore pas ses engagements. »

Dans un contrat commercial ou juridique, l'importance de la ponctuation peut être très grande.

1. Les signes

a) Un marin a perdu la vie dans l'incendie du porte-avions *Victorious* le feu a duré cinq heures près de mille hommes vivaient à bord.

Voilà trois faits différents : il faut les séparer bien nettement. On utilisera le signe de ponctuation le plus fort : le **point.** Suivi d'une majuscule, il équivaut en somme au STOP placé à certaines intersections et marque le passage à une autre idée.

Un marin a perdu la vie dans l'incendie du porte-avions *Victorious.* Le feu a duré cinq heures. Près de mille hommes vivaient à bord.

b) La machine qui jusque vers 1925 était un monstre hideux à voir bruyant et brutal devient plus fine plus silencieuse plus souple.

Ici, à l'intérieur d'une même phrase, il s'agit de séparer les éléments mis sur le même plan :

plus fine, plus silencieuse, plus souple ;

c'est la **virgule** qui jouera ce rôle. Les éléments qu'elle sépare peuvent être des mots ou des groupes de mots :

L'invention exige toujours un esprit ouvert et attentif, l'art des rapprochements inattendus, quelques hasards heureux que l'on sait saisir et utiliser, l'aptitude à se concentrer, la ténacité dans le travail, la rigueur dans la critique.

Gaston Berger,
Revue de l'Enseignement supérieur,
n° 1, janvier-mars 1958, p. 6.

La virgule sépare aussi un nom placé à côté d'un autre pour le déterminer :

la plus petite voiture française, *la 106.*

Elle détache l'apostrophe :

Monsieur, au cours de notre dernier entretien
vous m'avez confirmé...

Elle isole, dans une phrase, une proposition intercalée :

Le client, *prétendait le vendeur,*
n'honore pas ses engagements.

Elle encadre, dans la phrase, un élément d'information qu'on veut détacher (date, circonstance, etc.) :

Il est à peu près certain, en tout cas, que la Banque d'Angleterre devra, *dans les mois qui viennent,* faire de nouveaux appels à l'extérieur.

Il lui arrive de remplacer un mot absent, en général le verbe être :

Là, un marchand de frites ; ici, un crieur de journaux ; partout, une foule joyeuse et animée.

La virgule n'est pas toujours obligatoire, mais elle apporte de la clarté au texte.

c) Il est inutile de demander ce magazine dans les kiosques il n'existe plus.

Que trouvons-nous dans la deuxième partie de cette phrase ? Une explication. Il faut l'introduire par **deux points.**

Inutile de rajouter *car* ou *en effet ;* les deux points ont précisément cette signification :

Je ne peux plus rentrer chez moi :
j'ai perdu ma clef.

Les deux points servent aussi à introduire une citation :

Vous connaissez la phrase célèbre :
« L'État, c'est moi ».

Les deux points servent encore à introduire une énumération :

Notre effort doit porter sur trois opérations :
la production, l'emballage, la vente.

➛ Après deux points, on ne doit pas mettre de majuscule.

d) Vous voulez séparer deux idées ou deux faits, mais sans mettre entre eux la distance que marquerait un point : vous employez le **point-virgule :**

Il n'y aura plus de vainqueurs ;
il ne restera que des victimes de guerre.

Ainsi le point-virgule procure une possibilité de nuance qu'il ne faut pas négliger.

➛ Il n'est pas suivi d'une majuscule.

e) À la fin d'une question directe, il faut un **point d'interrogation :**

Pourquoi n'avez-vous pas apporté
ces documents ? Que faire maintenant ?

Mais si la question dépend d'un verbe, si elle est donc indirecte, on n'emploie pas ce signe, car il ne faut pas alors élever la voix à la fin de la phrase :

Je suis curieux de savoir pourquoi
vous n'avez pas apporté ces documents.

(On remarquera que dans ce cas le sujet n'est pas placé après le verbe.)

➛ En général, après un point d'interrogation on met une majuscule, sauf s'il s'agit d'une série de questions qui se complètent :

Qu'as-tu apporté ? des documents
authentiques ? des reproductions ?

f) Après une phrase ou une expression vive, traduisant un sentiment comme la colère, la surprise, l'indignation, etc., on signale cette vivacité par un **point d'exclamation :**

Au voleur ! au voleur !
Coquin ! voyou !
Moi, avoir dérobé le sac à main de cette vieille dame !

➛ Même emploi de la majuscule qu'après le point d'interrogation.

➛ Un certain nombre de mots brefs, ayant presque la valeur de cris, sont toujours suivis du point d'exclamation :

ah ! hélas ! aïe ! ouf !, etc.

On n'emploie pas de majuscule ensuite.

g) Pour indiquer une phrase inachevée, parfois dans l'intention de laisser le lecteur imaginer lui-même une suite, on emploie trois points successifs, les **points de suspension :**

L'État se décidera-t-il l'an prochain
à réduire le taux des impôts ? C'est possible...

(la suite sous-entendue est : n'y comptez pas trop).

Les points de suspension sont aussi utilisés lorsque l'on ne veut pas reproduire l'ensemble d'un texte que l'on reprend ou toute une citation bien connue à laquelle on fait allusion. Par exemple :

Adieu, veau, vache...

2. Le trait d'union

• Il unit les éléments d'un mot composé de plusieurs termes :

l'entente franco-britannique, les Champs-Élysées, le porte-avions, Saint-Pierre-et-Miquelon.

Attention : nul n'a le droit de forger de tels mots à sa guise, malgré la mode actuelle qui les multiplie incorrectement dans le jargon journalistique ou technique.

• Il indique qu'un mot a été coupé à la fin d'une ligne :

Quand on arrive au bout de la ligne, il faut interrompre le dernier mot et placer un trait d'union entre deux syllabes et non n'importe où, ce qui serait d'une lecture difficile, comme ce dernier mauvais exemple le prouvera au lecteur.

3. Les séparateurs

Il existe trois signes, toujours employés par couple – d'où leur pluriel – qui séparent une phrase ou une partie de phrase du reste d'un texte. Les expressions concernées doivent être prononcées sur un ton différent, le plus souvent d'une voix plus basse.

• *Les guillemets*

Ils indiquent que les mots placés dans l'intervalle qu'ils délimitent sont :

– des paroles citées directement :

En août 1914, les Français criaient dans la rue : « À Berlin ! On les aura ! L'Alsace et la Lorraine ! »

Pensez à mettre une majuscule, dans ce cas, dès l'ouverture des guillemets.

– un emprunt fait à autrui :

Depuis La Fontaine, on ne se représente plus le héron que comme un « long bec emmanché d'un long cou ».

– une expression que l'auteur ne prend pas à son compte parce qu'elle est peu convenable par sa familiarité ou sa technicité ; ici les guillemets invitent à excuser l'expression :

Nous savons bien que « transistor » est un terme impropre, mais combien il est plus pratique que « appareil de réception du son transmis par ondes aériennes captées et amplifiées à l'aide de transistors » !

Des guillements trop fréquents n'excuseront pas une vulgarité constante.

• *Les parenthèses*

Elles isolent sur un plan différent une expression servant à commenter ou expliquer incidemment le reste de la phrase ou l'un des mots de la phrase :

Les bellicistes (et c'est une attitude que je ne saurais approuver) appellent à grand fracas à prendre les armes dès qu'une difficulté surgit à l'horizon international.

• *Les tirets*

Ils s'emploient un peu comme les parenthèses, mais ils isolent plutôt un supplément d'information qui n'est pas indispensable à la phrase et que l'auteur propose à part, comme si on pouvait l'omettre :

Les hommes – je veux dire les êtres humains, mâle, femmes et enfants – ne sont naturellement ni bons ni méchants.

Quand l'expression ainsi mise à part termine la phrase, le deuxième tiret est supprimé devant une ponctuation forte – point ou point-virgule.

Un seul tiret, en début d'alinéa, signale le changement d'interlocuteur quand on rapporte une conversation ou un dialogue.

OÙ METTRE DES MAJUSCULES ?

• *à l'initiale d'un nom propre ou d'un nom désignant la haute fonction ou le titre de quelqu'un ;*

• *au début d'un texte, après un point, après certains points d'exclamation ou d'interrogation (voir plus haut) ;*

• *à un nom commun lorsqu'on veut personnifier ou donner une valeur particulière ; exemple : « l'Amour est plus impressionnant et plus poétique qu'un amour ».*

EXERCICES

EX 1 **Rétablir la ponctuation complète et les majuscules du texte cité au début de la partie 1, B de ce chapitre.**

EX 2 **Rétablir la ponctuation et les majuscules de ce texte :**

La psychanalyse des foules est devenue dans les campagnes de persuasion le fondement d'une industrie puissante les spécialistes de la persuasion s'en sont emparés pour mieux nous inciter à acheter leurs marchandises qu'il s'agisse de produits d'idées d'opinions de candidats de buts ou d'états d'esprit ce que cherchent les sondeurs c'est évidemment le pourquoi de nos actes afin si faire se peut d'infléchir plus sûrement nos choix en leur faveur ce processus les a ainsi conduits à s'interroger sur les raisons de notre méfiance à l'égard des banques de notre goût pour les voitures énormes sur les raisons pour lesquelles les hommes fument le cigare sur la raison qui fait que le type de notre voiture détermine la marque d'essence que nous achetons sur la cause qui plonge les ménagères dans une sorte d'hypnose dès qu'elles ont pénétré dans un supermarché qui attire les hommes dans les magasins d'automobiles vers les voitures décapotables alors qu'ils achètent finalement une conduite intérieure qui porte les gens jeunes à préférer les céréales du petit déjeuner croustillantes et craquantes.

D'après Vance Packard, *La Persuasion clandestine,* Calmann-Lévy, 1958, pp. 7-8.

EX 3 **Voici une brève histoire, pleine de fantaisie, d'Henri Michaux. Essayez de la lire alors que nous en avons supprimé la ponctuation. Restituez les signes et les majuscules pour la rendre intelligible et marquez les pauses ou les changements de ton nécessaires.**

Un homme paisible

étendant les mains hors du lit Plume fut étonné de ne pas rencontrer le mur tiens pensa t il les fourmis l'auront mangé et il se rendormit

peu après sa femme l'attrapa et le secoua regarde dit elle fainéant pendant que tu étais occupé à dormir on nous a volé notre maison en effet un ciel intact s'étendait de tous côtés bah la chose est faite pensa t il

peu après un bruit se fit entendre c'était un train qui arrivait sur eux à toute allure de l'air pressé qu'il a pensa t il il arrivera sûrement avant nous et il se rendormit

ensuite le froid le réveilla il était tout trempé de sang quelques morceaux de sa femme gisaient près de lui avec le sang pensa t il surgissent toujours quantité de désagréments si ce train pouvait n'être pas passé j'en serais fort heureux mais puisqu'il est déjà passé et il se rendormit

voyons disait le juge comment expliquez vous que votre femme se soit blessée au point qu'on l'ait trouvée partagée en huit morceaux sans que vous qui étiez à côté ayez pu faire un geste pour l'empêcher sans même vous en être aperçu

sur ce chemin je ne peux pas l'aider pensa Plume et il se rendormit

l'exécution aura lieu demain accusé avez vous quelque chose à ajouter

excusez moi dit il je n'ai pas suivi l'affaire et il se rendormit

D'après Henri Michaux, *Plume,* Gallimard, 1938, pp. 135-136.

C LE PARAGRAPHE

1. Définition

Le paragraphe est l'unité, la cellule de base organisée, dans le langage écrit. Il exprime complètement une idée, qui peut elle-même être complexe. Constitué d'une ou de plusieurs phrases, le paragraphe marque une étape dans un raisonnement, développe un aspect dans une description, expose un point dans une argumentation, etc. Sa longueur varie habituellement de cinq à vingt-cinq lignes.

On peut formuler brutalement une règle générale de rédaction ou de composition : *un paragraphe pour chaque idée et une idée dans chaque paragraphe.*

2. Utilité

Pour celui qui écrit, le paragraphe est un guide : il oblige à l'élaboration complète de l'idée. La succession des paragraphes permet de penser et de communiquer avec ordre, suivant une progression. Ainsi l'importance des développements peut être contrôlée.

Pour celui qui lit, le paragraphe facilite le déchiffrage. L'appréhension visuelle du paragraphe renforce et soutient le travail de l'intelligence. Le retour à la ligne, qui est la marque du changement de paragraphe, signale à l'œil et à l'esprit qu'une nouvelle idée est abordée. Les paragraphes montrent les plans ou lignes successives du développement.

3. Deux négligences

L'absence de paragraphes : le texte se présente comme un ensemble compact dans lequel aucune respiration n'est ménagée. Rien n'indique plus le mouvement de la pensée. Chacun sait combien une telle présentation est décourageante pour le lecteur, confuse pour l'esprit.

L'abus des retours à la ligne : ce défaut inverse produit curieusement le même effet. Il se rencontre de plus en plus souvent aujourd'hui, dans la correspondance commerciale ou administrative comme dans les documents diplomatiques, politiques, économiques, entre autres. Il arrive que cela procède d'une bonne intention. Le rédacteur désire aérer la présentation de son texte ; naïvement ou paresseusement, il multiplie les retours à la ligne avec la volonté de rendre la lecture aisée. Mais ces retours à la ligne ne sont pas commandés par le passage d'une idée à l'autre ; trop souvent ils brisent le développement d'une même idée. Il s'ensuit un morcellement, un émiettement aussi pénible pour le lecteur et aussi peu justifié que le bloc massif évoqué précédemment.

Ces deux négligences sont provoquées par une même insuffisance : l'auteur ne consent pas à l'effort de regroupement de ses idées et inflige au lecteur ce travail de composition.

4. Le paragraphe et l'alinéa

Pour éviter toute confusion, distinguons-les nettement l'un de l'autre. *L'alinéa* (au sens premier : retour à la ligne, et par extension : portion de texte comprise entre deux retours à la ligne) devrait en principe coïncider avec le paragraphe ; en réalité, il arrive qu'il soit employé, comme procédé de présentation, pour séparer des éléments normalement unis dans le paragraphe, et permettre de les mieux discerner. D'un emploi rare, il est plutôt réservé aux motions, aux textes de travail collectif, etc., car il permet un repérage facile de chaque détail ; dans ce but les alinéas sont souvent numérotés : *a-b-c* ou 1-2-3...

Exemple d'alinéas :

Vœu de l'Académie des sciences
du 25 février 1958

L'Académie des Sciences :

Soucieuse de voir la langue française conserver sa place dans le monde ;

Inquiète des tentatives qui, çà et là, s'efforcent d'en réduire l'importance ou la diffusion, entendent transférer à une autre langue une exclusive primauté dans l'expression scientifique ;

Considérant que le français doit conserver sa position en raison non seulement de celle qu'il a eue, mais du renouveau qu'il connaît actuellement en de nombreux pays, de ses qualités intrinsèques, et parce qu'il correspond à une expression traditionnelle de la pensée :

Appelle l'attention du Gouvernement français sur la nécessité :

– d'exiger, des Chargés de mission et des Délégués français aux manifestations culturelles internationales, qu'ils utilisent leur langue maternelle ;

– de demander aux Unions, Associations et Congrès scientifiques internationaux qu'ils admettent effectivement que la langue française fasse foi ou du moins soit adoptée au même titre que l'anglais, qu'ils inscrivent notamment les abréviations à la fois dans les deux langues, que l'une ou l'autre de celles-ci ne soit pas, seule, exigée pour les présentations de notes ou leur publication, et qu'éventuellement la participation de la France à ceux des organismes internationaux qui s'y refuseraient soit réservée jusqu'à ce que satisfaction soit donnée à cette exigence justifiée.

Ce texte est composé d'*un seul paragraphe* (et même d'une seule phrase, ce que permet le caractère un peu juridique des motions) et de *sept alinéas.*

> *S'obliger à composer des paragraphes, c'est déjà* ***se contraindre à trouver et respecter un ordre,*** *à écrire clairement.*

D PRÊT POUR LA DACTYLOGRAPHIE

1. *Pour la mise au point de vos rapports ou de vos lettres,* si vous ne pratiquez pas vous-même le traitement de texte, ***vous utilisez les services d'une secrétaire.*** N'attendez pas d'elle des miracles. La qualité de son travail dépend du vôtre. À l'intention des débutants, voici quelques conseils. Là encore, c'est l'expérience qui sera source de progrès.

– Soyez poli, courtois. La bonne humeur est une des conditions du travail en équipe. Une dactylo n'est ni un esclave, ni un souffre-douleur, ni la responsable de vos insuffisances.

– Soyez clair.

– Soyez responsable : relisez, vérifiez. Et tenez compte des réactions de votre collaboratrice : ses difficultés à comprendre votre langage vous engageront souvent à des corrections bénéfiques.

2. *Si vous dictez, en sténographie ou sur machine à dicter :*

– Préparez au moins le plan de votre texte.

– Articulez avec soin et lentement.

– Épelez ou répétez les termes difficiles.

– Changez de ton nettement pour les indications qui ne font pas partie du texte : « après tel mot, vous taperez les calculs ci-joints ». Numérotez les renvois à des parties écrites.

– Mentionnez les principales ponctuations, les alinéas.

Vous constaterez vite que même une grande habitude ne permet pas d'obtenir une version satisfaisante après chaque dictée. Pour vos écrits importants ou délicats, demandez une première frappe du texte que vous corrigerez. Ce brouillon ne sera pas du temps perdu. Vous aurez évité de tout écrire à la main.

3. *Si vous donnez un brouillon complet :*

– Présentez-le de manière aérée : vos repentirs et vos ajouts seront lisibles.

– Donnez des indications nettes (peu à peu, un code sera instauré entre la dactylo et vous) : par exemple, utilisez une couleur différente pour les mentions destinées à la secrétaire et qui ne doivent pas être tapées (« un triple interligne ici » ; « que ce tableau tienne dans la page »).

– Prévoyez en gros la disposition, la « mise en page ».

– N'inventez pas des abréviations obscures.

– Veillez à la lisibilité des noms propres et des nombres.

– Respectez les alignements que vous désirez voir respecter à la frappe, la hiérarchie des titres et des sous-titres.

– Et relisez ; cela coûte moins de temps que de faire recommencer le travail.

2 Le traitement de texte

Ce qu'on désigne actuellement par « **traitement de texte** » recouvre beaucoup plus d'activités que ne laisse imaginer cette expression. Au départ, le traitement de texte était assimilé à la dactylographie opérée à l'aide d'un ordinateur sur lequel on faisait exécuter un programme qui permettait la saisie, la correction et la manipulation des textes, leur stockage sur des supports informatiques ainsi que leur impression. Certes, il s'agissait d'une dactylographie très « fonctionnelle » qui a permis aux personnes habituées à cette tâche un accroissement de productivité et leur a apporté un confort de travail indéniable.

Aujourd'hui, le traitement de texte recouvre toute la chaîne de production d'un texte, de sa création jusqu'à sa mise à la disposition du destinataire, soit sur un support imprimé soit sur un support informatique. De plus, son utilisation n'est plus réservée aux seules spécialistes de la dactylographie. Toute personne travaillant dans un bureau (ou même en dehors) et amenée à rédiger des notes, comptes rendus, circulaires, mémoires, notices, lettres,... est un utilisateur potentiel du traitement de texte. Pour le P.D.G. et jusqu'à la secrétaire d'un pool, mais aussi pour le lycéen, l'étudiant, le chercheur, voire même pour l'artisan ou le commerçant, le traitement de texte est devenu l'application informatique la plus familière. Il permet, actuellement, la création de documents, non seulement purement textuels, mais incluant des graphiques, des images, des tableaux, des chiffres sous différentes formes, etc. De plus, la variété et la qualité de la présentation, comme la qualité de l'édition obtenue, sont proches de l'imprimerie classique. Ces caractéristiques, avec la facilité d'utilisation, ont fait du traitement de texte le compagnon quotidien pour une majorité de professionnels, et non-professionnels, qui ont trouvé en lui la solution de leur problème d'élaboration de documents divers.

Il est remarquable de constater la diffusion très rapide du traitement de texte. Une raison à cela : les possibilités nouvelles qu'il offre à tout créateur de document, conjuguées à l'expansion de la micro-informatique qui a rendu son utilisation possible à un grand nombre de personnes. Aujourd'hui, bon nombre de possesseurs d'un micro-ordinateur ont revu leur manière de rédiger. De la rédaction sur papier, puis de sa réécriture dactylographiée, informatisée ou non, on passe, petit à petit, à la rédaction directe sur écran à l'aide d'un logiciel de traitement de texte. Celui-ci n'est donc plus seulement un moyen de « mettre au propre » et de conserver un document, il devient l'outil de sa création. Des fonctionnalités du traitement de texte traitant la structure du document, sa composition, sa richesse de contenu, ses aspects linguistiques, voire même le sens, nous amènent à reconsidérer, plus rapidement, nos habitudes et à mieux accepter ce nouvel environnement de production. D'ailleurs, les perspectives pour les années à venir concernent le développement et l'extension de ces fonctionnalités. On passera ainsi du « traitement de texte » à la prise en compte de l'activité intellectuelle de création des documents que d'aucuns nomment, parfois, « traitement des idées ».

A HISTORIQUE SUCCINCT

« Traiter du texte » a commencé avec l'apparition de la première *machine à écrire mécanique,* introduite par Remington en 1874 sur le marché américain. Depuis cette date, la frappe et/ou la production de textes a été bouleversée à quatre reprises :

• en 1933, avec l'apparition de la *machine à écrire électrique.* Sa caractéristique principale était la force de frappe constante qui permettait d'obtenir une impression beaucoup plus esthétique et de qualité plus uniforme que dans le cas de la machine à écrire mécanique ;

• en 1950, avec l'apparition des *machines à écrire à frappe automatique.* Il s'agissait de machines à écrire pouvant être commandées par une bande de papier perforé, ressemblant à la bande de commande des pianos mécaniques. Les perforations représentaient le texte à imprimer. Ainsi une fois codé par perforation un texte pouvait être reproduit à l'infini. La frappe répétitive de lettres ou d'éléments constants de contrats avaient trouvé une solution automatique. On peut dire que le traitement de texte est né véritablement à cette époque ;

• en 1964 avec l'apparition des premières *machines à écrire à mémoire magnétique.* Avec ce matériel tout texte saisi peut être stocké d'une manière permanente sur les mémoires magnétiques et restitué ainsi à la demande. Les avantages évidents d'un tel matériel sont à nuancer par la capacité limitée des mémoires de stockage (= 5 000 caractères pour une carte magnétique) et la lenteur dans la recherche d'un texte déjà enregistré ;

• en 1975, avec l'apparition des premières *machines de traitement de texte.* Elles sont constituées, du point de vue matériel, des mêmes éléments que la plupart des postes de travail informatique personnels : un clavier, un écran, une unité centrale qui opère les traitements, une unité de lecture/écriture de supports informatiques (disques ou disquettes magnétiques sur lesquels les textes sont stockés) et une imprimante, pouvant imprimer plusieurs polices (types) de caractères. Le dispositif est complété par un *logiciel* (programme) *de traitement de texte,* le plus souvent faisant partie intégrante de l'ensemble (non interchangeable par l'utilisateur). Il s'agit, en fait, d'un ordinateur dédié, fait pour être utilisé uniquement pour ce type de travail. Plus tard, d'autres logiciels lui sont adjoints, comme par exemple des logiciels de gestion, de calculs, de confection de graphiques, etc.

Mais le traitement de texte a pris vraiment son essor au début des années 80 avec l'expansion de la micro-informatique et l'apparition, sur le marché, de logiciels de traitement de texte peu coûteux, utilisables sur différents micro-ordinateurs, d'un emploi relativement simple. Certes, ils offrent, au départ, moins de possibilités et de fonctionnalités qu'une machine de traitement de texte, mais ils ont l'avantage d'êtres accessibles à un plus grand nombre de personnes et ne constituent pour le possesseur d'un micro-ordinateur qu'une des applications possibles, l'ordinateur, n'étant pas « spécialisé », peut servir pour une pléthore d'autres.

Actuellement le traitement de texte est synonyme des logiciels du même nom, exploités sur micro-ordinateur. Ils possèdent un grand éventail de fonctionnalités, constamment élargi, et peuvent être utilisés en interaction avec d'autres logiciels pour la réalisation de documents très élaborés incluant texte, graphiques et images. C'est cet aspect qui nous préoccupera par la suite.

B APPORT DU TRAITEMENT DE TEXTE

Si le traitement de texte a pris l'ampleur que nous connaissons, c'est que son utilisation a satisfait des besoins et a permis de résoudre bon nombre de problèmes, tant pour les particuliers que pour les entreprises et institutions.

Pour les premiers, il a répondu au besoin de la production personnelle de documents en proposant un moyen de production simple et adapté au rythme de l'utilisateur. Il n'est plus nécessaire d'avoir des connaissances en dactylographie pour l'utiliser. Chacun peut saisir son texte sans craindre la « faute de frappe » ou l'oubli (qui auparavant obligeait, le plus souvent, à recommencer intégralement la saisie) puisque la correction peut se faire instantanément sans procédure particulière.

Mais produire un document textuel ne signifie pas seulement opérer sa saisie (faire la frappe). Il s'agit d'un ensemble de tâches, comme le découpage en paragraphes, la pagination, l'utilisation d'effets spéciaux d'impression (soulignement, graissage, emploi de différentes polices de caractères,...) etc. que l'opérateur doit mener de front avec la frappe. Le mérite du traitement de texte est justement d'avoir dissocié ces opérations en les rendant indépendantes et pour la plupart automatiques. Ainsi, l'utilisateur fera la saisie sans se soucier de la présentation finale du texte, tout en sachant qu'à n'importe quel moment, il peut revenir en arrière pour corriger, effacer ou insérer des mots, des lignes, ou même des morceaux de texte, imprimer au besoin la partie du texte déjà saisie.

C'est à la fin de la saisie qu'il se préoccupera de la mise en forme du texte en le partageant en paragraphes, en le paginant, en incluant des effets spéciaux pour l'impression, etc. et ceci dans n'importe quel ordre sans que l'exécution de l'une de ces tâches nuise aux autres précédemment exécutées. À ce niveau aussi, la correction des paramètres de la mise en forme ou du texte lui-même reste possible à tout moment. À la fin, on pourra imprimer le texte pour contrôler et juger de sa présentation et son contenu ; si ceux-ci ne conviennent pas, on pourra de la même manière apporter toutes les modifications nécessaires jusqu'à l'obtention d'une version satisfaisante. Le document ainsi créé s'enregistrera sur les supports informatiques de stockage (en général disques ou disquettes), prêt pour une réimpression ultérieure en n'importe quel nombre d'exemplaires, mais aussi disponible pour toute modification jugée nécessaire par l'utilisateur.

Quand on décompose ainsi le processus de fabrication de documents textuels en opérations indépendantes, celui-ci devient accessible au non-spécialiste et permet par là l'accroissement de la production et de la diffusion de l'information.

Les entreprises et les institutions ont vite senti les avantages que le traitement de texte pourrait leur apporter. Ses fonctionnalités, citées plus haut, l'ont fait adopter par le personnel d'encadrement pour l'élaboration rapide et autonome de documents de travail (notes, comptes rendus,...). Pour le personnel spécialisé dont la tâche consistait en la fabrication de documents avec d'autres procédés, le traitement de texte a apporté un confort de travail certain et il a permis d'accroître leur productivité. Des études ont montré que le gain de productivité s'établirait dans les rapports suivants :

- entre 1,2 et 1,7 pour les documents simples, courts et peu modifiés ;
- entre 4 et 7 pour les documents standards stockés, modifiés périodiquement ;
- entre 10 et 20 pour les textes répétitifs comme, par exemple, les lettres personnalisées à envoyer en nombre.

Ceci entraîne une diminution des délais pour la confection des documents sans pour autant nuire à leur qualité qui se trouve au contraire améliorée. D'ailleurs, le Service Central d'Organisation et Méthodes (S.C.O.M.) (1) reconnaît au traitement de texte 8 avantages :

- accroissement de la productivité,
- allégement de la tâche des opérateurs,
- régulation de la charge dactylographique,
- amélioration de la qualité de présentation,
- standardisation des correspondances et des procédures,
- réduction des coûts et des délais,
- amélioration des conditions de travail,
- aide aux rédacteurs pour la conception et la révision des documents.

Bien sûr, comme pour l'informatique, l'utilisation du traitement de texte demande au préalable une évaluation des besoins et des coûts tant humains que matériels. Cette opération accomplie, il reste à former les utilisateurs non seulement au maniement du logiciel choisi, mais

(1) S.C.O.M. Méthodologie d'emploi du traitement de texte. *Documentation Française*. 1981.

aussi et avant tout à l'utilisation et à la compréhension du système informatique utilisé, connaissances indispensables pour tirer profit des avantages indéniables du traitement de texte.

C FONCTIONNALITÉS DU TRAITEMENT DE TEXTE

On peut distinguer cinq grandes étapes dans le processus d'élaboration d'un document textuel par traitement de texte :

- sa création et sa saisie,
- sa mise en forme,
- son édition,
- sa diffusion,
- son archivage pour accès automatisé ultérieur.

Les logiciels de traitement de texte actuellement disponibles ne prennent en compte que les trois premières étapes ; les deux autres s'opèrent à l'aide d'autres logiciels ou procédés dont nous aurons un aperçu dans le chapitre consacré à la Bureautique (voir tome 2, chapitre 7).

Tous ces logiciels possèdent un éventail de fonctions similaires ; néanmoins, certains d'entre eux se distinguent soit par l'étendue de leurs possibilités soit par leur facilité d'utilisation. D'ailleurs, en ce qui concerne ce dernier point, des progrès significatifs ont été accomplis ces dernières années. Des recherches menées conjointement par des psychologues et des informaticiens ont permis l'élaboration de logiciels d'une structuration et d'un fonctionnement assimilables facilement par l'utilisateur non-spécialiste.

L'étendue des possibilités des logiciels de traitement de texte a eu des conséquences non prévues au départ. On constate actuellement que certains utilisateurs n'exploitent qu'un petit nombre de ces possibilités et souvent ignorent une partie d'entre elles. Ce constat peut s'expliquer aisément si on remarque que la complexification de ces logiciels entraîne, pour les utilisateurs, un investissement permanent pour les maîtriser et utiliser toute la palette de leurs fonctionnalités. C'est le prix à payer pour que le traitement de texte, comme l'informatique en général, apporte pleinement ses fruits.

1. Création et saisie d'un texte

La création est la première étape du traitement de texte. Il s'agit pour le créateur d'exprimer des idées par des mots, de fabriquer des messages destinés à être communiqués par écrit.

Pour une telle tâche, un environnement propice à la création est souvent indispensable. Il consiste en une documentation variée, personnelle ou non, où l'on pourra puiser statistiques, bilans, références bibliographiques, résumés, définitions..., tout le matériau nécessaire à sa tâche.

Les logiciels de traitement de texte actuellement permettent d'exploiter les possibilités qu'offre l'informatique dans ce domaine. Ainsi, l'auteur peut mettre à profit sa documentation personnelle stockée et gérée sur l'ordinateur pour consulter par exemple des rapports anciens, dossiers, modèles... ou même pour en extraire tout ou partie des textes mémorisés et les fusionner avec celui qu'il élabore. De plus, en utilisant des services télématiques, il peut accéder à des sources de documentation extérieure pour y puiser des données diverses. Ainsi armé, il peut concevoir son texte et passer à l'étape suivante qui consiste à lui donner une forme en opérant sa saisie.

Le texte est saisi au clavier et visualisé simultanément sur l'écran. Sur ce dernier, un repère lumineux, le curseur, indique la position du prochain caractère à saisir. À tout moment, la partie du texte déjà saisie est accessible et on peut y apporter toute modification : effacement, insertion, remplacement d'un caractère, d'un mot ou d'une portion de texte. Des touches spéciales du clavier, ou des commandes du logiciel, permettent de se déplacer et d'accéder ainsi à l'endroit où l'on doit opérer la modification. Ainsi, saisie et correction peuvent se succéder sans que l'une nuise au déroulement de l'autre.

Pendant la saisie, plusieurs outils d'aide, faisant partie des logiciels de traitement de texte actuellement, peuvent être utilisés. On peut faire appel, en particulier, à des dictionnaires pour vérifier l'orthographe ou la signification d'un mot, ses différents synonymes ou même sa traduction dans une autre langue. Ces dictionnaires, forcément incomplets, peuvent être complétés par d'autres, spécifiques à chaque utilisateur (contenant par exemple des noms propres, des termes techniques, etc.) et créés au fur et à mesure par lui à l'aide de commandes que comportent les logiciels. Ainsi, petit à petit, chaque rédacteur peut constituer son propre environnement linguistique de travail et rendre, par là, sa tâche plus aisée.

Le texte saisi est stocké provisoirement (le temps de la session) dans la mémoire de l'ordinateur. Des commandes du logiciel autorisent son stockage permanent sur des supports magnétiques (disques, disquettes).

• *Quelques problèmes de saisie*

Du point de vue formel, la saisie consiste à taper sur le clavier une suite de caractères. Or, tous les caractères d'imprimerie n'y figurent pas ; par exemple « ä », « ï », « ô », « û », « Σ », « $\leqslant$ », « $\subseteq$ », « π », « $\int$ »... Le problème de saisie des lettres avec signe diacritique (accent, tréma...) est résolu en simulant leur saisie, lorsque ceci est nécessaire. Ainsi, la frappe de deux touches est nécessaire pour la saisie, par exemple, de « ä » ou « ô » (seuls les caractères « à », « é », « è », « ù », « ç » ne demandent que l'emploi d'une touche sur la plupart des claviers de micro-informatique utilisés en France).

Par contre, la saisie de plusieurs caractères spéciaux (symboles mathématiques, phonétiques, lettres grecques, formules chimiques...), comme celle des mots ou noms étrangers, écrits dans leur langue d'origine (portugais, russe, arabe, japonais...) demande que l'on complète le logiciel de traitement de texte par des outils permettant leur prise en compte. Ce problème, familier pour les rédacteurs de documents techniques ou multilingues, est à prendre en considération même pour les textes « ordinaires » dans lesquels on trouve régulièrement des caractères de cette nature.

2. Mise en forme du texte

La mise en forme, un des attraits essentiels du traitement de texte, consiste à agir sur le texte saisi, à l'aide de commandes du logiciel, pour lui donner son aspect définitif.

Ainsi, outre la correction évoquée déjà plus haut, l'utilisateur a des outils à sa disposition pour faire la substitution automatique de toute occurrence (apparition) d'un mot, d'une expression, de n'importe quelle suite de caractères par une autre, pour faire également le centrage des titres, le déplacement des morceaux de texte d'un endroit à un autre, la justification qui consiste à bien aligner verticalement la marge de droite (à la manière du texte que vous êtes en train de lire), etc.

D'autres textes, mémorisés auparavant, peuvent être appelés pour fusionner avec le texte en cours de rédaction ; des morceaux de celui-ci peuvent être mémorisés séparément pour une utilisation ultérieure.

Des opérations plus sophistiquées sont également possibles comme par exemple la préparation du publipostage automatique (« mailing » en anglais, terme utilisé très souvent aussi en français). Il s'agit de préparer et d'envoyer un document à plusieurs personnes, mais en personnalisant chaque exemplaire par l'adjonction du nom, prénom, adresse, éventuellement qualité du destinataire ou même d'autres caractéristiques qui lui sont propres.

Pour ce faire, on doit préparer deux « textes » : celui, appelé matrice, contenant la partie commune du texte à envoyer et des indications quant à la place des parties variables, et un autre formé des caractéristiques (nom, adresse, qualité,...) de chaque destinataire. Il suffit par la suite d'une commande du logiciel pour imprimer le texte matrice autant de fois que le nombre de personnes à qui on veut l'envoyer, tout en rajoutant à chaque exemplaire les caractéristiques du destinataire contenues dans le second « texte ». C'est ainsi par exemple que sont créés les messages publicitaires personnalisés qui envahissent quotidiennement nos boîtes aux lettres.

La plupart des logiciels de traitement de texte offrent aussi d'autres possibilités, souvent très utiles au rédacteur. On peut ainsi créer automatiquement des index, construire des tables des matières, manipuler des tableaux, gérer des notes de bas de page, élaborer et utiliser des glossaires, trier des listes, effectuer des calculs simples, etc. Il est même possible d'accrocher, à n'importe quel endroit du texte, des annotations (écrites ou orales) utiles, par exemple, pour garder la trace d'une idée qu'il faudra développer par la suite à cet endroit, donner des consignes ou faire des remarques à son (ses) co-rédacteur(s), se rappeler plus tard ce qui nous a poussé à développer telle argumentation ou à présenter un fait de telle manière, etc.

Il est très difficile d'établir la liste des fonctions de mise en forme d'un texte. Chaque logiciel comporte des fonctions qui lui sont propres, constamment améliorées (souvent dans le détail) dans leurs versions successives. Néanmoins, tous réalisent les fonctions de base suivantes :

- insertion, suppression et déplacement des caractères, mots, lignes, morceaux de texte,
- recherche globale ou partielle d'une suite de caractères pour remplacement auto matique,

- création et utilisation de styles de présentation pour chaque partie du texte (tabulations, cadrage des marges, justification du texte, centrage de titres, césure des mots en bout de ligne, alignement en colonne à la virgule décimale...),
- pagination et numérotation automatique des pages,
- gestion des notes de bas de page,
- manipulation des tableaux,
- création d'index et tables de matières,
- confection et utilisation de glossaires,
- publipostage automatique (mailing).

Plusieurs logiciels incluent une autre fonctionnalité, importante à notre avis, qui consiste à gérer la structure (le plan) du document élaboré.

Elle permet de maîtriser la conception du plan d'un document (c'est-à-dire gérer les titres et les sous-titres) et, par là, la conception du document lui-même. En effet, au lieu d'entrer directement le texte, avec un plan rédigé sur papier, il suffit de créer le plan, de le modifier à son gré et de rédiger le texte au fur et à mesure de l'inspiration, dans la partie choisie.

Toute modification du plan entraîne la réorganisation automatique du document. L'accès à une partie de celui-ci peut se faire en donnant le titre correspondant. La numérotation des chapitres et sous-chapitres est automatique. À tout moment on peut visualiser l'emboîtement des titres (la structure du plan) et ceci à la profondeur désirée.

Ces caractéristiques apportent une autre dimension à l'élaboration des textes et permettent à tout créateur de structurer des « idées » à sa guise. Pour cette raison, sans doute, les concepteurs de ces logiciels utilisent, parfois, le nom de « gestionnaire d'idées ».

- *Les traitements linguistiques*

Depuis quelques années un autre aspect de la forme des textes est pris en considération par les différents logiciels. Il s'agit de la forme linguistique des textes et plus particulièrement son adéquation avec des normes de la langue (orthographe et grammaire) ainsi que diverses mesures concernant les unités linguistiques la composant (caractères, mots, phrases...).

La quasi-totalité des logiciels de traitement de texte comporte désormais des correcteurs orthographiques. Leur rôle est en général la détection des fautes d'orthographe sur des mots isolés, c'est-à-dire considérés indépendamment de leur contexte d'apparition. Ainsi, un tel correcteur, dans le texte « la solution ambigue », détectera la faute de « ambigue », mais non celle des textes « la solution ambigu », « le solution ambiguë », « les solutions ambiguë », les mots qui les composent pris isolément étant correctement orthographiés. Ceci est dû à la technique suivante qui sous-tend la plupart de ces correcteurs : le texte enregistré est découpé en mots isolés ; ces mots, ou formes, sont comparés à ceux d'un dictionnaire faisant partie du logiciel. Une forme sera détectée comme mal orthographiée si la comparaison échoue. Dans ce cas, elle sera signalée à l'utilisateur avec, éventuellement, une liste de formes proposées pour la correction. L'utilisateur pourra corriger, si nécessaire, en choisissant dans la liste proposée ou en donnant sa propre correction ; il pourra inclure celle-ci au dictionnaire s'il le désire.

La qualité de ces correcteurs est proportionnelle à la taille du dictionnaire utilisé, qui peut dépasser les 100 000 termes. Même si la technique de détection, exposée ci-dessus, a été améliorée, aucun de ces correcteurs n'est capable actuellement de détecter les fautes d'orthographe concernant les noms propres, les termes techniques, les néologismes, les sigles... De plus la liste des mots proposés pour la correction d'une faute laisse, parfois, perplexe.

Les premiers correcteurs orthographiques capables de détecter des fautes liées à la grammaire (fautes d'accords) ont fait leur apparition depuis quelques années. Ils font actuellement partie de plusieurs logiciels de traitement de texte. Leurs capacités sont souvent encore limitées ; aucun d'eux n'est capable de détecter la totalité des fautes liées à la grammaire. La détection de ces fautes est délicate et complexe. Elle demande une analyse poussée du texte, capable de déterminer pour chaque mot sa fonction grammaticale (verbe, nom, adjectif...) et syntaxique (sujet ou constituant du sujet, complément ou constituant d'un complément...) ainsi que les mots avec lesquels il doit s'accorder. Cette tâche est parfois difficile même pour les humains. Par exemple, pour le texte « la boîte à café noir est sur la table », qui pourrait confirmer ou infirmer l'existence d'une faute d'accord concernant le mot « noir » ? Ces difficultés font qu'actuellement une partie uniquement de ces fautes est détectée, celle concernant des mots peu distants dans la phrase, et ceci pas toujours avec bonheur.

L'autre aspect des traitements linguistiques concerne différentes mesures des unités composant un texte. Plusieurs décomptes sont proposés : nombre des caractères, nombre et liste fréquentielle des mots du texte, nombre des lignes, des paragraphes, des pages... mais aussi nombre des propositions, des phrases, des verbes..., voire nombre moyen de syllabes par mot, mots par phrase, phrases par paragraphe, verbes par phrase... Ces mesures peuvent être utiles pour apprécier, d'une part, la taille réelle du texte, d'autre part, certains aspects de son contenu et de son style.

Parfois ces mesures sont utilisées par le logiciel lui-même, d'une part pour proposer une caractérisation du style de l'auteur (familier, technique, littéraire...), voire une comparaison avec le style d'auteurs connus, d'autre part, pour calculer le degré de « lisibilité » du texte, c'est-à-dire l'effort qu'il demande pour l'appréhender. Ces fonctions, plutôt relatives à ce qu'on appelle « l'analyse des textes », font des logiciels de traitement de texte actuels, mais surtout futurs, l'outil élémentaire de quiconque a un rapport avec la langue.

3. Édition du texte

Il s'agit d'un ensemble d'opérations qui consiste à définir les paramètres (attributs) d'impression d'un texte mémorisé sur support informatique et à obtenir par la suite une image de celui-ci sur un support physique visuel (en général du papier).

C'est une tâche délicate ; il convient en effet de préciser a priori les attributs d'impression dont la mise en œuvre sur le texte mémorisé donnera comme résultat la forme sur papier que l'on souhaite.

Deux parties sont à distinguer dans la définition des paramètres d'impression :

– la première consiste à inclure dans le texte des commandes permettant la production d'effets spéciaux à l'impression, comme par exemple graissage de caractères, soulignement, biffure, double frappe, changement de police de caractères, utilisation de la couleur pour mettre en valeur une partie du document, sauts de lignes et de page, etc.

– la seconde comprend la définition d'attributs d'impression permettant la description de la structure souhaitée des pages physiques (imprimées sur papier). Elle s'opère à l'aide des commandes du logiciel situées, généralement, en dehors du texte lui-même. On peut ainsi fixer la longueur des pages physiques, l'interligne, définir l'en-tête et le bas-de-page de chaque feuille imprimée, la numérotation, etc.

Chaque page ainsi préparée pourra être visualisée à l'écran ; si son aspect ne convient pas, on modifiera ses attributs d'impression jusqu'à l'obtention de la forme souhaitée. Le texte, par la suite, sera envoyé pour impression sur une imprimante.

Il va sans dire que la qualité de celle-ci conditionne, en grande partie, la qualité de présentation du texte produit. Une « mauvaise imprimante » produira une mauvaise présentation du texte imprimé quelles que soient les possibilités du logiciel de traitement de texte. Un autre critère important pour l'impression est la vitesse à laquelle elle s'opère, surtout lorsqu'il s'agit d'imprimer des textes longs. Actuellement deux types d'imprimantes (et donc deux procédés d'impression) sont principalement utilisés : les imprimantes à laser et celles à jet d'encre. Chacun des deux types permet d'obtenir une bonne qualité d'impression, y compris l'impression en couleur, souvent proche de la qualité d'imprimerie en ce qui concerne les imprimantes laser. Leur vitesse est acceptable avec, ici aussi, un net avantage pour la technologie à laser.

4. Des documents textuels vers des documents multimodes

Comme on a pu le constater, l'essentiel des fonctionnalités des logiciels de traitement de texte concerne la confection de documents incluant un seul mode d'expression, le texte. Les documents que nous manipulons habituellement comportent, souvent, d'autres formes d'informations : images, graphiques, séries de chiffres. Les logiciels actuels de traitement de texte comportent un certain nombre de fonctionnalités susceptibles de rendre possible la réalisation de ce type de documents. En général, leur tâche se limite à la prise en compte des éléments non textuels, fabriqués, le plus souvent, par d'autres logiciels spécialisés. Une fois ces éléments incorporés dans le texte, celui-ci est organisé en fonction d'eux. On peut modifier leur taille ou leur place dans le texte, par contre la modification de leur contenu n'est le plus souvent possible qu'en faisant appel au logiciel qui a servi pour leur création. Leur utilisation permet d'enrichir le texte et apporte des moyens de présentation et d'expression, parfois, plus concis et efficaces que lui.

L'élaboration de tels documents n'est pas encore très aisée. Néanmoins, dans les années à venir, c'est un des aspects du traitement de texte qui risque d'évoluer le plus. Intégrer pleinement ces fonctionnalités permettra la confection de documents multimodes qui correspondent mieux à la réalité des documents d'aujourd'hui.

Dans le futur proche, d'autres améliorations majeures sont attendues ; elles se situent dans deux domaines : d'une part ce qui concerne la forme et la structuration des documents élaborés et qui commence à se préciser avec l'adjonction des possibilités jusqu'ici propres à la P.A.O. (Publication Assistée par Ordinateur) ; d'autre part, tout ce qui concerne le fonds des textes créés (syntaxe, sémantique, style, lisibilité...) dont le traitement commence à être envisageable pour les textes produits par tout un chacun, comme nous l'avons signalé plus haut, grâce aux progrès accomplis en traitement automatique des langues.

On pense ainsi arriver à des outils non seulement de traitement de texte, mais d'aide à la création de documents multimodes, outils par lesquels l'auteur sera assisté et contrôlé tout au long de leur élaboration.

Enfin, les logiciels futurs de traitement de texte devraient être d'un apprentissage et d'une utilisation beaucoup plus simples ; les spécialistes de l'ergonomie du logiciel s'y emploient actuellement.

> *Le traitement de texte est actuellement l'outil de bureau élémentaire et* ***indispensable.*** *Le comprendre peut permettre d'être productif ; le maîtriser, d'être sans doute créatif...*

3 La correspondance

A ÉCRIRE UNE LETTRE

1. *Une lettre privée* est comme une conversation : votre personnalité, votre cœur s'y expriment librement, avec correction, bon sens et bon goût, avec familiarité, avec passion, selon les cas et les destinataires.

2. *Une lettre commerciale* est un acte qui engage, un document qui fait foi. Il faut donc respecter les règles et les usages de ce genre déterminé de correspondance. Nous vous conseillons de recourir à un manuel de correspondance commerciale.

3. *Une lettre technique* ne comporte pas de bavardages inutiles, de considérations sur la pluie et le beau temps. C'est un écrit de travail, sobre et net, encadré entre l'appellation initiale et la formule de salutation finale.

4. À gauche, sous l'en-tête, vous inscrivez la référence de la lettre à laquelle vous répondez, *la référence* et, si besoin, *l'objet* de votre envoi. Par exemple :

V/Réf. : 1207 FG/EM
N/Réf. : 32 C. production
OBJET : Configuration de commande de tel matériel.

5. *Un seul sujet* doit être traité dans chaque lettre relative au travail. Cela en facilite, et pour vous et pour le destinataire, l'exploitation et le classement.

6. L'essentiel de votre message (conclusion, ou rappel des mesures à prendre, ou question posée, etc.) se trouve exprimé ou résumé dans le dernier paragraphe.

7. Vous conserverez *un double* de chaque lettre de travail que vous faites partir. Le classement sera chronologique, et réparti par affaire, par dossier ou par correspondant.

B PRÉSENTATION D'UNE LETTRE PRIVÉE

Les paroles, directes ou par téléphone, se perdent. La correspondance reste et témoigne. Elle nous représente et réclame donc un peu de soin.

1. Choisissons un **papier** simple et discret, ni froissé, ni déchiré. Son format est adapté aux enveloppes que nous utilisons : la lettre serait à refaire s'il fallait essayer plusieurs pliures avant de la glisser dans l'enveloppe.

2. Sauf dans l'usage professionnel, on ne fait rien imprimer sur son papier à lettre. Toutefois, si l'on y tient, on fera mentionner son **adresse** et son **numéro de téléphone** en petits caractères, en haut et à gauche de la feuille. On préférera souvent inscrire ces indications à la main quand on a besoin de rappeler son adresse, qu'on peut aussi noter sous la signature.

3. La **date,** indispensable, est toujours inscrite **en haut et à droite.** Elle est précédée, en l'absence d'adresse, de la mention du lieu d'où l'on écrit : *Paris, le 15 janvier 1999.* On ne met pas de majuscule au nom des mois. Les formules abrégées ne sont admises que pour les familiers : *Le 15/1/99.*

4. Pour une **lettre plus importante** (démarche administrative, par exemple), on inscrit dans l'angle supérieur gauche, son nom, sa qualité, son adresse, et à droite, au-dessous de la date, la fonction ou le nom, et l'adresse du destinataire :

Pierre Caillou
5, rue du Rocher
96300 FALAISE-SUR-MER

Le 15 janvier 1999

à Monsieur le Secrétaire général
du Syndicat d'Initiative
Place du Tertre
75018 PARIS

5. **On commence** la lettre **vers le milieu de la page,** après la formule d'appellation. On laisse une marge à gauche ; il est peu respectueux d'y ajouter ensuite des surcharges, mieux vaut ajouter un P.S. (post scriptum) en fin de lettre. On n'écrit pas jusqu'au bord inférieur des pages.

Plus on aère la présentation d'une lettre à l'aide d'espaces blancs, plus elle est claire et agréable à lire.

6. Quand on utilise une **feuille double,** on numérote les pages de 1 à 4 et on les remplit successivement. Si la lettre est courte, on n'utilise que les pages 1 et 4, ce qui évite au destinataire d'avoir à ouvrir la feuille.

7. La **signature** est détachée du texte par un espace blanc. On n'inscrit pas la formule de salutation en haut d'une page, mais après quelques lignes du corps de la lettre.

8. Par égard pour le destinataire, on s'efforce d'**être lisible,** on se relit.

On n'attend **pas plus de huit jours pour** écrire **une** lettre de **réponse.**

C L'ENVELOPPE

Elle exerce déjà une influence sur votre destinataire. Tachée, froissée, gribouillée, elle donne une fâcheuse idée de votre goût et de votre soin.

1. Comment glisser la lettre dans l'enveloppe

La feuille est pliée en 2, 3 ou 4 selon le format. La pliure est introduite la première : elle doit se trouver au fond de l'enveloppe, de façon à ce que le texte ne soit pas déchiré en son milieu à l'ouverture de l'enveloppe.

Ne mettez jamais d'épingle pour relier les feuilles de votre lettre : ce serait dangereux pour les doigts du destinataire et c'est interdit par l'administration des P.T.T.

2. Le timbre

a) *Si vous en joignez un pour la réponse,* collez-le, par un petit coin, ou mieux par une bande gommée attenante, dans l'angle gauche de votre lettre. Attention ! Vous obligez ainsi votre correspondant à vous répondre. Il n'est donc pas indiqué d'envoyer un timbre à un ami, une haute personnalité, etc.

b) Après avoir vérifié que le montant de l'*affranchissement* est *suffisant* (pesez les lettres volumineuses), vous collez le timbre dans l'angle supérieur droit de l'enveloppe, la figurine à l'endroit et ses côtés parallèles aux bords de l'enveloppe.

3. L'adresse

Elle est inscrite dans la moitié inférieure de l'enveloppe et elle est lisible.

Monsieur A. JARRY
29, Impasse des Canulars
54000 NANCY

Ne jamais écrire d'abréviation comme M., Mme ou Mlle. S'il y a lieu, vous indiquez *le titre* de votre correspondant avant son nom : *Monsieur le Docteur Knock*, et sa qualité ou sa profession au-dessous :

Monsieur Nimbus
Professeur de Cosmographie.

Pour un couple, le mari est toujours mentionné d'abord :

Monsieur et Madame A. Jarry.
Monsieur le Docteur et Madame Knock.

Si vous envoyez la lettre chez quelqu'un d'autre que le destinataire, ajoutez les mentions : *aux bons soins de, chez, c/.*

4. ***L'expéditeur*** n'inscrit son nom et son adresse au dos de l'enveloppe que s'il craint que la lettre n'arrive pas au destinataire. On ne fait rien imprimer sur les enveloppes utilisées pour la correspondance privée.

5. L'envoi **d'une carte postale** est un geste d'amitié, mais aussi de familiarité. La mettre sous enveloppe est déjà plus discret et plus déférent.

6. Si vous **confiez une lettre** à un tiers pour qu'il la transmette ou la porte à la boîte il est d'usage de ne pas fermer l'enveloppe : il pourrait croire que vous marquez de la défiance à son égard. Réciproquement il doit, en gage de discrétion, coller l'enveloppe devant vous, ou vous prier de la fermer.

7. Quand **vous recevez une lettre en présence d'un visiteur** et qu'il est urgent d'en prendre connaissance, vous demandez la permission d'ouvrir l'enveloppe devant lui.

D LES APPELLATIONS AU DÉBUT D'UNE LETTRE

La coutume veut qu'on interpelle, au début d'une lettre, la personne à qui l'on s'adresse. La formule est détachée avant que ne commence le texte proprement dit.

Cette appellation liminaire embarrasse parfois, bien à tort ; **il faut *être simple*** et employer les mots qu'on utiliserait de vive voix.

- Dans le cas le plus général, on se contente d'écrire :

Monsieur ou Madame ou Mademoiselle.

- Pour marquer un peu plus d'amitié :

Cher Monsieur...
Cher Monsieur et ami,

- *Jamais de possessif* avant l'un des trois termes cités.

Jamais le patronyme après.

- Plus familiers :

Mon cher collègue, Mon cher Président,
Cher ami,
Chère Agathe,
Mon cher Dupont.

- Si le destinataire porte un titre ou si l'on s'adresse à lui en tant qu'il exerce une fonction, on le mentionne :

Madame la Directrice,
Monsieur le Maire,
Maître (pour un avocat, un notaire)
Docteur (pour un médecin).

- *Dans le doute :*

– avec un égal, vous pouvez prendre l'initiative d'une appellation plus amicale ;

– envers une femme, une personne âgée ou éminente, mieux vaut une marque de déférence en trop qu'une familiarité déplacée ; personne ne se fâche à se sentir respecté.

E SALUTATIONS DISTINGUÉES

Une phrase, qui indique la nature des sentiments qu'on éprouve pour le destinataire, précède la signature. Nous n'en sommes pas encore à la sobriété et à l'efficacité des Anglo-Saxons à qui *Sincerely yours* ou tout simplement *yours* suffit démocratiquement du haut en bas de l'échelle sociale, et vice-versa. En France mille formules fleurissent et l'on reste attentif aux nuances.

- Lettres privées et familières peuvent se contenter de :

Amicalement, cordialement à vous, Affectueusement vôtre, tout à vous...

Ou bien se terminer par une expression spontanée et plus personnelle.

• Dans les autres cas, et surtout dans la correspondance officielle ou d'affaires, une phrase de salutations est exigée. Elle reprend obligatoirement *l'appellation* qui ouvre la lettre :

Veuillez agréer, *Monsieur,* l'expression...

• Cette formule de politesse est introduite, en allant du plus respectueux au plus simple, pas des tours comme :

Daignez agréer ; Veuillez agréer, ...
Veuillez croire à ; Veuillez accepter, ...
Je vous prie d'agréer, de trouver ici, ...
Agréez ; Je vous présente ...

Attention : si vous utilisez un participe présent, il doit se rapporter au sujet de la phrase :

Espérant que vous ..., je vous présente ...

• On fait agréer ou l'on présente ses *salutations,* mais on ne dit pas « Croyez à mes salutations... ».

• On présente ses *sentiments* directement, ou souvent leur *expression.* Ce n'est qu'un supérieur qui donne *l'assurance de ses sentiments dévoués.* En sens contraire, du bas vers le haut de la hiérarchie, le dévouement étant dû, il serait inutile d'en donner la confirmation.

• **Un homme** adresse

– à une femme mariée :

ses hommages, sentiments respectueux ou déférents, ...

– à une célibataire :

ses compliments ou ses sentiments respectueux...

– à un homme âgé, à un supérieur :

ses respects, ses sentiments respectueux...

– à un homme peu connu :

ses salutations distinguées, meilleurs sentiments...

– à une haute personnalité :

l'expression de son profond respect...

• **Une femme** « n'envoie » jamais de *sentiments* à un homme, mais elle lui présente :

ses salutations distinguées, son meilleur souvenir.

Elle marque peu de *respect,* sauf à un homme éminent, pour qui elle peut avoir encore de la

considération distinguée ou la plus distinguée.

Une femme adresse à une autre femme

des sentiments distingués, les meilleurs, affectueux...

On n'a que l'embarras du choix et c'est un art que de trouver une formule originale. Tout est permis à condition d'éviter les deux ou trois impairs que nous venons de signaler.

ON A TOUJOURS BESOIN DE PETITS POIS CHEZ SOI

On et nous

On a un sens *indéfini;* il désigne un groupe de personnes considéré en général, ou un individu qui reste dans l'anonymat.
Nous représente un groupe de personnes bien *déterminées,* dont fait partie celui qui parle.
L'emploi de **on** à la place de **nous** est fréquent dans le langage courant.
Mais ce qui est incorrect et qu'il faut éviter, c'est le « mélange » de **on** et de **nous** dans la même proposition :
« **Nous, on** mange souvent des petits pois »,
car il est fâcheux de rapprocher, pour désigner un même groupe, un pluriel et un singulier, un déterminé et un indéfini, une première et une troisième personne. Négligence qui ne « passe » que dans la conversation familière.

Remarques :

1. Il y a pourtant un cas où le « mélange » **on + nous** est légitime ; donnons-en d'abord un exemple :

> **On** aime à recevoir l'argent // qui **nous** est dû.

Ce **nous** (pronom personnel) désigne le **on** du début de la phrase : il est employé ici parce qu'il se trouve *dans une autre proposition, où* ***on*** *n'est pas le sujet.*
Mais si l'on veut renvoyer à **on** *dans une proposition où il est sujet,* c'est **se** (ou **soi**) qu'il faut employer :

> **On se** connaît mieux qu'on ne connaît les autres.
> **On** a toujours besoin de petits pois chez **soi.**

2. **Vous** est aussi très souvent employé pour renvoyer à **on** (toujours à condition qu'il se trouve *dans une autre proposition* – ou dans une autre phrase) :

> **On** n'a pas besoin d'acheter des petits pois // quand le voisin **vous** en apporte de son jardin.
> **On** lui donne des explications : // il ne **vous** écoute même pas.

3. Mêmes règles avec le possessif : **notre** (ou **votre**), **le nôtre (le vôtre)** s'emploient pour renvoyer à **on** s'ils se trouvent *dans une autre proposition où* ***on*** *n'est pas sujet :*

> **On** ne doit pas s'occuper des affaires du voisin, // même s'il s'occupe des **nôtres.**
> **On** n'aime guère // que des étrangers viennent faire des observations à **vos** collaborateurs.

Mais si le possessif se trouve *dans la proposition où* ***on*** *est sujet,* c'est **son** (**sa, ses, le sien,** etc.) qu'il faut employer :

> **On** voit souvent les défauts du voisin et non les **siens.**
> **On** a parfois des observations à faire à **ses** collaborateurs.

On + on + on...

Comme nous l'avons dit, **on** est indéfini. Par conséquent, si vous l'employez trop souvent, vous allez devenir imprécis, vague, abstrait. Pour éviter ces maladresses, cherchez à remplacer **on** par le mot précis qui convient à chaque circonstance : *le public, les clients, les ouvriers, la direction,* ou tout autre mot désignant le milieu intéressé.

Autre danger : si **on** est indéfini, ce n'est pas une raison pour lui faire désigner dans la même phrase *plusieurs groupes différents* (ou de personnes différentes). Par exemple, que comprenez-vous à ceci :
« **On** n'apprécie guère, quand **on** va au théâtre pour se distraire, qu'**on** vienne nous débiter de grandes phrases auxquelles **on** ne comprend rien et qu'**on** nous présente comme des pensées profondes » ?
Une partie de ces **on** représente les spectateurs à l'esprit surmené, tandis que les autres **on** désignent l'auteur de la pièce : **on** ne sait plus où **on** en est !

- ***N'abusez pas de on;*** *remplacez-le quand cela est possible par un mot précis.*
- *Ne lui faites pas désigner* ***dans la même phrase*** *des personnes différentes.*
- ***On*** *ne peut être le voisin immédiat de* ***nous, notre, vous, votre.***

EXERCICES

EX A Y a-t-il des incorrections dans les phrases suivantes ? (Si oui, corrigez.)

1. Nous avons acheté récemment une petite maison à la campagne pour y passer le week-end, se reposer des fatigues de la semaine, se promener dans les environs. 2. On n'a pas compris ce qui nous arrivait ; on s'est retrouvés à l'hôpital. 3. On n'est jamais trahi que par les siens. 4. Du côté américain on n'a pas encore fait de commentaires sur cet événement ; on se réserve sans doute de donner ses impressions un peu plus tard. 5. On a pris toutes nos dispositions pour que cela ne se reproduise plus. 6. Dès qu'on s'aperçoit qu'on nous apprécie, on a tendance à se mettre en valeur et à vouloir qu'on nous admire. 7. On ne s'est pas vus depuis très longtemps, mais on continue à se donner de nos nouvelles. 8. Nous ne pouvons plus ignorer maintenant ce dont nous nous doutions sans oser en parler, sans même se le dire. 9. Qu'on est bien chez nous ! 10. Qu'on a plaisir, après un long voyage à l'étranger, à retrouver la « bonne-cuisine-bien-de-chez-nous ! » 11. Ma sœur et moi, on élève ses enfants de façon complètement différente. 12. On ne semble pas pressé à Londres de donner des explications qu'on demande pourtant ici avec impatience et on paraît attendre qu'on ait réagi dans le monde avant qu'on puisse se prononcer.

EX B Complétez les phrases suivantes en employant correctement *on, se, soi, nous, vous, son (sa, ses), le sien (la sienne, les siens, etc.) notre, votre (nos, vos), le nôtre... le vôtre...*

1. En France, ... (aimer) ... asseoir à la terrasse des cafés. 2. Venez avec moi, ... (aller) ... asseoir à cette terrasse. 3. Et maintenant, mes amis ... (aller) tous rentrer chez ... pour ... reposer. 4. Quand ... (avoir travaillé) toute la journée, ... (être) content de rentrer chez ... pour ... reposer. 5. ... n'(être) pas obligé de recevoir les gens quand ils viennent ... voir à des heures aussi tardives. 6. ... ne (perdre) jamais .... temps quand ... (préparer) bien ... travail. 7. ... n'(avoir pas perdu) ... temps : ... (avoir passé) toutes ... commandes. 8. ... n'(être) plus tout à fait ... quand ... (avoir trop bu). 9. ... (avoir) parfois bien du mal à trouver, comme ... (dire), chaussure à ... pied. 10. ... (être) parfois obligé d'insister pour que le vendeur ... offre l'article à ... convenance.

CORRIGÉ DES EXERCICES

L'EXPRESSION ÉCRITE

EX 1 Un journal était ouvert à la page des faits divers – on devrait plutôt dire « des méfaits » – évoquant les cambriolages récents de plusieurs grandes banques. Avec assurance, Didier, s'écria : « Une chambre forte moderne est inviolable ! » Mais qui était donc cet homme au ton si péremptoire? L'un de ces miraculeux techniciens qui savent ouvrir les serrures les plus compliquées sans les détériorer. « Cela ne veut pas dire que toutes ces portes protègent des fortunes, ajouta Didier. Le préposé à la salle des coffres d'une banque avait remarqué un sexagénaire qui chaque jour visitait son coffre, repartait l'air satisfait. Le rencontrant au café, « Que gardez-vous à la banque? lui demanda l'employé avec curiosité. – Le médecin m'a interdit l'alcool ; comme ma famille me surveille, je cache mon whisky dans mon coffre... »

EX 2 La psychanalyse des foules est devenue dans les campagnes de persuasion le fondement d'une industrie puissante. Les spécialistes de la persuasion s'en sont emparés pour mieux nous inciter à acheter leurs marchandises, qu'il s'agisse de produits, d'idées, d'opinions, de candidats, de buts ou d'états d'esprit (...). Ce que cherchent les sondeurs, c'est évidemment le pourquoi de nos actes afin, si faire se peut, d'infléchir plus sûrement nos choix en leur faveur. Ce processus les a ainsi conduits à s'interroger sur les raisons de notre méfiance à l'égard des banques, de notre goût pour les voitures énormes ; sur les raisons pour lesquelles les hommes fument le cigare ; sur la raison qui fait que le type de notre voiture détermine la marque d'essence que nous achetons ; sur la cause qui plonge les ménagères dans une sorte d'hypnose dès qu'elles ont pénétré dans un « supermarché » ; qui attire les hommes, dans les magasins d'automobiles, vers les voitures décapotables alors qu'ils achètent finalement une conduite intérieure ; qui porte les gens jeunes à préférer les céréales du petit déjeuner croustillantes et craquantes.

Vance Packard, *La persuasion clandestine,*
Calmann-Lévy, 1958, pp. 7-8.

EX 3 ***Un homme paisible***

Étendant les mains hors du lit, Plume fut étonné de ne pas rencontrer le mur. « Tiens, pensa-t-il, les fourmis l'auront mangé... » et il se rendormit.
Peu après sa femme l'attrapa et le secoua : « Regarde, dit-elle fainéant ! pendant que tu étais occupé à dormir on nous a volé notre maison. » En effet, un ciel intact s'étendait de tous côtés. « Bah, la chose est faite », pensa-t-il.
Peu après un bruit se fit entendre. C'était un train qui arrivait sur eux à toute allure. « De l'air pressé qu'il a, pensa-t-il, il arrivera sûrement avant nous » et il se rendormit.
Ensuite le froid le réveilla. Il était tout trempé de sang. Quelques morceaux de sa femme gisaient près de lui. « Avec le sang, pensa-t-il, surgissent toujours quantité de désagréments ; si ce train pouvait n'être pas passé, j'en serais fort heureux. Mais puisqu'il est déjà passé... » et il se rendormit.

– Voyons, disait le juge, comment expliquez-vous que votre femme se soit blessée au point qu'on l'ait retrouvée partagée en huit morceaux, sans que vous, qui étiez à côté, ayez pu faire un geste pour l'en empêcher, sans même vous en être aperçu. Voilà le mystère. Toute l'affaire est là-dedans.
– Sur ce chemin, je ne peux pas l'aider, pensa Plume, et il se rendormit.
– L'exécution aura lieu demain. Accusé, avez-vous quelque chose à ajouter?
– Excusez-moi, dit-il, je n'ai pas suivi l'affaire. Et il se rendormit.

N.B. *Nous reproduisons la ponctuation originale de l'auteur. Certaines variantes sont admissibles.*

ON A TOUJOURS BESOIN DE PETITS POIS CHEZ SOI

EX A 1. Nous avons acheté... une maison... pour *nous* reposer... *nous* promener. 2. *nous* n'avons pas compris ce qui nous arrivait ; *nous nous* sommes retrouvés... 3. Phrase correcte. 4. Phrase correcte. 5. *nous* avons pris toutes nos dispositions. 6. Dans cette phrase, *on* se rapporte à des personnes différentes : 1° un groupe de personnes indéterminées (dont fait partie celle qui parle) ; 2° l'opinion publique qui les juge. Il y a donc équivoque. La clarté demande qu'on écrive : « Dès que *nous nous* apercevons qu'on nous apprécie, *nous* avons tendance à *nous* mettre en valeur et à vouloir qu'on nous admire. » 7. *nous* ne *nous* sommes pas vus... mais *nous* continuons à *nous* donner... 8. Sans même *nous* le dire. 9. Chez *soi*. 10. Phrase correcte. 11. Ma sœur et moi, *nous* élevons *nos* enfants de façon complètement différente. 12. Phrase incompréhensible : *on* désigne trois groupes distincts (le gouvernement britannique, l'opinion française, les principaux pays du monde); impossible d'affirmer si les troisième et cinquième *on* renvoient à Londres ou à Paris!

EX B

1. *On* aime *s'*asseoir (ou *nous* aimons *nous* asseoir).
2. *Nous* allons *nous* asseoir.
3. *Nous* allons chez *nous nous* reposer.
   (ou *vous* allez chez *vous vous* reposer).
4. *On* a travaillé / *on* est content / chez *soi* / *se* reposer.
5. *On* n'est pas obligé / ils viennent *vous* voir.
6. *On* ne perd / *son* temps / *on* prépare / *son* travail.
7. *Nous* n'avons pas perdu *notre* temps.
   Nous avons passé / *nos* commandes (ou vous – votre – vous – vos).
8. *On* n'est / *soi* même / *on* a bu.
9. *On* a / comme *on* dit / *son* pied (ou : nous – on – notre).
10. *On* est / *vous* offre / *votre* convenance.

CHAPITRE 5

LE RÉSUMÉ

Que l'on poursuive des études ou que l'on exerce une activité professionnelle, **aujourd'hui** les documents écrits que l'on doit dépouiller sont si nombreux et parfois de si médiocre qualité qu'**il faut être bien entraîné à *discerner l'essentiel.***

C'est précisément l'aptitude que développe la pratique de la *contraction.*

Nous viserons, dans le présent chapitre, **surtout le résumé d'un *écrit,*** mais certaines indications sont applicables au résumé d'un exposé oral. D'autre part, **nous nous en tiendrons au résumé d'un texte *unique ;*** la confrontation et la synthèse de plusieurs textes portant sur la même question sont plus complexes, mettent en jeu d'autres mécanismes intellectuels. Nous réserverons donc la synthèse pour le tome 2 (chapitre 4).

1 À quoi sert un résumé

A POURQUOI RÉSUMER

Résumer exige un effort d'attention et de rédaction ; sans doute il n'y a pas d'idées à concevoir, encore faut-il bien les repérer et bien les formuler. Exercice d'écriture contrainte, le résumé est une activité indispensable et formatrice. Il fait gagner du temps au destinataire et l'aide à mieux comprendre. Et celui à qui cette technique est familière augmente son efficacité dans l'action, comme au stade de l'information et de la réflexion.

B POUR QUI RÉSUMER

1. On résume souvent pour soi

un livre, une conférence, un article de revue, diverses instructions, etc. C'est ainsi que l'on constitue une documentation personnelle. Dans ce cas, évidemment, pas de règle précise. Chacun filtre sa documentation en fonction de ses connaissances et de ses intérêts du moment. Une mise en garde seulement : ne faites pas un condensé trop succinct qui, rapidement, deviendrait obscur et donc inutilisable.

2. On résume surtout pour les autres

Souvent, dans la vie sociale ou professionnelle, on aura à transmettre une information résumée. Les destinataires seront variés ; ce sera peut-être un chef de service qui n'a pas le temps de parcourir la totalité d'un dossier. Fournir le résumé d'un document, c'est dégager ce qui importe au destinataire, *lui frayer un passage rapide vers l'essentiel*. Ainsi la complexité peut être dominée, condition nécessaire à la prise de décision. Ne croyez pas qu'un haut responsable, par exemple, travaille habituellement sur autre chose que sur les résumés fournis par ses collaborateurs.

D'autre part, le résumé, en tant qu'épreuve d'examens et de concours, constitue un test révélateur de certaines qualités intellectuelles (compréhension, aptitude à l'analyse et à la synthèse, etc.) et de la capacité à écrire avec fermeté. Même si les jurys expriment parfois des demandes particulières, tout résumé doit répondre à des exigences fondamentales que nous allons exposer.

C COMMENT RÉSUMER

Pour être utile, un résumé sera aussi bref, aussi clair et aussi fidèle que possible. La concision sera limitée par le souci de l'autonomie, de « l'autosuffisance » du résumé : le destinataire (fût-ce un examinateur) doit comprendre sans avoir besoin de recourir au texte de départ : il convient donc d'essayer de se mettre à la place de ce lecteur pour juger de la netteté du résumé.

Quant à la fidélité, elle ne pourra être, quoi qu'on fasse, que relative. Linguistiquement parlant, aucun énoncé n'a exactement le même sens qu'un autre ; la plus petite modification change le sens. *Il faut s'y résigner :* le résumé est un art de *la valeur approchée,* pour reprendre une expression utilisée en physique ou en chimie par exemple. Et même si l'écart est aussi faible que possible, il y aura un écart. D'ailleurs, on ne peut pas aboutir, lorsqu'on résume un texte, à une solution unique et parfaite.

Pour sérier les difficultés, distinguons à présent, même si c'est un peu arbitraire, deux phases du travail : le filtrage des idées, le travail sur l'expression.

2 La réduction d'un texte

A COMPRENDRE LA PENSÉE DE L'AUTEUR

Rappelons d'abord que l'on ne peut résumer correctement ce que l'on a mal compris. Cependant, pour bien comprendre, il n'est pas forcément besoin de beaucoup de temps.

1. La première lecture

Elle évitera deux erreurs opposées : le survol trop rapide et la lenteur tatillonne. La deuxième est peut-être plus fréquente que la première : on veut travailler avec le plus de soin possible, on lit très lentement et l'ensemble n'est plus perçu, l'arbre cache la forêt. Il convient donc, en mobilisant toute son attention, d'accélérer le mouvement, de ne pas s'attarder pour l'instant à un mot inconnu, à une construction inhabituelle. L'essentiel est de bien voir de quoi il est question, quelle est l'*idée principale :* celle-ci est souvent exprimée nettement une ou même plusieurs fois. En particulier, lisez avec soin l'introduction et la conclusion, s'il s'agit d'un texte complet : c'est vraisemblablement là que se trouve cette idée centrale. Sinon, à vous de vous la formuler nettement. Cette première lecture vous a sans doute permis aussi d'apercevoir quelques idées secondaires et des éléments de la structure.

2. La lecture approfondie

Si vous avez repéré les sommets, vous pouvez à présent entreprendre une promenade plus lente sans crainte de vous égarer.

C'est le moment de *souligner* les termes porteurs des idées importantes, de *cocher* les passages significatifs, de *numéroter* dans la marge les faits ou les arguments qui se succèdent, d'*entourer* les mots et les formules de liaison, d'*éclairer,* à l'aide d'un dictionnaire, le sens de mots plus difficiles. Mais, attention ! pas de surcharge de signes : certains, usant de crayons de couleur, transforment le document en peinture abstraite et ...indéchiffrable.

Pour des textes plus longs, efforcez-vous de trouvez des *sous-titres,*, des *inter-titres,* comme on le fait couramment dans de nombreuses revues. Cet effort d'analyse et de formulation vous permet de repérer le *plan* du texte, d'en saisir le mouvement (comme on l'a vu au chapitre 2). Ainsi vous assurez les fondements de votre résumé.

B LES IDÉES QUE L'ON PEUT SUPPRIMER

Bien voir ce qui peut être abandonné, c'est bien distinguer les diverses idées, les rapports et les hiérarchies qui existent entre elles, bien comprendre *comment se développe* une idée.

Le plus souvent on essaie d'établir un fait, de décrire une situation, de présenter et justifier une solution. Pour cela, on apporte des preuves, des exemples, des citations, des indications chiffrées, etc. D'où un premier principe de sélection : dès qu'il y a succession, énumération d'*éléments de même nature,* on choisit le plus caractéristique, le plus net ou le plus probant.

Certains textes ont un grain serré, le style est dense, concis. La contraction sera donc moins forte. D'autres, au contraire, sont bavards, répètent les mêmes idées, vous éliminerez les redites, les insistances inutiles, les passages « creux ».

Enfin vous omettez les références, les allusions qui ne sont pas indispensables.

C LE TAUX DE CONTRACTION

1. Un taux idéal est impossible à déterminer : tout dépend de la densité du texte, du destinataire du résumé. On peut imaginer et réaliser divers degrés de contraction d'un même document : du *titre* au *résumé* assez détaillé, en passant par le *sommaire* tel qu'on le trouve dans les premières ou dernières pages de certains périodiques.

2. Libre à vous de contracter à l'extrême ou de conserver des idées plus nombreuses. La règle est celle de l'efficacité : les éléments d'information que vous jugez essentiels, votre destinataire doit pouvoir les comprendre et les exploiter. Si vous condensez trop, si vous supprimez des rapports d'idées importants, votre résumé sera peut-être inutilisable, deviendra un texte mort.

3. Cette question de la longueur du résumé est toute réglée dans les examens et concours, puisque la consigne de l'exercice précise quel est le nombre de mots exigé et quelle est la tolérance acceptée. D'ordinaire, on accorde une marge de 10 % de mots en plus ou en moins du nombre demandé ; vous pouvez donc, par exemple, pour un résumé en 300 mots, présenter une réponse qui variera de 270 à 330 mots.

4. Tous les mots sont décomptés, y compris les mots élidés. Par exemple : « Il y a de l'eau » est compté pour 6 mots.

Les mots composés (chef-d'œuvre), les sigles connus de tous (O.N.U., S.N.C.F., etc.), les nombres écrits en chiffres (800 000, 1992, etc.) ne comptent que pour 1 mot.

5. Enfin, même pour un résumé dont le nombre de mots est imposé, le taux de contraction n'est pas uniforme. Certains passages plus riches d'idées se contracteront peu ; d'autres, même longs, seront suffisamment rendus par quelques mots ; d'autres enfin, n'exprimant que des idées tout à fait secondaires, ne seront pas représentés dans le résumé. Le document et sa version réduite ne sont pas des figures homologiques. Vous adopterez donc une *vitesse variable*, un *taux de contraction modulé.*

D LE PLAN DU RÉSUMÉ

Il faut prendre garde au fait qu'une idée extraite de son contexte immédiat et déplacée peut se modifier, s'altérer, parfois gravement. Résumer, ce n'est pas prélever au hasard des idées importantes, mais c'est faire ressortir les rapports qui existent entre elles.

Si le texte original présente un plan simple, clair, solide, il n'y a aucune raison de le détruire ; on veillera particulièrement à conserver le plan lorsque le raisonnement est serré.

Mais si le plan du texte est maladroit, confus, si l'on a affaire à un texte écrit à la diable, où les idées s'enchevêtrent et se répètent, il est préférable de construire un plan. Cette solution ne sera adoptée qu'avec prudence, après une analyse attentive du document : il comporte peut-être, en effet, une organisation mais que l'on a pas aperçue tout de suite.

Votre résumé ne comptera pas nécessairement le même nombre de paragraphes que le texte. Vous pourrez en créer de nouveaux, mais plus souvent opérer des regroupements d'idées. Analyser un texte et le résumer paragraphe après paragraphe, mécaniquement, est d'ailleurs une mauvaise méthode : la composition sera mal vue et mal rendue. Chaque grande partie du résumé constituera, en principe, un paragraphe ; ainsi le mouvement du texte sera visualisé.

E CONSEILS PRATIQUES

1. Lorsque le résumé doit présenter une forme plus élaborée, par exemple aux examens et concours, **faites un *brouillon.*** Rédigez en gardant sous les yeux le *plan* de votre résumé (qu'il reprenne celui du texte ou soit original) ; le document lui-même, mieux vaut le laisser de côté, le consulter de temps à autre pour vérification.

2. Prenez la précaution de rédiger **un brouillon *plutôt trop long que trop court.*** Pour une épreuve en temps limité, il vous sera plus facile, dans les dernières minutes, de supprimer ici et là quelques mots, d'élaguer une phrase, sans fausser votre résumé. Au contraire, il est très délicat d'ajouter, en toute hâte, au dernier moment, des compléments qui ou bien paraîtront inutiles ou bien perturberont la succession des idées.

3. Enfin, pour éviter de compter plusieurs fois les mots – besogne fastidieuse –, procédez sur le brouillon de la façon suivante. **Écrivez 10 mots par ligne ;** pour faciliter un comptage permanent, partagez votre page de brouillon en deux par un trait vertical et ne mettez que 5 mots par demi-ligne. Ainsi, vous savez à chaque instant combien de mots vous avez déjà utilisés. Aérez votre brouillon (marges, interlignes) afin que les retouches soient nettes. Si vous apportez des corrections (ajouts ou suppressions), vous pourrez mentionner dans la marge l'augmentation ou la diminution (– 2, + 4, etc.). Voyez un exemple de cette disposition provisoire dans le corrigé de l'exercice 1 à la fin de ce chapitre. Cette contrainte vous entraînera peu à peu à estimer le volume de mots que vous écrivez par page, ce qui sera utile parfois pour prévoir la disposition dactylographique.

4. Pour permettre l'*exploitation ultérieure* du résumé, n'oubliez pas de mentionner la référence précise du document original et la date du résumé. Reportez également le *titre* ou, si le texte n'en comportait pas, créez-en un qui donne l'idée la plus précise du contenu.

3 La rédaction du résumé

A TON DU TEXTE, TON DU RÉSUMÉ

Le résumé n'a pas à reproduire le caractère artistique ou personnel, le ton particulier – plaisant, incisif, emphatique, embarrassé ou prétentieux –, du texte à réduire. Il ne peut donner qu'une idée rapide du contenu, du raisonnement. Donc vous n'avez pas à imiter la forme du texte original ; vous rédigez le résumé dans votre style propre.

Inutile aussi de faire référence à l'auteur : « M. X a dit que, il ajoute ceci, etc. ». Pour un examen, on considère que *le texte se contracte de lui-même* (à quand une machine à résumer ?).

Évitez d'employer la 1re personne *qui renverrait à vous-même* (je pense que, j'estime que). Vous rapportez brièvement les idées, les propos de quelqu'un, honnêtement, exactement, sans ajouter vos propres interprétations. Si le texte lui-même est écrit à la première personne, on transpose habituellement à la troisième. On conservera cependant la première personne parfois, pour éviter toute ambiguïté d'attribution.

Ainsi « je crois que notre époque, comme les autres, est relativement explicable, que notre avenir peut être éclairé d'hypothèses sérieuses... » (Jacques Attali, *Lignes d'horizon*) sera résumé : « le monde actuel peut être compris et le futur imaginé... ».

Mais « je crois en Dieu » est une profession de foi individuelle qu'il faut conserver à la première personne. Et l'on procèdera de même si le texte a un caractère autobiographique évident.

B UN RÉSUMÉ N'EST PAS UN RAPIÉÇAGE

Plus on a étudié le texte, plus on a souligné de mots, d'expressions jugées importantes, plus on va être tenté de fabriquer son résumé en ajoutant bout à bout, et tant bien que mal, des fragments prélevés ici et là. Le résumé ressemble ainsi à un habit rapiécé ou au costume d'Arlequin.

Cette manière de faire n'est pas acceptable : le résumé devient peu cohérent, peu fidèle. Résumer, c'est, une fois qu'on a bien compris, exprimer les idées importantes dans son style personnel, en évitant de reprendre paresseusement des lambeaux du texte. Il ne faut pas confondre le résumé avec la *citation.*

Comme on cherche à donner une version courte d'un texte long, on est obligé de changer les moyens d'expression.

Il serait toutefois ridicule de ne pas réutiliser un mot précis et irremplaçable, ou une formule particulièrement réussie.

C COMMENT FAIRE DES ÉCONOMIES DE MOTS

Certaines formes linguistiques, certains tours donnent une rédaction plus « serrée ». Nous ne pouvons énumérer toutes les possibilités. Toutefois les indications précises que nous allons donner ci-après ne concernent pas uniquement le résumé, mais tout exercice d'écriture. Le résumé est non seulement un exercice d'analyse et de jugement, mais aussi de rédaction.

Une économie appréciable de mots résulte de procédés simples :

1. La suppression

a) *Suppression des « parasites »* (formules creuses, adjectifs superflus, périphrases, pléonasmes, etc.).

b) *Suppression de certains gallicismes.* Au lieu de : « c'est un procédé dont je me souviendrai », écrivez « je me souviendrai de ce procédé » (gain = 2 mots).

c) *Suppression de reprises.* Au lieu de : « Une bonne publicité attire l'attention, *elle* suscite l'intérêt, *elle* provoque le désir », écrivez : « Une bonne publicité attire l'attention, suscite l'intérêt, provoque le désir » (gain = 2 mots).

2. La transformation

On peut :

a) *remplacer un tour prépositionnel par une construction directe.* Au lieu de : « *placé à côté de, voisin de* », écrivez : « avoisinant, touchant, etc. » ;

b) *remplacer un complément ou une proposition relative par un adjectif.* Au lieu de : « la pensée de l'homme », écrivez : « la pensée humaine » ; au lieu de : « la maison qui était voisine », écrivez : « la maison voisine » ;

c) *remplacer une proposition subordonnée par un adjectif ou un participe en apposition.* Au lieu de : « Si les ordinateurs pouvaient être mus par la logique affective, ils ne seraient pas encore proches de la pensée de l'homme », écrivez : « Même respectant la logique affective, les ordinateurs ne reproduiraient pas encore la pensée humaine » (gain = 8 mots) ;

d) *remplacer deux propositions par une seule,*

– soit avec nominalisation (c'est-à-dire remplacement d'un verbe par un nom). Au lieu de : « Il ignore ce que comptent faire dans l'avenir ses concurrents », écrivez : « il ignore les projets de ses concurrents » (gain = 4 mots),

– soit sans nominalisation. Au lieu de : « Les applications de l'informatique ont une grande portée. Elle apporte une accélération des possibilités de progrès », écrivez : « L'informatique appliquée apporte une accélération des possibilités de progrès » (gain = 7 mots) ;

e) *remplacer une énumération par un terme collectif.* Au lieu de : « les ouvriers, les contremaîtres, les cadres de l'entreprise », écrivez : « tout le personnel de l'entreprise » (gain = 3 mots) ;

f) *remplacer une formule de présentation par un signe de ponctuation,* le plus souvent par les deux points. Au lieu de « Les causes de la crise à l'Université sont multiples ; on peut prendre en compte le nombre des étudiants, la vétusté de certains locaux, etc. », écrivez : « Les causes de la crise à l'Université sont multiples : nombre des étudiants, vétusté de certains locaux, etc. » (gain = 7 mots).

Ces économies sont parfois bien petites, mais elles s'ajoutent et le gain total peut être important. Le bénéfice est aussi bien qualitatif que quantitatif. Vous obtiendrez non seulement un résumé plus court, mais aussi un style plus ferme, voire plus élégant.

D LIMITES DE L'ÉCONOMIE

Le résumé doit être clair et « autosuffisant ». C'est pourquoi certains « trucs » faciles, comme le style télégraphique et les parenthèses, sont à éviter ; ces procédés, surtout répétés, ne facilitent pas la lecture, ou même rendent le résumé obscur.

De même on évitera l'abstraction excessive, en conservant les exemples indispensables, et on ne rendra pas la suite des idées difficile à saisir en supprimant tous les mots de liaison, toutes les formules d'annonce ou de rappel, sous prétexte de concision et d'économie.

Un bon test consiste à lire son résumé en oubliant le document de départ ; cette lecture attirera votre attention sur ce qui ne va pas.

E UN RÉSUMÉ EN TEMPS LIMITÉ

Pour une épreuve d'examen, vous devez utiliser au mieux le temps accordé. De nombreux étudiants se laissent surprendre, faute d'avoir programmé les diverses étapes de ce travail dont il ne faut pas sous-estimer la difficulté.

Deux grandes erreurs sont à éviter : se mettre à rédiger trop vite avant d'avoir bien compris, sous-estimer le temps nécessaire à la rédaction et à la mise au point définitive. À titre indicatif, pour une épreuve de deux heures, répartissez le temps à peu près de la façon suivante :

- étude du texte : 30 minutes ;
- élaboration du plan du résumé et rédaction du projet au brouillon : 45 minutes ;
- mise au point définitive : 15 minutes ;
- copie : 20 minutes ;
- relecture : 10 minutes.

Pour accomplir une bonne performance, mieux vaut être un athlète entraîné !

4 Une application

Un exemple commenté fera mieux comprendre en quoi consiste ce travail de concentration de texte.

Supposons que j'aie à résumer en 250 mots (± 10 %) le passage ci-dessous du livre d'Albert Jacquard, *Voici le temps du monde fini*, Seuil, 1991, pp. 119 à 123 (1).

(L'auteur vient de montrer, à l'aide de tableaux chiffrés que « nous sommes aujourd'hui proches de la saturation de la planète ».)

§ 1 Face à ces chiffres, le réflexe est d'admettre que des facteurs non pris en compte dans les calculs interviendront, aboutissant à une régulation « naturelle ». Mais que peuvent être ces facteurs sinon une diminution de la fécondité, un accroissement de la mortalité, ou la mise en place de flux migratoires. Ce sont les seuls « paramètres » en jeu.

§ 2 Une baisse progressive de la fécondité a été prise en compte dans les calculs. On a admis qu'elle aboutirait au niveau assurant exactement le renouvellement des générations au début du prochain siècle pour la Chine, au milieu pour l'Asie du Sud-Est, et à la fin pour l'Afrique et l'Amérique latine. Certes, une accélération de cette baisse peut intervenir, mais elle est peu probable compte tenu de l'influence puissante de l'ensemble des contraintes culturelles sur le comportement procréateur. On sait à quelles extrémités les autorités chinoises ont dû se résigner pour infléchir la progression de l'effectif de ce pays. Il est peu probable que d'autres États recourront à de telles méthodes.

§ 3 Les prévisions présentées ont été calculées en admettant des progrès dans la lutte contre les maladies tels que l'espérance de vie à la naissance soit partout de 75 ans à la fin du XXIe siècle. Cette égalité devant la mort ne sera sans doute pas encore réalisée, mais on peut espérer que tous les efforts seront faits pour s'en approcher. Imaginer que les déséquilibres mis en évidence par les projections démographiques pourront être résorbés par un accroissement de la mortalité dans les régions menacées de surpeuplement revient à admettre qu'une « bonne guerre » ou une « bonne épidémie », par exemple de sida, emportera une partie importante de la population. Certes, ce n'est pas impossible ; mais ce n'est pas par millions que les victimes devront se compter, ce serait insuffisant ; il en faudra plusieurs centaines de millions pour que les conséquences soient démographiquement significatives. Même localisés dans des régions éloignées, de tels cataclysmes ne seraient pas sans conséquences pour les peuples restés à l'abri du fléau.

§ 4 La sagesse impose d'admettre que les variations de la mortalité, pas plus que celles de la fécondité, ne modifieront pas fondamentalement les données du problème.

§ 5 Restent les migrations.

§ 6 Il s'agit là du domaine où les démographes sont les plus démunis ; le phénomène ne peut être étudié qu'en faisant intervenir une multitude de caractéristiques concernant le territoire de départ et celui d'accueil ; ces caractéristiques sont difficiles à définir, encore plus à mesurer. Ainsi, les entrées de citoyens mexicains aux États-Unis sont si mal connues que le nombre des immigrés varie, selon les estimations, de 2 à 12 millions. Même en Europe, les flux entre pays de la CEE, théoriquement mesurés grâce aux registres de population, sont fort différents selon qu'ils sont annoncés par le pays de départ ou par le pays d'accueil, et l'écart peut atteindre 100 %. Toute prévision en ce domaine est donc d'une telle imprécision qu'elle n'a aucune valeur opératoire.

§ 7 En fait, les écarts de densité de population entre pays sursaturés et pays où l'espace sera encore disponible seront tels que la « différence de potentiel » ainsi créée provoquera des étincelles qu'aucune protection ne pourra éviter. Tel sera par exemple le cas de la Méditerranée qui connaîtra en guère plus d'une génération une inversion du poids démographique des nations riveraines. Aujourd'hui, les nations européennes qui la bordent, de l'Espagne à la Grèce, comptent 186 millions d'habitants ; en 2025, cet effectif aura légèrement augmenté : 194 millions. Quant aux nations méditerranéennes africaines, du Maroc à l'Égypte, leur population aura, durant la même période, presque doublé, passant de 119 à 215 millions. Comment imaginer qu'un tel déplacement du centre de gravité humain ne s'accompagnera pas d'un bouleversement des rapports entre États, entre peuples ? Laquelle des cultures qui y ont puisé une part de leur inspiration pourra prétendre que cette Méditerranée chargée d'histoire est *Mare Nostrum ?*

§ 8 De telles inversions, qui se produiront un peu partout sur la Terre, entraîneront nécessairement soit des migrations d'une ampleur rarement connue, soit des mesures d'isolement aboutissant à enfermer chaque peuple dans un ghetto volontaire pour les uns, subi pour les autres.

§ 9 L'ampleur des tensions à prévoir est plus importante encore si l'on tient compte du raccourcisse-

(1) Pour faciliter l'étude de cet exemple, nous numérotons les paragraphes.

ment (parfois même la suppression) des distances provoqué par le développement des moyens de transport. Les échanges d'hommes ne concerneront pas que les pays voisins ; les « différences de potentiel » se manifesteront aussi bien entre peuples éloignés. Prenons un seul exemple : le Nigeria, grand comme presque deux fois la France, a aujourd'hui une population double de la nôtre, les densités moyennes sont donc proches ; mais, en 2025, sa population sera cinq fois la nôtre ; la pression de ces hommes en surnombre attirés par des contrées riches et moins encombrées ne pourra être longtemps contenue.

§ 10 Paradoxalement, il s'agit là de la conséquence douloureuse de la plus merveilleuse de nos victoires. Durant des dizaines de milliers d'années, les mères n'ont pu opposer que leurs caresses et leurs larmes aux maladies qui emportaient leurs enfants. En l'espace de deux siècles, nous avons été capables de si bien faire reculer la mort, dans les pays développés, que la presque totalité des bébés deviennent des enfants. Dans les pays pauvres, des progrès considérables ont été obtenus, grâce surtout à une meilleure hygiène. L'« explosion démographique » est le résultat de ces réussites.

§ 11 Tel est le monde vers lequel nous allons, le monde qui sera celui des Terriens lorsque nos enfants atteindront l'âge que nous avons aujourd'hui. Sur la planète saturée d'hommes qui sera la leur, le bonheur d'empêcher un enfant de mourir se paiera nécessairement de l'obligation d'empêcher un enfant de naître, ou, mieux, d'être conçu. Procréer, qui, depuis notre origine, s'est imposé comme un devoir absolu, devient un droit aux limites chichement définies.

Voici quelles sont les différentes phases de mon travail.

1. Je dégage l'idée maîtresse

Apparaissant dès le « chapeau » introductif, elle ressort de l'ensemble du texte et plus particulièrement du § 11 *(Sur la planète saturée d'hommes).*

J'essaie de la formuler en une phrase : *nous n'avons aucun moyen d'empêcher l'explosion démographique qui menace notre planète.*

2. Le **vocabulaire** et la **syntaxe** sont simples. Pas de difficulté de compréhension.

Un dictionnaire encyclopédique, à l'article *Méditerranée (mer),* nous aidera cependant à comprendre l'expression latine bien connue, *Mare Nostrum.* Au 2e siècle avant Jésus-Christ, les Romains occupaient le pourtour de la mer Méditerranée, devenue une sorte de lac intérieur, et qu'ils considéraient donc comme leur appartenant.

3. J'établis le plan du texte

Introduction (§ 1) : les trois facteurs de régulation ?

A. La diminution de la fécondité (§ 2).
B. L'accroissement de la mortalité (§ 3).
C. Les flux migratoires (§§ 6-9) :
- *un phénomène complexe et mal chiffré ;*
- *des écarts énormes de densité, d'où des renversements d'influence ;*
- *les moyens de transport modernes accentuent les migrations.*

Une remarque incidente (§ 10) : phénomène lié aux progrès de la médecine.

Conclusion (§ 11) : la planète arrive à saturation.

- ***Remarque sur ce plan :***

Le troisième développement, consacré à la question plus complexe des migrations, est plus long que les deux premiers.

4. Quel plan choisir pour le résumé ?

Celui du texte étant clair (addition), il n'y a pas de raison d'en établir un autre pour le résumé. Je regrouperai les §§ 6 à 9 concernant les migrations ; je maintiendrai le § 10 (remarque incidente, mais de portée générale, à ne pas intégrer au développement consacré aux seules migrations).

5. Exemples et données chiffrées

Le taux de contraction imposé pour cet exercice ne permet guère de conserver des exemples et des données chiffrées. S'il n'y avait pas cette contrainte, il serait préférable de garder au moins l'exemple des populations riveraines de la Méditerranée.

6. Voici enfin le résumé que je proposerais

La population de la planète augmente très rapidement. Cette expansion peut-elle être freinée par la diminution des naissances, l'augmentation de la mortalité ou la régulation des migrations ?

Sans doute une certaine baisse de la fécondité est-elle prévue, mais elle ne pourrait devenir significative que par le recours à des méthodes coercitives difficilement acceptables.

À la fin du XXIe siècle, grâce au progrès médical, la longévité moyenne sera de 75 ans. L'accroissement de la population qui en résulte ne peut être compensé par des guerres ou des épidémies frappant les régions surpeuplées. Il faudrait, pour cela, que disparaissent des centaines de millions d'hommes, ce qui ne serait pas sans conséquences même pour les régions épargnées.

À défaut de stopper ce développement pourra-t-on au moins le contrôler en réglant les migrations ? C'est bien improbable. D'abord ces déplacements sont quantitativement très mal connus. Ensuite les densités de population seront tellement inégales qu'il en résultera forcément des conflits et des renversements d'influence. Ainsi la Méditerranée passera sous la domination des peuples plus féconds d'Afrique du Nord. Un tel phénomène se reproduira ailleurs, il sera impossible à maîtriser sinon par des politiques isolationnistes rigoureuses. Les progrès réalisés dans les moyens de transport ne feront qu'accentuer les mouvements migratoires, même entre pays éloignés.

Cette situation inquiétante est due, en partie, aux progrès de l'hygiène et de la médecine, surtout infantile.

Nos enfants vivront demain sur cette planète saturée : le droit de procréer devra y être étroitement limité.

(Texte : 994 mots. Résumé : 255 mots. Taux environ 1/4)

• ***Remarque :*** les corrigés des exercices fourniront d'autres exemples ; les textes sont de longueur et de difficulté croissantes.

Commencez par quelques essais sur des textes courts, où l'effort portera sur le détail de l'expression. Vous passerez ensuite au résumé de textes plus développés : vous aurez à éliminer, en plus, des idées et des raisonnements.

LE RÉSUMÉ

- *n'est ni un plan à la présentation schématique, ni une prise de notes en style télégraphique, ni une mosaïque d'expressions empruntées au texte.*
- *se compose de phrases claires et complètes.*

EXERCICES

EX 1 **Résumez en 35 mots le texte suivant :**

Devant le crime, comment se définit en effet notre civilisation? La réponse est simple : depuis trente ans, les crimes d'État l'emportent de loin sur les crimes des individus. Je ne parle même pas des guerres, générales ou localisées, quoique le sang aussi soit un alcool, qui intoxique, à la longue, comme le plus chaleureux des vins. Mais le nombre des individus tués directement par l'État a pris des proportions astronomiques et passe infiniment celui des meurtres particuliers. Il y a de moins en moins de condamnés de droit commun et de plus en plus de condamnés politiques. La preuve en est que chacun d'entre nous, si honorable soit-il, peut envisager la possibilité d'être un jour condamné à mort, alors que cette éventualité aurait paru bouffonne au début du siècle. La boutade d'Alphonse Karr : « Que messieurs les assassins commencent » n'a plus aucun sens. Ceux qui font couler le plus de sang sont les mêmes qui croient avoir le droit, la logique et l'histoire avec eux.

A. Camus, *Réflexions sur la guillotine,* 1958, Essais, N.R.F., La Pléiade, 1965, p. 1059.

EX 2 **Réduire à 70 mots le texte suivant :**

Ainsi, ignorée ou refusée, l'influence des facteurs sociaux de différenciation s'exerce en milieu étudiant, mais sans emprunter les voies d'un déterminisme mécanique. Il faut par exemple se garder de croire que le patrimoine culturel favorise automatiquement et pareillement tous ceux qui le reçoivent. En effet, on a aperçu au moins deux façons de se situer par rapport au privilège et deux types d'actions du privilège. La menace de la dilapidation est enfermée dans le fait même d'hériter, surtout lorsqu'il s'agit de culture, c'est-à-dire d'un acquis où la manière d'acquérir est constitutive de ce qui est acquis. Lorsqu'il est investi dans le loisir superficiel des jeux de bonne société, cet héritage ne produit pas au même degré et aux différents niveaux des études le profit scolaire qu'assure aux sujets originaires des basses classes l'inclination forcée à se porter sur les placements les plus sûrs. Au contraire, utilisé rationnellement, l'héritage culturel favorise la réussite scolaire, sans enchaîner aux intérêts, plus ou moins étroits, que définit l'École; l'appartenance à un milieu cultivé et informé des véritables hiérarchies intellectuelles ou scientifiques permet de relativiser les influences de l'enseignement qui pèsent sur d'autres avec trop d'autorité ou de prestige. Il serait facile de montrer de la même façon que si les sujets des classes défavorisées ont les plus fortes chances de se laisser écraser par la force du destin social, ils peuvent aussi, par exception, trouver dans l'excès de leur désavantage la provocation à le surmonter : l'énergie sorélienne et l'ambition rastignacienne s'exprimeraient-elles aussi fortement et aussi généralement chez les fils d'ouvriers ou de petits bourgeois qui sont parvenus jusqu'à l'enseignement supérieur si ces étudiants ne leur devaient d'avoir échappé au sort commun?

P. Bourdieu et J.C. Passeron, *Les Héritiers (Les Étudiants et la culture),* Éditions de Minuit, 1964, pp. 43-44.

EX 3 **Résumez en 175 mots le texte suivant :**

La commercialisation du spectacle sportif

Avec l'avènement du sport moderne, le spectacle sportif a pris un essor considérable. Les grandes manifestations sportives se sont considérablement multipliées avec l'accroissement des compétitions nationales, internationales et olympiques. Avec leur multiplication, les manifestations sportives ont pris des proportions de plus en plus gigantesques, à tel point que les grands spectacles sportifs touchent des foules considérables. Le spectacle sportif mobilise aujourd'hui les grandes masses. D'énormes stades ont été construits qui peuvent accueillir plusieurs dizaines de milliers de personnes. En Amérique latine, en Espagne, en Russie, en Europe occidentale ou centrale, des centaines de milliers de personnes assistent aux matchs de football. Le stade de Rio de Janeiro au Brésil, par exemple, qui est un des plus grands au monde, peut contenir jusqu'à 200 000 personnes. Les Jeux olympiques réunissent également des centaines de milliers de personnes, tandis que les grandes épreuves cyclistes (tour de France, d'Italie, d'Espagne, etc.) rassemblent les plus larges foules. Ce phénomène de masse, un des plus remarquables de notre société, a été accentué par l'introduction des grands moyens de communications, notamment de la télévision, qui a transformé le spectacle sportif en un fait universel à l'échelle de la planète. Aujourd'hui, grâce à la mondiovision, plusieurs centaines de millions de téléspectateurs peuvent suivre en même temps les exploits des sportifs.

Ce sont, bien entendu, le caractère de masse et la popularité du spectacle sportif qui ont tout de suite attiré les organisateurs des manifestations sportives. Ces organisateurs ont immédiatement compris que le sport pouvait être considéré comme une affaire lucrative de grande envergure. « C'est là, note *Meynaud,* le point de vue habituel des managers et imprésarios dont l'internationalisation des échanges sportifs tend à augmenter le rôle. Cette optique est aussi celle des organisateurs des grandes compétitions. »

C'est en tant qu'affaires commerciales, mettant en jeu des intérêts souvent importants, que sont de plus en plus organisées les grandes compétitions, non seulement professionnelles, mais aussi amateurs.

Les tours de France, d'Italie, de Belgique ou d'Espagne, par exemple, sont de véritables troupes publicitaires ambulantes qui mettent en jeu des sommes d'argent très importantes. Il en va de même de la plupart des autres courses cyclistes, professionnelles ou amateurs : « classiques » diverses, critériums couplés avec des foires commerciales locales ou des fêtes régionales, épreuves de longue durée (six jours), etc. Les courses automobiles ou les challenges de moto mobilisent également des sommes importantes et font marcher le commerce local. Les 24 heures du Mans, par exemple, mettent en jeu non seulement les intérêts industriels des différents constructeurs d'automobiles, mais drainent encore des sommes d'argent importantes (fête locale, organisation commerciale et touristique, etc.).

Le football, en tant que sport de masse populaire, est lui aussi l'objet de nombreuses opérations lucratives et spéculations. Les organisateurs « monnayent », en particulier, la valeur marchande des spectacles en faisant payer aux chaînes de télévision des droits importants de retransmission. Par ailleurs, les pays ou les villes qui désirent organiser telle ou telle grande compétition internationale (par exemple la Coupe d'Europe des clubs) doivent payer des droits d'organisation. Une grande compétition internationale de football est en effet une affaire commerciale qui peut devenir rentable. C'est pourquoi les organisateurs s'efforcent de mettre sur pied des compétitions « avantageuses » sur le plan financier, même si l'intérêt proprement sportif doit en pâtir et si les règles sportives élémentaires sont transgressées. « Comme on cherche à faire la plus grosse recette, explique *H. Lucot,* le stade sur lequel un match important doit avoir lieu est presque toujours celui qui peut recevoir le plus de spectateurs. La règle de neutralité est ainsi violée, car le lieu qui fait recette est presque toujours beaucoup plus favorable à une partie qu'à une autre. »

Les revenus ainsi encaissés profitent directement aux organisateurs des spectacles sportifs. *C'est cette recherche du « profit commercial sportif » qui détermine bon nombre de managers et imprésarios sportifs à monter une grande quantité de spectacles « payants » et lucratifs, dans le domaine du sport tant professionnel qu'amateur.* D'où l'inflation du nombre des épreuves sportives dont l'objectif est de rapporter de l'argent dans les meilleures conditions. D'où aussi la confusion entre les valeurs monétaires et les valeurs sportives. *J. Marquet* constate par exemple que très peu de compétitions de football, qui sont pourtant très nombreuses sur le plan européen, ont un intérêt sportif et une réelle portée. « Les autres, dit-il, n'ont pour but que de remplir un peu plus les calendriers des clubs professionnels pour améliorer les trésoreries. L'astuce, pour ceux qui ont vocation ou métier de « vendre du football », sous une forme ou une autre, consiste à entretenir une certaine confusion dans l'ordre des valeurs... ».

On rencontre les mêmes phénomènes dans les autres sports. En tennis, il y a prolifération des tournois qui opposent les noms les plus prestigieux d'une troupe de joueurs professionnels en tournée à travers le monde. La plupart des grands joueurs de tennis se retrouvent ainsi dans ces équipes qui fonctionnent réellement sur le mode *d'une entreprise capitaliste du spectacle sportif* avec partage des bénéfices entre les actionnaires-joueurs, avec prospection publicitaire des marchés, etc. Le même phénomène existe avec les tournées de la « cohorte » des coureurs automobiles professionnels qui se déplacent d'une compétition à l'autre, presque en famille. Aux USA enfin on est en train de mettre sur pied une troupe de skieurs et d'athlètes professionnels qui cherchent à monnayer leurs prestations sportives. Et l'on pourrait allonger la liste des exemples concrets dans tous les sports.

Le seul objectif des organisateurs est de monter à grands renforts de publicité des spectacles et des manifestations financièrement bénéficiaires et commercialement profitables. Le but est là aussi, comme dans le reste du processus capitaliste, la recherche du profit, la réalisation des bénéfices, qui passent bien avant l'objectif proprement sportif. Le spectacle sportif est monté de toute pièce pour faire de l'argent. Dès lors, le spectacle sportif n'obéit plus qu'aux intérêts de la rentabilité financière.

Jean-Marie Brohm, *Sociologie politique du sport*,
Presses universitaires de Nancy, 1992, pp. 208 à 210.

EX 4 **Résumer en 150 mots le texte suivant :**

La presse et l'argent

Examinons la notion de « presse d'argent ». À un premier regard, elle signifie « presse pour gagner de l'argent ». Presse donc qui traite l'information comme une denrée marchande, sélectionnant l'information rentable et éliminant l'information non rentable. Selon ce critère, l'extraordinaire, le surprenant, le nouveau d'une part, mais aussi l'obsédant, le passionnant, l'adorable, le haïssable sont hautement valorisés. D'où une presse à « sensation », qui choisit et produit ce qui crée des sensations; d'un côté, la grande presse d'information mettant en relief tout ce qu'il y a de surprenant, happant *in extremis* l'information de dernière heure, de l'autre, la presse qui raconte des histoires archétypiques – amours divins, sacrés, profanes entre olympiens modernes (vedettes de cinéma, têtes couronnées, etc.) – et qui, pour cela, produit des pseudo-informations se conformant aux besoins mythologiques.

La presse d'argent est donc soumise à cette double tendance, et c'est à cette double tendance qu'essaie d'échapper la presse d'opinion, qui vend non tant de l'information que le sertissage idéologique de l'information.

A un second regard, la notion de « presse d'argent » signifie non seulement « presse pour gagner de l'argent », mais aussi presse sélectionnant l'information selon l'utilité qu'elle comporte à l'égard du pouvoir de l'argent, c'est-à-dire le système capitaliste. Ici, il ne s'agit plus seulement de faire de l'argent par l'information, il s'agit aussi de soumettre l'information au pouvoir de l'argent.

Cette tendance se développe naturellement dans la presse d'argent. Mais il faut remarquer qu'elle peut se heurter à la tendance à « faire de l'argent » : en effet, une information « sensationnelle », qui fait de l'argent, peut être contraire à l'intérêt du pouvoir de l'argent (scandale financier) mais elle ne peut être tue, s'il y a concurrence.

Il y a donc une contradiction interne dans la presse d'argent, et cette contradiction, vitale pour l'information, ne peut être maintenue que dans et par la concurrence.

La concurrence entre journaux, radios, télévisions, la concurrence des sources d'information donne des chances à l'information que l'argent ou l'État veulent étouffer. Une feuille marginale commence à lancer la « révélation » : il devient alors possible, et tôt ou tard, probable, que là où il y a concurrence, l'information sortira et se répandra dans l'ensemble des média.

C'est parce que l'information vaut de l'argent que finalement l'argent lui-même concourt à diffuser l'information dont le sens conteste le pouvoir de l'argent. Par contre, là où l'information est dénuée de valeur marchande, là où peut jouer une censure, c'est-à-dire là où il y a monopole d'État, alors l'information contestataire est chassée des média.

Ainsi, sous le problème presse d'argent/presse d'État s'en cache un autre qui ne le recouvre pas entièrement : concurrence/monopole.

Pour qu'il y ait concurrence, il faut qu'il y ait pluralité véritable des sources d'information. Et c'est dans et par la pluralité des sources que peut surgir l'information dans ce qu'elle a de *dérangeant.*

En fait, il peut y avoir concurrence au sein des systèmes sous contrôle d'État, quand il y a institutionnellement et socialement relative autonomie des sources. Il faut surcontrôler les média et clore hermétiquement la société pour occulter les grands événements nationaux et internationaux. Mais, même dans les pays clos, des informations étrangères filtrent à travers le brouillage des ondes radios. La planète subit mille contraintes, mille censures, mille déformations locales et nationales dans l'information, mais, plus ou moins mal, lentement, difficilement, l'information circule. L'hégémonie des grandes agences anglo-saxonnes sur une partie du globe contient en elle-même l'antidote au monopole : la concurrence. La pluralité, la concurrence c'est cela, aujourd'hui, le ballon d'oxygène informationnel de l'humanité : la concurrence des informations, la concurrence des messages, la concurrence des idées.

Edgar Morin, *Pour sortir du XXe siècle,*
Éd. F. Nathan, 1981, Coll. Points, Le Seuil, 1984, pp. 44 à 46.

EX 5 Résumez en 180 mots le texte suivant :

L'art, tierce réalité

S'il est vrai que, depuis les origines, la peinture et la sculpture se sont appliquées à la représentation fidèle du monde visible, il faut toutefois observer que, pendant longtemps, ce ne fut pas là leur but, mais un moyen. On fixait les apparences des corps ou des objets, mais dans le but d'évoquer par eux les idées dont on les chargeait. Déjà, dans l'art préhistorique, les études des spécialistes ont montré que, si on peut reconnaître la représentation des animaux, il faut y pressentir (encore que les clefs nous manquent pour les déchiffrer) tout un système de symboles, par lesquels l'artiste est chargé de fixer les croyances, magiques ou religieuses, de la société à laquelle il appartient.

L'archéologie nous prouve que, pendant très longtemps, l'art des sociétés déjà évoluées a gardé ce rôle. Dans les premiers siècles chrétiens, les Pères de l'Église réaffirment cette fonction, dont les maîtres de l'iconographie, d'Émile Mâle à Panofsky (1), ont suivi le développement au long du Moyen Âge. Tout art religieux, comme on le vérifie aussi en Orient, représente pour signifier et l'image y recouvre toujours une idée.

Cette réserve faite, il faut reconnaître que l'art, pour se perfectionner, n'a cessé de développer son réalisme et qu'il a souvent fini par en faire son but, par exemple dans la peinture du XVIIe siècle hollandais.

Mais tout nous enseigne que l'art n'a pas pour rôle de doubler la réalité extérieure. Cette idée n'est devenue une conviction qu'avec la montée de la société bourgeoise, matérialiste et positiviste : l'histoire de l'art montre que, le plus souvent, la recherche d'un réalisme exact, d'un trompe-l'œil, se manifeste au moment où dominent une pensée, une esthétique bourgeoise. On ne peut vraiment comprendre la portée de l'art que si on se rend compte qu'il y a, ainsi que nous le disions, deux réalités. L'une, la réalité extérieure, ou, si l'on préfère, la réalité objective, est l'objet de la forme d'art qu'on appelle le « réalisme ». Mais il y a la réalité subjective, que nous portons en nous-même, que nous vivons et qui constitue un complexe psychique, où les instincts, la sensibilité, la pensée, etc. se déploient. La fonction propre de l'œuvre d'art est de créer un équilibre et un lien entre la réalité objective, qui apporte à l'oeuvre les matériaux de son langage, les bases de sa lisibilité, de sa communication, et la réalité subjective, qui introduit dans ces images, dotées dès lors d'un pouvoir symbolique, tout le contenu psychique qu'elle détient.

Il en découle que l'art est suspendu, par ce rôle d'intermédiaire, de médiateur, de « tierce réalité », avons-nous dit, entre une réalité permanente, la réalité extérieure, qui reste sensiblement la

---

(1) Historiens et théoriciens de l'Art.

même à travers le temps et à travers l'espace, puisqu'elle obéit aux lois immuables que dégage la science, et une réalité intérieure, qui, elle, est diverse, instable, changeante.

En effet, elle diffère selon les individus, leur caractère, leurs tendances propres ; elle varie aussi selon les collectivités auxquelles appartiennent ces individus, puisque les collectivités, par l'éducation, l'action du milieu qu'elles constituent, impriment leur marque, leur conception, sur chacun des individus qui leur appartiennent. Ainsi sont posés les éléments de variation et même de contradiction qui réagiront sur la réalité objective, telle que la représente l'art, en opérant sa fusion intime avec la réalité subjective.

Dès lors, il devient naturel et inévitable que, non seulement chaque société et chaque temps, chaque groupe humain et chaque génération, mais encore chaque individu, propose une version différente des mêmes objets. Elle se traduira dans les moyens de transcription, en premier lieu dans l'interprétation de la forme, puisque c'est par elle que l'esprit humain appréhende et se rend intelligible le spectacle enregistré par les yeux. C'est la fonction même de l'Art.

René Huyghe, *La nuit appelle l'aurore,*
Flammarion, 1980, pp. 234-235.

EX 6 Résumer en 250 mots le texte suivant :

Le vrai folklore

Au sens propre, le folklore est la totalité de la civilisation populaire en ce qu'elle a de spécifique, mais une bonne part de nos contemporains ne désignent par ce mot que certaines danses traditionnelles en costumes de terroir dont le touriste moyen fait son dessert de couleur locale plus ou moins frelatée. En somme, ce que Morvan Lebesque appelle, quelque part, la *chienlit folklorique.* Pour d'autres, folklore est synonyme de gentillesse, de naïveté bon-enfant, de sous-développement artistique, de nostalgie pastorale, de veillées des chaumières, de retardement intra-veineux et, en tout état de cause, de facilité, confusion et pagaille. Et François Mauriac s'indigne d'entendre qualifier la religion de *folklore,* tandis que les farfelus les plus échevelés passent pour des personnages *folkloriques* et qu'à propos d'un congrès mal organisé ou d'une contre-vérité flagrante on écrit froidement : c'est du *folklore.*

Ce n'est point par hasard si de tels contresens ont pu s'instaurer au sujet d'un mot assez insolite, je le reconnais, mais auquel le premier reproche adressé, dès son apparition en Angleterre (1846), fut précisément d'être trop scientifique. Il est composé de deux mots anglais ; *folk,* peuple et *lore,* science. Le moins qu'on puisse dire, c'est qu'il ne trompe pas sur la marchandise dès l'instant qu'on se donne la peine d'ouvrir un dictionnaire. Il nous suffira de rappeler les grandes lignes de la définition sur laquelle tous les spécialistes dignes de ce nom sont tombés d'accord : le *folklore,* c'est tout ce qui forme la civilisation propre à une population donnée, historiquement et socialement rassemblée sur un territoire défini et se manifestant sous des aspects spirituels et matériels. Les aspects spirituels sont une psychologie collective exprimée par la langue, le dialecte ou le patois, la littérature orale ou écrite, la musique et ses instruments, les danses et les chants, les modes vestimentaires, les jeux et exercices physiques, les fêtes traditionnelles, les croyances et coutumes, les droits et usages juridiques, les traditions sociales. Les aspects matériels sont les techniques de construction d'habitations et de navires, de fabrication d'outils et d'instruments, de métiers artisanaux, de culture et d'élevage, de navigation et de pêche, de nutrition et de médecine populaire. Tous faits qui, bien qu'en continuelle mouvance, ne cessent d'être marqués par la conscience collective traditionnelle propre à cette population.

En réalité, la majorité de nos contemporains sont des individus folkloriques. Je veux dire par là qu'ils ne peuvent se résoudre à abandonner certaines formes de vie qui correspondent à leurs tendances profondes. Je veux dire aussi que le folklore est intemporel. Et je veux dire enfin qu'il est une réaction de défense contre un avenir qui, malgré toutes ses promesses, ne laisse pas d'inquiéter le fils de l'homme. Je dis qu'il est devenu une contestation permanente, ce qu'il n'a jamais été dans le passé.

On fête toujours le bout de l'an avec des vœux et des étrennes. On fête les Rois, le Mardi-Gras, Pâques, la Saint-Jean et dix autres jours de l'année qui étaient folklorisés bien avant le christianisme. On a même institué partout un Père Noël (?), et pas pour le seul profit du commerce, croyez-le bien. On érige des sapins à bougies, en obscure mémoire de l'Arbre de Lumière des Celtes. Essayez donc de supprimer cela ! Essayez seulement de décrocher les petites vacances scolaires des fêtes religieuses ! Vous serez honni par les mécréants eux-mêmes. Je ne parle pas du Carnaval de Nice, du défilé du 14 juillet, du ruban coupé pour inaugurer n'importe quoi, de la bouteille de champagne écrasée contre la proue des bateaux neufs, des avocats et des juges en robe, des tête-ceci et des tête-cela, des écoliers et des médailles. Difficile de laisser tout cela, pas vrai ! Et pourtant, c'est le Moyen Âge quand on y pense bien, c'est aussi incongru que le *western,* ses diligences et ses cow-boys sous la présidence de M. Nixon. C'est éternel, quoi !

Le folklore continue à se faire sous nos yeux. Ses formes évoluent, bien sûr, de plus en plus vite dans le monde qui est le nôtre. Il s'accommode. Il y a déjà un folklore du tiercé et du football comme il y en a un de la vieille loterie et de la soule. On bénit les tracteurs et les transformateurs électriques comme on célébrait naguère le pardon des chevaux. Et saint Christophe, désormais, protège les automobilistes, tandis qu'un morceau du voile de la mariée frémit au bout de l'antenne radio qui jaillit de la tôle. Ce sont encore les automobilistes qui célèbrent la minuit du 31 décembre, à Paris, par un concert d'avertisseurs. Il y a des gens qui n'en finiront jamais de se faire conter Versailles avec un défilé de majorettes pour finir. Moquez-vous du folklore après cela !

Le vrai folklore n'a rien à avoir avec la mode. Il en est le contraire. Le temps d'une vie ne suffit pas à l'établir. Sa démarche est parfois difficile à suivre. Mais il représente toujours une permanence de l'homme. Or, aujourd'hui, c'est l'humanité même qui joue son destin. Ce qui est montré, dans les fêtes fokloriques, ce sont les images d'une époque où la main prévalait sur la machine, où l'on pouvait boire l'eau des rivières, où l'on n'abattait les arbres que pour le toit ou le feu, où l'on se distinguait des autres par le costume. De nos jours, on détruit froidement le milieu naturel, on n'a d'autre souci que de faire comme tout le monde, c'est-à-dire de se rendre esclaves des mêmes normes de vie imposées par la nouvelle civilisation. Au début de ce siècle, les fêtes folkloriques étaient des manifestations spontanées. Aujourd'hui, elles ne servent plus qu'à représenter certaines valeurs que nous sommes en train de perdre et dont nous savons désormais qu'elles sont essentielles. Les têtes politiques ont beau en faire fi, elles ont plus de portée que bien des discours et autant de chansons. Remarquons simplement, et sans autre commentaire, que les jeunes Bretons qui ont pris la plus claire conscience des problèmes de leur pays, c'est dans les Cercles Celtiques et dans les Bagadou qu'on les trouve. Tout cela est appelé à disparaître un jour, nous le savons. Mais il en sortira autre chose et les historiens devront rendre justice à la contestation permanente du mouvement folklorique depuis la Deuxième Guerre mondiale.

Pierre-Jakez Hélias, *Le cheval d'orgueil,*
Plon, Collection Terre humaine, 1975, pp. 516 à 518.

ADVERBES EN -MENT

Très employés, **ces adverbes sont souvent mal orthographiés.** Les principes généraux, que nous allons rappeler, ne dispenseront pas de recourir au dictionnaire pour résoudre quelques cas particuliers.

La terminaison *-ment* signifie : « d'une manière ».

avide-ment = d'une manière avide.

On s'aidera avant tout de la *prononciation.*

I. Prononciation [-AMANT] → orthographe → - AMMENT / → - EMMENT

A. Adjectifs terminés par -ANT → -AMMENT

const*ant* + *ment* = const*amment.*

A
M ← Finale de l'adjectif transformée.
—
M ← Initiale de la terminaison *-ment.*
E
N
T

B. Adjectifs terminés par -ENT → -EMMENT

évid*ent* + *ment* = évide*mment.*

II. Prononciation { -ÉMAN → orthographe : - ÉMENT / -EMAN → orthographe : -EMENT

L'adverbe est formé sur le féminin de l'adjectif :

capricieux
capricieu*se*-ment.

A. Féminin terminé par consonne + e → -EMENT

soudain/e-ment nul/le-ment
amoureuse-ment artificiel/le-ment.

B. Féminin terminé par é + e → -ÉMENT

Le *-e* muet disparaît :

passionné-(e)-ment, assuré-(e)-ment.

Note : Cet accent aigu est passé à quelques adjectifs de la catégorie II, A :

précisément.

Écoutez pour savoir s'il faut mettre l'accent.

C. Féminin terminé par une autre voyelle + e → ?

C'est l'anarchie !

1 *e* muet conservé :

gaiement.

2 *e* muet disparu, mais accent circonflexe :

assidûment.

3 *e* muet disparu, mais pas d'accent circonflexe :

vraiment, prétendument.

> ***pour écrire correcte-ment***
> un adverbe en *-ment :*
> 1° *Fiez-vous à votre oreille.*
> 2° *Songez à l'adjectif correspondant.*

EXERCICES

EX A **Voici une liste d'adjectifs. Formez les adverbes en -ment qui leur correspondent. Indiquez chaque fois la référence à un des principes rappelés ci-dessus. Notez les exceptions.**

Exemple : *fidèle, fidèlement* (II, A).

1. puissant. 2. furieux. 3. sot. 4. bon. 5. négligent. 6. beau. 7. grossier. 8. résolu. 9. méchant. 10. joli. 11. cru. 12. aisé. 13. énorme. 14. goulu.

EX B **Cherchez les adjectifs (au masculin) auxquels correspondent les adverbes suivants. Indiquez la référence aux principes ci-dessus. Signalez les exceptions.**

1. obscurément. 2. gentiment. 3. évidemment. 4. indûment. 5. brièvement. 6. traîtreusement.

TRAVAUX DIRIGÉS

TD 1 Résumez en 60 mots le texte suivant :

La publicité humoristique

C'est probablement la publicité qui révèle de façon la plus manifeste la nature du phénomène humoristique : films, panneaux, annonces renoncent de plus en plus aux discours sentencieux et austères au profit d'un style fait de jeux de mots, de formules détournées (« T'as de beaux yeux, tu sais », pour des montures de lunettes), de pastiches (Renault Fuego : « La voiture qui roule plus vite que son ombre »), de dessins drôles (petits bonshommes Michelin et Esso), de graphismes empruntés aux *comics*, de paradoxes (« Regardez, il n'y a rien à voir » : rubans adhésifs Scotch), d'homophonies, d'exagérations et amplifications cocasses, de gags, bref, un ton humoristique vide et léger aux antipodes de l'ironie mordante. « Vivre d'amour et de Gini », cela ne veut rien dire, cela n'est même pas mégalomaniaque, c'est une forme humoristique à mi-chemin entre le message de sollicitation et le *nonsense*. Assurément, le spot publicitaire n'est pas nihiliste, ne tombe pas dans l'incohérence verbale et l'irrationnel absolu, son propos étant contrôlé par la volonté de dégager la valeur *positive* du produit. Là est la limite du *nonsense* publicitaire : tout n'est pas permis, l'extravagance doit servir à terme à rehausser l'image du produit. Il reste que la publicité peut pousser très loin la logique de l'absurde, le jeu du sens et du non-sens et ce, dans un espace où certes l'enjeu est l'inscription de la marque, mais, et c'est là l'essentiel, qui en fait ne se donne pas les moyens de sa crédibilité. Tel est le paradoxe : la publicité qu'on stigmatise de toutes parts pour être un instrument d'endoctrinement, de matraquage idéologique (1), ne se donne pas les moyens d'une telle inculcation. Dans ses formes avancées, humoristiques, la publicité ne dit rien, s'amuse d'elle-même : la vraie publicité se moque de la publicité, du sens comme du non-sens, évacue la dimension de vérité, et là est sa force. La publicité a renoncé, non sans lucidité, à la pédagogie, à la solennité du sens ; plus on assène de leçons, moins on écoute : avec le code humoristique, la réalité du produit est d'autant mieux mise en relief qu'il apparaît sur fond d'invraisemblance et d'irréalité spectaculaires. Le discours démonstratif fastidieux s'efface, ne reste qu'une trace clignotante, le nom de la marque : l'essentiel.

G. Lipovetsky, *L'ère du vide,* Gallimard, 1983, pp. 165-166.

TD 2 Résumez en 150 mots le texte suivant :

L'humanité en proie aux inégalités

La discontinuité de l'évolution, individuelle et sociale, engendre nécessairement de puissantes inégalités, et donc de fortes tensions, non seulement entre ethnies et cultures d'âges différents dont les plus anciennes, les plus faibles, sont littéralement écrasées – ainsi des Indiens, des Esquimaux, des Bochimans –, mais aussi à l'intérieur de chaque ethnie, de chaque culture, de chaque société, entre les individus qui, pour se ménager une place au soleil, comme aurait dit Darwin, se livrent une permanente compétition.

Les dons étant divers et multiples, seuls ceux que la société affecte d'une connotation positive ou d'une valeur marchande sont les premiers pris en compte : aujourd'hui, les compétences en ingénierie financière plutôt que les dispositions artistiques, la biologie moléculaire plutôt que les sciences naturelles, et, bien entendu, les aptitudes aux domaines du « virtuel » plutôt que les talents manuels. Bref, on n'entre pas dans la compétition à armes égales et la société se révèle dramatiquement incapable de faire éclore en chaque enfant, en déployant ses qualités, le petit chef d'œuvre qu'il porte en lui à l'état d'ébauche. Hélas ! que d'êtres humains resteront ainsi leur vie entière des chefs d'œuvre inconnus ou en péril !

(1) « matraquage idéologique » : cette expression renforce l'idée d'endoctrinement. Répétitive et insistante, la publicité chercherait, selon certains, à nous faire accepter des assertions et des valeurs.

On perçoit d'autre part dans l'évolution sociale un double mouvement : l'un, d'expansion, d'universalisation, largement relayé et amplifié par les grands médias internationaux, tendant à la planétarisation, à l'édification de ce « village global » dont parlait McLuhan ; l'autre, de rétraction, illustré par la montée générale des nationalismes, des intégrismes, des conservatismes de tous ordres, frileusement repliés sur un respect strict et souvent restrictif des traditions.
Tandis que les jeunes, solidaires des mêmes valeurs, tributaires des mêmes stéréotypes diffusés mondialement par les médias, voient déjà la planète comme un grand village solidaire – même si ce village reste à construire –, on assiste dans le même temps à une montée des égoïsmes nationaux ou tribaux, des intérêts catégoriels, des nationalismes et des corporatismes les plus étriqués. Alors que s'affirme partout le principe de solidarité, nourri de concepts nouveaux – telles la lutte contre l'exclusion, l'ingérence humanitaire, sans doute demain l'ingérence écologique –, le mythe terriblement efficace de la compétition économique, judicieusement rebaptisée « guerre économique », ne cesse de croître et d'embellir, soumettant la planète entière à une implacable partie de bras de fer, d'où les plus faibles, voire, comme l'Afrique, un continent entier, sont cruellement éliminés. Cependant que le monde futur se cherche en invoquant les grands idéaux des droits de l'homme – tout en oubliant volontiers de parler des devoirs – et la solidarité manifestée par d'innombrables instances d'assistance et de coopération – ONU, ONG, associations, etc. –, une lutte sans précédent fait rage, comme si la guerre, désormais étendue à tous les domaines, avait rendu superflu son strict aspect militaire. Il en résulte un paysage planétaire paradoxal et contradictoire dont les facettes ont pour noms « lutte politique », « guerre économique », « conflits sociaux », etc.
Compétition/coopération, symbiose et affrontement : on retrouve à nouveau ce couple de concepts alliant dialectiquement forces centrifuges et forces centripètes, déjà à l'œuvre dans la matière et dans la vie préhumaine. Car l'humanité est elle-même soumise aux lois qui sont celles de la vie dès l'origine, et même de la non-vie. Les tensions perceptibles à tous les niveaux, au cœur de l'individu et entre les individus, au cœur des cultures ou des ethnies et entre elles, sont désormais perceptibles au niveau de la planète entière. Qu'en adviendra-t-il ?

Jean-Marie Pelt, *De l'univers à l'être,* Fayard, 1996, pp. 110 à 112.

TD 3 Résumez en 150 mots le texte suivant :

La grande ville qui tue

Que les Français surestiment le phénomène est certain : l'insécurité n'est pas générale, elle n'est pas partout, comme l'indique cette statistique : les trois cinquièmes des faits de grande criminalité sont commis dans les sept départements les plus urbanisés. Mais il est vrai que, depuis la guerre, le nombre des crimes et des délits n'a cessé de monter. En France, où les prisons sont pleines, mais aussi dans les pays comparables ; aux États-Unis, 450 000 personnes sont sous les verrous contre 241 000 dix ans plus tôt.

Or une telle explosion de la délinquance est ressentie par les Français non seulement comme une menace, mais aussi comme un phénomène absolument incompréhensible et scandaleux. D'instinct, ils pensent en effet que la violence est le lot des sociétés obscurantistes et pauvres et qu'elle devrait diminuer au fur et à mesure que nos sociétés deviennent plus évoluées, et donc, en principe, plus policées. Comme tel n'est pas le cas, il leur faut donc trouver des responsables. On les leur désigne : le pouvoir socialiste qui est trop mou, la police qui n'est pas assez nombreuse, la justice qui est trop laxiste, enfin les Maghrébins, présentés comme des individus primitifs, cruels, dont il faut au plus vite se débarrasser.

Ne jetons pas la pierre sur ceux qui pensent ainsi. Ils répètent ce qu'on leur dit. Accusons plutôt les hommes politiques qui distillent la haine et cachent à dessein cette provocante, cette insupportable vérité : le développement de la délinquance dans les sociétés les plus riches et les plus libres est consubstantiel à l'organisation, à la nature même de celles-ci.

La criminalité moderne s'explique d'abord par le fait que nous vivons dans une société de mouvement. « *En 1877 déjà,* rapporte l'historien Théodore Zeldin, *sur 100 000 personnes qui habitaient toujours leur lieu de naissance, il n'en était comparu que 8 devant les assises contre 29 sur les 100 000 qui avaient changé de département et pas moins de 41 sur 100 000 étrangers. »*

Mais que les racistes ne s'y trompent pas, c'est le déracinement qui explique le taux de délinquance des immigrés et non je ne sais quelle prédestination. Tous les spécialistes sont d'ailleurs d'accord pour estimer que la criminalité est beaucoup plus faible dans les sociétés sous-développées traditionnelles que chez nous.

Notre société de mouvement est aussi une société de la solitude urbaine. Or l'individu isolé, qui n'est plus inséré dans des structures familiales, sociales ou culturelles, risque, plus que les autres, de devenir criminel ou victime. À un bout de la chaîne, le jeune paumé qui commet un premier délit, puis, de prison en récidive, de récidive en prison, se trouve définitivement intégré dans le « milieu » qui, avec ses lois propres, prolifère dans l'anonymat de la ville, souterrainement. Et, à l'autre bout de la chaîne, la vieille dame solitaire, proie facile, hélas! pour les assassins. Rappelons deux chiffres, tout de même effarants : un appartement sur deux à Paris est occupé par une personne seule. 61 % des personnes âgées en France sont des femmes isolées.

Isolement des êtres, isolement des biens. Pour le bourgeois (j'en suis), la grande crainte, c'est le cambriolage de sa résidence secondaire (j'en ai une!). Or il faut bien se rendre compte que jamais, dans le passé, il n'avait existé des millions de maisons équipées, meublées, mais le plus souvent inhabitées, offertes à la convoitise des voyous ou des gangs organisés.

Enfin et surtout, notre société moderne est une société de l'argent et de la prospérité. Certes la crise, avec son cortège de chômeurs et de nouveaux pauvres, a pu contribuer marginalement à l'augmentation de la délinquance, mais ce n'est même pas certain : si, pendant la grande dépression des années 30, le nombre des délits s'est fortement accru en Allemagne, il a diminué en France assez sensiblement.

Plus que la crise, c'est donc l'abondance exhibée qui exaspère la convoitise. D'où la formidable « fauche » dans les grands magasins, la multiplication des braquages des succursales de banques qui poussent comme des champignons à tous les coins de rue. D'où aussi cette impressionnante capacité des professionnels du crime à employer les méthodes d'organisation sophistiquées de notre époque. Au plus haut niveau, les réseaux de la prostitution, de la drogue ou du terrorisme fonctionnent comme des multinationales parfaitement rodées.

Aux rapines des seigneurs, jadis, correspondait la rapine des brigands. À l'organisation d'IBM, aujourd'hui, correspond celle des différentes maffias. Et le système libéral, dont le moteur est le profit, implique presque nécessairement le développement de la délinquance : si les démocraties ont rendu l'homme plus libre et plus riche, elles ne l'ont pas rendu meilleur. Or c'est un fait, le crime, souvent, paye, et 80 % des actes de criminalité sont provoqués par la recherche du profit.

Mais j'enrage de constater que notre société, fuyant devant son ombre, préfère fabriquer des boucs émissaires plutôt que de regarder en face le cancer qu'elle sécrète à la fois par son imprévision et son progrès.

André Chambraud, *L'Événement du Jeudi,*
23 au 29 janvier 1986.

TD 4 Résumez en 175 mots le texte suivant :

Changer l'enseignement d'une langue étrangère

Dans la plupart des cultures qui se fondent sur l'école, les langues étrangères figurent parmi les matières enseignées. Il ne s'agit pas seulement d'une pratique contemporaine. Il en a été toujours ainsi, quelque forme qu'ait prise l'instruction de la jeunesse : précepteurs particuliers des princes ou des enfants nobles, éducation religieuse faisant également place aux sujets profanes, enseignement dispensé en privé à de petits groupes de privilégiés, cursus scolaire public des démocraties modernes, etc. Or cette situation, à laquelle sa diffusion universelle dans le temps et dans l'espace assigne le visage de l'évidence, n'a que les apparences du naturel. On ne voit pas ce qui peut la fonder en raison, ni même lui fournir fût-ce un semblant de justification. En effet, intégrer l'enseignement des langues au cursus scolaire sans lui reconnaître de statut singulier ni créer pour lui un cadre spécifique, c'est considérer les langues de la même façon que toutes les disciplines du programme. Or qu'est-ce que les langues ? Ce sont des systèmes complexes utilisés dans la communication sous toutes les latitudes par des milliards d'êtres humains. Elles sont donc ce au moyen de quoi s'exprime tout sujet. Les langues sont ce qui permet au pensable d'accéder au dicible. Elles sont la matière de toute matière. Elles ne sauraient, par conséquent, être enseignées comme elles le sont dans le système scolaire de la plupart des pays, c'est-à-dire de manière extensive, à raison d'un petit nombre d'heures par semaine durant de longues années, et par ailleurs selon la méthode livresque utilisée par toutes les disciplines, lesquelles, en dehors des arts et du sport, ont recours à des manuels dont les écoliers sont censés retenir le contenu.

Une telle conception de l'enseignement des langues est, au mieux, une étrangeté, au pire une aberration. Elle repose, en vérité, sur un défaut d'analyse de ce qu'est une langue. En effet, en l'enseignant comme une matière parmi d'autres, elle en fait une fin en soi. On peut parfaitement adopter cette conception quand il s'agit des autres disciplines. Il est loisible de considérer l'histoire et son enseignement, par exemple, comme des fins en soi. Car même si l'on admet que la connaissance historique est une des voies de la culture, de l'accomplissement d'une vie civique, ou de certains métiers, dont celui de... professeur d'histoire, il s'agit bien d'un domaine qui se suffit à lui-même. L'histoire constitue par essence un savoir. On ne voit pas en quoi les manipulations auxquelles la soumettent tels régimes politiques, soucieux de se trouver une légitimité dans le passé ou d'y puiser des arguments pour agir, font partie, de quelque manière que ce soit, de sa finalité. On peut en dire autant de l'application des sciences. C'est une évidence maintes fois répétée que l'utilisation des résultats de la recherche en biologie ou en physique nucléaire en vue de construire des moyens de reproduction du vivant, des outils de lutte contre diverses pathologies ou des instruments de destruction massive, est une conduite en principe étrangère à la science elle-même. Celle-ci est essentiellement bâtie, par l'homme, pour répondre à sa pulsion de connaître, et apaiser, dans une modeste mesure, l'angoisse que secrète son insatiable curiosité de dissiper les mystères du monde. À cet égard, la linguistique est bien elle-même une science, puisque le linguiste (au sens où je l'entends) est habité par le rêve misérable de connaître toutes les langues, et de trouver sur elles le discours à la fois le plus rigoureux et le plus adéquat. Mais précisément, les langues elles-mêmes ne sont pas des savoirs. Une langue ne fait que contenir, véritable musée Grévin de la connaissance, un ensemble hétéroclite de savoirs dispersés, reflétant divers états de la science, dont certains totalement désuets, par exemple celui auquel réfèrent, dans bien des langues, les expressions comme, en français, *le soleil se couche,* vestige erratique d'une conception pré-copernicienne du système solaire.

Ainsi, il apparaît clairement qu'une langue ne peut pas être une matière comme les autres. Une observation d'évidence quotidienne dans la vie de l'école le rappelle à chaque instant : toutes les matières s'enseignent en langue, alors que cela ne peut avoir aucun sens d'imaginer un enseignement de la langue qui se ferait au moyen de l'histoire ou de l'arithmétique. Les disciplines les plus rigoureuses ne peuvent être professées uniquement à l'aide de chiffres, de schémas, de calculs et de symboles écrits. Le professeur n'est pas muet, et les élèves, dans la majorité des cas, ne sont pas sourds. L'enseignement est oral, et la langue en est donc le vecteur. Les formes géométriques, les chiffres, les états de la matière et les combinaisons chimiques ont des noms, et les démonstrations sont des agencements de propositions, même s'il est vrai que la langue n'est pas ici l'objet d'une recherche décorative. [...]

Mon propos est donc de suggérer que la deuxième langue soit elle-même utilisée comme support des autres enseignements, au lieu d'avoir simplement pour statut d'être un d'entre eux.

Claude Hagège, *L'enfant aux deux langues,* Éd. Odile Jacob, 1996, pp. 96 à 100.

TD 5 Résumez en 100 mots le texte suivant :

Érotisme et publicité

L'érotisme de la marchandise est avant tout publicitaire, et par là il concerne directement la culture de masse, qui englobe les plus importants moyens de publicité modernes (journaux, radio, télévision). Effectivement la virulence érotique se manifeste beaucoup plus dans les publicités que dans les marchandises elles-mêmes, c'est-à-dire beaucoup plus dans l'incitation à consommer que dans la consommation (la pin-up qui montre ses jambes pour Schweppes ne se retrouve évidemment pas dans cette boisson gazeuse).

L'injection d'érotisme dans la représentation d'une marchandise anérotique (les publicités qui accolent une attirante image féminine à un frigidaire, une machine à laver ou un soda) a pour rôle, non seulement (ou tant) d'exciter directement la consommation masculine, mais d'esthétiser aux yeux des femmes la marchandise qu'elles s'approprieront ; elle met en jeu chez l'éventuelle cliente la magie d'identification séductrice ; la marchandise joue à la femme désirable, pour être désirée par les femmes en faisant appel à leur désir d'être désirées par les hommes. En même temps la pin-up devient symbole esthétique de la qualité, elle indique que dans son domaine, le produit dispose des vertus charmantes de la belle. Cette pin-upisation s'ajoute à la nouvelle esthétique de l'offre marchande, par carénages aérodynamiques, emballages en cellophane, couleurs vives.

D'autre part, la publicité opère, pour certains produits, un dévoilement quasi psychanalytique des latences érotiques que peut éveiller leur consommation, et surtout elle survolte les objets déjà dotés de charge érotique. Ainsi la poussée érotique se fait virulente à l'extrême sur les produits pour l'épiderme et les parties sexuelles secondaires du corps, chevelure, poitrine, cuisses et aussi les produits pour l'âme : journaux, magazines, films. Certes, il y eut de tout temps des produits de séduction. Mais c'est le nouveau cours publicitaire qui devait transformer les produits d'hygiène en produits de beauté et de séduction. La publicité de masse a dévoilé l'érotisme jusqu'alors latent (et même refoulé) du produit d'hygiène type, le savon, et l'a imprégné d'érotisme jusqu'à le transformer en produit de séduction : « 9 stars sur 10 utilisent le savon Lux ». La publicité a rapidement franchi le chemin qui va de la propreté à la beauté et de la beauté au sex-appeal. Shampooings, crèmes, pâtes dentifrices ont vu leur finalité première submergée par la finalité érotique. Colgate, Gibbs ne luttent pas contre la carie ; ils procurent dent blanche, haleine fraîche, sourire charmeur – mille baisers. Les produits de régime à leur tour sont devenus des produits de séduction, ajoutant la valence beauté à la valence santé, puisqu'ils apportent désormais, outre la santé à l'hépatique, la sveltesse au bedonnant.

E. Morin, *L'esprit du temps,*
Grasset, 1962, pp. 161-162.

TD 6 Résumez en 150 mots :

La revanche des microbes

On vient seulement de découvrir comment les bactéries pathogènes (et les autres) résistaient aux antibiotiques ; mais il faut d'abord rappeler comment la substance antibiotique élimine le microbe. La pénicilline, par exemple, dissout la paroi externe de la bactérie qui « explose » comme un ballon de baudruche piqué par une épingle. La streptomycine, elle, s'attaque directement à la synthèse des protéines de la bactérie.

« Nous essayons maintenant de comprendre comment une bactérie démolit une molécule d'antibiotique, explique Daniel Bouanchaud, de l'Institut Pasteur. L'Institut travaille sur ce problème depuis 1947, grâce au professeur Chabbert. Comme toute cellule, la bactérie peut subir un certain nombre de changements en se multipliant et les bactéries filles ne sont pas forcément toutes identiques aux bactéries mères. On dit alors qu'elles « mutent ». Ce n'est pas une activité réflexe, ce n'est même pas une activité orientée. C'est un résultat uniquement dû au hasard, qui, dans ce cas, fait très mal les choses pour l'homme ! Il ne faut pas oublier que nous avons affaire à des populations fabuleuses : il y a 10 millions de bactéries dans 1 cm^3 d'urine infectée. Sur ces 10 millions, il suffit qu'il y ait une vingtaine d'individus mutants qui vont résister à tel et tel antibiotique. Les 10 millions vont être détruits mais les vingt individus vont résister à l'antibiotique utilisé. Et ces vingt vont se multiplier à toute vitesse : une bactérie naît toutes les 20 mn. C'est un échec inévitable pour nous. Et, en quelques heures, les vingt mutants auront repeuplé tout le milieu et remplacé leurs « congénères » victimes des antibiotiques. Il faudra trouver et utiliser un nouvel antibiotique. »

« On a repéré tout de suite ce processus, dit le professeur Chabbert, et on a résolu momentanément le problème en administrant en même temps deux antibiotiques légèrement différents. Mais les bactéries présentent une autre forme de résistance, favorisée par l'abus que nous avons fait des antibiotiques en batterie. La surconsommation d'antibiotiques a favorisé la diffusion de souches de bactéries résistantes, « blindées », qui se transmettent leurs « secrets ». Certaines bactéries possèdent à côté de leur noyau composé d'acide nucléique (A.d.n.) un autre type d'A.d.n. que l'on appelle des « plasmides ». Il reste à découvrir comment « naissent » ces plasmides. Ce qui est pratiquement avéré, c'est que les bactéries intelligentes peuvent « donner » leurs plasmides anti-antibiotiques à leurs sœurs qui en sont dépourvues et les rendre à leur tour résistantes. Plus intelligentes que l'antibiotique que nous expédions pour les détruire. La bactérie à plasmide envoie une sorte de tentacule, de poil (à l'échelle du millionième de millimètre !) vers sa voisine démunie et lui injecte le plasmide qui lui permettra de résister à son tour. On n'a pas encore pu « voir » avec précision au microscope électronique ce transfert étonnant, mais il y a tout lieu de croire qu'il se déroule de cette façon. »

« C'est une réaction en chaîne, confirme le professeur Acar qui dirige le service de micro-biologie médicale de l'hôpital Saint-Joseph. La multiplication des antibiotiques a augmenté le risque de contamination des bactéries par les plasmides. C'est ce qui explique que des espèces bactériennes jusqu'à présent dépourvues de plasmides commencent maintenant à en abriter. C'est le cas du bacille de la typhoïde qui était toujours sensible aux antibiotiques jusqu'en 1971. Depuis cette date, des souches nouvelles résistantes sont isolées de plus en plus fréquemment dans le monde entier. »

Le danger est d'autant plus affolant que des bactéries non pathogènes, inoffensives mais résistantes, peuvent transmettre leurs plasmides à des bactéries pathogènes, dangereuses mais vulnérables, et les rendre résistantes aux antibiotiques. Et lorsque la résistance aux antibiotiques a existé dans une espèce microbienne, elle ne cessera plus : le microbe sous sa forme actuelle est « immunisé ». Il n'y a pas de retour à la sensibilité : la vie ne revient pas en arrière.

François Pedron, in *Paris-Match,* 11 janvier 1975, p. 63.

TD 7 Résumez en 170 mots le texte suivant :

Le pouvoir sur scènes

Le pouvoir établi sur la seule force, ou sur la violence non domestiquée, aurait une existence constamment menacée ; le pouvoir exposé sous le seul éclairage de la raison aurait peu de crédibilité. Il ne parvient à se maintenir ni par la domination brutale, ni par la seule justification rationnelle. Il ne se fait et ne se conserve que par la transposition, par la production d'images, par la manipulation de symboles et leur organisation dans un cadre cérémoniel. Ces opérations s'effectuent selon des modes variables, combinables, de présentation de la société et de légitimation des positions gouvernantes. Tantôt la dramaturgie politique traduit la formulation religieuse, elle fait de la scène du pouvoir une réplique ou une manifestation de l'autre monde. La hiérarchie est sacrée – comme le dit l'étymologie (1) – et le souverain relève de l'ordre divin, y appartenant ou en tenant son mandat. Tantôt le passé collectif, élaboré en une tradition, en une coutume, devient la source de la légitimation. Il est une réserve d'images, de symboles, de

(1) **Hiérarchie** est composée du grec **hiéros** (sacré) et **arkhein** (commander), donc pouvoir d'origine religieuse.

modèles d'action ; il permet d'employer une histoire idéalisée, construite et reconstruite selon les nécessités, au service du pouvoir présent. Ce dernier gère, et assure ses privilèges, par la mise en scène d'un héritage.

C'est cependant par le mythe du héros que la théâtralité politique se trouve le plus souvent accentuée ; il engendre une autorité plus spectaculaire que celle dite de routine parce que sans surprises. Le héros n'est pas d'abord estimé tel parce qu'il serait « le plus capable » – et notamment d'assumer la charge souveraine, comme l'affirme Carlyle (2). Il est reconnu en raison de sa force dramatique. Il tient sa qualité de celle-ci, non de la naissance ou de la formation reçue. Il apparaît, agit, provoque l'adhésion, reçoit le pouvoir. La surprise, l'action, le succès sont les trois lois du drame qui lui donne l'existence. Il doit encore les respecter dans la conduite du gouvernement, se maintenir dans son propre rôle, montrer que la chance reste sa partenaire à l'avantage de tous. Dans les formes contemporaines, le héros change de figure ; il est moins l'heureux époux de la Fortune qu'il n'est le maître de la « science » des forces historiques. Il les connaît, il peut les maîtriser, il rendra leurs effets positifs : toutes les manifestations extérieures du pouvoir sont produites afin de donner cette impression. Le recours à l'imaginaire devient la convocation d'un avenir par lequel l'inévitable se transformera en avantage pour le plus grand nombre des sujets. Les lumières de la scène du futur éclairent celle du présent.

Tous ces procédés, isolément ou le plus souvent en association, définissent des fonctionnements politiques reconnus. L'un de ceux-ci se situe à part, parce que ses potentialités dramatiques sont plus faibles. C'est le mode démocratique établi sur la base de la représentation, pour lequel le pouvoir résulte de la règle majoritaire. Il ne dépend ordinairement ni de la connivence des dieux ou du respect de la tradition, ni de l'irruption du héros ou du contrôle des courants de l'histoire. Il requiert l'art de la persuasion, du débat, la capacité de créer les effets favorisant l'identification du représenté au représentant. Il dramatise par l'élection, à l'occasion de quoi une « partie » nouvelle paraît pouvoir être jouée. L'intensité de l'action résulte de l'incertitude relative à la majorité, à son maintien ou à son changement ; le moment spectaculaire est celui des crises de gouvernement. Occasionnellement, l'effet de surprise – ce que le langage du jour nomme « un coup » – brise la routine, étonne et donne l'avantage. Les nouvelles techniques ont livré des moyens plus puissants à la dramaturgie démocratique : ceux des médias, de la propagande, des sondages politiques. Ils renforcent la production des apparences, ils lient le destin des gens de pouvoir à la qualité de leur image publique autant qu'à leurs œuvres. On dénonce alors la transformation de l'État en « État spectacle », en théâtre d'illusion. Ce qui se trouve ainsi soumis à la critique, parce que considéré comme perversion, n'est que le grossissement d'une propriété indissociable des relations de pouvoir.

Georges Balandier, *Le pouvoir sur scènes*, Éd. Balland, 1992, pp. 16 à 18.
Sujet des Concours Polytechniques en 1995.

TD 8 Résumez en 200 mots le texte suivant :

La violence domestique

Pour la première fois en France, quelques « clients » du Centre d'accueil pour hommes violents ont bien voulu parler, en petit comité. Ce qu'ils disent et ce que relate le fondateur du centre, Daniel Welzer-Lang, sociologue et professeur à l'université Lyon-II, ouvre une sacrée brèche dans le mur de la vie privée des ménages français. Et ce qu'on aperçoit est parfois stupéfiant.

« Voilà trois ans et demi qu'en France et au Canada je collationne des cas de violence domestique. Près de quatre cents à ce jour. Je ne cesse pas d'être surpris et d'y perdre mes illusions », avoue M. Welzer-Lang.

En tout cas l'ouvrage qu'il en a tiré démolit un certain nombre d'idées reçues et même de mythes pour leur substituer des notions sinon scientifiques du moins fondées sur des témoignages soigneusement recueillis.

(2) Carlyle : historien et philosophe écossais du XIXe siècle.

La violence conjugale, pense-t-on, serait exceptionnelle. Elle relèverait au mieux du vaudeville, au pis du fait divers ou de la justice. Or Michèle André, qui fut dans le gouvernement Rocard secrétaire d'État chargée des droits de la femme, avait évalué à deux millions le nombre de Françaises qui à un moment ou à un autre de leur vie subissent des violences de la part de leur conjoint. Cela signifie que dix pour cent des hommes en âge de convoler ont, au moins une fois, levé la main sur leur compagne. Mais il y a une spirale de la violence. Un sévice léger en appelle un autre plus appuyé, un jour ou l'autre. Cela peut se terminer fort mal. Actuellement la moyenne des décès féminins provoqués par des coups et blessures est en France de un par jour. « *Lors de notre dernière scène, la pire,* avoue François, *soudain j'ai hurlé à ma compagne « barre-toi ! ». Je sentais que tout pouvait basculer.* »

Qui sont les brutes domestiques ? Essentiellement des personnages frustes, mal équarris, issus des milieux les plus modestes ? L'expérience du centre de Lyon, qui a « traité », avec succès, plus d'un cinquantaine de volontaires en trois ans, est à l'opposé. Parmi ceux qui l'autre jour osaient se montrer à visage découvert on dénombrait un musicien, un enseignant et deux autres « messieurs » de même niveau socio-professionnel. On aurait pu tout aussi bien trouver à leur côté des médecins, des travailleurs sociaux, des chefs d'entreprise qui pratiquent la claque, le coup de poing, le début d'étranglement, quand ce n'est pas le viol conjugal.

Ces gens-là seraient-ils des malades, des fous ou des alcooliques, comme on le croit généralement ? « *Moi je les trouve au contraire fort proches de nous,* explique Daniel Welzer-Lang. *Et même ils nous ressemblent étrangement. Sauf exception, rien dans leur comportement quotidien ne les trahit.* » Alors auraient-ils une double personnalité, Dr Jekyll au bureau et Mr Hide à la maison ? « *La majorité des hommes violents que j'ai rencontrés ne sont pas dans cette situation* », répond le chercheur lyonnais.

Les cogneurs, dit la *vox populi*, le sont de naissance. C'est leur tempérament, voilà tout. « *Faux,* riposte encore le responsable du centre de Lyon. *En les écoutant relater leur histoire, on découvre comment se construit l'univers mental masculin. Je suis convaincu qu'on ne naît pas violent mais qu'on le devient.* » Lorsqu'on interroge François sur son passé, il raconte comment, étant gamin, il avait un jour, sur un coup de colère, menacé sa sœur et sa mère. « *À ma grande surprise,* dit-il, *elles n'en avaient pas soufflé mot à mon père. J'en ai conclu quasi inconsciemment qu'on pouvait éventuellement brutaliser une femme sans être sanctionné. Plus tard, j'ai giflé ma première petite amie. Son absence de réaction m'a renforcé dans mon sentiment d'impunité. Je me suis construit un personnage de faux dur et de séducteur auquel le monde féminin ne résiste pas, au propre comme au figuré.* »

Les femmes seraient donc souvent complices. « *En réalité,* entend-on souvent, *elles aiment ça.* » Il est indéniable qu'il existe des couples sado-masochistes. Témoin cette vieille dame de soixante-quatorze ans qui avoue recevoir une correction quotidienne de son octogénaire de mari. « *Vous savez, en dehors de ces moments, il est si gentil avec moi...* » Néanmoins, on refuse du monde dans les foyers pour femmes battues, et même au centre de Lyon réservé aux hommes, la moitié des appels de détresse émanent d'épouses terrorisées.

Quant aux hommes, s'ils se résolvent à parler, c'est dans 90 % des cas parce que leur compagne a fait sa valise. Les « *confessés* » de Lyon soulignent le danger de certains comportements. « *Les femmes ont peur de changer, de perdre leur compagnon, de faire des histoires. Bref, elles encaissent, au début. Elles ont tort. Une épouse devrait dire non dès la première menace physique. Sinon...* »

Compte tenu de toutes ces idées fausses ou de ces demi-vérités, la conclusion la plus courante est que « *les violents sont inguérissables* ». Bien entendu, les centres de Lyon, de Paris et de Marseille, à l'instar de tous ceux qui fonctionnent depuis des années sur le continent nord-américain, démontrent quotidiennement que non. Selon leurs animateurs, la violence masculine a deux causes essentielles : l'image dévalorisée que le monde masculin continue à se faire de l'univers féminin ; l'incapacité de certains à exprimer leurs émotions autrement que par des gestes. « *C'est pourquoi,* explique M. Welzer-Lang, *nous ne sommes pas un dispensaire de soins. Nous écoutons les violents et surtout nous leur permettons de s'exprimer entre eux dans des groupes d'hommes qui se retrouvent chaque semaine. Très vite, ils cessent de frapper.*

Mais ils ne renoncent définitivement que s'ils parviennent à considérer leur compagne à l'égal d'eux-mêmes. C'est le gros problème des mâles d'aujourd'hui : comment rester viril sans dominer et finalement étouffer son entourage ? »

La plongée dans l'univers de la violence domestique a rendu ceux qui la pratiquent fort modestes. On croyait tout savoir sur les hommes. En réalité, les observations vraiment scientifiques sur leur mode de vie et leurs comportements privés sont très rares. L'homme violent reste encore pour une large part un inconnu.

Marc Ambroise-Rendu, *Frapper pour exister, Le Monde,* 19 juin 1991.

TD 9 Résumez en 100 mots :

L'instinct dans le comportement humain

Imaginons un observateur impartial sur une autre planète, par exemple Mars, examinant le comportement social de l'homme à l'aide d'un télescope dont le grossissement ne serait pas suffisant pour permettre de reconnaître les individus et de suivre le comportement de chacun d'eux, mais permettrait d'observer les grands événements tels que batailles, migrations de peuples, etc. Jamais cet observateur n'aurait l'idée que le comportement humain pourrait être dirigé par la raison, et encore moins par une morale responsable. S'il était, comme nous voulons le supposer, un être de pure raison, dépourvu d'instincts et ignorant complètement comment les instincts en général, et notamment l'agression, peuvent échouer, il serait absolument incapable de trouver une explication à l'Histoire. En effet, les phénomènes de l'Histoire, tels qu'ils se répètent toujours, n'ont pas de causes raisonnables. Dire, comme on le fait d'habitude, qu'ils sont causés par la « nature humaine », revient à un lieu commun. Ce sont la déraison et la déraisonnable nature humaine qui font que deux nations entrent en compétition, bien qu'aucune nécessité économique ne les y oblige ; ce sont elles qui amènent deux partis politiques ou deux religions aux programmes étonnamment similaires à se combattre avec acharnement, et un Alexandre ou un Napoléon à sacrifier des millions de vies humaines, en essayant d'unir le monde sous son sceptre. On nous a appris à respecter certains personnages qui ont agi d'une façon aussi absurde, et même à les considérer comme de « grands » hommes. Nous sommes habitués à nous soumettre à la sagesse politique de nos dirigeants et tous ces phénomènes nous sont tellement familiers que la plupart d'entre nous ne se rendent absolument pas compte combien le comportement des masses humaines, au cours de l'Histoire, est stupide, répugnant et indésirable.

Même lorsque nous nous en rendons compte, la question reste ouverte : pourquoi des êtres doués de raison se comportent-ils d'une manière aussi peu raisonnable ? Sans doute doit-il y avoir des facteurs d'une puissance extraordinaire pour que les hommes soient capables d'outrepasser si complètement les commandements de la raison individuelle et restent si réfractaires à l'expérience et à l'enseignement. Comme Hegel l'a dit : « Ce que nous enseignent l'expérience et l'histoire, c'est que ni le peuple ni les gouvernements n'ont jamais appris quoi que ce soit par l'histoire, ou agi selon des principes déduits de l'histoire. ».

Tous ces paradoxes étonnants s'expliquent cependant aisément et se rangent à leur place comme les pièces d'un puzzle, dès que l'on admet que le comportement de l'homme, et tout particulièrement son comportement social, loin d'être uniquement déterminé par la raison et les traditions culturelles, doit encore se soumettre à toutes les lois prédominantes dans le comportement instinctif adapté par la phylogenèse (1). Nous avons de ces lois une assez bonne connaissance, grâce à l'étude des instincts chez les animaux. En fait, si notre observateur extraterrestre était un éthologue (2) bien informé, il conclurait inévitablement que l'organisation

---

(1) Formation et enchaînement des lignées animales ou végétales.

(2) Qui étudie les mœurs ; ne pas confondre avec ethnologue, qui étudie les groupes humains.

sociale des hommes ressemble beaucoup à celle des rats qui, eux aussi, sont à l'intérieur de la tribu fermée des êtres sociables et paisibles, mais se comportent en véritables démons envers des congénères n'appartenant pas à leur propre communauté. Si notre observateur martien avait en outre connaissance de l'augmentation explosive de la population, de la terreur grandissante des armes et de la division des êtres humains en très peu de camps politiques, il n'augurerait pas, pour l'humanité, un avenir beaucoup plus rose que celui de quelques clans de rats sur un bateau aux cales presque vides. Et ce pronostic serait même optimiste, car chez les rats la procréation s'arrête automatiquement dès qu'est atteint un certain degré de surpeuplement, tandis que l'homme n'a pas encore trouvé un système efficace pour empêcher ce qu'on appelle les explosions démographiques. D'autre part, il est probable qu'il resterait chez les rats après le massacre assez d'individus encore pour perpétuer l'espèce. On n'a point la même certitude en ce qui concerne l'homme, après l'usage de la bombe H.

Konrad Lorenz, *L'agression,* Club français du livre, Flammarion, 1969, pp. 260 à 262.

TD 10 Résumez en 200 mots le texte suivant :

Le réquisitoire : l'aliénation des enfants

Toutes les critiques des médias, et en l'occurrence de la télévision deuxième école, partent de son omniprésence et de la manière dont elle est devenue, avec la scolarité et le sommeil, le dernier « tiers-temps » de la vie des enfants. Les études les plus complètes parlent, les unes de 23 heures de télévision par semaine, soit 1 200 heures par an – alors que l'école n'en « consomme » que 900 –, les autres d'un peu moins, mais la réalité, elle, est bien là. La télévision a annexé une part importante de la vie familiale, de sorte qu'un enfant connaît désormais trois instruments qui le « sociabilisent » : la classe, les parents et la télé ! Cette lancinante présence de l'audiovisuel alimente les chefs d'accusation les plus traditionnels.

La médiocrité des programmes enfantins en premier lieu : les émissions pour enfants constituent en effet en France une caricature de la télévision dont elles poussent les défauts jusqu'à l'extrême. Indigence des programmes d'animation : que représente d'autre le célèbre « Club Dorothée » qu'une pâle copie des Jean-Pierre Foucault et autres Patrick Sébastien dont se repaissent les parents ? Des relations plus ambiguës encore avec l'argent que dans les émissions pour adultes, avec des frontières floues entre le sponsoring, la publicité et la publicité clandestine. Une programmation à l'économie : la volonté d'occuper au moindre coût le maximum d'heures, et le postulat implicite de l'incapacité du public jeune à zapper et à fermer le bouton, conduit à acheter des milliers de produits internationaux standardisés et minables, compte tenu désormais de l'inépuisable réservoir des dessins animés japonais. Aucun autre type de programmes n'aboutit à une telle homogénéisation internationale de la consommation, hormis les grands événements sportifs : les tortues Ninja règnent sans partage de Saint-Petersbourg à Tokyo, de Stockholm à Rio. L'absence, sur les télévisions françaises, de programmes éducatifs ou informationnels spécialement destinés aux enfants étonne : pourquoi n'a-t-on jamais étudié l'hypothèse d'un journal télévisé qui leur soit destiné ? En réalité, sauf exception, les chaînes de télévision ont assimilé l'enfant au consommateur bas de gamme, celui qui subit le choix, n'a pas d'alternative et se soumet. Des programmes à l'économie pour un consommateur passif : telle est la télévision enfantine en France. Qu'elle ne s'étonne pas, dès lors, de ne pas susciter l'enthousiasme...

Le culte de la violence, ensuite : les programmes pour enfants n'y échappent pas, surtout depuis qu'ils sont, pour l'essentiel, constitués de produits américains et désormais japonais. Tout parent qui a regardé l'un de ces multiples dessins animés « made in Japan » ressort terrifié : une violence sèche, froide, glacée, aux relents sadiques et sardoniques auprès de laquelle l'assassinat classique dans la moindre série américaine ressemble à de « l'eau de rose ». Ce père et cette mère inquiets n'ont pas le loisir de proposer à leurs enfants drogués d'images une autre possibilité, puisque toutes les chaînes offrent le même produit : le service public au premier chef... Ajoutez à ces scènes de violence propres aux programmes enfantins les mille et une séries pour adultes que nos enfants regardent, avec leur cortège de meurtres, de viols, de sévices et le tableau paraît complet. À l'âge de quinze ans, la télévision aidant, un enfant aura assisté à 15 000 meurtres. Mais à ce stade-là sont-ce encore des meurtres ?

L'hypnose naturellement : existe-t-il un autre mot pour décrire cette attitude de prostration que chaque parent, là aussi, découvre chez son chérubin abandonné, seul, aux joies de l'écran ? Il s'y ajoute la baisse régulière de la lecture chez les jeunes, le besoin de moins en moins ressenti de se plonger dans les journaux, le sentiment, avec l'écran, d'un magnétisme qui finit par tout emporter. Évidence, banalités, certes, mais dont aucun parent ne peut se défaire, au point d'ailleurs de transformer, parfois, la télévision en bouc émissaire et de lui faire porter la responsabilité de tous les péchés, les leurs, ceux de l'école, ceux de la nature, ceux du hasard...

L'émiettement du savoir, bien sûr : obligés de reconnaître que la télévision véhicule de l'information et que même passivement les enfants l'absorbent, les contempteurs du média lui reprochent, dès lors, de ne fournir aucun cadre stable, aucun système de référence, aucune capacité d'interprétation. C'est sur ce terrain-là que Finkielkraut est le plus convaincant, en fustigeant cette longue série de clips, d'images, de sensations, reçue passivement, jamais interprétée et qui se situe à rebours du bon vieux corpus intellectuel, stable et homogène. L'ennui – notre procureur l'oublie – tient au fait que l'une et l'autre ne s'adressent pas au même public et qu'on ne peut comparer une sous-culture offerte à la plus grande masse qui auparavant n'avait accès à rien, au savoir traditionnel, propre et rangé que dispensaient les lycées bourgeois.

L'apparition de nouveaux comportements, enfin. Qu'il est confortable d'attribuer à la télévision la responsabilité de l'anomie, de l'individualisme exacerbé, de la montée de la violence ! Encore un peu et les émeutes de Vaulx-en-Velin représenteraient les travaux pratiques d'une brutalité enseignée à la télévision. L'exagération évidemment disqualifie. Reste que l'univers télévisuel ne véhicule aucun code moral et qu'il finit par affranchir le téléspectateur de toutes les règles, dès lors que, chez lui, elles sont systématiquement bafouées et ignorées. À la société de les retrouver, soumise comme elle l'est à des stimuli de plus en plus forts : la télévision accentue une évolution déjà en germe ; elle ne la crée, ni ne l'invente.

Alain Minc, *Le Media-choc,* Grasset, 1993, pp. 168 à 170.

TD 11 Résumez en 225 mots le texte suivant :

La crise freine l'égalité professionnelle des femmes

Premier constat : l'égalité professionnelle entre hommes et femmes n'a guère fait de progrès en dix ans. Avec le recul, le bilan d'un politique volontariste, souhaitée par les socialistes à leur arrivée au pouvoir, se révèle maigre. Vingt-neuf plans, seulement, ont été signés dans les entreprises au cours de cette période, et aucun pendant les trois dernières années. De bons esprits en arrivent maintenant à considérer que, sans doute, le principe d'une discrimination positive était une mauvaise idée. Tandis que d'autres, davantage dans le vrai sûrement, objectent que la démarche se heurtait fatalement aux contraintes d'un modèle d'emploi, masculin par définition, auquel les femmes auraient dû se plier et qui se trouve être de plus en plus inadapté, y compris pour les hommes.

De toute manière, la crise économique et le chômage ont mis à mal ces objectifs idéaux. Dès lors que l'emploi se raréfiait et que, concomitamment, il se transformait, les femmes ne pouvaient que supporter les effets accentués des mutations en cours. Ce sont elles qui se sont retrouvées le plus souvent en première ligne. À leurs caractéristiques propres – vulnérabilité plus grande au chômage, propension aux bas salaires, moindre participation à la formation professionnelle – se sont ajoutés les traits spécifiques dus au changement du marché du travail dont elles ont fait les frais. En d'autres termes, les éléments constitutifs de la ségrégation sexuelle n'ont pas tous disparu. Ils se sont en outre déplacés.

Par exemple, si le chômage a toujours été plus important pour les femmes, le Centre d'études de l'emploi *(La lettre* n° 37, avril 1995) rappelle que le nombre d'hommes dans l'emploi a diminué de 354 000 entre 1980 et 1990 et celui des femmes augmenté de 878 000. Parallèlement, se sont développées les activités de services, gros pourvoyeurs d'emplois féminins. Mais l'un et l'autre de ces phénomènes se sont accompagnés de la multiplication des contrats de travail précaire, de la progression du temps partiel, plus subi que choisi, et surtout utilisé par l'entreprise dans le but de mettre en place une organisation plus flexible. Tant et si bien que, globalement, l'élévation du taux d'activité féminin s'est traduite au fil du temps par une persistance du chômage malgré une forte création d'emplois. Laquelle se singularise à son tour par une plus grande incertitude.

Sur le terrain de la mixité, en revanche, des améliorations sont intervenues. Elles restent modestes, quand il s'agit de dire que les femmes occupent désormais des métiers traditionnels dévolus aux hommes. Ici ou là, des chefs d'entreprise reconnaissent que l'arrivée des femmes a permis de modifier des organisations du travail et que les nouvelles titulaires ont su faire évoluer le climat ou font preuve d'initiative. Ce sont autant de signes d'une évolution positive, lente mais réelle, qui sont à mettre au crédit de qualités féminines. La société bougerait donc bien en profondeur, sans à-coups spectaculaires.

Mais ce mouvement a été plus significatif quand, dans un secteur donné, comme la plasturgie, la question du sexe est devenue secondaire par rapport à la pénurie de main-d'œuvre qualifiée provoquée par la croissance. Dans ces cas-là, d'ultime recours, on accepte de se poser la question : *« pourquoi pas une femme ? »*. Des actions de formation sont entreprises pour élever le niveau de qualification et plus rien ne s'oppose à ce que des fonctions exercées par des hommes soient confiées à des femmes. À l'inverse, aussi, comme dans le nettoyage industriel ou le pressing, le fait que des professions soient très féminisées amène à aller jusqu'au bout de la logique. Puisque les femmes tiennent les emplois subalternes ou d'exécution, il n'y a pas de raisons pour que les postes de responsabilité ou de techniciens reviennent aux seuls hommes. Là encore, on forme et on qualifie. Ce qui a pour effet de permettre des évolutions de carrière, hier inconnues.

Indiscutablement, une telle évolution est encore plus sensible dans les catégories supérieures telles que les professions intermédiaires, intellectuelles ou les cadres. De fait, une percée s'est effectuée qui s'explique par le niveau de diplômes, proportionnellement plus élevé pour les femmes que pour les hommes. Elles occupent en plus grand nombre des postes qui étaient réservés à la gent masculine, et d'anciens fiefs tombent les uns derrière les autres qui réveillent à chaque fois la vieille hantise de la féminisation, synonyme pour certains de régression. Cette *« conquête »* peut même être considérée, par son ampleur, comme le fait majeur de ces dernières années. De 1982 à 1990, la part des femmes parmi les cadres et les professions intellectuelles supérieures est passée de 24,6 % à 30,6 %.

Mais, peut-être parce qu'il est récent, ce mouvement paraît buter sur ce que les Américaines appellent *« un plafond de verre »*. Une jolie expression pour signifier que, à compétence égale, les femmes parviennent rarement à franchir les dernières étapes, celles qui mènent à l'exercice du pouvoir dans l'entreprise. Une barrière invisible se dresse et on les retrouve plus facilement à la tête de la direction des ressources humaines qu'à la direction financière. Pour les *executive women,* qui ont parié sur la réussite individuelle, parfois adopté des modes de fonctionnement masculins et sacrifié la vie familiale, la confrontation avec une telle réalité est rude. Si une minorité décolle, les autres stagnent ou reculent.

À ces niveaux, aussi, la situation féminine observe des constantes dont les plus optimistes espèrent qu'elles s'atténueront dans une vingtaine d'années, quand la génération d'aujourd'hui pourra peser sur les décisions. Mais il reste que les femmes ne figurent presque pas dans les filières d'excellence qui permettent d'accéder aux plus hautes responsabilités, que, à diplôme équivalent, elles demeurent moins bien payées que les hommes, ou que, toujours à diplôme équivalent, elles sont moins protégées contre le chômage. L'égalité des droits, acquise légalement, ne coïncide toujours pas mieux avec l'égalité des chances. Et ce alors que 44,5 % des actifs sont des femmes, contre 40 % en 1982 et 34 % en 1961.

Alain Lebaube, in *Le Monde* du 5 juillet 1995.

TD 12 Résumez en 200 mots le texte suivant :

Une mondialisation accélérée et mal régulée

Il y a cinquante ans, au sortir de la guerre, l'espace économique était morcelé : absence de convertibilité des monnaies entre elles, taux de change multiples selon les opérations, droits de douane et contingents tarifaires partout. Aujourd'hui, c'est la situation inverse qui prévaut : les capitaux circulent librement, les biens et la plupart des services aussi, les droits de douane sont faibles et les contingents tarifaires rares. Le marché du travail lui-même commence à s'unifier.

Pourtant ce sont, à peu de choses près, les mêmes institutions que celles qui ont été mises en place dans l'après-guerre qui pilotent l'économie mondiale. À l'époque, elles avaient une forte vertu anticipatrice. Aujourd'hui, elles ne sont plus à l'échelle des problèmes à résoudre. Elles se sont assez peu modernisées, et certaines ont même vu leur efficacité se dégrader : on évoquait plus haut l'abandon du système de parités fixes et l'institution des taux de change flottants qui, s'il n'a pas produit les catastrophes annoncées par certains, reste un facteur important d'instabilité et d'obstacle à la prise de risque. On prend partout conscience du caractère multidimensionnel des problèmes, alors que, au niveau mondial, ceux-ci restent traités par des institutions différentes qui ont du mal à coordonner leur action, qu'il s'agisse de politiques économiques et monétaires (FMI), d'aide au développement (la Banque mondiale), de commerce (GATT, puis OMC) ou d'environnement (les suites de la conférence de Rio).

En un mot, il n'y a pas de pilotage d'ensemble, et pas de projet pour qu'il en soit véritablement ainsi. Les États-Unis ne jouent pas ce rôle, et gèrent à leur seul profit les avantages qu'ils peuvent tirer de leur situation d'économie dominante. Le Japon paraît encore concentré sur son désir d'accumulation et de puissance. Et l'Europe n'est pas en mesure de peser de façon efficace sur la régulation mondiale, tant qu'elle n'est pas dotée d'une monnaie unique et d'une structure politique suffisamment forte.

Cette insuffisante régulation de l'économie mondiale pèse sur la situation de l'emploi. Car à l'absence de règles communes, on réagit par l'offensive solitaire ou la défense frileuse. Les avantages compétitifs obtenus par les uns paraissent gagnés aux dépens des autres. L'économie mondiale se met à fonctionner comme un jeu à somme nulle, et au moment où le marché du travail s'unifie, cette insuffisance est grave. On redoute ainsi, en permanence, que le travailleur des pays pauvres ne prive de son métier celui des pays riches. On a peur des bas salaires des pays émergents, sinon de leur émergence elle-même, après l'avoir pourtant longtemps souhaitée. Et l'on voudrait se protéger de leurs exportations par des impôts ou des taxes, quitte à leur en restituer le produit à des fins de développement social, ce qui est pour le moins paradoxal.

Ce qu'on oublie, dans ce débat, c'est que ces très bas salaires des pays « émergents » sont dus au fait que la productivité du travail est, là-bas, beaucoup moins élevée que chez nous, en raison notamment du long processus d'accumulation que nous avons connu (1). On oublie que la plupart de ces pays sont en déficit de balance des paiements, car ils importent des biens d'équipement. On ne sait pas que le cercle vertueux pour l'économie mondiale serait d'ouvrir nos marchés à leurs productions pour qu'ils puissent s'endetter et investir chez eux, et provoquer ainsi un jeu d'échanges positif, où notre épargne irait s'investir et préparer nos retraites de demain.

Certes, ceci obligerait notre emploi à se « déverser » encore plus rapidement, au sein de l'économie nationale, vers des emplois nouveaux, puisque le contenu en emplois de nos exportations vers les pays émergents est plus faible que le contenu en emploi de nos importations. Mais ce sont les difficultés normales d'un processus d'évolution économique.

En somme, plutôt que de mettre vigoureusement en chantier le cadre de règles et d'institutions qui assurerait davantage de coopération entre États, on stigmatise les effets néfastes des

(1) Concrètement, du fait d'une moins bonne formation, du fait surtout d'un capital installé (machines, infrastructures) bien plus faible, un ouvrier thaïlandais – par exemple – ne produit pas autant, en une heure de travail, que l'ouvrier similaire en France.

échanges. On s'interroge sur la nécessité de brider les échanges au niveau des quelques régulations existantes (le « premier cercle » des pays européens, le « deuxième cercle » des pays liés par un accord économique...), au lieu de s'atteler à hisser les mécanismes régulateurs au niveau des échanges tels qu'ils sont.
Dans l'économie mondiale actuelle, il y a trop de concurrence et pas assez de coopération entre les entreprises comme entre les États. Trop de dérégulation et pas assez de règle du jeu en matière de taux de change ou de commerce. Trop de confiance dans les mécanismes de marché et pas assez d'élaboration d'institutions nouvelles. Il faudrait réaliser au niveau mondial les progrès pionniers qui furent accomplis en Europe dans les années cinquante.
Ceux qui paient cette sous-optimalité du développement mondial sont tout autant les travailleurs fragiles des pays riches, que les travailleurs pauvres des pays qui ne parviennent pas à amorcer leur essor. L'exclusion n'est pas seulement une donnée nationale, elle a aussi une composante mondiale. C'est donc à ce niveau qu'il faut agir, plutôt que dans la recherche de fausses solutions ; mais l'imagination est peu active sur ce terrain essentiel.

Jean-Baptiste de Foucauld et Denis Piveteau, *Une société en quête de sens,*
Éd. Odile Jacob, *1995, pp. 42 à 44.*

TD 13 Résumez en 150 mots :

Voyages

On conçoit généralement les voyages comme un déplacement dans l'espace. C'est peu. Un voyage s'inscrit simultanément dans l'espace, dans le temps, et dans la hiérarchie sociale. Chaque impression n'est définissable qu'en la rapportant solidairement à ces trois axes, et comme l'espace possède à lui seul trois dimensions, il en faudrait au moins cinq pour se faire du voyage une représentation adéquate. Je l'éprouve tout de suite en débarquant au Brésil. Sans doute suis-je de l'autre côté de l'Atlantique et de l'Équateur, et tout près du tropique. Bien des choses me l'attestent : cette chaleur tranquille et humide qui affranchit mon corps de l'habituel poids de la laine et supprime l'opposition (que je découvre rétrospectivement comme une des constantes de ma civilisation) entre la maison et la rue ; d'ailleurs, j'apprendrai vite que c'est seulement pour en introduire une autre, entre l'homme et la brousse, que mes paysages intégralement humanisés ne comportaient pas ; il y a aussi les palmiers, des fleurs nouvelles, et, à la devanture des cafés, ces amas de noix de coco vertes où l'on aspire, après les avoir décapitées, une eau sucrée et fraîche qui sent la cave.
Mais j'éprouve aussi d'autres changements : j'étais pauvre et je suis riche ; d'abord parce que ma condition matérielle a changé ; ensuite parce que le prix des produits locaux est incroyablement bas : cet ananas me coûterait 20 sous, ce régime de bananes 2 F, ces poulets qu'un boutiquier italien fait rôtir à la broche, 4 F. On dirait le Palais de Dame Tartine. Enfin, l'état de disponibilité qu'instaure une escale, chance gratuitement offerte mais qui s'accompagne du sentiment de la contrainte d'en profiter, crée une attitude ambiguë propice à la suspension des contrôles les plus habituels et à la libération presque rituelle de la prodigalité. Sans doute le voyage peut-il agir de façon diamétralement opposée, j'en ai fait l'expérience quand je suis arrivé sans argent à New York après l'armistice ; mais, qu'il agisse en plus ou en moins, dans le sens d'une amélioration de la condition matérielle ou dans celui de sa détérioration, il faudrait un miracle pour que le voyage ne correspondît sous ce rapport à aucun changement. En même temps qu'il transporte à des milliers de kilomètres, le voyage fait gravir ou descendre quelques degrés dans l'échelle des statuts. Il déplace, mais aussi, il déclasse – pour le meilleur ou pour le pire – et la couleur et la saveur des lieux ne peuvent être dissociées du rang toujours imprévu où il vous installe pour les goûter.
Il y eut un temps où le voyage confrontait le voyageur à des civilisations radicalement différentes de la sienne et qui s'imposaient d'abord par leur étrangeté. Voilà quelques siècles que ces occasions deviennent de plus en plus rares. Que ce soit dans l'Inde ou en Amérique, le voyageur

moderne est moins surpris qu'il ne reconnaît. En choisissant des objectifs et des itinéraires, on se donne surtout la liberté de préférer telle date de pénétration, tel rythme d'envahissement de la civilisation mécanique à tels autres. La quête de l'exotisme se ramène à la collection d'états anticipés ou retardés d'un développement familier. Le voyageur devient un antiquaire, contraint par le manque d'objets à délaisser sa galerie d'art nègre pour se rabattre sur des souvenirs vieillots, marchandés au cours de ses promenades au marché aux puces de la terre habitée.

Claude Lévi-Strauss, *Tristes tropiques*,
Librairie Plon, 1955, pp. 79-80.

TD 14 Résumez en 150 mots :

Expérience du théâtre

Quand on me pose la question : « Pourquoi écrivez-vous des pièces de théâtre ? » je me sens toujours très embarrassé, je ne sais quoi répondre. Il me semble parfois que je me suis mis à écrire du théâtre parce que je le détestais. Je lisais des œuvres littéraires, des essais, j'allais au cinéma avec plaisir. J'écoutais de temps à autre de la musique, je visitais les galeries d'art, mais je n'allais pour ainsi dire jamais au théâtre.

Lorsque, tout à fait par hasard, je m'y trouvais, c'était pour accompagner quelqu'un, ou parce que je n'avais pas pu refuser une invitation, parce que j'y étais obligé.

Je n'y goûtais aucun plaisir, je ne participais pas. Le jeu des comédiens me gênait : j'étais gêné pour eux. Les situations me paraissaient arbitraires. Il y avait quelque chose de faux, me semblait-il, dans tout cela.

La représentation théâtrale n'avait pas de magie pour moi. Tout me paraissait un peu ridicule, un peu pénible. Je ne comprenais pas comment l'on pouvait être comédien, par exemple. Il me semblait que le comédien faisait une chose inadmissible, répréhensible. Il renonçait à soi-même, s'abandonnait, changeait de peau. Comment pouvait-il accepter d'être un autre ? de jouer un personnage ? C'était pour moi une sorte de tricherie grossière, cousue de fil blanc, inconcevable.

Le comédien ne devenait d'ailleurs pas quelqu'un d'autre, il faisait semblant, ce qui était pire, pensais-je. Cela me paraissait pénible et, d'une certaine façon, malhonnête. « Comme il joue bien », disaient les spectateurs. D'après moi, il jouait mal, et c'était mal de jouer.

Aller au spectacle, c'était pour moi aller voir des gens, apparemment sérieux, se donner en spectacle. Pourtant je ne suis pas un esprit absolument terre à terre. Je ne suis pas un ennemi de l'imaginaire. J'ai même toujours pensé que la vérité de la fiction est plus profonde, plus chargée de signification que la réalité quotidienne. Le réalisme, socialiste ou pas, est en deçà de la réalité. Il la rétrécit, l'atténue, la fausse, il ne tient pas compte de nos vérités et obsessions fondamentales : l'amour, la mort, l'étonnement. Il présente l'homme dans une perspective réduite, aliénée ; notre vérité est dans nos rêves, dans l'imagination ; tout, à chaque instant, confirme cette affirmation. La fiction a précédé la science. Tout ce que nous rêvons, c'est-à-dire tout ce que nous désirons, est vrai (le mythe d'Icare a précédé l'aviation, et si Ader et Blériot ont volé, c'est parce que tous les hommes avaient rêvé l'envol). Il n'y a de vrai que le mythe : l'histoire, tentant de le réaliser, le défigure, le rate à moitié ; elle est imposture, mystification, quand elle prétend avoir « réussi ». Tout ce que nous rêvons est réalisable. La réalité n'a pas à être réalisable : elle n'est que ce qu'elle est. C'est le rêveur, ou le penseur, ou le savant, qui est le révolutionnaire, c'est lui qui tente de changer le monde.

La fiction ne me gênait pas du tout dans le roman et je l'admettais au cinéma. La fiction romanesque ainsi que mes propres rêves s'imposait à moi tout naturellement comme une réalité possible. Le jeu des acteurs de cinéma ne provoquait pas en moi ce malaise indéfinissable, cette gêne produite par la représentation au théâtre.

Pourquoi la réalité théâtrale ne s'imposait-elle pas à moi ? Pourquoi sa vérité me semblait-elle fausse ? Et le faux, pourquoi me semblait-il vouloir se donner pour vrai, se substituer au vrai ?

Était-ce la faute des comédiens ? du texte ? la mienne ? Je crois comprendre maintenant que ce qui me gênait au théâtre, c'était la présence sur le plateau des personnages en chair et en os. Leur présence matérielle détruisait la fiction. Il y avait là comme deux plans de réalité, la réalité concrète, matérielle, appauvrie, vidée, limitée, de ces hommes vivants, quotidiens, bougeant et parlant sur scène, et la réalité de l'imagination, toutes deux face à face, ne se recouvrant pas, irréductibles l'une à l'autre : deux univers antagonistes n'arrivant pas à s'unifier, à se confondre.

En effet, c'était bien cela : chaque geste, chaque attitude, chaque réplique dite sur scène détruisait, à mes yeux, un univers que ce geste, cette attitude, cette réplique se proposait justement de faire surgir ; le détruisait avant même de le faire surgir : c'était pour moi un véritable avortement, une sorte de faute, une sorte de niaiserie. Si vous vous bouchez les oreilles pour ne pas entendre la musique de danse que joue l'orchestre, mais que vous continuiez à regarder les danseurs, vous pouvez voir combien ils vous paraissent ridicules, et leurs mouvements insensés ; de même si quelqu'un se trouvait pour la première fois à la célébration d'un culte religieux, tout le cérémonial lui paraîtrait incompréhensible et absurde.

C'est avec une conscience en quelque sorte désacralisée que j'assistais au théâtre, et c'est ce qui fait que je ne l'aimais pas, ne le sentais pas, n'y croyais pas.

Eugène Ionesco, *Notes et Contre-notes,*
Collection Idées, Gallimard, 1966, pp. 47 à 50.

TD 15 **Résumez en 200 mots le texte donné dans le T.D. 2 du chapitre 2 : « L'homme fasciné ».**

TD 16 **Résumez en 150 mots le texte donné dans le T.D. 17 du chapitre 2 : « Le mur du progrès ».**

TD 17 **Résumez en 200 mots le texte suivant :**

La croisière des avachis

On s'est toujours ennuyé en voyage ; la qualité seule de cet ennui a changé pour nous. Il y avait autrefois, dans l'abattement des longs trajets, une certaine intelligence du corps avec le tracé même de la route ; véhiculé dans des capsules mal suspendues, le voyageur vivait, pour ainsi dire physiquement, les cicatrices du chemin, le cahot des fondrières et des trous. L'allure de la diligence, du fiacre, des premiers tortillards n'altérait pas le sentiment de la distance et des obstacles surmontés. Le parcours était aussi épreuve. Dans l'ennui des voyageurs modernes, il y a de la résignation : c'est que d'abord la haute technicité d'appareils plus performants et plus rapides dévalorise les moyens de transport traditionnels (en avion j'y serais déjà, soupire le passager du train) ; et puis être assis dans un wagon ou une voiture, c'est n'être, à proprement parler, nulle part sinon dans le pays du confort et du spectacle. Sur l'extérieur, les voyageurs n'ont qu'une perception inutile, il leur suffit d'admettre le paysage, il ne s'ensuivra aucune conséquence pour eux. Le dehors ne les touche pas : la vitre du train, le hublot de l'appareil découpent le monde comme un écran de télévision, film dont je suis le déroulement depuis mon siège. Voyageant, nous n'avons aucun droit à la vie des lieux traversés. Hors du temps et de l'espace, pure ligne sur une carte, nous appartenons à l'autoroute, à la voie ferrée ou au couloir aérien dont les tracés constituent un monde isolé et clos qui divise les hommes (d'où la fascination que provoque une panne de voiture, l'arrêt d'un train en rase campagne, comme si nous nous réveillions du long somnambulisme de la vitesse). Le passager voit double : il voit le compartiment, ses voisins, il voit aussi l'extérieur ; dehors et dedans sont scindés comme au cinéma où nous pouvons passer à tout moment de l'écran aux spectateurs, et l'arrivée est cet instant où l'image redevient réalité tandis que le véhicule à son tour, abandonné par ses occupants, ne connaît plus qu'une existence problématique.

Et le confort lui-même, qu'est-il sinon l'oubli des particularités propres à chaque moyen de transport (tangage de bateau, balancement du train, tremblement de l'avion) au profit d'une stabilité, d'une insonorisation qui filtrent tout jusqu'aux odeurs, jusqu'aux rayons du soleil. Le pays de la vitesse est la patrie de l'ambiance, du nulle part et du n'importe quand. Et l'ennui qu'on éprouve dans un train ou un jet n'est pas l'ennui ordinaire : c'est un ennui hors de la durée, qui n'attend plus rien, jouit de sa torpeur, s'inquiète peu de la destination. Vos yeux, vos yeux seuls – le moins sensuel de tous les organes – enregistrent le mouvement, vous voyez défiler des plaines, des rubans de goudron, des gâteaux de nuages, le déplacement est devenu chose mentale, pure abstraction.

Mais les transports ne se contentent pas de dématérialiser le voyage jusqu'à le figer dans l'épure. Soucieux de rassembler un maximum d'individus dans un minimum d'espace, ils s'acharnent aussi à séparer ceux-là même qu'ils convoient. Aujourd'hui, l'humanité transportée est une humanité assise : se déplacer c'est mettre un uniforme au corps et limiter les attitudes. Ce que les voyageurs apprennent a peut-être moins d'importance que ce qu'ils doivent oublier, leur corps juvénile qui ne s'en laisse pas accroire par la disposition des lieux et produit spontanément des postures non conformes. Voyez dans les trains et les autobus les bandes d'enfants et d'adolescents : leurs premiers gestes sont de mettre les pieds sur les banquettes, de se pendre aux poignées comme des singes, de faire claquer portes et fenêtres, de s'asseoir les uns sur les autres ; ils hurlent, ils crient, ne connaissent pas cette terreur dissuasive qui s'appelle la décence, et vivent selon une dynamique véhiculaire qui n'a rien à voir avec l'occupation de l'espace prévue par l'ordre des rangées et des sièges. Vandalisme puéril qui prouve bien que l'exquise urbanité du voyageur standard est le résultat d'une longue contrainte. Chahuter ou dormir, il ne reste que ça, comme à l'école, parce que le transport moderne est la continuation de l'école par d'autres moyens. Voici le corps transporté, ravalé à des fonctions organiques : manger, dormir, expulser ; corps emballé, enveloppé qu'on gave comme une oie pour l'assoupir. Le temps de transport s'apparente ainsi au temps de digestion, c'est l'alternance d'une alimentation et d'une évacuation, la catalepsie musculaire et physiologique de la station assise et des gestes stéréotypés. Et si le passager a des loisirs, ils ne prendront que la forme objective de l'absence ou de l'autisme ; lecture, film de l'avion, musique des écouteurs, cassettes et autoradio. La joie du périple c'est alors le remplacement de l'événement par l'atmosphère. Il faut des corps rassis pour une société elle-même rassie et l'avachissement pathétique du voyageur contemporain ne fait que refléter la passivité sociale de notre rapport aux êtres et aux choses.

Pascal Bruckner, Alain Finkielkraut, *Au coin de la rue l'aventure*,
Seuil, 1979, pp. 124-125.

TD 18 Résumez en 250 mots le texte ci-dessous :

La révolution énergétique

Rétrospectivement, les historiens pourraient bien voir, dans la fin du vingtième siècle, le début de la prise de conscience de la finitude de notre monde : finitude des ressources, finitude de l'espace. Au cœur du problème, l'énergie, jamais aussi abondamment consommée, jamais aussi inégalement répartie. Le conflit entre la tendance à la croissance indéfinie et les limites infranchissables de la nature risque de culminer au vingt et unième siècle dans le phénomène de la dérive anthropique des climats, en raison de l'augmentation de l'effet de serre.

L'élévation du niveau des océans pourrait atteindre 2 mètres dès l'an 2050. Ses implications seraient particulièrement graves pour les régions côtières surpeuplées, comme les deltas des grands fleuves d'Asie. Elle conduirait au déplacement de dizaines de millions de personnes, qui viendraient grossir le flot des millions de « réfugiés de l'environnement » peuplant les bidonvilles du tiers-monde. Ce danger démontre l'urgence d'alternatives d'ensemble. Il constitue de fait une opportunité pour la relance de l'industrie nucléaire, surtout au Japon et en Europe de l'Ouest. À juste titre, les mouvements écologiques insistent au contraire sur la nécessité d'une vigoureuse politique de maîtrise et d'économie d'énergie. Tout aussi crucial est le débat sur les modifications bioclimatiques en cours touchant la production forestière et surtout agricole, qui pourraient donner un avantage aux régions froides pour fournir des céréales dans de bonnes conditions, tandis que d'autres zones auraient à faire face à des situations plus difficiles. La structure énergétique mondiale risque de connaître ainsi une redistribution générale des rapports de forces et des pouvoirs entre groupes sociaux, nations et États, sans d'ailleurs que les plus démunis en tirent avantage.

Réorienter le système énergétique, c'est inverser les tendances extrêmement puissantes qui se sont imposées depuis les débuts de la révolution industrielle. Ce défi doit être affronté dans ses dimensions écologiques et techniques, économiques, politiques, culturelles et sociales. Amélioration de l'efficacité énergétique et recours aux ressources renouvelables, élimination des gaspillages, retournement de la tendance au déboisement des pays tropicaux ne pourront aboutir sans réforme profonde, aux échelles locale, régionale et continentale, des modes de production et de répartition des richesses qui dominent le monde.

Pour les peuples d'Europe, la dimension continentale est particulièrement pertinente. À cette échelle, en effet, certains éléments de cette transition sont parfaitement établis. Ils passent par un réaménagement de l'espace : espace urbain – dont le développement est lié aux choix de production, à l'agriculture industrialisée, à l'hypertrophie des appareils d'État, aux inégalités de classes –, espace rural, espace maritime. Des alternatives existent dans le domaine du transport.

L'application des recommandations d'une étude récente, fondée sur l'utilisation de toutes les ressources techniques disponibles et des réglementations plus strictes que celles en vigueur, devrait permettre, dans les vingt années à venir, la réduction de 25 % de la consommation de pétrole de ce secteur, soit 50 millions de tonnes d'équivalent-pétrole (tep) par an pour la CEE.

Mais il n'y aura pas de réorientation écologique et humaine sans un transfert *massif* des investissements de la route vers le rail, sans une réduction *massive* de l'usage de l'automobile privée et des transports routiers. L'intensification des transports aériens comme l'usage croissant de l'automobile en ville n'obéissent plus aujourd'hui en Europe qu'à la rationalité de l'absurde.

Toute production électronucléaire d'un pays d'Europe concerne tous les peuples du continent; la combustion des ressources fossiles également. Une transition à l'échelle européenne valoriserait les complémentarités entre les gisements d'énergies, fossiles et renouvelables, des grandes régions biogéographiques de la zone. Par des économies d'investissement, elle favoriserait la mise au point technique et scientifique d'une alternative énergétique. Cette transition implique le plus grand recours possible à toutes les énergies renouvelables, en particulier le solaire, et le développement de la cogénération électricité-vapeur, qui multiplie l'énergie utile extraite d'une ressource donnée par un facteur 2. Mais il est tout aussi important d'agir sur la consommation dans tous les secteurs : production, habitat, déplacement... Déjà, des mesures d'économie et d'utilisation rationnelle ont prouvé leur efficacité : entre 1973 et 1987, la quantité de pétrole nécessaire pour produire l'équivalent de 1 dollar de PNB a diminué de 35 % en Amérique, de 40 % en Europe et de 50 % au Japon.

Des économies dans l'habitat et le tertiaire, dans l'industrie et les transports permettraient, bien davantage que les investissements concentrés des programmes pétroliers et nucléaires, de revitaliser le tissu industriel, de créer des emplois durables, de participer à la réorientation du mode de production et des habitudes de vie. Cela est vrai pour l'Europe de l'Ouest, mais plus encore pour celle de l'Est, où la réduction drastique de gaspillages insensés offre d'énormes possibilités d'économie de ressources et de créations d'emplois.

Ces réorientations sont inconcevables sans modification radicale des choix économiques qui modèlent les civilisations sur de longues périodes, sans un élargissement décisif de la démocratie politique et sociale, sans transformations profondes des comportements des individus, donc des systèmes éducatifs.

Jean-Paul Deléage et Daniel Hémery, « Promouvoir une révolution énergétique »,
in *Le Monde diplomatique,* mars 1991, pp. 26-27.

TD 19 **Résumez en 250 mots le texte donné dans l'exercice 14 du chapitre 2 : « À la santé du vin ».**

TD 20 **Résumez en 250 mots le texte suivant :**

Le pessimisme français

La France est pessimiste et les Français paraissent désenchantés, désemparés, hérissés, voire vindicatifs. Sondage après sondage, les enquêtes d'opinion confirment impitoyablement ce long malaise collectif. L'une après l'autre, les élections reflètent le doute qui saisit à la gorge ce vieux peuple, aigrit les citoyens, met en accusation l'ensemble du monde politique, fraie la voie aux protestataires, aux corporatismes et aux poujadistes (1) de tous poils. Les chefs d'entreprise et les acteurs économiques se laissent gagner par ce climat mélancolique et anxiogène comme un ciel d'Islande en hiver. Les investisseurs perdent le goût du risque et les consommateurs l'envie d'acheter. En ce début d'année 1993, la France est déprimée.

Elle a quelques solides raisons pour cela : la peur du chômage, cette hydre sociale qui n'en finit pas de menacer les individus, de cerner et d'asphyxier la société ; la peur de la crise, indéchiffrable, imprévisible, apparemment irréductible ; la peur de l'immigration, de l'insécurité, du déracinement qui taraude les Français et multiplie les inquiétudes ; la peur de l'isolement, de l'injustice, de la solitude, de l'anonymat qui noie lentement les individus au sein de la société ou qui, ce qui revient presque au même, leur en donne le sentiment. La peur aussi de devenir une nation banale, normalisée, sans relief ni caractère, au sein d'une Europe instable, velléitaire et parfois convulsive. La peur en somme d'un destin illisible.

Et cependant, malgré ses angoisses et malgré ses malheurs, malgré ses humeurs noires, la France reste une nation enviable et même, si l'on accepte de prendre en compte rationnellement les multiples atouts dont elle dispose, une nation privilégiée. Contrairement à ce que l'on tente de lui faire croire et à ce qu'il lui arrive d'imaginer, elle n'a pas de problème d'identité. Son histoire, sa culture, sa langue, son orgueil ou sa vanité lui façonnent une physionomie qui n'a justement rien d'anonyme. Elle est l'État-nation par excellence, assez cohérent pour intégrer sa diversité, assez robuste pour surmonter ses crises, assez uni, quoi qu'elle en pense, pour se déterminer, compter et peser dans le monde. Ses institutions sont perfectibles mais solides. Son administration et ses services publics, tout critiqués qu'ils soient ici, n'en sont pas moins contemplés avec nostalgie par ceux qui peuvent mener des comparaisons internationales ; sa culture démocratique, trop vulnérable certes à la démagogie, apparaît heureusement allergique aux nouveaux extrémistes. La France est plus adulte qu'elle ne le croit.

Elle est aussi beaucoup mieux armée pour le XXIe siècle qu'elle ne le pense et qu'on ne le lui dit. Quatrième puissance du globe – avec seulement la vingtième population –, ce n'est pas là le rang d'un pays en déclin. Elle se désole à juste titre des effets délétères de la crise, notamment sur l'emploi. Ses cartes ne sont pourtant pas négligeables. Dans bien des secteurs, on l'a vu – y compris les plus neufs et les plus prometteurs –, elle se situe aux places d'honneur. D'ailleurs, est-ce un hasard si sa monnaie, ce reflet sans complaisance du jugement que le monde porte sur sa santé, fait maintenant figure plus qu'honorable ? Est-ce une coïncidence si son commerce extérieur, autre critère éminemment comparatif, s'est relevé de pareille façon ? Est-ce surtout un concours de circonstances si toutes les grandes institutions internationales, pourtant si sensibles aux influences anglo-saxonnes, saluent son redressement ? Après avoir été longtemps une malade qui n'en finissait pas de scruter son état, la France est une convalescente qui s'ignore.

Elle traverse, comme les autres nations, une période difficile et même dangereuse. Elle voit s'accumuler les risques en Europe de l'Est et s'enliser des volontés au sein du monde occiden-

(1) P. Poujade anima, surtout entre 1954 et 1958, un mouvement de protestation corporatiste des commerçants et artisans.

tal. Elle n'échappe pas à une phase d'irrationalité qui amplifie ses problèmes réels pour crêper systématiquement de noir l'horizon. Alors qu'elle donne des signes objectifs d'amélioration de son état, elle se laisse submerger par la morosité et parfois par l'autodérision. Par-delà les scandales et les « affaires », la crise du politique ne fait que projeter cette incertitude morale et cette fragilité psychologique. La France se comporte comme si, après vingt ans d'efforts parfois contradictoires et parfois maladroits mais au bout du compte salutaires, elle se décourageait au moment d'aboutir. La France est fatiguée.

En fait, en cette fin de siècle, la France a besoin d'inventer un nouveau projet collectif, de nouvelles ambitions nationales. Ce serait la meilleure thérapeutique contre l'esprit de doute, la tentation du découragement et les impasses de la démagogie. Elle en ressent la nécessité, elle en possède les moyens. Après l'effondrement et la démythification du communisme, devant les difficultés et les limites du modèle libéral classique américain, la recherche d'une voie originale, acquise à l'économie de marché mais attentive à en corriger la brutalité des effets sociaux, retrouve brusquement du prestige et des couleurs. La France, avec son État ferme et son économie enfin ouverte à la concurrence et à la compétition, est bien placée pour expérimenter une recherche de ce genre.

Tenter de demeurer et si possible d'être de plus en plus l'aiguillon de l'Europe, innover en matière de droits de l'homme et de développement du tiers monde, incarner un nouvel équilibre entre un État plus modeste mais plus efficace, des individus mieux protégés et plus solidaires, et une économie de marché largement ouverte vers l'extérieur, cela pourrait constituer une ambition collective digne de la France et capable de réconcilier sa passion historique du prestige et sa récente conversion à la modernité économique. En lieu et place de sa puissance évanouie et de son « exception » introuvable, ce serait l'heure d'une politique d'influence et d'exemplarité.

Il faudrait pour cela que le débat sur les affaires de la Cité retrouve un autre lustre et un autre statut que ceux qu'il connaît depuis plusieurs années. Tant que la vie politique sera regardée comme une foire d'empoigne cynique et injurieuse, tant qu'elle sera décrite comme un cloaque sans honneur, sans valeurs, sans éthique et sans idéal, la mélancolie, le désenchantement et l'amertume l'emporteront.

Pour que la France se débarrasse de ces remugles nauséabonds, il lui faut à la fois certes plus d'exigence, de contrôles et le cas échéant de sanctions au sein du monde politique, mais surtout beaucoup plus de projets collectifs, d'enjeux bien dessinés et de desseins alternatifs. Encore faut-il que les dirigeants mais aussi les citoyens et les médias y participent . C'est à ce prix seulement que la France parviendra à dominer ses doutes, à exorciser ses angoisses et à valoriser ses chances, bref à gagner son combat contre le pessimisme.

Alain Duhamel, *Les peurs françaises,* Flammarion, 1993, pp. 273-276.

TD 21 Résumez en 175 mots :

Le besoin, le plaisir et le désir

Consommer, dans un pays riche, c'est à la fois satisfaire un besoin et s'accorder un plaisir qui va au-delà de ce strict besoin. Le mystère ou la magie de la consommation résulte d'ailleurs dans la combinaison, ou plutôt dans l'imbrication qui s'effectue entre ces deux fonctions. Pourtant, en tant que consommateurs et parfois en tant qu'analystes, nous ne voyons pas les choses ainsi. Au contraire, nous aimerions pouvoir séparer clairement les fonctions de la consommation. D'un côté, il y aurait l'utilitaire – les produits ménagers, les aliments de base, par exemple – et de l'autre, ce qui ressortirait davantage du plaisir et dont on pourrait dire, pour aller vite, qu'il concerne l'ensemble des produits appelés, à tort ou à raison, de luxe. Cette connotation signifiant non pas qu'ils sont réservés à une petite minorité, mais qu'ils ne sont pas absolument nécessaires à la vie, que l'on pourrait en quelque sorte s'en passer sans grand dommage si cela était indispensable (1). L'alchimie de la consommation est tout autre. C'est

(1) D'où l'expression populaire concernant les produits nécessaires : « ce n'est pas du luxe ».

bel et bien à l'intérieur de chaque objet acheté que se confondent ces deux dimensions, ce qui ne veut pas dire qu'elles y soient à parts égales. Tout produit de luxe : parfum, robe de haute couture, champagne millésimé, a une contrepartie utilitaire, même si ce n'est pas d'abord ainsi qu'il se caractérise. Il permet par exemple de séduire ou d'établir une convivialité et cela lui donne une fonctionnalité.

À l'inverse, il n'y a pas d'objets qui soient purement fonctionnels. Derrière le plus banal des produits usuels, se cache un imaginaire. Celui-ci peut être directement associé au produit par sa composition, son histoire, les souvenirs qu'il évoque en nous (un savon de Marseille), il peut être au service d'un autre produit, ou d'une combinaison de produits (d'une recette alimentaire) qui évoquera à son tour un moment de plaisir. Un sac de pommes de terre pris au hasard d'un rayon de supermarché sera associé à la convivialité du rassemblement familial qu'il permettra de nourrir ou peut-être au plaisir anticipé de la réalisation d'un plat qui rappellera les joies de son enfance ou les couleurs de son terroir. Bien entendu, cette évocation ne sera pas forcément explicite à l'occasion de chaque achat, mais elle motive tout de même l'acte du consommateur au moins inconsciemment. De plus, elle obéit à un savant mélange de lois sociales et de destinées individuelles. Il est clair qu'un même objet peut ne pas évoquer du tout – ou pas tout à fait, selon le cas – le même imaginaire pour deux consommateurs issus de catégories sociales distinctes, d'âges différents, originaires de deux terroirs bien spécifiques.

Les hommes de marketing, les publicitaires s'appuient sur le fait qu'aucun achat n'est réellement neutre. Chaque consommateur y investit un peu de lui-même. La banalité d'un produit pris machinalement n'est qu'une façade. L'habitude nous joue des tours. La fidélité à une marque ou au contraire l'infidélité à son égard révèlent nos préférences du moment. Le conformisme est une sécurisation, un ancrage, une forme d'appartenance. Le changement est un zeste de risque, un semblant d'aventure, une petite fronde ou une grosse vengeance à l'égard du produit ou de la marque que l'on quitte. Il peut s'agir d'une passade, d'un mouvement d'humeur ou bien, au contraire, d'une évolution plus durable, d'un changement d'état d'esprit, conséquence de mutations plus profondes des conditions de vie ou des aspirations et des inquiétudes du moment.

Le consommateur est souvent pris au piège de cette dialectique besoins/plaisir. Il n'arrive pas à s'en dépêtrer facilement. D'une façon générale, il cherche à minimiser la dimension du plaisir explicite qui – là comme ailleurs – reste associée à un certain sentiment de culpabilité. C'est ce qui s'appelle la tendance à la rationalisation des achats. L'acheteur d'une voiture de grosse cylindrée justifiera sa préférence par le fort kilométrage qu'il effectue chaque année. Ses proches ne seront pas dupes, mais le laisseront ainsi camoufler un choix qui s'explique d'abord par l'envie de se faire plaisir. Des vacances coûteuses se trouveront justifiées par le harassement des semaines qui les auront précédées, comme s'il était nécessaire d'avoir un alibi pour en profiter. Ainsi, le plaisir de la consommation est souvent inavoué, parfois reconnu, mais il doit alors avoir une contrepartie, être la récompense d'une pénibilité antérieure.

Robert Rochefort, *La société des consommateurs,* Éd. Odile Jacob, 1995, pp. 21 à 23.

TD 22 Résumez en 190 mots :

Comment on fabrique des champions

Le dopage est intimement lié aux sports de compétition, auxquels il est indispensable pour, au moins, trois raisons.

Tout d'abord, la fabrication des champions. Elle est de plus en plus intégrée dans une chaîne de production mettant en jeu des techniques de sélection et d'entraînement vouées à l'optimisation des capacités physiques et psychiques à réaliser des performances à un moment donné. L'objectif est de programmer des individus entièrement dédiés et asservis à une discipline déterminée pendant une période de leur vie. Dans un grand nombre de pays, des dizaines de laboratoires et centres de recherche travaillent à la mise au point de nouveaux outils du sport auxquels le champion devra s'adapter dans le seul but d'augmenter les performances, mais aussi à l'amélioration technique du geste sportif en utilisant les résultats fournis par les capteurs sensoriels ou les simulations par intelligence artificielle, ainsi qu'à l'étude de la fatigue musculaire par résonance magnétique en vue d'en repousser les limites et d'en contrôler les effets.

Le niveau de la concurrence et le degré de compétitivité sont tels que les contraintes de fabrication de plus en plus rigoureuses – l'entraînement, jusqu'à six heures par jour, commence dès la pré-adolescence – aboutissent à produire des « pièces » sportives à la fois très performantes et extrêmement fragiles. *« C'est effrayant »*, s'exclamait il y a déjà plusieurs années M. Claude-Louis Gallien, professeur de biologie du développement à l'université René-Descartes à Paris, président de la Fédération nationale du sport universitaire, ancien athlète au lancer du disque et du marteau : *« Un organisme normal ne peut plus assumer la dose d'entraînement aujourd'hui obligatoire pour figurer en haute compétition. Cette dose est devenue invalidante. Le sport a atteint une telle exigence qu'il faut, pour parvenir au plus haut niveau, user de procédés extra-physiologiques, c'est-à-dire du dopage (...). Nul ne peut prévoir les troubles psychiques et physiques considérables qui peuvent découler du trafic hormonal. Toucher à ça, c'est toucher à l'individu dans sa substance même. Un organisme n'oublie jamais rien et peut se venger de façon dramatique. »* La cohorte grossie d'anciens champions devenus handicapés physiques et parfois mentaux, et de nouveaux frappés en pleine ascension, témoigne des dégâts. *« On en est à métamorphoser l'homme de base. (...) Faut-il fabriquer des individus adaptés au sport ? (...) Si l'on se veut cynique, ou réaliste, on s'aperçoit que le dopage actuel, le dopage biochimique, pourrait être avantageusement remplacé par des manipulations biologiques et génétiques. »*

« Ben Johnson, je l'ai fabriqué gramme par gramme. Il est le premier champion bionique », s'exclamait ravi le docteur Jaime Astaphan, médecin du champion déchu et de dizaines d'athlètes de haute compétition, *dealer* à plusieurs milliers de dollars le traitement. Adepte, parmi beaucoup d'autres, du trafic de l'équilibre hormonal de sportifs qui n'ont qu'une connaissance très approximative des risques qu'ils encourent, voire du contenu des traitements, quand ils ne sont pas simplement traités en objets et laissés dans l'ignorance. Ainsi, la fabrication programmée des athlètes, la rentabilisation des investissements qu'elle exige rendent inévitable le recours à des techniques de dopage de plus en plus scientifiques et médicalisées.

Mais il est une deuxième raison : une fois fabriqué, à coût sans cesse plus élevé, il faut tirer du champion le meilleur rendement – en performances et en argent – sur le marché concurrentiel des compétitions sportives. Dans tous les sports médiatisés – ceux qui brassent le plus de capitaux – on assiste depuis plusieurs années à une inflation vertigineuse du nombre d'épreuves, rencontres, tournois, coupes, championnats...

Un mercantilisme effréné a envahi le milieu sportif de haut niveau : entraîneurs, dirigeants, responsables nationaux, organisateurs, fournisseurs et sponsors, médias... et bien évidemment les champions eux-mêmes, tous sont intéressés – financièrement et professionnellement – à cette exploitation. Jusqu'à la FIAA (1), qui, avec la complicité du CIO (2), double le rythme du championnat du monde d'athlétisme, devenu bi au lieu de quadriennal. Soumis à ce rythme épuisant, le champion est contraint au dopage. *« Lorsqu'on fait de la compétition, il est pratiquement impossible de se passer de ce genre de produits,* reconnaît le cycliste Jean-René Bernaudeau. *Notre réputation se fait sur les grandes courses. Mais l'on tire plus de la moitié de nos revenus des critériums. J'en fais jusqu'à dix-huit en vingt jours, juste après le Tour de France. Alors on utilise des artifices pour tenir le coup. »*

Enfin, dernier facteur de développement du dopage : le sport de haut niveau est devenu le principal, sinon le seul, vecteur des valeurs de l'idéologie dominante. Comme l'a bien montré, entre autres, Michel Caillat : *« Le système sportif est une redoutable machine à opprimer, éliminer, trier »*, conduite par une *« logique profonde de l'exclusion (3) »* exaltant en permanence, donnant à voir à des centaines de millions d'humains les vertus de la compétition, de la sélection des meilleurs, du dépassement de soi pour le succès individuel obtenu au détriment des autres. Y

---

(1) FIAA : Fédération Internationale d'Athlétisme Amateur.

(2) CIO : Comité International Olympique.

(3) Michel Caillat, *L'idéologie du sport en France,* Édition de la Passion, Paris, 1989.

compris dans les sports collectifs, où l'équipe est toujours celle d'un leader. Avec un vocabulaire adapté à chaque discipline et à son public, du populaire – football ou cyclisme – à l'élitiste – tennis ou golf –. Ainsi du portrait de Jim Courier, dernier vainqueur de Roland-Garros, qui pourrait être celui, modèle ou futuriste, d'un *yuppie* de la finance, d'un manager implacable ou d'un négociateur intraitable de contrats internationaux : *« Personne au monde ne pourrait remettre en question son inaltérable autorité, personne si ce n'est une créature inventée à l'image de cet Américain survitaminé, à savoir le mélange d'un mental d'acier, d'une précision numérisée, de la force et de la crispation d'un guerrier. (...) [Il] a des allures de Terminator, une cadence et une automaticité tirées de la science-fiction (1). »*

Pour atteindre la gloire que procure le sport, ces sommets de la vertu, de la reconnaissance et de la fortune, au parcours ouvert à tous, sans distinction de naissance, de fortune, de race ou de religion, des hommes sont prêts à tout. Selon un sondage effectué auprès de 198 athlètes de niveau mondial âgés de seize à trente-cinq ans, 52 % seraient prêts à utiliser une drogue qui les tuerait au bout de cinq ans, mais leur garantirait d'ici là des performances victorieuses.

C'est dès le plus jeune âge que s'entretient l'incitation à vendre son âme au diable : *« Nous ne permettons plus à nos enfants de jouer pour le plaisir,* constate M. Charles Yésales, professeur de politique de la santé à l'université de Pennsylvanie. *Nous leur prêchons que Dieu s'inquiète vraiment de savoir qui va gagner vendredi soir. »* Mais nos sociétés aux relents totalitaires ne laissent aucune échappatoire et tentent de tout réduire au diktat de la compétition productiviste.

Il ne faut certainement pas compter sur le CIO pour y résister, pas plus qu'il n'a su résister à la domination de l'argent et du professionnalisme. Les mouvements de menton des responsables font écho à tous ceux qui se sont répétés depuis vingt-cinq ans. Ils rappellent les *« plus jamais ça »* qui clôturent régulièrement les drames successifs de la violence sportive. Ils renvoient irrésistiblement aux sempiternelles rodomontades répressives des hommes politiques promettant d'enfin *« terrasser le fléau de la drogue »*. Ce que veulent les responsables, ce n'est pas agir sur les causes profondes de la marchandisation du sport et des corps, mais garantir un dopage bien propre.

Christian de Brie, in *Le Monde diplomatique,* août 1992, pp. 28-29.

TD 23 Résumez en 200 mots le texte ci-dessous :

Le territoire et la bulle

Je voudrais aussi profiter de ce que nous parlons d'agressivité pour parler un peu de la notion de **territoire.** Les éthologistes (2) nous ont appris que celle-ci existe chez l'animal qui « défend son territoire ». Rien d'étonnant dans ce cas à ce que l'homme en fasse autant. Il s'agira d'un sentiment normal puisqu'il existe chez les bêtes. Il fournit un alibi à la notion de propriété privée et de patrie. L'homme étant un animal, tous les animaux défendant leur territoire, il est juste et équitable que l'homme défende ce qui lui appartient, sans chercher à savoir d'ailleurs d'où vient la notion de propriété. Or, il faut tout de même constater que l'on n'a pas encore mis en évidence, dans l'hypothalamus (3) ni ailleurs, un groupe cellulaire, ou des voies nerveuses différenciées en rapport avec la notion de territoire et avec le comportement lié à sa défense. Il ne semble pas exister de centre du terrritoire. Par contre, quand on parle d'un comportement gratifiant (4) il faut bien que l'action se passe dans un certain « espace ». Nous devrions même dire « certains espaces » au pluriel. En effet, autour du schéma corporel s'établissent un espace

---

(1) Dominique Le Guilledoux, *Le Monde,* 9 juin 1992.

(2) Éthologistes : savants étudiant les moeurs, le comportement.

(3) Hypothalamus : zone du cerveau, siège des centres supérieurs du système neuro-végétatif.

(4) Comportement gratifiant : comportement apportant une satisfaction.

visuel, un espace sonore, un espace osmique (1) qui n'ont pas tous les mêmes limites, lesquelles varieront avec l'acuité sensorielle de l'espèce d'une part, et ses possibilités de déplacement d'autre part. C'est dans ces espaces que s'effectueront les actes gratifiants et en premier lieu la chasse alimentaire, autrement dit la prédation et la recherche copulatoire en vue de la reproduction. Tout se passe comme si chaque individu était entouré d'une « bulle » dont les limites sont celles de l'acuité de ses différentes activités sensorielles, bulles dans lesquelles il se déplacera et agira en vue de satisfaire au maintien de sa structure, de ce que nous avons appelé son équilibre biologique. S'il trouve un opposant à ces actes gratifiants, il deviendra agressif à son égard. Le territoire devient ainsi l'espace nécessaire à la réalisation de l'acte gratifiant, l'espace vital. Il ne semble pas qu'il soit utile de faire appel à un instinct particulier. On s'aperçoit d'ailleurs que l'étendue de cet espace peut varier avec l'apprentissage et l'assouvissement des besoins fondamentaux. Il s'ensuit que chez l'animal le territoire n'est pas une « propriété » mais répond à un besoin, qui n'est pas un besoin de conquête jamais assouvi. Le territoire est rarement fixe pendant toute la vie de l'animal et ne dure le plus souvent que pendant la saison des amours. **La bulle, le territoire, représentent ainsi le morceau d'espace en contact immédiat avec l'organisme, celui dans lequel il « ouvre » ses échanges thermodynamiques pour maintenir sa propre structure.**

Mais depuis le néolithique l'interdépendance croissante des individus humains, du fait de la spécialisation du travail, a rétréci la bulle de chacun d'eux ou du moins l'a mélangée avec celle des autres à tel point qu'il s'est agi de plus en plus de bulles communautaires, celles des groupes humains. Au « familialisme », au corporatisme, au régionalisme, au patriotisme, aurait ainsi dû succéder l'humanisme, pas celui des pages roses du dictionnaire, mais celui de l'humanité au sein de sa niche planétaire. Inversement, avec la promiscuité croissante qui caractérise les grandes cités modernes, la bulle individuelle s'est rétrécie de façon considérable. À l'intérieur des locaux d'habitation même, le surpeuplement, l'envahissement de la bulle acoustique limite considérablement l'espace où peuvent s'effectuer les actes gratifiants. Si la radio, la télévision, la presse, élargissent par ailleurs les bulles visuelles, auditives, cognitives, elles ne **facilitent pas parallèlement l'action,** qui devient au contraire de plus en plus stéréotypée, de moins en moins efficace dans sa finalité qui est de transformer le milieu au mieux de la survie. Pendant des millénaires l'individu s'est représenté sa niche écologique comme un espace très limité mais dans lequel son action pouvait être efficace. Les événements sur lesquels il n'avait pas de « prise » étaient du domaine des dieux. Aujourd'hui il vit dans une niche planétaire, souvent même cosmique, et les dieux sont morts. Mais il se sent garrotté par les automatismes, l'intrication des bulles, l'interdépendance et la soumission intransigeante à un déterminisme social qui ne lui permet pas de se gratifier comme il le voudrait. La machine économique le broie sans qu'il puisse résister, se défendre, tant elle est impersonnelle, protéiforme, abstraite.

On voit que ce que l'on appelle le territoire est bien le morceau d'espace dans lequel un individu peut agir pour se gratifier. Mais que dans cet espace se trouvent aussi les autres qui limiteront la diversité de ses actes gratifiants. Un des problèmes posés à l'homme moderne réside dans le fait que cet espace n'est plus pour lui un espace réel, mais le plus souvent une représentation, une image considérablement agrandie, alors que les autres sont toujours là, bien réels et de plus en plus empiétants sur la bulle étroite dans laquelle il peut agir. Il a gagné, sans qu'on lui demande son avis, un bulletin de paie et une carte de sécurité sociale, mais il a perdu le chant des oiseaux. L'étendue de son territoire est fonction de sa situation hiérarchique. Celle du leader est beaucoup plus vaste que celle de l'ouvrier spécialisé. L'espace où ce dernier peut se gratifier est éminemment restreint. Si restreint qu'il se limite souvent à celui occupé par deux corps enlacés dans l'amour, seul espace où le déterminisme économique et celui des préjugés sociaux n'ont pas encore réussi dans certains cas à s'infiltrer. On voit quels chemins détournés, pour parvenir au « territoire » dont parlent les éthologistes, Eros et Mars ont dû suivre en se donnant la main.

Henri Laborit, *La nouvelle grille,* Folio, 1985, pp. 78-81 (R. Laffont, 1974).

---

(1) Espace osmique : espace olfactif.

TD 24 Résumez en 170 mots le texte suivant :

La cruauté du monde

Née sur une minuscule planète au sein d'une violence extrême d'orages, éruptions et tremblements de terre, la vie, fruit d'associations entre myriades de macromolécules, lutte cruellement contre la cruauté du monde et résiste avec cruauté à la cruauté de la vie. Tout vivant tue et mange du vivant. Les végétaux eux-mêmes se nourrissent des sels minéraux issus des résidus cadavériques. Tout cycle écologique de vie est en même temps un cycle de mort, ce cycle de mort est en même temps un cycle de solidarité, ce cycle de solidarité est en même temps un cycle de destruction. Les espèces luttent contre la mort, les unes, insectes et poissons, en multipliant leurs œufs, les autres, oiseaux et mammifères, en protégeant leur progéniture.

Sans ces forces faibles de résistance à la cruauté, il n'y aurait pas la vie. Sans ces forces faibles, il n'y aurait que désolation. Mais sans l'intégration de la cruauté par la vie, il n'y aurait pas de vie non plus. Les forces faibles d'association qui constituent la vie intègrent et combattent cette cruauté. Au sein de la cruauté du monde et assumant cette cruauté, les forces d'union, de communication, d'auto-écoorganisation de la vie, si faibles soient-elles, ont été capables de se répandre dans les océans, de s'étendre sur les continents, de s'élancer dans les airs. La vie est l'« unité cachée de la bonté et de la cruauté » qu'évoque F. Herbert dans *Dune.*

La cruauté est constitutive de l'univers, elle est le prix à payer pour la grande solidarité de la biosphère, elle est inéliminable de la vie humaine. Nous sommes nés dans la cruauté du monde et de la vie, à quoi nous avons ajouté la cruauté de l'être humain et la cruauté de la société humaine. Les nouveau-nés naissent en hurlant de douleur. Les animaux dotés de systèmes nerveux souffrent, peut-être aussi les végétaux, mais ce sont les humains qui ont acquis les plus grandes aptitudes à la souffrance en acquérant les plus grandes aptitudes à la jouissance. La cruauté du monde est ressentie plus vivement et plus violemment par les créatures de chair, d'âme et esprit, qui peuvent souffrir à la fois de la souffrance charnelle, de la souffrance de l'âme et de la souffrance de l'esprit, et qui, par l'esprit, peuvent concevoir la cruauté du monde et s'en horrifier.

La cruauté dans les relations entre humains, individus, groupes, ethnies, religions, races est terrifiante. L'être humain contient en lui un grouillement de monstres, qu'il libère à toutes occasions favorables. La haine déferle pour un rien, un oubli, la chance d'autrui, une faveur dont on se croit privé. La haine abstraite pour une idée ou une religion se mue en haine concrète pour un individu ou un groupe ; la haine démente se déchaîne sur une erreur de perception ou d'interprétation. L'égoïsme, le mépris, l'indifférence, l'inattention aggravent partout et sans trêve la cruauté du monde humain. Et, dans les sous-sols des sociétés civilisées, on torture les animaux pour la boucherie ou l'expérimentation. L'excès de cruauté nourrit de lui-même par saturation l'indifférence et l'inattention, et du reste nul ne pourrait supporter de vivre s'il ne maintenait pas en lui un cal d'indifférence.

L'accroissement de la dépendance à l'argent, de l'indépendance par l'argent, et du pouvoir de l'argent généralise et amplifie les avidités impitoyables. La technique et la bureaucratie propagent une inhumanité glacée, mécanique, désintégrant par leurs quantifications les réalités vécues des êtres de chair, de sang et d'âme. La spécialisation et la compartimentation détruisent le sens de la responsabilité. Ainsi s'accroît la cruauté par indifférence, inattention et cécité.

Les seules résistances sont dans les forces de coopération, communication, compréhension, amitié, communauté, amour, à condition qu'elles soient accompagnées de perspicacité et d'intelligence, dont l'absence risque au contraire de favoriser les forces de cruauté... Elles sont toujours les plus faibles, mais c'est grâce à elles qu'il y a des sociétés vivables, des familles aimantes, des amitiés, des amours, des dévouements, des charités, des compassions, des élans du cœur, et que, de cahots en chaos, de chaos en cahots, le monde va, Caïn caha, sans être ni totalement ni en permanence submergé par la barbarie. Ces vertus comportent elles-mêmes de la cruauté à l'égard de ce qui leur est extérieur, antagoniste ou simplement indifférent, mais c'est elles qui font la vie vivable, la mort non souhaitable ; ce sont elles qui, au

niveau des humains, entretiennent ce qu'il y a de plus précieux, et qui est en même temps ce qui est le plus menacé et mortel, au premier chef l'amour.
Ce sont ces forces faibles qui nous permettent de croire à la vie, et c'est la vie qui nous permet de croire en ces forces faibles. Sans elles, il n'y aurait que l'horreur de la coercition pure, de la destruction de masse, de la désintégration généralisée. La pire cruauté du monde et le meilleur de la bonté du monde sont dans l'homme. Nous devons prendre conscience corrélativement de la perdition terrestre et de la cruauté du monde. Aussi l'évangile de la perdition comporte l'éthique de la solidarité qui est elle-même éthique de la résistance à l'immense cruauté du monde. La ligne de résistance se tient justement sur l'ourlet de l'horreur.
Nous devons résister à ce qui sépare, à ce qui désintègre, à ce qui éloigne, tout en sachant que la séparation, la désintégration, l'éloignement gagneront la partie. La résistance, c'est ce qui va à l'aide de ces forces faibles, c'est ce qui défend le fragile, le périssable, l'émergent, le beau, le vrai, l'âme. C'est ce qui peut faire une brèche dans le Plexiglas de l'indifférence, afin de sourire au sourire, consoler les pleurs. Sourire, rire, blaguer, jouer, caresser, étreindre, c'est aussi résister.
Résister, résister d'abord à nous-mêmes, à notre indifférence et à notre inattention, à notre lassitude et à notre découragement, à nos vilaines pulsions et mesquines obsessions. Résister par/pour/avec amitié, charité, pitié, compassion, tendresse, bonté. La résistance à la cruauté du monde doit essayer de maintenir l'union dans la séparation, de lier ce qui est libre en le laissant libre, de susciter le repentir en accordant le pardon.

Edgar Morin, *Mes démons*, Éd. Stock, 1994, p. 336 à 340.

TD 25 Résumez en 175 mots le texte suivant :

Le sérieux du futile

Depuis toujours, il est des individus – pas toujours jeunes et encore moins nécessairement « marginaux » – pour s'exprimer et s'affirmer au travers d'un style, simple pose vestimentaire ou bien mode de vie global, en rupture avec les normes acceptées par leur époque de l'« élégance », du « bon goût » et de la « respectabilité ». Des hommes – et bien sûr aussi des femmes – qui entendent contester par leur apparence un état de choses, une échelle de valeurs, une hiérarchie de goûts, une morale, des mœurs, des comportements, une vision du monde ou un projet, tels que les reflètent le vetement dominant, le style obligé ou la référence esthétique commune de la société dans laquelle ils vivent. Des hommes, enfin, qui sont, se veulent ou se rêvent « autres », différents, étrangers, singuliers et entendent le montrer par ce que l'on voit en premier, l'apparence.
Ce sera ici un vêtement ancien qu'ils ressuscitent, ou au contraire une tenue nouvelle qu'ils inventent; une couleur, une forme ou une ligne « bizarres » parce que non utilisées, ou même taboues, qu'ils privilégient; des objets symboliques, des gris-gris, des colifichets, des décorations et des badges qu'ils s'accrochent un peu partout. Là, on verra au contraire un accessoire usuel ou un habit commun détournés de leur fonction, réinventés par un « porté », par une manière particulière, personnalisée, de les arborer, de les mettre en scène. Ce sera enfin – et, le plus souvent, en même temps – des mœurs, des attitudes, des comportements, des manières d'être, de vivre et de sentir, des mythes, un vocabulaire, une esthétique, une éthique – presque une cosmogonie : une culture ou une quasi-culture.
Comme il est toujours plus facile d'être original à plusieurs, par effet d'imitation ou par rencontre spontanée de l'« air du temps », on aura affaire dans la plupart des cas à des regroupements, formels ou informels, conscients ou non, vivant ensemble dans un même écart face à la règle : à des « mouvements », presque des « tribus » parfois, ou alors de simples « états d'esprit » reconnus par ceux qui les partagent. Dans tous les cas, pourtant, des mouvances, par l'intermédiaire desquelles on se conforte dans sa différence avec le monde « normal » des bourgeois, des Straights, des Squares – ou, comme on le disait pendant la grande fièvre romantique, des

Grisâtres ou des Bonnets-de-coton : le monde de ceux pour qui la parure est forcément futile, les apparences immanquablement trompeuses, et les règles faites pour être observées.

Face à cette subversion des signes extérieurs de comportements, qui fait désordre, la société, bien sûr, réagit. Avec tous les moyens dont elle dispose : par le jugement moral et esthétique – le « ce qui se fait et ne peut se faire », le « ce qui est beau et ce qui est laid » –, par la référence au sens de la mesure, du « bon goût », de la décence, et même parfois par la caricature, l'insulte, voire la répression. On voit alors le pouvoir faire irruption dans les boudoirs de ses sujets, interdisant ou au contraire prescrivant le port de la culotte ou de la perruque poudrée, imposant ou bannissant des vêtements d'origine étrangère, venus d'autres cultures; lancer de véritables croisades à l'assaut de tenues considérées comme extravagantes, insensées ou outrageuses et s'armer de ciseaux pour couper ce qui fait la nique à la Règle; ou bien, enfin, chercher, comme c'est le cas dans presque toutes les révolutions, progressistes ou traditionalistes, mondialistes ou nationales, à imposer un vêtement « idéal », « exemplaire », « parfait » : tenter de légiférer dans le domaine mouvant de l'apparence.

Aujourd'hui, c'est le système commercial qui assure en grande partie cette normalisation, sans violence et, le plus souvent même, avec le consentement des intéressés. Car si ces mouvements qui affectent les apparences naissent et vivent dans la spontanéité, ils meurent aussi de devenir trop conscients. Ironie du sort, c'est leur succès qui provoque leur déchéance. C'est parce qu'ils deviennent à leur tour des normes, voire des uniformes; parce que, d'une protestation individuelle floue et contradictoire, plastique et malléable, ils se muent en diktats univoques et déterminés, sans plus d'intervention de la sensibilité individuelle; parce que, en un mot comme en cent, ils s'institutionnalisent, qu'ils perdent, en même temps que leur âme, leur valeur de mode d'expression. Alors, de fantasmes capables d'exprimer une révolte ou du moins un malaise protéiforme, les voici ravalés au rang de pures formes vides : de clichés, de gadgets, de gimmicks – de modes.

La mode institutionnelle d'ailleurs ne s'y trompe pas, qui pille et vampirise tant qu'elle le peut cette invention spontanée surgie de la « rue », de la périphérie, de la « marge ». Comme dans une opération d'alchimie, elle transmute cet ignoble en Beau, et ce mauvais goût en goût nouveau et chiffre d'affaires.

Si la société fait tant de cas de ce qu'elle ne cesse par ailleurs de juger futile, abracadabrant, idiot, dégénéré ou décadent; si elle se préoccupe tant de ces révoltes d'apparences; si, même, elle va parfois jusqu'à réprimer ces Chevaliers du Rien, Révoltés de la Cravate et autres agités de l'élégance, c'est parce qu'elle ne peut manquer de percevoir, sous la futilité des apparences, une attaque radicale, excessive, parfois même désespérée, dont elle ne saurait digérer que les formes mortes, ramenées à leur enveloppe imitable. Car, dans ces mouvements de style, ce n'est pas seulement un défi au contrôle social qui s'exprime, un pied de nez à l'autorité et aux règles, mais peut-être plus encore une volonté de vie totale, à hauteur du rêve et du fantasme, un plaisir de la parure pour la parure, du style pour le style, où la société voit s'effondrer le credo matérialiste sur lequel elle est fondée.

Bref, ce qui s'exprime ainsi, c'est non seulement la reconnaissance d'un vide idéologique, le symptôme quasi névrotique d'un conflit entre deux ordres, l'un finissant et l'autre tardant à naître – car toutes les périodes sont à des degrés divers des périodes de transition –, mais plus encore la manifestation d'une protestation éternelle : celle des apparences contre l'esprit de sérieux, des parties contre le tout, du jeu contre la loi, du principe de plaisir contre la Raison morne et étouffante : le conflit irréparable, à jamais recommencé, de l'individu contre la civilisation.

Alors, dans ce désir de vie totale qui s'exprime paradoxalement par ces formes ténues et superficielles que sont les apparences, une voix tente de nous glisser cette vérité renversante : rien n'est plus futile que notre acharnement à rendre tout sérieux, utile, raisonné; rien de plus sérieux que le futile...

Patrice Bollon, *Morale du masque,* Seuil, 1990, pp. 11 à 14.

TD 26 Résumez en 250 mots le texte suivant :

La victoire du mot sur l'image

Désormais (1) l'image relevait définitivement du langage, verbal ou écrit. C'est toujours son statut actuel et ce, à un double titre.

En premier lieu, la conviction qu'une image peut se réduire à des mots est solidement ancrée dans la culture occidentale. Elle se fonde sur l'axiome que la parole est première dans le fonctionnement de l'entendement humain, toujours d'actualité dans la philosophie contemporaine. Le développement de l'esthétique puis celui de l'histoire de l'art, à partir du début du siècle dernier, y ont certainement beaucoup contribué, ne fusse qu'en faisant croire, de bonne foi ou non, que l'on pouvait rendre compte d'une image à l'aide de mots. Il faut se souvenir qu'avant les progrès très récents de la photographie en couleurs, ces deux disciplines étaient contraintes d'avoir recours, pour traiter de peinture, à de longues descriptions.

L'idée d'une possible autonomie de l'image sur le plan du sens est néanmoins apparue grâce à l'histoire de l'art, dans la seconde moitié du XIXe siècle avec Burckhardt (2) : « S'il était possible, en principe, de l'exprimer complètement en paroles, l'art serait superflu et l'œuvre n'aurait pas eu besoin d'être bâtie, sculptée ou peinte ». Quelques années plus tard, Taine fut même plus catégorique : « Par elles-mêmes et en dehors de leur emploi imitatif, les couleurs, comme les lignes, ont un sens ». Ce sont pourtant des évidences qui sont loin d'être acceptées, encore maintenant.

En second lieu, l'image a pour fonction essentielle d'être au service du mot, comme illustration, renforcement ou prolongement. Directement ou indirectement, elle se réfère à un texte qui seul peut véritablement lui conférer un sens. L'énonciation prime la figuration. Le fait que l'image occidentale se soit vouée, depuis vingt-cinq siècles, à l'imitation poussée jusqu'à la reproduction, de manière presque exclusive, peut en être l'une des causes primordiales. Dans le même ordre d'idée, on peut classer la fonction éducative des images, mais sur ce plan également, leur statut est déprécié et elles restent considérées comme un pis-aller par rapport au langage. Le thème de l'image « livre des illettrés » remonte au Bas-Empire et fut fréquemment repris depuis le Moyen Âge jusqu'à nos jours. La pédagogie audiovisuelle se ressent toujours de la condescendance avec laquelle les intellectuels ont traité ceux qui n'avaient pas accès aux textes ainsi que ceux manifestant un goût trop prononcé pour les images et leurs charmes.

Car l'image peut être suspecte aussi : elle fait appel à la sensibilité, à l'émotion, à l'imagination, à l'intuition, toutes choses mal connues, mal contrôlées, au fort parfum d'irrationnel. Comme le soulignait Platon, elle « commerce avec l'élément inférieur de l'âme ». Au contraire, le texte représente la réflexion, le rationnel, un contenu que l'on maîtrise ou que l'on croit maîtriser.

Définitivement établi à la fin du XVIIIe siècle, ce double rapport d'infériorité entre le langage et l'image n'évolua plus de manière significative. La photographie en hérita, tout comme elle avait hérité de l'espace pictural ou de la figuration fondée sur l'imitation. D'ailleurs, son apparente objectivité ne pouvait être qu'un obstacle supplémentaire à la reconnaissance d'une autonomie intellectuelle légitime.

Les choses se compliquèrent avec l'apparition du cinéma. Le théâtre dont, bon gré mal gré, il procède directement, avait été défini par Kant comme de l'éloquence plus de la peinture et, depuis sa résurgence au XVe siècle, son histoire avait été marquée par une lutte constante entre le texte et le spectacle, entre l'éloquence et la peinture. Le résultat en fut la distinction entre un théâtre « noble », celui du mot et un théâtre moins prestigieux, sinon intellectuellement dévalorisé, celui fondé sur le visuel.

Comme chacun sait, le cinéma commença par être muet. Malgré ce handicap majeur, il demeura fidèle à ses origines. Non seulement les intertitres tentèrent de suppléer, quelques fois de manière prolifique, à l'absence de la parole, ainsi qu'une gestuelle venue de la scène mais les

(1) Le début du XIXe siècle (qui constitue, pour l'auteur, une étape décisive dans ce rapport du mot à l'image).

(2) Jacob Burckhardt, historien suisse (1818-1897), célèbre par ses ouvrages d'histoire de l'art.

cinéastes s'efforcèrent de réintroduire le texte à l'intérieur même de l'image. Pour ce faire, ils s'appuyèrent, de façon plus ou moins consciente, sur les figures de la rhétorique traditionnelle, surtout grâce au montage et aux possibilités de trucage à partir de la surimpression. Si beaucoup en restèrent à un niveau relativement élémentaire, d'autres firent preuve d'une grande ingéniosité dans des œuvres très élaborées : Griffith, certains expressionnistes allemands, Eisenstein furent parmi les plus remarquables quant à l'exploitation de ces figures de style.

Cela n'empêcha pas les premiers théoriciens du cinéma dans les années 1920, comme Balazs en Allemagne ou Moussinac en France, de proclamer que le « septième art » était une forme d'expression totalement nouvelle, commençant ainsi à construire le mythe de la fondamentale modernité de l'audiovisuel. Néanmoins, pour décrire les procédés d'expression du cinéma, ils firent un grand usage de termes tels que langage ou écriture. Sans doute, ces mots étaient-ils valorisants pour une activité encore très contestée dans les milieux intellectuels mais c'était la reconnaissance implicite, quoiqu'involontaire, du fait que, comme aurait pu dire Kant, le cinéma se réduisait, lui aussi, à de l'éloquence et à de la peinture. Moins présomptueux par rapport au mythe de la modernité, Eisenstein, dans ses écrits théoriques, cherchait les origines à la fois picturales et littéraires du nouvel art afin d'y puiser des ressources.

L'apparition du parlant ne fit que renforcer le caractère foncièrement littéraire du cinéma. Outre le fait que le dialogue eut vite tendance à prendre une part prépondérante par rapport à l'image, les producteurs d'Hollywood faisant directement appel aux écrivains les plus célèbres par exemple, le cinéma resta marqué par la période précédente. Le retour de la parole permit d'économiser les procédés d'expression visuelle les plus abusifs ou les plus maladroits mais, aussi bien dans l'organisation de leur structure générale que dans le montage ou le cadrage, les films continuèrent à être extrêmement proches des modèles littéraires.

Depuis Eisenstein, un poncif se retrouve dans beaucoup d'ouvrages sur le cinéma : montrer que tel ou tel chef-d'œuvre de l'histoire de la littérature, de préférence antérieur à l'apparition de celui-ci, peut être analysé comme le découpage d'un film. Généralement l'auteur en conclut soit l'extraordinaire prémonition de l'écrivain en question dont le prestige ne peut manquer de rejaillir sur l'art cinématographique, soit à l'impérieuse nécessité du cinéma dont la naissance était inscrite dans l'histoire avant même d'avoir eu lieu. En fait, l'exercice ne prouve qu'une chose : l'évidence de l'omniprésence du modèle littéraire à l'écran. Le plus souvent, cet exercice a lieu sur un roman du XIXe siècle et c'est dans ce cas qu'il est le plus probant. Ce fut, en effet, à partir des adaptations de ces romans sur les scènes de la fin du siècle dernier que s'élabora, dans une large mesure, l'expression cinématographique.

La télévision ne représenta pas une innovation dans ce domaine, au contraire. En plus de la place qu'y tient le cinéma, que ce soit par la diffusion de films ou bien par les téléfilms et les feuilletons conçus exactement sur son modèle, on ne peut manquer d'être frappé par l'importance de la place prise par la parole sous toutes ses formes dans les programmes.

Plus que jamais, l'impression prévaut que l'éloquence a gagné sur la peinture et que l'image est un faire-valoir du langage. Au terme, sans doute provisoire, d'une concurrence séculaire, le texte a fini par l'emporter sur le spectacle et le mot sur l'image.

Robert Chesnais, *Les racines de l'audiovisuel*,
Éd. Anthropos, 1990, pp. 193-197.

TD 27 Résumez en 250 mots le texte suivant :

Le narcissisme français

Les Français forment un peuple vaniteux et narcissique mais non point inconscient : ils savent bien qu'ils ne sont pas le centre de la terre, le nombril du monde – tout juste une puissance moyenne, affaiblie mais qui compte et ne renonce pas. Seulement, ils se trompent grandement sur un point. Ils se figurent être partout aimés et respectés. Quelle erreur ! Les étrangers préfèrent la France aux Français et admirent davantage le passé de l'Hexagone que son présent.

La « grande nation », comme elle se nommait elle-même jadis en toute modestie, a perdu beaucoup de son lustre et de ses atours, de ses plumes et de ses crocs. À travers la littérature étrangère, les Français apparaissent gais entre eux mais rogues avec les autres, vifs mais peu hospitaliers et fort indifférents à ce qui se passe au-delà de leurs frontières. Leur popularité varie beaucoup d'une région à l'autre : appréciés en Afrique noire francophone, bien accueillis dans les pays arabes, ils n'intéressent guère en Asie du Sud-Est. En Europe, les Allemands les aiment bien (aujourd'hui), les Britanniques les comprennent mal et ne les prennent pas très au sérieux, les Espagnols leur vouent une solide rancœur (souvenir des sanglantes expéditions napoléoniennes) ; les Italiens s'en sentent proches mais ne les trouvent pas très entreprenants, les petits pays les jugent souvent arrogants et hâbleurs.

Dans les cénacles internationaux, leur classe dirigeante (qui voyage maintenant) passe pour suffisante et brillante, plus rhétorique que pratique. Les stéréotypes qui les concernent convergent tous. Ils montrent des Françaises élégantes et plutôt raffinées, des Français à l'esprit alerte mais aux mœurs casanières. En somme, de l'extérieur, on prête aux citoyens de ce pays un certain art de vivre, quelque brio, quelque égoïsme, quelque insouciance. On leur reconnaît des idées mais pas le sens de l'intendance, des projets mais peu de constance, de l'éloquence mais guère de réalisme.

La France est mieux traitée que les Français, peut-être parce que son image est plus abstraite et plus rétrospective. On la regarde souvent à travers un prisme culturel au prestige ambigu. Elle bénéficie, davantage que ses habitants, du halo de l'Histoire. On lui concède volontiers une vocation intellectuelle. On admire sa littérature, sa peinture. Dans le registre des idées politiques, on ne conteste pas son apport. On lui attribue d'office la première place s'il s'agit de la mode, du chic, de l'habillement de luxe. Jusqu'au Japon ou en Australie, elle fait prime dans ce domaine. Le « made in Paris » demeure, s'il s'agit de robes, de cravates ou de parfums, le signe de la réussite. Pour l'alimentation, *a fortiori* pour les boissons, chacun s'incline devant elle. La France reste le premier traiteur du monde, le premier fournisseur des mondains, des snobs et des parvenus.

Réussite équivoque : mieux vaudrait qu'elle soit davantage prise en considération comme puissance industrielle et commerciale. Or sur ce plan, elle paraît presque injustement classée. L'Hexagone n'est certes pas spécialement doué pour le négoce mais il vend pourtant des avions et des fusées, des satellites et des armes sophistiquées, des centrales nucléaires, des métros d'avant-garde, des locomotives, beaucoup d'automobiles. En matière d'hydraulique ou d'équipements téléphoniques, il lui arrive fréquemment de se distinguer. Il dispose d'un puissant réseau bancaire, d'une industrie du tourisme remarquable. Il ne vit plus à l'heure du béret basque, de la baguette et de la pétanque. Il y a vingt-cinq ans, le commerce extérieur représentait 13 % de son produit national brut, aujourd'hui 26 %.

Et cependant, on ne le regarde pas comme une puissance industrielle. Il a même l'image d'une nation en déclin. Les Américains, partiaux sans doute, parient bien davantage sur la Grande-Bretagne et sur l'Allemagne fédérale. Les jeunes grands pays, le Brésil par exemple, la connaissent mieux à travers la Joconde et Hermès, Dior ou Krug que par Matra ou Air Industrie. La France a, en matière commerciale, une réputation d'archaïsme et d'amateurisme, sauf pour ce qui touche à l'art de vivre. Les étrangers fortunés l'apprécient, les économistes la dédaignent.

Il y a là quelque injustice.

Dans certaines branches technologiques, elle a plus d'avance que la Grande-Bretagne et que l'Allemagne fédérale. La recherche y est globalement insuffisante mais dans plus d'un secteur la production scientifique française reste de premier plan. Seulement, telle n'est pas son image. On ne la range pas parmi les nations d'avenir. On célèbre aimablement le culte de son passé, on médit sur ses perspectives.

Au moins, la France reste-t-elle une puissance politique. Son statut juridique le lui garantit. Paris a le privilège – héritage historique seulement ? – de compter, pour ce qui touche aux relations internationales, parmi les cinq grands. À l'O.N.U., elle est des cinq membres permanents du Conseil de Sécurité disposant du droit de veto, en compagnie des États-Unis, de l'Union soviétique, de la Chine et de la Grande-Bretagne. À Berlin, elle est l'une des quatre puissances détentrices et garantes de la souveraineté. Nombre de Français occupent les premiers postes dans les organismes internationaux (Commission de Bruxelles, O.C.D.E., Bureau International du Travail, Fonds Monétaire international). Le fait de posséder l'arme atomique et, contrairement à Londres, d'en contrôler seule l'utilisation, lui vaut un poids particulier. Paris est, loin derrière Washington et Moscou bien sûr, la troisième puissance nucléaire militaire. Les miettes de son empire lui permettent de conserver dans tous les océans des zones maritimes et des positions navales précieuses. Dans le domaine politique, la France marche seulement après les deux grands, à parité avec la Chine et la Grande-Bregagne, mais devant l'Allemagne et le Japon, toujours handicapés par les séquelles de la Seconde Guerre mondiale. En Europe, le sort de la Communauté dépend d'abord de l'entente entre Français et Allemands. En Afrique noire, la France reste la protectrice d'une vaste zone d'influence. Elle demeure donc une grande puissance... eurafricaine.

Avec cependant une mentalité anachroniquement hexagonale. La France pèse dans les affaires du monde, cela se sait : elle compte sur le plan économique même si cela s'ignore ; elle incarne une culture au rayonnement sans doute plus déclinant qu'elle ne s'en avise ; elle s'ouvre sur l'extérieur chaque année davantage. L'Europe est sa province, le monde son marché. La société américaine exerce sur les jeunes un attrait qui semble parfois irrésistible (vocabulaire, mode vestimentaire, musique, voyages, enseignement, manières en témoignent). Or malgré cette internationalisation, la dimension étrangère est peu présente dans l'univers politique des Français : les débats portant sur les relations internationales les ennuient, un fait divers dans leur canton, un scandale dans leur commune excitent mille fois plus leur curiosité qu'un affrontement militaire au Proche-Orient ou qu'un épisode important des relations Est-Ouest.

À l'heure du vote, hormis la veille ou le lendemain d'une guerre touchant directement l'Hexagone, la politique étrangère influe peu. Il faut, pour que les Gallicans lui prêtent vraiment attention, qu'elle concerne leur mode de vie : un embargo pétrolier, la menace d'un rationnement de l'essence, un attentat meurtrier peuvent émouvoir. Mais depuis que l'aventure impériale est morte, la politique étrangère ne parle plus à l'imaginaire collectif. Une tension avec Moscou, une crise de l'Europe ou du système monétaire international n'ont plus la capacité d'influencer à l'heure de choisir une majorité ou un Président. Ce phénomène n'est pas seulement français. Il est peut-être plus paradoxal d'ailleurs dans un pays qui a l'orgueil de son histoire et le goût de jouer un rôle.

Les Français se font une représentation non figurative de la politique étrangère. Ils adhèrent aisément aux choix présidentiels. Leur patriotisme ou leur chauvinisme les fait s'identifier à celui qui les représente, symbolise l'État, négocie et reçoit les hôtes étrangers. Mais il s'agit d'un assentiment théorique qui n'influence pas les convictions partisanes. Les Hexagonaux peuvent très bien apprécier la politique étrangère d'un chef de l'Etat et voter contre lui. Ils n'agissent pas de même si la politique économique et sociale est en cause. La politique étrangère est une chose trop sérieuse pour concerner les citoyens : c'est la conviction générale. Drôle de psychologie chez le plus vieil État-Nation d'Europe, si sensible au prestige et au rang.

Alain Duhamel,
Le Complexe d'Astérix, Gallimard, 1985, pp. 217-221.

TD 28 Résumez en 250 mots le texte suivant :

La peur : les secrets du cerveau

Les sondeurs l'affirment depuis des années : les femmes et les hommes de notre temps ont peur. Peur de quoi ? De la bombe atomique, de la vieillesse, des loubards, des souris, du cancer, des maladies cardio-vasculaires, des accidents de voiture, d'entrer en scène (trac), du vide, de Frankenstein, des fantasmes de la nuit. Entre autres. Énumération loufoque qui ne répond à aucune logique apparente. D'autant plus que les Occidentaux (et assimilés) n'ont jamais été aussi protégés depuis qu'il existe des hommes. Ils ne meurent pratiquement plus à la naissance : l'âge venu, ils se font vacciner, puis assurer contre toutes sortes d'accidents ; de plus, la société les oblige à verser chaque mois des sommes modiques qui leur assureront, la vie durant, un taux élevé de remboursement des soins et médicaments. Le résultat saute aux yeux : jamais les femmes et les hommes n'ont vécu aussi longtemps, et les scientifiques chuchotent que les moyennes ne vont pas tarder à s'élever encore. Réponses sans valeur, dira-t-on. Plus la durée moyenne de l'existence s'allonge, plus les vivants ont peur.

Ne nous faisons donc pas d'illusions. Nous sommes en face de vieilles terreurs qui remontent probablement du fond des âges, qui sont peut-être liées à des mythologies enfouies. Les compagnons d'Ulysse ont peur du Cyclope et les frères du Petit Poucet de l'ogre. Ulysse est un héros parce qu'il surmonte sa frayeur et se débarrasse du monstre; Poucet accède à une dignité comparable parce qu'il prend le risque de la mort et qu'il fait de la ruse une arme supérieure à la force. Dans les deux cas, c'est la victoire sur la peur qui donne au navigateur et à l'enfant leur stature d'homme.

Qu'est-ce, *physiologiquement,* que la peur?

Au vrai, pour le moment, les spécialistes du cerveau n'en savent pas grand chose. Certes, ils constatent que la frayeur soudaine provoque une poussée immédiate du taux d'adrénaline. Ce qui est intéressant, mais ne mène pas loin. La colère provoque une sécrétion analogue. Les deux réactions sont proches l'une de l'autre, et pourtant débouchent sur des conduites différentes. Il est possible que les sécrétions d'hormones activant les systèmes sympathique et parasympathique soient légèrement différentes ou bien que les neurotransmetteurs ne soient pas les mêmes dans les deux cas. La chimie du cerveau humain n'a pas révélé tous ses secrets aux chercheurs.

Choisissons, pour le moment, trois pistes. Est-ce que la littérature peut nous donner quelques indications sur ce que fut la peur? Comment la psychanalyse a-t-elle interprété le phénomène? L'éthologie – l'étude du comportement des animaux – peut-elle enfin nous fournir des informations?

Les romans fantastiques d'abord. Ils apparaissent timidement en France, puis déferlent en Angleterre, à partir des XVIIe et XVIIIe siècles. On peut presque dire qu'ils ont créé une panoplie de la peur. Elle s'est peu modifiée depuis lors, et l'on en retrouve les éléments constitutifs dans les films d'épouvante que les metteurs en scène américains fabriquent en série depuis des années. Temps forts de l'effroi dans le code culturel d'un homme de cette époque : minuit (le cœur de la nuit) et l'aube (étangs et brumes). Éléments du décor : le château gothique ou les ruines de même style, les souterrains, les cimetières. Personnages : le prince fou, le savant (ou le docteur), le nain, la jeune fille (la proie), les morts-vivants, les animaux semi-imaginaires (vampires, hommes-loups, chiens monstrueux, corbeaux, etc.). Ajoutons, pour faire bon poids, les fantômes (qui alimentent les folklores paysans et révèlent à Hamlet le crime de son oncle), les sorcières (Macbeth). Enfin, le diable, dont la silhouette se dissimule derrière cette galerie de monstres. On fera remarquer qu'il ne s'agit pas tout à fait de la peur, mais d'une simulation de la peur. En effet, s'il y a un marché de la peur à travers le roman et le cinéma, c'est qu'il existe une excitation – un plaisir même – de l'effroi. Frankenstein est ficelé aux pages du livre ou à l'écran du cinéma; il ne risque pas de s'avancer vers vous. N'empêche que la sensation est vive, qu'elle sert probablement à conjurer de vraies craintes inscrites depuis des dizaines de millénaires dans la part reptilienne de nos cerveaux. Car cette bimbeloterie de la peur est totalement irrationnelle. Tout se passe comme si ces paysages, ces lieux, ces personnages, ces bêtes réveillaient, pendant quelques instants, l'angoisse fondamentale qui ne nous quitte jamais.

Il est inévitable que Sigmund Freud cherche à plaquer son système général d'interprétation sur la peur, ce cas particulier. C'est l'histoire de Hans, petit garçon qui éprouve une phobie vis-à-vis des chevaux. Il a 5 ans lorsque le phénomène se manifeste pour la première fois. Sa peur des chevaux, puis des autres animaux, durera près de deux ans. Il ne voudra plus sortir, s'enfermera dans sa chambre, rêvera de chevaux lancés à sa poursuite et décidés à le mordre.

Pour Freud, nous sommes devant un cas classique. Derrière le cheval se dissimule le père. Hans l'aime et le hait. Il l'aime parce qu'il est son père; il le hait parce qu'il est l'époux de sa mère. En réalité, Hans désire prendre la place de son père, dormir à côté de sa mère.

La névrose résulte de la contradiction entre l'amour du père et sa haine. C'est pour sortir de cette impasse que Hans imagine le cheval, qui représente l'une des branches de son complexe : le cheval est la projection de sa haine inconsciente du père.

Quittons la littérature fantastique et les tentatives d'explication de Freud. L'éthologie fournit des éléments révélateurs. Lorsque nous frappons avec le doigt contre la vitre d'un aquarium, les poissons instantanément se dispersent, comme s'ils étaient agressés. Ils obéissent en fait à un ordre impératif provenant des deux cellules de leur bulbe (1). Chacune d'entre elles est longue d'un demi-millimètre. Lorsque se produit un choc, un bruit, les vibrations atteignent les deux cellules à travers le mécanisme du nerf auditif. Les cellules de Mauthner – du nom du savant qui les a découvertes – enregistrent l'excitation et calculent (il n'y a pas d'autre mot) l'importance de l'alarme. Si les cellules considèrent qu'il y a danger, elles transmettent des impulsions électriques dans les muscles. Immédiatement, le poisson fait volte-face et s'enfuit. Mauthner avait bel et bien détecté le mécanisme de la peur chez les poissons et son rôle déterminant dans les conduites de survie.

Malheureusement pour les chercheurs, les animaux plus évolués possèdent des cerveaux infiniment plus complexes. Était-il possible de déterminer quelle partie du cerveau déclenchait les signaux d'alarme ? Peu de temps avant la guerre, l'hypothèse dominante parmi les chercheurs était que le système limbique (2) était le centre des mécanismes d'alerte chez les mammifères. On savait déjà que cette partie du cerveau jouait un rôle important dans le mécanisme des émotions. Restait à prouver qu'il était déterminant. Kulver et Bucy, chercheurs spécialisés dans le fonctionnement des cerveaux animaux, décident d'opérer un singe. Ils lui ôtent totalement son système limbique. Le résultat est impressionnant. Le comportement de l'animal change. Il se porte bien, devient aux trois quarts indifférent ; il semble heureux et apaisé. Il n'a plus peur, il ne répond pas aux provocations de ses petits camarades, il ne prend plus la fuite, il n'attaque plus personne. Lui qui était sauvage se laisse immédiatement apprivoiser. À noter cependant quelques effets pervers : sa boulimie devient impressionnante et son activité sexuelle quasi permanente. Il mourra de l'une ou de l'autre. Kulver et Bucy ont réussi à situer et à faire disparaître la peur. Mais, simultanément, ils ont fabriqué un animal qui a perdu ses défenses.

Comme toujours, le cerveau humain ne ressemble pas vraiment à celui des animaux, même évolués. La peur chez l'homme met, semble-t-il, en jeu de multiples aires cérébrales ; des dizaines de milliers de neurones, situés à des endroits éloignés les uns des autres, entrent simultanément en action. Impossible donc de localiser la peur dans nos pauvres têtes. Pierre Karli, directeur du département de neurophysiologie au C.N.R.S. de Strasbourg, résume : *« Il n'y a pas de centre déterminé de la peur, mais des connexions qui déterminent une régulation des comportements émotionnels. »*

Franchissons une étape. Qu'est-ce que la panique ? Une peur collective soudaine. Il ne s'agit pas d'un délire collectif du type psychose du Moyen Âge, peur de l'an mille, superstition, sorcellerie et soucoupes volantes. Il s'agit d'une crise qui surgit en quelques instants au sein d'une foule. Motifs : crainte d'un bombardement, d'une invasion ou d'un tremblement de terre, ou, plus spectaculairement encore, affolement sans cause. Tout se passe comme si ce qui se déroule au niveau des foules était un allongement dans la durée des phénomènes de peur individuelle. Nous retrouvons, par exemple, l'inhibition, puis l'hyperactivité (fuite, cris, etc.), comme si la foule était bel et bien pendant quelques instants, ou quelques heures, un être collectif réagissant globalement.

Les chercheurs sont donc loin d'avoir maîtrisé la peur. Une certitude, néanmoins : celui qui agit réussit neuf fois sur dix à dissiper son angoisse. Le combat ou la fuite sont des conduites qui tétanisent l'effroi : l'alpiniste qui se concentre sur les actes précis de l'escalade oublie le vertige ; et ainsi de suite.

Il n'existe pas de drogue miracle contre la peur, et les mécanismes du cerveau gardent leurs secrets. Mais la peur des hommes est une sensation utile, indispensable à leur survie, à condition qu'ils sachent la maîtriser. C'est affaire d'entraînement et de volonté consciente.

Georges Suffert, *La peur : les secrets du cerveau* (extraits),
in *Le Point*, n° 655, 8 avril 1985, pp. 88 à 92.

---

(1) Bulbe rachidien.

(2) Partie du cerveau regroupant diverses structures : hippocampe, hypothalamus, etc.

TD 29 Résumez en 300 mots le texte suivant :

La crise du cinéma

L'invocation de la crise de l'industrie cinématographique se réfère à la baisse régulière, prenant l'allure d'un mouvement irrésistible, de la fréquentation des salles. L'offre de sièges dépasse la demande de billets d'entrée. Ce déséquilibre génère progressivement une réduction de l'offre de films. La crise remonte inéluctablement de la circulation à la production des films : elle finit par affecter la totalité de la filière cinématographique. Bien entendu, la désaffection du public est principalement due au développement des produits audiovisuels substituables au produit cinématographique et utilisables à domicile.

Pour tenter de contrecarrer cette évolution, les compagnies suivent donc trois modèles stratégiques : le modèle néo-hollywoodien, le modèle du cinéma-monde, le modèle multimédias. Les deux premiers obéissent à une logique traditionnelle. Il s'agit de continuer à arrimer les activités cinématographiques au secteur des loisirs. Cet objectif peut être atteint par la fusion ou l'absorption des compagnies dans des groupes plus puissants appartenant au même secteur ou à un secteur entretenant des liens de complémentarité avec ce dernier. Quel que soit le statut des firmes cinématographiques, il s'agit prioritairement de sauvegarder la production et la circulation des films.

Pour ce qui concerne les films de série B, les conditions économiques et sociales régnant dans les pays les plus industrialisés ne permettent plus une production rentable. Le *studio system* des années trente à cinquante est dès lors entraîné dans un processus de délocalisation du Nord vers le Sud selon la logique classique du cycle du produit. Plus précisément, le mouvement s'opère majoritairement de Hollywood vers un nombre limité de pays nouvellement industrialisés, orientés à l'exportation, principalement situés en Asie du Sud-Est (Singapour et Hong-Kong). Il concerne aussi, mais selon des modalités un peu différentes tenant essentiellement à l'importance relative du marché local, des pays comme l'Inde et, dans une moindre mesure, le Mexique et l'Égypte.

Alors que le modèle néo-hollywoodien prend son essor loin de la Californie dans les « NPH » (nouveaux pays hollywoodiens), celle-ci voit naître un modèle substitutif : le cinéma-monde. Celui-ci repose sur la maîtrise d'une technologie sophistiquée de fabrication visant à conquérir le nouveau public du cinéma : les jeunes. Les effets spéciaux, l'utilisation des images synthétiques, la conception et le test des scenarii, le lancement de gadgets annexes donnent à l'industrie cinématographique américaine un avantage comparatif sur celle des autres pays. Néanmoins, en dépit des trouvailles techniques et d'une fluidité dans le traitement des histoires qui rapprochent au maximum le film de la bande dessinée et, par là, maximisent son intelligibilité planétaire, le cinéma-monde ne constitue pas une révolution de la production cinématographique. Il se situe dans la continuité de la tradition hollywoodienne.

Il en va bien différemment avec le troisième modèle stratégique, celui qui vise à intégrer le cinéma dans le secteur audiovisuel. La stratégie multimédias est réellement novatrice pour deux raisons principales. D'une part, elle implique que le cinéma abandonne l'industrie des loisirs et de la distraction pour entrer dans celle des communications. Il est évident que des recouvrements existent entre les deux secteurs. Les médias participent pour une large part à des activités orientées vers le marché du temps libre. Mais l'univers des médias ne se borne pas au domaine de la distraction. Son champ est beaucoup plus vaste. Le fait que les compagnies de cinéma s'associent à des sociétés de l'audiovisuel correspond à une véritable mutation. Celle-ci se reflète dans une transformation de la nature du produit. Les différents supports de l'industrie de l'audiovisuel vont constituer dorénavant le débouché principal, sinon exclusif, de la production des studios. Du même coup, l'offre de films devient une offre de programmes. Ses spécifications sont déterminées non plus directement par le souci de rencontrer la demande du public de salles mais, indirectement, par les normes fixées par les réseaux donneurs d'ordre. Le film était un produit de consommation final ; il devient, dans ce nouveau modèle, un produit intermédiaire. Il n'est pas sûr que la créativité des auteurs sorte renforcée par ce changement. En effet, les marges d'autonomie de création sont plus limitées qu'auparavant dans la mesure où les spécifications de production d'un programme sont plus précises et plus rigides que celles qui présidaient à l'élaboration d'un film cinématographique, même dans le cas de figure du *studio system.*

Cinéma néo-hollywoodien, cinéma-monde ou modèle multimédias présentent deux caractéristiques communes : la mondialisation et la standardisation. La production-diffusion des films et des programmes est conçue dans une perspective planétaire. La mondialisation des activités touche aussi bien la délocalisation des centres de production que les canaux de circulation des produits. Cette stratégie tendue vers le marché mondial fait de la standardisation des produits-films comme des programmes un impératif. Cette condition constitue la base de l'accès à un public planétaire.

La standardisation est en effet nécessaire à la connexion mondiale des réseaux par le biais d'une intégration normalisée qui concerne la durée des productions, la classification des produits selon les différents genres, l'adéquation aux besoins des publics visés, la constance dans la qualité des produits, l'intelligibilité des scenarii... Elle permet aussi de réduire le risque d'un rejet, dans un pays donné, fondé sur des raisons culturelles ou politiques. Par définition, pour un genre donné, le film-monde ou le téléfilm doivent être demandés par le public le plus large possible. Il est évident que la tendance très forte à l'intégration mondiale, dans d'autres domaines, et particulièrement en économie, représente un support déterminant pour le développement de ces stratégies. Le cinéma et les médias ne vivent pas en dehors de la société.

Il est nécessaire de tirer toutes les conséquences de cette évolution convergente des différentes stratégies des compagnies cinématographiques pour répondre à l'interrogation posée au départ de cette analyse : les trois modèles stratégiques ont-ils une chance de faire sortir l'industrie commerciale cinématographique de la crise ? Rien n'est moins certain. D'une part, il est inévitable que le triomphe de la stratégie multimédias accélère dramatiquement la baisse de fréquentation des salles. Celles-ci sont vouées à disparaître sauf pour une minorité d'entre elles, spécialisées dans une fonction de cinémathèques. La multiplication des multisalles constitue un palliatif temporaire. La mutation des films en programmes transforme les cinémas rescapés en musées. D'autre part, le scénario ne sera pas renversé par le succès éventuellement durable des films-monde. En effet, la logique commerciale qui sous-tend leur production est de stopper l'hémorragie qui vide les salles en faisant de chaque sortie de film un événement. Événement suffisamment exceptionnel pour qu'il réussisse à arracher les consommateurs d'images à leurs foyers.

Toute la question réside alors dans la contradiction surgissant de la généralisation de cette pratique. L'effet « événement » ne peut jouer par définition que pour des occasions rares, espacées dans le temps. La banalisation des films-événements revient à tuer la poule aux œufs d'or. En effet, compte tenu de la durée de vie de plus en plus courte d'un film, qu'est-ce que les salles vont bien pouvoir programmer entre deux films-monde ? Seront-elles conduites à mettre la clé sous la porte, à reprendre d'anciens succès, ou à se transformer en cinémathèques ?... Dans tous les cas, il est probable que le mouvement de fermeture des salles se précipitera. Mais si le réseau de commercialisation du cinéma-monde disparaît, celui-ci est aussi condamné à disparaître. Une production ne peut être maintenue longtemps si elle ne trouve pas de débouchés. À moins que l'industrie cinématographique ne reçoive des aides publiques pour produire et stocker des films que personne ne verra jamais...

La situation est moins dramatique dans le cas du cinéma néo-hollywoodien qui trouve la majorité de son public dans le tiers monde. La demande de cinéma y est encore forte : la concurrence des autres médias progresse, mais reste limitée. Cependant, il ne faut pas oublier que la production des films, au Sud, est concentrée dans un petit nombre de pays. Pour la quasi-totalité des économies moins développées, le problème à l'ordre du jour n'est pas, en priorité, la défense du cinéma existant ; il est, d'abord, la création d'un cinéma local. Contrairement à la situation typique des pays industrialisés, la crise du cinéma ne s'analyse pas comme une crise de la fréquentation, mais comme une crise de la production nationale. Les salles sont pleines, mais le nombre de films nationaux projetés sur les écrans est très faible. La concurrence provient des films importés soit des pays industrialisés, soit des bases asiatiques du cinéma néo-hollywoodien. Sur ce point, le cinéma du tiers monde et celui des pays européens sont confrontés à la même difficulté. Elle se situe non pas au niveau de la demande, mais à celui de la production. Néanmoins, l'assimilation s'arrête là, car l'une et l'autre industries cinématographiques se situent aux extrêmes dans le cycle de vie du produit. Cependant, tous les cinémas nationaux ont à faire face à une même menace, celle de la mondialisation des produits.

Charles-Albert Michalet,
Le drôle de drame du cinéma mondial,
Éd. La Découverte, 1987, pp. 198 à 202.

TD 30 Résumez en 300 mots le texte suivant :

L'écriture de l'histoire

L'historien doit, en effet, représenter et faire comprendre le passé : il n'a, pour atteindre cet objectif, que des mots. Or le maniement des mots n'a pas la simplicité que l'on croit. Le problème est de trouver le mot juste. Mais qu'est-ce qu'un mot juste ? Les linguistes ont coutume de distinguer la *dénotation* et la *connotation*. La dénotation, c'est ce que le mot désigne. La connotation, c'est l'aura de sens qui lui est attachée, les harmoniques qu'il fait résonner. Un *poilu*, par exemple, est un soldat de la guerre de 1914. Mais le terme connote la tranchée, plusieurs jours sans se laver ni se raser, des poux et de la crasse. Le mot *communiste* comportait, à l'époque du Front populaire dans les milieux de droite en France, des connotations effrayantes : il était chargé de toutes les horreurs complaisamment prêtées aux révolutionnaires espagnols, anarchistes plus que communistes pourtant, dynamiteurs de carmélites : c'est un terme rouge de feu et de sang. Les connotations actuelles du terme sont différentes : il véhicule les images des démocraties populaires, le goulag certes, mais aussi la faillite économique. Le mot juste doit sonner juste, non seulement dans son sens premier, mais aussi dans ses connotations.

Il doit surtout sonner de la même façon pour le lecteur que pour l'auteur. Mais les mots sont chargés de toute une culture. C'est d'ailleurs ce qui rend les traductions si difficiles. Et toute lecture est un peu une traduction, car la culture du lecteur est rarement celle de l'auteur. D'où la difficulté de l'enseignement et de la vulgarisation. Écrire l'histoire pour un public d'historiens est relativement facile, car on peut supposer au lecteur la même culture : du moins on le croit, et l'effort d'écriture s'en trouve moins lourd. Ce qui donne parfois des textes ternes et ennuyeux, comme dans certaines thèses trop peu écrites. Mais, quand on s'adresse à des étudiants ou au grand public, un travail est indispensable pour éviter de jouer sur des connotations ou des allusions qui risquent de tomber à plat.

De ce point de vue, l'écriture de l'histoire n'est qu'un cas particulier de toute écriture. La littérature, le journalisme, la politique connaissent le même problème. Un Premier ministre utilisa un jour dans une interview le terme de *stock* emprunté au vocabulaire de l'économie pour désigner les professeurs en exercice par opposition au *flux* de ceux qui devaient être recrutés. Aucun de ceux qui avaient relu son texte n'avait perçu l'insigne maladresse que constituait l'emploi d'un terme qui véhiculait des connotations réductrices, liées à son usage dans les inventaires commerciaux et à son origine anglaise (le bétail, les actions) : beaucoup de professeurs se sentirent insultés.

Mais l'écriture de l'histoire présente en outre des difficultés spécifiques, nées de la distance qui sépare le passé du présent.

L'histoire ne cesse de jouer sur la continuité des sens des mots. Si je parle d'un *ouvrier* du début du XXe siècle, ou d'un *paysan* du Moyen Âge, le lecteur contemporain me comprend parce qu'il y a toujours des ouvriers et des paysans dans ce pays (peut-être plus pour longtemps). Le terme semble avoir conservé à travers les âges un sens constant. L'historien dit le passé avec les mots du présent.

Cette facilité est trompeuse. Le sens des mots ne cesse de dériver au fil du temps. La dérive est généralement plus forte pour les périodes anciennes, mais elle est plus insidieuse pour les périodes récentes. Pour les périodes anciennes, le lecteur est sur ses gardes. Il se doute que le « paysan » du Moyen Âge n'a pas grand-chose à voir avec l'exploitant agricole actuel. Mais, pour l'ouvrier du début du siècle, il peut ne pas soupçonner que ce terme désigne un tout autre personnage que son proche, et pourtant déjà lointain successeur. Quand nous disons ouvrier, nous voyons un métallo en bleu de travail, à tort d'ailleurs, car l'image commence à dater. L'ouvrier du début du siècle porte la casquette, le bourgeron, souvent une ceinture de flanelle, il travaille dans le bâtiment, la mine ou le textile plus souvent que dans la métallurgie ou la sidérurgie ; il vit dans des logements surpeuplés, sans confort, auprès desquels les HLM modernes tant décriées sont de vrais palaces ; il baigne dans une culture populaire dont les chansons de Bruant ne nous donnent qu'une image à la fois affaiblie et biaisée ; il connaît un chômage saisonnier qui a disparu ; il est sans ressources en cas de maladie et doit travailler dans ses vieux jours pour survivre. Son univers n'a rien à voir avec celui qu'un usage du terme, sans les commentaires que je viens d'esquisser, conduirait le lecteur à imaginer. J'ajoute qu'aujourd'hui *ouvrier* désigne un ouvrier sans qualification, un OS, alors qu'au début du siècle le terme désignait plutôt un ouvrier qualifié, par opposition au *journalier* ou au *compagnon.*

On voit le dilemme de l'historien. Ou bien il emploie les mots d'aujourd'hui, et il est facilement compris, mais d'une compréhension nécessairement biaisée, faussée, et c'est l'anachronisme, le « péché majeur » de l'historien (L. Febvre). Ou bien il emploie les mots d'hier, il parle de vilains et de tenanciers, de compagnons et de *sublimes* (1), et il risque de ne pas être compris, car ces mots sont vides et creux pour nos contemporains.

La solution naturelle est celle que je viens d'employer : que l'historien utilise les mots d'hier ou ceux d'aujourd'hui, il n'échappe pas à la nécessité d'un commentaire. L'écart entre les sens passé et présent des termes doit être comblé soit par une description du sens concret du terme passé, soit par une explication de sa différence d'avec le sens présent. À côté, en marge de son récit, l'historien fait ainsi courir comme en pointillé un texte parallèle, un *méta-texte,* qui donne le sens des termes, tantôt par une note en bas de page, tantôt par une description intégrée au texte même, ou encore par une incise lors du premier emploi d'un terme. Mais la difficulté est simplement dédoublée, car ce méta-texte, à son tour, s'écrit avec des mots qui posent les mêmes problèmes, et l'on ne peut passer des heures ou des pages à faire du vocabulaire historique.

Le temps qui passe redouble ainsi la difficulté de tout discours qui cherche à dire l'autre : doit-il le dire avec ses mots ou avec ceux de l'autre ? Le problème du même et de l'autre, qui était au cœur de la compréhension historique, se pose de nouveau fort logiquement quand il s'agit de passer à l'écriture.

Faut-il le dire ? Le problème n'a pas de solution théorique ; il est logiquement insoluble. L'historien doit pourtant le résoudre dans le quotidien de son métier. Il le fait par une succession de compromis, inégalement heureux, au fil des pages et des leçons. Il est des histoires laborieuses, qui portent comme des balafres les traces de ces difficultés. D'autres, plus habiles, les feraient presque oublier si, au détour d'une page, la nécessité d'expliciter le sens d'un terme ne venait rappeler l'écart d'avec l'autre et la distance du passé. La culture littéraire, la pratique et le goût de l'écriture constituent ici de précieux secours. L'histoire ne peut se passer d'un travail qui est d'ordre littéraire, avec les spécificités d'un genre particulier. C'est pourquoi écrire l'histoire sera toujours un art et un travail. Et peut-être un plaisir.

Antoine Prost, *Douze leçons sur l'histoire,* Seuil, 1996, pp. 278 à 282.

TD 31 Résumez en 250 mots le texte suivant :

La bifurcation

Plus que jamais, il nous faut avoir une réponse claire à la question de toujours : un homme, qu'est-ce que c'est ? Plus que jamais, car sa survie est en cause. Tout au long de l'évolution du

(1) À la fin du XIXe siècle, nom argotique parisien pour désigner un ouvrier qui se fait gloire d'être paresseux, buveur et endetté.

monde vivant, des espèces sont apparues, se sont développées, puis un jour, comme les grands sauriens à la fin du secondaire, ont disparu, faisant place à d'autres. Est-ce le tour de l'homme ? Parmi ceux qui s'efforcent de regarder la réalité d'aujourd'hui, certains acceptent cet aboutissement, présenté comme une fatalité. Le fait que cette fin, inéluctable à longue échéance, soit provoquée prématurément par l'homme lui-même ne leur paraît qu'un détail dérisoire. Une telle soumission à la règle commune me paraît inacceptable, car elle ne tient pas compte de la spécificité de notre espèce.

Regardé au microscope, un homme ne peut certes être distingué des autres animaux ; structures cellulaires, métabolisme de base, code génétique, rien ne lui est particulier. Au niveau moléculaire, il est fait des mêmes éléments que toutes les structures, animées ou non, présentes dans l'univers ; il est un objet. Mais il se trouve que les forces à l'œuvre dans cet univers, depuis le *Big Bang,* ont provoqué des déséquilibres générateurs de structures de plus en plus complexes. Dans notre petit coin d'univers, sur notre planète, l'apparition de l'ADN, molécule capable de faire un double d'elle-même, a permis de déjouer le rôle destructeur du temps ; l'invention de la procréation sexuée a ensuite permis d'échapper à la monotonie de la reproduction et de faire apparaître, en routine, des structures nouvelles, imprévisibles. La complexité déjà acquise nourrissant la complexification, l'évolution a fait apparaître des espèces de plus en plus riches, entre autres *Homo.* Pour lui, la complexité, source de la capacité d'auto-organisation, a atteint un tel niveau que cette auto-organisation est devenue autonomie et, finalement, liberté.

L'homme est un animal, bien sûr, mais il est seul à recevoir individuellement de la nature le pouvoir de s'attribuer collectivement des pouvoirs. La nature a produit *Homo,* mais elle était bien incapable de créer *Sapiens.* Il se trouve qu'*Homo* a été capable de prendre le relais et, peu à peu, de faire émerger *Sapiens.* L'évolution a fourni une espèce non douée de raison, mais capable de raison ; c'est elle-même qui a transformé cette capacité en réalité. D'objet, l'homme est devenu un sujet. Capable de regarder l'univers comme s'il lui était extérieur, l'homme est capable de se regarder comme s'il était extérieur à lui-même. Pascal l'a fort bien exprimé. Au terme d'un cheminement tout différent, les scientifiques d'aujourd'hui aboutissent au même constat : nous sommes en droit de nous émerveiller devant chaque homme ; il était réaliste celui qui, avec un orgueil démesuré, a constaté : « *Plus est en moi.* » Ayant reçu le pouvoir de nous attribuer des pouvoirs, de faire des projets, de les réaliser, nous complétons l'animalité qui nous a été donnée par un ajout que nous donnons à l'univers, l'humanitude.

Capable de raison, notre espèce est tout autant capable de folie ; en même temps qu'*Homo sapiens* nous avons réalisé, selon la remarque d'Edgar Morin, *Homo demens.* Or l'état actuel de notre planète peut être résumé par la domination de *Demens.* Pris de folie, les hommes préparent, en y consacrant l'essentiel de leurs richesses, de leur énergie, de leur intelligence, leur suicide collectif. Un seul chiffre suffit à montrer l'étendue de ce délire collectif : chacun des cinq milliards d'hommes, où qu'il vive sur la Terre, est suivi en permanence par un véhicule piégé invisible chargé de 3 000 kg de TNT, prêts à exploser. Pour le tuer à coup sûr, 1 kg suffirait. Les 2 999 kg supplémentaires sont inutiles et ont coûté si cher qu'une bonne part de l'humanité vit dans une misère insupportable. Qui a voulu cela ? Personne, c'est trop absurde. Mais pourtant cela est. La logique individuelle de ceux qui veulent se protéger en menaçant les agresseurs éventuels de représailles a abouti à une situation qui est sur le point de leur échapper. Par accident, par erreur, les hommes disparaîtront tous, car chacun n'aura pensé qu'à préserver sa propre survie.

Ces hommes si merveilleux, dont l'unique objectif devrait être de faire entrer tous les petits d'homme dans le jeu de l'enrichissement de l'humanitude, consacrent l'essentiel de leur vie à précipiter leur mort. Selon l'O.N.U., on compte trois fois plus d'hommes dans les armées ou les industries d'armement que dans les services sanitaires ou éducatifs. Les progrès dans la puissance des moyens de destruction dépassent la capacité de notre planète ; l'hiver nucléaire qui suivrait un conflit transforme toute agression en suicide ; nos armes sont des boomerangs. Cette situation est présentée comme préservant la paix grâce à l'équilibre de la terreur. Mais un équilibre ne se maintient que s'il est stable, et celui de la terreur est par nature instable.

Il est urgent de comprendre combien, en raison de l'évolution de leur effectif et du développement des techniques, les hommes sont devenus solidaires ; solidaires comme les rouages d'une montre. Le sort de chacun dépend de tous les autres ; mais ils poursuivent leurs rêves de petits bonheurs égoïstes, dont la somme ne peut être qu'une défaite définitive de toute l'espèce face au seul ennemi qui vaille tous les héroïsmes : la mort. Nous sommes aujourd'hui face à une bifurcation dont le seul mérite est d'être clairement définie :

– ou bien les hommes extrapolent les attitudes qu'ils ont adoptées depuis quelques siècles. Ils continuent à agir comme si la seule finalité des divers groupes, ethnies, Églises, nations, était leur propre perpétuation. Chaque société se referme sur elle-même, inquiète, obsédée par le danger que représentent les autres, prête à affecter la plus grande part de ses ressources économiques, intellectuelles, humaines, à la préparation de sa défense. Tous les moyens apparaissent justifiés à chacun pour faire triompher sa propre cause. L'accumulation de ces craintes aboutit au surarmement, et l'issue, à échéance plus ou moins proche selon le hasard des choses, est inéluctable : un conflit général qui précipite la totalité de l'espèce (et beaucoup d'autres avec elle) dans le néant ;

– ou bien les hommes acceptent de regarder en face la réalité d'aujourd'hui. Ils constatent que leurs sorts sont liés ; que lorsque la cloche sonne, quelque part sur la terre, à Kaboul ou à Santiago, le glas concerne chacun de nous, où qu'il soit ; que la violence est devenue à la fois meurtrière pour celui qui en est victime et suicidaire pour celui qui y a recours. Ils admettent alors que de nouvelles méthodes doivent être aussi mises au point pour résoudre les inévitables conflits.

Comment faire pour que l'histoire humaine s'oriente vers cette seconde voie ? D'abord accélérer la prise de conscience de la réalité. Nous sommes tentés de nous réfugier dans les satisfactions que procurent nos activités étroitement locales : le mathématicien ajoute un terme à son équation, le chimiste met au point un nouveau produit, l'historien précise la date d'un lointain événement... et ils ne prêtent pas attention au sol qui s'effondre sous eux pendant qu'ils travaillent ou qu'ils rêvent. Là est sans doute la grande responsabilité des « clercs » d'aujourd'hui, s'ils ne veulent pas trahir leur mission : faire entendre le cri qui réveillera leurs contemporains. Ensuite entraîner une adhésion générale à une définition de l'homme. Tant que des hommes pourront être méprisés et rejetés vers des destins médiocres, au nom de la couleur de leur peau, de la forme de leur nez, ou du niveau de leur QI, c'est le sort que tous qui sera en péril. Indépendamment de toutes les opinions, de toutes les croyances, de toutes les options, il doit être possible de dégager un regard commun des hommes sur eux-mêmes.

Deux sentiments devraient aujourd'hui l'emporter sur tous les autres, l'émerveillement et l'angoisse : émerveillement devant l'homme, devant tout homme, angoisse devant un destin que personne n'aura voulu, mais que chacun n'aura pas assez combattu. Deux mots-clés : émerveillement, angoisse ; mais aussi un troisième : urgence.

Albert Jacquard,
Le Monde diplomatique, juin 1987, p. 20.

TD 32 Résumez en 150 mots le texte ci-dessous :

La nouvelle barbarie

Nous entrons dans la barbarie. Certes ce n'est pas la première fois que l'humanité plonge dans la nuit. On peut même penser que cette aventure amère lui est arrivée bien des fois et c'est la gorge serrée que l'historien relève les traces d'une civilisation disparue. Mais une autre toujours prenait la suite. Sur les ruines des sanctuaires anciens s'élèvent de nouveaux temples, plus puissants ou plus raffinés. Les campagnes que les systèmes d'irrigation à l'abandon ont transformées en marécages sont un jour ou l'autre draînées et asséchées de nouveau, une agriculture plus prospère s'y installe. Ainsi pouvait-on se représenter l'histoire sous une forme cyclique. À chaque phase d'expansion succède celle du déclin mais, là ou ailleurs, un nouvel essor se produit, portant plus loin le développement de la vie.

Celui-ci apparaît global. C'est conjointement que, s'appuyant l'une sur l'autre et s'exaltant l'une l'autre, les forces sises en l'homme se déploient : activité économique, artisanale, artistique, intellectuelle, religieuse vont ensemble et, quelle que soit celle que privilégie l'interprète, il constate cette éclosion simultanée des savoirs pratique, technique et théorique dont le résultat s'appelle Sumer, Assur, la Perse, l'Égypte, la Grèce, Rome, Byzance, le Moyen Âge, la Renaissance. Là, dans ces « espaces » privilégiés, c'était chaque fois la totalité des valeurs qui font l'humanité qui s'épanouissaient en même temps.

Ce qui se passe sous nos yeux est bien différent. Nous assistons depuis le début de l'ère moderne à un développement sans précédent des savoirs qui forment la « science » et revendiquent d'ailleurs hautement ce titre. Par là, on entend une connaissance rigoureuse, objective, incontestable, vraie. De toutes les formes approximatives, voire douteuses, de connaissances, ou de croyances, ou de superstitions qui l'avaient précédée, celle-ci se distingue en effet par la puissance de ses évidences et de ses démonstrations, de ses preuves, en même temps que par les résultats extraordinaires auxquels elle a abouti et qui bouleversent la face de la terre.

Un tel bouleversement, malheureusement, est aussi celui de l'homme lui-même. Si la connaissance de plus en plus compréhensive de l'univers est incontestablement un bien, pourquoi va-t-elle de pair avec l'effondrement de toutes les autres valeurs, effondrement si grave qu'il met en cause notre existence même ? Car ce n'est pas seulement la face de la terre qui est changée ; en effet, devenant si affreuse, la vie n'y est plus supportable. Parce que c'est la vie même qui est atteinte, ce sont toutes ses valeurs qui chancellent, non seulement **l'esthétique** mais aussi **l'éthique,** le sacré et avec eux la possibilité de vivre chaque jour.

La crise de la culture, qu'il n'est guère possible de dissimuler aujourd'hui, a fait l'objet d'analyses. L'« explication » la plus généralement admise est celle-ci : avec la science moderne le savoir a fait d'immenses progrès ; à cette fin, il a dû se fragmenter en une prolifération de recherches ayant chacune ses méthodologies, ses appareils conceptuels, ses objets. Il n'est plus possible à personne désormais de les maîtriser toutes, ni même quelques-unes, ni même une seule. C'est l'unité du savoir qui est en cause et avec elle la mise à jour d'un principe assurant la concordance et ainsi la validité des conduites, des appréciations dans tous les domaines, des pensées elles-mêmes. Notre comportement quotidien est significatif à cet égard : devant chaque problème particulier, faire appel au spécialiste. Mais si cette pratique se révèle efficace pour un mal de dent ou la réparation d'une machine, elle ne fournit aucune vue d'ensemble sur l'existence humaine et sa destination, vue sans laquelle il est impossible de décider de ce qu'il faut faire dans chaque cas, pour autant que celui-ci concerne justement notre existence, et non pas une chose.

Ainsi, l'hyperdéveloppement d'un hypersavoir, dont les moyens théoriques et pratiques marquent une rupture complète avec les connaissances traditionnelles de l'humanité, a-t-il pour effet d'abattre non seulement ces connaissances données comme autant d'illusions, mais l'humanité elle-même. Tandis que, semblables à la houle de l'océan, toutes les productions des civilisations du passé montaient et descendaient ensemble, comme d'un commun accord et sans se disjoindre – le savoir produisant le bien, qui produisait le beau, tandis que le sacré illuminait toute chose –, voici devant nous ce qu'on n'avait en effet jamais vu : l'explosion scientifique et la ruine de l'homme. Voici la nouvelle barbarie dont il n'est pas sûr cette fois qu'elle puisse être surmontée.

Michel Henry, *La Barbarie,*
Grasset, 1987, pp. 7 à 10 (extraits).

TD 33 Résumez en 200 mots le texte ci-dessous :

La science explique-t-elle le monde ?

S'il est vrai que le besoin d'une explication entière est inné, que son absence est source de profonde angoisse ; si la seule forme d'explication qui sache apaiser l'angoisse est celle d'une histoire totale qui révèle la signification de l'Homme en lui assignant dans les plans de la nature une place nécessaire ; si pour paraître vraie, signifiante, apaisante, l'« explication » doit se fondre dans la longue tradition animiste (1), on comprend alors pourquoi il fallut tant de millénaires pour que paraisse dans le royaume des idées celle de la connaissance objective comme *seule* source de vérité authentique.

Cette idée austère et froide, qui ne propose aucune explication mais impose un ascétique renoncement à toute autre nourriture spirituelle, ne pouvait calmer l'angoisse innée ; elle l'exaspérait au contraire. Elle prétendait, d'un trait, effacer une tradition cent fois millénaire, assimilée à la nature humaine elle-même ; elle dénonçait l'ancienne alliance animiste de l'Homme avec la nature, ne laissant à la place de ce lien précieux qu'une quête anxieuse dans un univers glacé de solitude. Comment une telle idée, qui semblait n'avoir pour soi qu'une puritaine arrogance, pouvait-elle être acceptée ? Elle ne l'a pas été ; elle ne l'est pas encore. Si elle s'est malgré tout imposée, c'est en raison, uniquement, de son prodigieux pouvoir de performance.

En trois siècles la science, fondée par le postulat d'objectivité, a conquis sa place dans la société : dans la pratique, mais pas dans les âmes. Les sociétés modernes sont construites sur la science. Elles lui doivent leur richesse, leur puissance et la certitude que des richesses et des pouvoirs bien plus grands encore seront demain, s'il le veut, accessibles à l'Homme. Mais aussi, de même qu'un « choix » initial dans l'évolution biologique d'une espèce peut engager l'avenir de toute sa descendance, de même le choix, inconscient à l'origine, d'une *pratique* scientifique a-t-il lancé l'évolution de la culture dans une voie à sens unique ; trajet que le progressisme scientiste du XIXe siècle voyait déboucher infailliblement sur un épanouissement prodigieux de l'humanité, alors que nous voyons aujourd'hui se creuser devant nous un gouffre de ténèbres.

Les sociétés modernes ont accepté les richesses et les pouvoirs que la science leur découvrait. Mais elles n'ont pas accepté, à peine ont-elles entendu, le plus profond message de la science : la définition d'une nouvelle et unique source de vérité, l'exigence d'une révision totale des fondements de l'éthique, d'une rupture radicale avec la tradition animiste, l'abandon définitif de l'« ancienne alliance », la nécessité d'en forger une nouvelle. Armées de tous les pouvoirs, jouissant de toutes les richesses qu'elles doivent à la Science, nos sociétés tentent encore de vivre et d'enseigner des systèmes de valeurs déjà ruinés, à la racine, par cette science même.

Aucune société, avant la nôtre, n'a connu pareil déchirement. Dans les cultures primitives comme dans les classiques, les sources de la connaissance et celles des valeurs étaient confondues par la tradition animiste. Pour la première fois dans l'histoire, une civilisation tente de s'édifier en demeurant désespérément attachée, pour justifier ses valeurs, à la tradition animiste, tout en l'abandonnant comme source de connaissance, de *vérité*. Les sociétés « libérales » d'Occident enseignent encore, du bout des lèvres, comme base de leur morale, un écœurant mélange de religiosité judéo-chrétienne, de progressisme scientiste, de croyance en des droits « naturels » de l'homme et de pragmatisme utilitariste. Les sociétés marxistes professent toujours la religion matérialiste et dialectique de l'histoire ; cadre moral plus solide d'apparence que celui des sociétés libérales, mais plus vulnérable peut-être en raison de la rigidité même qui en avait fait jusqu'ici la force. Quoi qu'il en soit, tous ces systèmes enracinés dans l'animisme sont hors de la connaissance objective, hors de la vérité, étrangers et en définitive *hostiles* à la science, qu'ils veulent utiliser, mais non respecter et servir. [...]

Le mal de l'âme moderne, c'est ce mensonge, à la racine de l'être moral et social. C'est ce mal, plus ou moins confusément diagnostiqué, qui provoque le sentiment de crainte sinon de haine, en tout cas d'aliénation qu'éprouvent tant d'hommes d'aujourd'hui à l'égard de la culture scientifique. Le plus souvent c'est envers les sous-produits technologiques de la science que s'exprime ouvertement l'aversion : la bombe, la destruction de la Nature, la démographie menaçante. Il est facile, bien entendu, de répliquer que la technologie n'est pas la science et que d'ailleurs l'emploi de l'énergie atomique sera, bientôt, indispensable à la survie de l'huma-

---

(1) Animisme : « C'est [...] l'hypothèse que les phénomènes naturels peuvent et doivent s'expliquer en définitive de la même manière, par les mêmes « lois » que l'activité humaine [...] L'animisme primitif [...] peupla(it) ainsi la nature de mythes gracieux ou redoutables qui ont, pendant des siècles, nourri l'art et la poésie. » (J. Monod, *Le hasard et la nécessité*, p. 44)

nité ; que la destruction de la nature dénonce une technologie insuffisante et non pas trop de technologie ; que l'explosion démographique est due à ce que des enfants par millions sont sauvés de la mort chaque année : faut-il à nouveau les laisser mourir ?

Discours superficiel, qui confond les signes avec les causes profondes du mal. C'est bien au message essentiel de la science que s'adresse le refus. La peur est celle du sacrilège : de l'attentat aux valeurs. Peur entièrement justifiée. Il est bien vrai que la science attente aux valeurs. Non pas directement, puisqu'elle n'en est pas juge et *doit* les ignorer ; mais elle ruine toutes les ontogénies (1) mythiques ou philosophiques sur lesquelles la tradition animiste, des aborigènes (2) australiens aux dialecticiens matérialistes, faisait reposer les valeurs, la morale, les devoirs, les droits, les interdits.

S'il accepte ce message dans son entière signification, il faut bien que l'Homme enfin se réveille de son rêve millénaire pour découvrir sa totale solitude, son étrangeté radicale. Il sait maintenant que, comme un Tzigane, il est en marge de l'univers où il doit vivre. Univers sourd à sa musique, indifférent à ses espoirs comme à ses souffrances ou à ses crimes.

Mais alors qui définit le crime ? Qui dit le bien et le mal ? Tous les systèmes traditionnels mettaient l'éthique et les valeurs hors de la portée de l'Homme. Les valeurs ne lui appartenaient pas : elles s'imposaient et c'est lui qui leur appartenait. Il sait maintenant qu'elles sont à lui seul, et d'en être enfin le maître il lui semble qu'elles se dissolvent dans le vide indifférent de l'univers.

Jacques Monod, *Le hasard et la nécessité.*
Éd. du Seuil, 1970, pp. 185-188.

(Concours d'entrée dans les Écoles nationales supérieures d'ingénieurs, PH-P, 1991.)

TD 34 Résumez en 150 mots le texte suivant :

Le standing, code universel

Dans le cadre de la « société de consommation », la notion de statut, comme critère de détermination de l'être social, tend de plus en plus à se simplifier et à coïncider avec celle de « standing ». Or, le « standing » se calcule aussi sur le pouvoir, l'autorité, la responsabilité, mais au fond : « Pas de responsabilité véritable sans montre Rollex ! ». Toute la publicité se réfère explicitement à l'objet comme à un critère impératif : « On vous jugera sur... Une femme élégante se reconnaît à... », etc.

Sans doute les objets ont toujours constitué un système de repérage, mais parallèlement, et souvent accessoirement à d'autres systèmes (gestuel, rituel, cérémonial, langage, statut de naissance, code de valeurs morales, etc.). Le propre de notre société est que les autres systèmes de reconnaissance s'y résorbent progressivement au profit exclusif du code du « standing ». Ce code s'impose évidemment plus ou moins selon le cadre social et le niveau économique, mais la fonction collective de la publicité est de nous y convertir. Ce code est moral, puisqu'il est sanctionné par le groupe et que toute infraction à ce code est plus ou moins culpabilisée. Ce code est totalitaire, nul n'y échappe : y échapper à titre privé ne signifie pas que nous ne participions pas chaque jour à son élaboration sur le plan collectif. Ne pas y croire, c'est encore croire assez que les autres y croient pour entrer même ironiquement dans le jeu. Même les conduites réfractaires à ce code sont tenues en fonction d'une société qui s'y conforme.

Ce code a d'ailleurs des aspects positifs. Il n'est pas plus arbitraire qu'un autre : l'évidence de la valeur, même à nos propres yeux, c'est bien aussi l'auto donc nous changeons, le quartier que nous habitons, les multiples objets qui nous entourent et nous distinguent. Ce n'est pas que cela. Mais tous les codes de valeurs n'ont-ils pas toujours été partiels et arbitraires (les codes moraux en tout premier lieu) ?

(1) Ontogénies : conceptions du développement de l'individu depuis la fécondation jusqu'à l'âge adulte.

(2) Aborigènes : originaires du pays où ils vivent, indigènes.

Il constitue une socialisation, une sécularisation totale des signes de reconnaissance : il est donc lié à l'émancipation au moins formelle des relations sociales. Les objets ne rendent pas seulement plus supportables la vie matérielle en se multipliant comme biens, ils rendent également plus supportable le statut réciproque des hommes en se généralisant comme signes de reconnaissance. Le système de standing a au moins pour avantage de rendre caducs tous les rituels de caste ou de classe, et de façon générale, tous les critères antérieurs (et intérieurs) de discrimination sociale.

Il constitue pour la première fois dans l'histoire un système de signes et de lecture *universel.* On peut regretter qu'il évince tous les autres, mais on peut dire inversement que l'exténuation progressive des autres systèmes (de naissance, de classe, de fonction), l'extension de la concurrence, la plus grande mobilité sociale, la ventilation accélérée des groupes sociaux, l'instabilité des langages et leur multiplication rendaient nécessaire l'institution d'un code de reconnaissance clair, sans ambages, universel. Dans un monde où des millions d'hommes se croisent chaque jour sans se connaître le code du « standing », satisfaisant à l'exigence vitale d'être au fait les uns des autres, remplit une fonction sociale essentielle.

Cependant cette universalisation, cette efficacité sont obtenues au prix d'une simplification radicale, d'un appauvrissement, d'une régression presque définitive du « langage » de la valeur : « Toute personne se qualifie par ses objets ». La cohérence est obtenue par l'instauration d'une combinatoire ou d'un répertoire : langage fonctionnel donc, mais symboliquement et structurellement pauvre.

D'autre part, le fait qu'un système de lecture et de reconnaissance soit aujourd'hui valable pour tous, que les signes de la valeur soient entièrement socialisés et objectivés ne mène pas du tout à une « démocratisation » réelle. Il semble au contraire que *la contrainte de référence unique ne fasse qu'exacerber le désir de discrimination :* on voit se déployer, dans le cadre même de ce système homogène, une obsession toujours nouvelle de hiérarchie et de distinction. Si les barrières morales, d'étiquette et de langage, tombent, de nouvelles barrières, de nouvelles exclusives surgissent dans le champ des objets : une nouvelle morale de classe, ou de caste trouve cette fois à s'investir dans ce qu'il y a de plus matériel, de plus irrécusable.

Si donc le code du « standing » est en train de constituer aujourd'hui un ordre de significations universel, lisible à vue, permettant une circulation fluide, sur toute l'échelle du groupe, des représentations sociales, la société n'en devient pas pour autant transparente. Ce code nous donne l'image d'une fausse transparence, d'une fausse lisibilité des rapports sociaux, derrière laquelle les véritables structures de production et relations sociales restent illisibles. Une société ne serait transparente que si la connaissance de l'ordre des significations était aussi celle de l'ordre des structures et des faits sociaux.

Jean Baudrillard, *Le système des objets*
(Gallimard, 1968), Denoël-Gonthier, Médiations, 1984, pp. 228-231.

TD 35 Résumez en 300 mots le texte suivant :

Las Vegas, rêve du touriste moderne

S'il y a un lieu où l'Élan culturel français peut trouver comblés ses idéaux contradictoires, c'est bien à Las Vegas. Et contrairement à ce que nous croyons, dans notre complaisante cécité, Las Végas n'est pas une « plaie » de la lointaine Amérique. Cette métropole des loisirs de la démocratie commerciale, isolée et spécialisée, s'est développée, depuis le New Deal, dans le désert du Nevada, au sud de l'Utah, et de la capitale du puritanisme américain, Salt Lake City. Elle est, pour nous aussi, la Rome du moderne touriste, vers laquelle tous les chemins convergent, y compris les nôtres. Vue d'avion, c'est une longue avenue rectiligne, le String, qui commence et qui se perd dans les sables, et qui, comme un aimant la limaille de fer, agglutine autour de son segment central des bâtiments, des monuments, des rues. Cette oasis de béton accablée de chaleur et de sommeil le jour, grondante de circulation et flamboyante d'électricité la nuit, est privée de toute végétation. C'est à peine si, dans les villas avec piscine qui forment une constellation éparse autour de l'agglomération oblongue, on reconnaît de jour quelque verdure ornementale, peut-être artificielle. L'aéroport est digne d'une métropole : le flux de touristes qui débarquent chaque jour, ou qui repartent, généralement après un bref séjour, équivaut à la population de Lyon. Le va-et-vient des avions est incessant. Il relie Las Vegas aux capitales des cinquante États de l'Union. La population sédentaire, en comparaison peu nombreuse, est entièrement consacrée au service des loisirs, depuis le groom d'hôtel jusqu'au serveur de restaurant, depuis la call-girl jusqu'à la danseuse de revue, depuis le guide de groupe touristique jusqu'au croupier de table de jeu. Et la population éphémère, qui par flots successifs coule toutes les nuits dans l'artère vitale de la ville, est en vacance, décidée et consacrée résolument à faire tourner à plein la machine de loisirs construite pour la satisfaire, et en état de marche sept jours sur sept. Le dimanche et les jours fériés sont inconnus à Las Vegas. Les touristes de Disneyland viennent en famille, avec les enfants. Les touristes de Las Vegas arrivent par couples, mais sans enfants : fiancés, ils vont se marier là, dans les nombreuses officines légales et chapelles de toutes confessions prévues pour eux; jeunes mariés, ils viennent y passer leur lune de miel; couples plus âgés, ils viennent fêter leurs noces d'argent; couples éphémères, ils se sont échappés pour un week-end de *fun* (1). L'inversion entre travail et loisir, caractéristique des démocraties commerciales fin de siècle, atteint à Las Vegas son dernier excès. Cette ville n'est pas un parc, mais une vraie ville. Mais dans cette ville, une petite minorité travaille pour une immense majorité d'oisifs, et d'oisifs si acharnés dans l'oisiveté qu'ils dédaignent de s'en occuper : Las Vegas s'en charge pour eux. Elle crée, prévient, canalise, programme la diversité des plaisirs. Et ces oisifs sont des adultes. Pas plus d'enfants que de végétation à Las Vegas. Ces adultes oisifs sont en état de vacance chimiquement pure. Leur imagination flottante, leur mémoire vide et vague, leur volonté détendue, sont entièrement abandonnées à l'offre immédiate qui leur est faite de les animer machinalement.

De tout ce que l'humanité a inventé, de tout ce qu'elle a rêvé, de tout ce qu'elle a découvert, religion et poésie, art et musique, il ne reste ici qu'une collection de poncifs actionnée par une machine à amuser. Tout ce que la science et les techniques ont découvert pour soulager la peine des hommes, et satisfaire leur besoin de connaître, se résume et s'ingénie ici pour accélérer, multiplier, et varier les plaisirs. Il ne subsiste de l'histoire de l'humanité qu'une cité d'illusions et de souvenirs standardisés et exploités à plein rendement. Ce lieu, qu'on a dit « post-moderne » par excellence, est aussi le moment étale où tout est déjà arrivé, où plus rien n'arrivera jamais plus, sinon la noria des touristes venus constater cette vertigineuse absence et la transformer, par leur présence errante, en pâture de voyageurs. Le long du String, des pastiches (2) de la Villa Hadriana, du Taj Mahal, de Borobudur, de Versailles, de la cathédrale de Reims, du Palais d'Été de Pékin, de l'Alhambra de Grenade, de Saint-Pierre de Rome, du Canal Grande et de la Tour Eiffel rassemblent l'histoire universelle de l'art en une exposition enclyclopédique. Ce musée n'a rien d'imaginaire. Chacun de ces monuments, lieu de mémoire, s'accommode sans regret de la « fin de la période artistique ». Tous sont à la fois les cartes postales d'une aventure humaine terminée et des maisons de jeux, des music-halls, joints à de gigantesques hôtels-gratte-ciel. Maisons de la Culture polyvalentes, ils réunissent des salles de spectacle immenses, équipées avec un grand luxe technique, des halls tapissés de machines à jouer, d'autres réservés aux tables de jeux. De sa chambre d'hôtel, on descend directement dans une Antiquité romaine ou un Extrême-Orient de pacotille, parmi de faux esclaves en chlamydes ou de faux eunuques en turbans. Répartis dans les étages de chaque hôtel, des restaurants variés offrent le décor et les menus de toutes les latitudes : cuisine mexicaine, pékinoise,

---

(1) Un week-end d'amusements.

(2) Il s'agit de copies grossières des plus célèbres monuments. La *Villa Hadriana,* magnifique demeure, avait été édifiée à Tibur par l'empereur romain Hadrien. Le *Taj Mahal,* ou *Tadj Mahall,* est un tombeau élevé à Agra (Inde) par un empereur moghol, à la mémoire de son épouse; ce monument est considéré comme l'un des plus beaux de l'architecture indo-musulmane de cette époque. *Borobudur* est un temple boudhique de l'île de Java. Le palais de *l'Alhambra* a été construit à Grenade (Espagne) à l'époque de la domination arabe. Le *Canal Grande* constitue l'artère principale de Venise; il est bordé d'édifices somptueux.

cantonaise, italienne, lyonnaise, indonésienne, allemande ; on y boit de la bière et du saké, du thé et des vins, du cidre et toujours du Coca-Cola. Comme Des Esseintes, le touriste de Las Vegas est dispensé de voyager : un cyclorama à grande échelle met la géographie comme l'histoire à disposition dans le même lieu. La Nature finit à Las Vegas comme l'Histoire : le dernier des Hôtels-Casinos édifiés le long du String, l'*Excalibur,* une immense forteresse médiévale de fantaisie, abrite un volcan en activité et les chutes du Niagara en réduction. Il est probable que la prochaine fois la mer elle-même, la mer sera enfin capturée dans le plus gigantesque des palais d'illusions, rendant inutiles les océans pollués.

Les cinémas, les boutiques de luxe et de pacotille proposent à qui n'est pas encore rassasié d'autres petites évasions sur place. On se gorge de films, de vidéo, on se charge de paquets, bijoux et statuettes, croûtes ou posters, on se débauche et surtout on joue. Et parfois l'on gagne ! Les jeunes couples qui ont eu de la veine n'ont pas à attendre pour dépenser leur gain : un immense Supermarché du meuble les attend, pour y acheter leur future chambre à coucher. Cette Ville-Musée de l'architecture, de la peinture et de la sculpture mondiales l'est aussi des arts décoratifs : le Supermarché du meuble expose, sur des kilomètres carrés, des chambres à coucher de tous les styles connus, depuis l'Ancienne Égypte jusqu'en 1990, lits à colonnes et lits-bateaux, lits Louis XV et lits Queen Anne, lits de châtelaines et lits de sultanes, toutes les alcôves que trois mille ans de menuiserie et tapisserie ont imaginées sur le même thème du rectangle.

On a bien tort de censurer Las Vegas. Ce moulin à poncifs et à fantasmes répétitifs, dans sa variété résolue et monotone, est fort de sa vérité. Mais sa vérité nous fait peur. C'est celle des loisirs américains et modernes. Il faut voir Las Vegas pour reconnaître son principe à l'œuvre sous les alibis qui le dissimulent ailleurs, et surtout sous nos climats. Ce principe gagne nos villes, et surtout nos capitales, devenues parcs mondiaux de loisirs. Restaurés, nos monuments ressemblent à des pastiches. Des hôtels et des maisons de jeux, des restaurants et des échoppes se multiplient à leur portée. Nos plus célèbres et élégantes artères se métamorphosent en *shopping and fun streets* (1). La même foule vacante, docile aux itinéraires fléchés, s'écoule aux portes de nos palais-musées ou de nos monuments. L'histoire se retire et laisse ses coquilles vides rouler dans l'écume du divertissement de masse. Las Vegas, impavide, dédaigne de déguiser son bastringue artistique et historique. Elle appelle un chat un chat. *Entertainment is entertainment* (2). Elle n'est ni lieu, ni centre, ni maison, ni espace « culturels ».

Il serait injuste, et hypocrite, de caricaturer le touriste moderne. Son portrait est pour nous ce qu'était celui de l'Amour-Propre par La Rochefoucauld, ou de l'Ennui mondain par Pascal. L'Ancien Régime avait déjà ses touristes. Et aujourd'hui, tous les citoyens des démocraties, en France comme ailleurs, participent à des degrés divers à ce type qui n'a rien d'idéal. Nous le portons tous en nous, au moins à l'état de vive tentation. Le touriste, ce n'est pas l'Autre, c'est moi, c'est vous. Inutile de chercher des alibis. Le chewing-gum audiovisuel moderne (et ses variantes prétentieusement culturelles) correspond exactement au divertissement pascalien, et sa consommation tente de combler vainement le même vide qui ronge le cœur de l'homme.

Marc Fumaroli, *L'État culturel,*
Essai sur une religion moderne, de Fallois, 1991, pp. 214-217.

TD 36 En vous inspirant de cet extrait d'un livre, expliquez en 400 mots le principe de la télévision en couleurs.

La télévision en couleurs fait appel au principe trichrome par synthèse additive, c'est-à-dire que les teintes d'une scène sont reproduites en superposant, à la réception, les images *primaires*

(1) rues de boutiques et d'amusements.

(2) se distraire, c'est se distraire.

rouge, bleue et verte, faites à la prise de vue (1). Trois caméras identiques à celles de la télévision noir et blanc, sont munies de filtres colorés : rouge pour la première, bleu pour la seconde, vert pour la troisième. Au rythme de six millions de points par seconde, les faisceaux d'électrons de chaque caméra analysent, ligne par ligne, et en synchronisme rigoureux, les mosaïques photoélectriques où l'image optique s'est transformée en un relief de charges électroniques. Recueillies successivement dans son mouvement de balayage par le faisceau analyseur, ces charges donnent naissance à un signal. Il est évident que les signaux issus des trois caméras ne sont pas identiques : telle scène présentera dans ses composants primaires beaucoup de rouge, peu de bleu, un peu de vert, ce que les signaux *vidéo* traduiront fidèlement dans le profil de leurs impulsions. La première opération de traitement de ces trois signaux consiste à les ajouter l'un à l'autre pour former un signal commun, dit de *luminance,* possédant toute la finesse des images primaires à haute définition. En fait, l'addition est pondérée, chaque signal entrant dans le total pour le *poids* d'impression lumineuse qu'apporte effectivement sa couleur à l'œil.

Le signal de luminance – signal Y – peut être reçu sur les téléviseurs classiques et leur apporter ainsi la version monochrome fidèle de la scène télévisée. Mais son rôle ne se borne pas à cette œuvre de stricte justice sociale.

Si l'œil est très exigeant sur la finesse – *la définition* – des contours lumineux d'une image, c'est-à-dire la *luminance* – il l'est moins sur la finesse des détails colorés : c'est qu'en dessous d'une certaine surface critique, l'œil ne sait plus distinguer la teinte d'un détail, moins encore son degré de saturation, c'est-à-dire sa pureté colorimétrique. Aussi, au lieu de s'imposer la transmission de cette teinte avec la même haute définition de 6 millions de points par seconde – celle du standard de 625 lignes – qui occupe un canal fort encombrant et superflu dans ce cas, puisque l'œil ne percevrait pas une telle finesse d'image dans la teinte considérée, on peut légitimement réduire la définition de l'information de couleurs. Comme on joue sur des signaux représentatifs de cette information, c'est en comprimant, à l'aide de filtres, la bande de fréquence qui leur est associée que s'opérera cette amputation. La compression réduit la bande au sixième de sa valeur initiale; elle reste ainsi strictement conforme aux possibilités d'appréciation de la rétine.

Cette compression allégera la tâche de l'émetteur; avant d'y soumettre les signaux primaires rouge (R), bleu (B), vert (V), on aura pris soin de soustraire de chacun, la valeur du signal de luminance à haute définition Y : ainsi, trois signaux R – Y, B – Y, V – Y, débarrassés de l'information de luminance fine qu'ils contenaient, sont comprimés pour former les signaux de *chrominance;* ils ne portent plus aucune information de luminance et transportent seulement l'information de teinte, sans s'occuper de l'intensité lumineuse des diverses plages colorées.

Comme les signaux de chrominance sont à bande de fréquence réduite, il sera relativement aisé de les loger dans le canal principal; mais le signal de luminance s'y étale déjà dans toute sa large bande de fréquences. La technique éprouvée des « sous-porteuses » employées en téléphonie permet de vaincre cet obstacle : l'une des fréquences du canal principal est réservée, par filtrage, à ce rôle de sous-porteuse : le signal de chrominance modulera la sous-porteuse, comme tout message module son onde porteuse, l'ensemble passant sur l'antenne dans le canal large. Une analogie illustre bien le procédé : un chœur *a capella* peut réserver certaines voix – les soprani, par exemple – à certains versets différents du psaume principal et les fondre dans l'ensemble vocal. On peut dire ainsi que la sous-porteuse (les soprani) « chante » la couleur, et la porteuse principale (le chœur dans tout son canal), l'ensemble vidéo, noir et blanc compris.

Mais, s'il est possible d'encastrer ainsi un signal de chrominance, le rouge R – Y par exemple – sans déborder du canal principal – comment transmettre les deux autres B – Y et V – Y? En fait, on voit tout de suite qu'il suffira d'en transmettre un seul autre, puisqu'avec le signal Y, formé de la somme des primaires R, B et V, disponible au récepteur, celui-ci retrouvera par addition et soustraction, le signal primaire non transmis; les opérations simples, parce que linéaires, sont, en négligeant la pondération pour simplifier :

(1) Les peintres auraient choisi le jaune; le vert a été adopté pour des raisons technologiques.

Signaux reçus : $Y = R + B + V$
$R - Y$
$B - Y$

Le signal de chrominance vert V – Y n'a pas été transmis.

Addition : $R - Y + Y = R$
$B - Y + Y = B$

Soustraction :

$$\begin{array}{r} Y \\ -\ (R + B) \\ \hline V \end{array}$$

Le signal de chrominance vert est ainsi reconstitué.

Il suffit donc de transmettre deux signaux de chrominance, R – Y et B – Y, sur la seule sous-porteuse.

Deux systèmes ont résolu différemment ce dernier et difficile problème : l'un d'origine américaine, le NTSC, les transmet simultanément en prenant, non pas une, mais deux sous-porteuses *ayant la même fréquence;* pour les distinguer, et par suite discerner leur modulation, les deux sous-porteuses sont décalées en *phase* (de la valeur de 90°). Ce système présente un certain inconvénient dû à la combinaison de ces deux sous-porteuses de fréquence identique, combinaison qui revient à confier l'information de couleur à la phase, laquelle risque de se modifier, et se modifie en effet, en cours de transmission; on observe des virages de couleurs, et le téléspectateur dispose de réglages de teinte et de saturation pour compenser ces défauts.

L'autre système, d'origine française, le SECAM, a cherché à simplifier le téléviseur qui se règle aussi simplement qu'un téléviseur classique en brillance et constraste, sans autres boutons. Ce résultat final est obtenu, en conférant au signal de chrominance la plus grande robustesse possible, en lui affectant le type de modulation le plus fidèle : la modulation de fréquence.

Le SECAM fait passer le signal de chrominance sur une sous-porteuse modulée en fréquence, et une seule : à un instant donné, il ne peut donc transmettre qu'un seul des deux signaux de chrominance R – Y ou B – Y. Tantôt l'un, tantôt l'autre. L'idée de l'inventeur de SECAM, Henri de France, consiste à choisir de passer les chrominances, alternativement, suivant la périodicité du balayage des lignes de télévision : une ligne est transmise avec sa chrominance rouge, la suivante avec sa chrominance bleue, et ainsi de suite. La bascule électronique qui connecte l'un ou l'autre signal est déclenchée par les impulsions de synchronisation des lignes, existant dans tout système de télévision, noir et blanc classique compris.

Pour compléter l'image trichrome à réception, il manquera un signal de chrominance : quand la ligne sera balayée en rouge, il manquera le bleu, et le vert ne pourra pas être calculé par différence. On a donc imaginé de mettre en mémoire le signal de chrominance rouge, effectivement transmis, en même temps qu'il sert à balayer sa ligne. Ainsi, quand, à la ligne suivante, l'émetteur transmettra le *signal bleu,* la mémoire restituera le *signal rouge* de la ligne précédente. En possession des deux chrominances rouge et bleu, le récepteur calculera la chrominance *verte* et l'image trichrome pourra se former. C'est le principe du balayage alterné :

à la ligne n — signal rouge : transmis, balaye la ligne n et passe en même temps en mémoire;
signal bleu : restitué par la mémoire enregistrée à la ligne $n - 1$;
signal vert : calculé.

à la ligne n + 1 — signal bleu : transmis, balaye la ligne n + 1 et passe en même temps en mémoire;
signal rouge : restitué par la mémoire enregistrée à la ligne n;
signal vert : calculé.

Le signal Y, qui porte la luminance, vient enfin s'ajouter identiquement à chacun de ces signaux de chrominance, R – Y, B – Y et V – Y : on retrouve bien après cette addition, les trois primaires initiales issues des caméras : R, B et V. De son côté Y, signal de luminance à haute définition, restitue à chaque primaire une haute définition, non pas celle qu'il possédait en propre à la sortie des caméras, maintenant perdue par compression, mais une haute définition collective, qui suffit à l'œil.

Telle est la télévision en couleurs, célébrée parfois comme l'une des plus belles réussites techniques contemporaines, tant le mariage des paramètres humains et électroniques y est intime.

M. Ponte et P. Braillard, *L'électronique*, Coll. Microcosme, Le Seuil, 1964, pp. 93 à 98.

Aujourd'hui, chacun peut, à l'aide d'un magnétophone portatif, enregistrer un entretien. Mais toute conversation, même si l'on a préparé des questions et leur enchaînement, garde une certaine liberté d'allure. D'où la difficulté d'utiliser directement la bande magnétique. Si l'on veut communiquer à d'autres ce que l'on a entendu, ou même le consigner pour soi sur une fiche, il faut, à partir de l'enregistrement, recomposer une synthèse. En général, on procède alors à une mise en ordre plus rigoureuse et à une concentration des idées. C'est à quoi vous invite le T.D. suivant.

TD 37 **Résumez en 400 mots l'interview suivante du professeur de médecine Jean Hamburger :**

La raison et la passion

Jean-Marie Cavada : J'aimerais savoir comment un homme de science semble déserter ce qui a fait jusqu'à présent l'essentiel de sa carrière, surtout de sa vie, pour trouver des réponses à des questions fondamentales qui concernent la réflexion humaine, l'essence de la vie.

Professeur Hamburger : *Permettez-moi de contester votre mot « déserter ». Je crois, au contraire, que je n'aurais écrit aucun de mes livres – et « La raison et la passion » ne fait pas exception – si je n'avais pas eu la double expérience de médecin et de chercheur scientifique. L'acte médical n'est pas seulement un acte technique, c'est un acte de réflexion et d'affection pour le malade qui se confie à vous. L'homme malade se pose souvent plus de questions que l'homme sain sur le sens de sa vie et le sens de sa mort. Le médecin ne peut être indifférent à ces questions sur la condition humaine. Tous mes livres précédents, de « La puissance et la fragilité » à « Un jour, un homme... », ont ce thème en contrepoint. Même « Le journal d'Harvey » tente de montrer, derrière la personnalité étonnante du grand médecin anglais, l'attitude éternelle du médecin aux prises avec l'aventure humaine. Mais, pour « La raison et la passion », c'est le chercheur scientifique plus que le médecin qui s'interroge : quelle est la signification, la portée, du regard que les scientifiques posent sur le monde et les hommes ?*

J.-M. C. : L'idée centrale de votre livre me semble être que l'« enfermement » dans lequel le raisonnement scientifique tient la pensée des hommes modernes est un empêchement à examiner les questions de base sur la connaissance de soi-même, le sens de la vie. Est-ce exact ?

Pr. H. : *Une idée de base, c'est la prise de conscience des limites de la connaissance scientifique. Plus la science progresse et découvre, dans un mouvement accéléré, les mécanismes et les lois qui régissent le monde qui nous entoure – y compris le monde de la vie – plus elle aperçoit les limites que, par essence, rencontre la connaissance scientifique. L'histoire a commencé avec la mise en question de la géométrie euclidienne et de la physique newtonienne. On avait un peu oublié qu'elles étaient construites sur certains postulats qui, à force d'être ressassés, avaient fini par faire croire qu'ils formaient des évidences irréfutables. En outre, le monde ainsi décrit apportait un grand confort intellectuel, parce que notre sens commun, nos habitudes quotidiennes de pensée, notre vision des choses à notre échelle s'y trouvaient pleinement satisfaits.*

J.-M. C. : Satisfait, au sens de « sécurisé » ?

Pr. H. : *Sécurisé, oui. Mais le vertige allait bientôt venir. Le jour où naquirent les géométries non euclidiennes, plus la physique de la relativité et des quanta, la révolution se mit en marche :*

dans le domaine de l'infiniment petit et celui de l'infiniment grand, par le truchement d'une abstraction mathématique, on découvrait des mondes surréalistes, où règne l'aléatoire, où le déterminisme commun rencontre des obstacles, où les concepts d'espace et de temps forgés à l'échelle de notre vie quotidienne n'ont plus cours. Et pourtant, ces nouveaux mondes abstraits prédisent, mieux que les algorithmes traditionnels, les résultats de l'observation et de l'expérience. Il apparut à l'évidence que nos représentations usuelles, nos modes communs de raisonnement ont de grandes faiblesses et sont pleins de pièges lorsque nous nous écartons de l'échelle de notre vie quotidienne.

Et le fait nouveau, c'est que la biologie et la médecine offrent à leur tour la même « césure » entre l'échelle moléculaire et l'échelle du corps entier. Dans le domaine de mes recherches, par exemple, le rejet des greffes est lié à l'existence de certaines molécules caractéristiques de chaque individu et situées à la surface de toutes les cellules de notre corps : ces molécules, présentes dans le greffon, sont reconnues pour étrangères par le système immunologique du receveur, à l'échelle microscopique, ce qui mobilise une action destructrice de rejet. Grande fut la satisfaction de ces découvertes. Et pourtant, avec le recul du temps, il apparaît que le système mis en branle à l'échelle microscopique est en réalité si formidablement complexe, soumis à tant d'influences diverses et imprévisibles, qu'il devient impossible *de prévoir au juste le destin du greffon à partir des seules explorations de l'univers atomique et moléculaire du donneur et du receveur. Par pétition de principe, on admet que les phénomènes qui se déroulent à l'échelle moléculaire expliquent totalement ce qu'on observe en clinique, mais on ne le démontre jamais. De la même manière, ce qu'on sait des atomes ne permet jamais de prévoir une avalanche ou une éruption volcanique, bien qu'on soit sûr que la montagne, le volcan, la Terre soient formés d'atomes. En bien d'autres exemples de la biologie et de la médecine, on voit naître la même idée d'une césure de fait entre l'infiniment petit et l'échelle humaine, même si l'on refuse cette césure par conviction déterministe.*

Ainsi, le reflet que la science nous apporte du monde et de l'être vivant change selon l'échelle de nos observations. Nous sommes invités à douter du langage usuel de nos interrogations quand nous nous écartons de notre univers immédiatement perceptible.

J.-M. C. : Vous avez parlé de césure. Qui est un constat, mais aussi une sorte de moyen. Quels sont les autres procédés de la pensée que l'homme doit utiliser pour sortir de cette sorte de balourdise naturelle dans laquelle l'enferme son raisonnement scientifique, logique ou matériel ?

Pr. H. : *Il me semble qu'il doit acquérir une grande prudence quand il applique aux dimensions du monde les pourquoi qui lui paraissent si naturels à son échelle. Les astrophysiciens nous ont enseigné que parler d'un monde « infini » ne veut peut-être rien dire. De l'univers, disait Henri Poincaré, « on ne trouvera jamais le bout, mais on pourra en faire le tour ». Parole destinée à nous faire comprendre des abstractions mathématiques difficiles, et pourtant parole incompréhensible en termes de tous les jours, car on n'imagine pas que le monde puisse avoir des limites sans qu'on ait le droit de demander : « Qu'y a-t-il derrière ? » De même, l'infini dans le temps est peut-être aussi une illusion d'optique anthropomorphe (c'est-à-dire humaine, trop humaine). Cette illusion naît parce qu'à notre échelle, pour tout événement, il y a toujours un avant et un après. Et c'est là qu'apparaît, me semble-t-il, quelque chose de nouveau et de grave : ce que nous découvrons, c'est que nous posons peut-être de fausses questions en nous interrogeant sur le commencement et la création du monde, des questions qui nous viennent aux lèvres parce qu'à notre échelle tout a un commencement et tout paraît créé. Qui ne voit combien cela bouleverse nos habitudes de pensée ? De même encore, il n'est pas sûr que nos interrogations sur la signification, le sens de la vie ne soient pas, elles aussi, entachées d'anthropomorphisme. Je veux dire qu'elles extrapolent dangereusement notre habitude de demander à tout propos : « À quoi cela sert-il ? » Cette question perd sans doute toute signification si l'on sort du petit univers de l'expérience humaine de tous les jours.*

Je sais bien que ces réserves sont difficiles à exposer dans une brève interview. Mais voici, à mes yeux, le plus important : ne soyons pas frustrés par les limites ainsi apportées aux interrogations qui nous fouaillent sur le monde et sur la vie. Elles n'ont cours que dans le cadre d'un raisonnement scientifique. Elles ne s'appliquent nullement à d'autres domaines de l'esprit humain ; j'oserais presque dire aux chemins de la pensée qui mènent le plus loin et donnent le plus de sens à la vie : le monde des passions, de l'appétit de transcendance et de la foi, de la vie morale, de l'art, des émerveillements. Toutes ces passions n'ont aucune raison de rester enfermées dans la cage des exigences rationnelles ; elles sont libres, elles n'ont de frontière qu'au sein de nous-mêmes, c'est-à-dire dans un monde intérieur illimité.

J.-M. C. : Vous vous rattachez, en faisant cette analyse des moyens de la connaissance, à une famille de philosophes qui s'enracine très loin à travers les siècles. La surprise est que c'est écrit par un scientifique moderne, contemporain de la fin du XXe siècle. Au fond, on a un peu l'impression que tous ces efforts prodigués par l'humanité pour approfondir la connaissance scientifique l'ont peut être détournée d'autres efforts qui auraient pu être accomplis pour la connaissance intrinsèque de la condition humaine. Est-ce votre sentiment ? Est-ce antinomique ?

Pr. H. : *Non. Vous avez raison. On peut presque parler de deux modes de connaissance – la connaissance scientifique et la connaissance passionnelle – à la condition expresse de ne pas donner au mot « connaissance » un sens identique dans les deux cas. C'est cette confusion possible qui me semble fréquente aujourd'hui. Et c'est bien pour marquer la différence que j'ai écrit ce dernier livre. Il faut bien entendre que les limites mêmes que se reconnaît la connaissance scientifique libèrent franchement ceux de nos élans intérieurs où les contraintes de la science et de la raison n'ont plus cours. La sérénité est à ce prix, et peut-être même pour certains une aventure spirituelle exaltante, qui se moque pas mal des « je ne saurai jamais » de la science.*

J.-M. C. : Avant-dernière question : j'aimerais savoir si, au total, en cette fin de XXe siècle et au moment où vous sortez de la pratique quotidienne de l'exercice scientifique, vous pensez que les progrès de la science contemporaine ont plutôt aidé à approfondir la connaissance humaine, ou au contraire, au sens pascalien, en ont plutôt diverti ?

Pr. H. : *Ils l'ont plutôt aidé. Toute cette mise en ordre de nos multiples valeurs de connaissance vient, notez-le bien, de la réflexion scientifique. Et même de la réflexion scientifique du XXe siècle : les hommes des siècles précédents ne pouvaient la mener jusqu'au bout, ils n'avaient pas les données que la science nous apporte aujourd'hui. Le progrès de la science est une aventure somptueuse de l'homme : il nous donne une image de plus en plus précise du monde où nous vivons et, à maints égards, une image de plus en plus digne d'émerveillement. Même si nous avons aujourd'hui la preuve que cette image dépend de l'observateur autant que de l'objet, qu'elle fournit seulement de celui-ci une vérité relative, qu'elle n'a aucune signification absolue indépendante du regard de l'homme, l'aventure est quand même inouïe. Mais l'homme a besoin d'absolu, son appétit de transcendance est au moins aussi violent que son vœu d'obéissance aux règles de la raison. Et la réflexion scientifique du XXe siècle lui dit justement qu'il n'a pas à se sentir bridé dans les élans de sa vie spirituelle. En d'autres termes, je vois un lien très fort entre ce que vit le scientifique depuis le début du siècle et ce que cherche le philosophe, qui n'entend pas se limiter à une vision strictement scientifique.*

Trop souvent, les scientifiques se méfient des philosophes, notamment parce que le langage des philosophes leur paraît ésotérique, difficile à comprendre, et que par goût ils ont très peur de ce qui n'est pas d'une totale clarté. D'un autre côté, les philosophes se méfient des scientifiques, qu'ils considèrent comme trop enfermés dans la tour d'ivoire de leurs laboratoires, trop ignorants de l'histoire des idées, de Platon ou Aristote à Wittgenstein ou Karl Popper, pour pouvoir raisonner sérieusement sur les chemins de la logique humaine. Je crois que le moment est venu où ce fossé doit être franchi ; un dialogue fructueux peut s'instaurer, doit s'instaurer, entre le monde de la philosophie et celui de la science.

J.-M. C. : Votre livre est-il une passerelle entre ces deux mondes ?

Pr. H. : *Oui, je le souhaite.*

J.-M. C. : Vous l'avez écrit dans ce sens ?

Pr. H. : *Oui, absolument.*

J.-M. C. : Quelle est la part des souvenirs humains de votre expérience, en général, et médicale en particulier, qui ont pesé dans ce retour à la réflexion fondamentale sur la condition humaine, au-delà des barrières scientifiques ? Est-ce cela qui a pesé, c'est-à-dire votre vie de praticien ?

Pr. H. : *Il est très difficile de passer cette vie d'homme sans se poser des questions sur ce qu'elle signifie. Peut-être le poste d'observation privilégié du médecin et, aussi, le choc des don-*

nées scientifiques récentes forment-ils des sollicitations supplémentaires. Et l'esprit scientifique incite à faire table rase des idées reçues et à chercher une mise en ordre claire des problèmes, sinon des solutions.

J.-M. C. : Aujourd'hui encore, gardez-vous des images fortes de cette interrogation fondamentale que l'homme a devant la mort ?

Pr. H. : *La souffrance et l'idée de la mort réveillent l'appel latent qui est en nous, des images qui protègent et des transcendances qui expliquent. J'ai raconté dans « La puissance et la fragilité » l'émotion qui me saisit, jeune étudiant, lorsque, dans le lit d'hôpital où elle mourait d'un cancer, une femme de 25 ans me dit, prenant ma main et me regardant dans les yeux : « Tout cela, et cette vie qui va finir, n'est-ce pas dérisoire ? Quel sens cela a-t-il ? Comme j'envie ceux qui croient en Dieu ! » Depuis lors, j'ai retrouvé cette angoisse et ce malaise chez bien d'autres malades, même parmi les croyants les plus fervents.*

J.-M. C. : En conclusion, et pour votre propre compte ?

Pr. H. : *Je ne suis pas croyant, mais je me sens proche de ceux qui ont la foi par l'interrogation à laquelle ils essaient de répondre. Si peu de chose, après tout, sépare l'agnostique et le croyant ! Le fossé qui les éloigne est à la fois immense et étroit. Assez étroit pour qu'ils puissent se donner la main d'une rive à l'autre. Tous deux se rejoignent dans leur connaissance et leur ignorance de l'univers et, plus essentiel encore, dans leurs impératifs moraux, leur volonté humaniste, leurs inquiétudes sur la santé du monde. Il faut seulement que le croyant comprenne les hésitations de celui qui doute, et que celui qui doute comprenne combien il est naturel que l'homme puise, dans son besoin de transcendance, les sources d'une conviction profonde dans une religion révélée. Mais, et c'est peut-être là ma conclusion, il me paraît clair que ce n'est pas dans la science qu'on peut trouver Dieu, mais bien plutôt dans la profondeur de son âme, en un élan tout à fait personnel (alors que la science est un effort collectif).*

Je le répète, les limites de la science donnent plus de valeur encore aux merveilleux chemins de notre aventure spirituelle : pas seulement la foi, mais le sentiment de la beauté, l'émerveillement devant ce surprenant sens moral de l'homme, qui mêle à des instincts barbares la noble ambition de refuser le monde cruel dans lequel il a débarqué et d'y imprimer une empreinte de justice, c'est-à-dire une véritable rébellion contre la sélection naturelle qui condamne le faible et ne laisse survivre que le fort.

La médecine est un modèle exemplaire de cette rébellion quand elle sauve des enfants, des hommes, des femmes, que les lois biologiques naturelles avaient condamnés. En définitive, la science met sa force à la disposition des passions de l'homme, mais elle est inapte à faire naître une morale, une politique, une transcendance ; elle n'est qu'un moyen et laisse le champ libre au monde des passions, redoutables ou superbes.

Propos recueillis par Jean-Marie Cavada,
in *Le Point*, n° 633, 5 nov. 1984, pp. 181 à 186.

DANS LE CADRE DE...

Des **locutions, permettant de situer un rapport,** sont à la mode :

Sous l'angle ;
Dans le cadre ;
Dans le contexte ;
Du côté ;
Dans le domaine ;
À l'échelle (à l'échelon) ;
En fonction de ;
Au niveau ;
Dans l'optique ;
Sur le plan ;
Au point de vue (du point de vue), etc...

Ces expressions se construisent :
– avec un adjectif (sauf *en fonction*) : *à l'échelle nationale,*
– avec DE + un nom : *à l'échelle de la nation.*

Il est incorrect d'oublier la préposition DE : on entend dire « au point de vue commerce, au point de vue argent, du point de vue droit », alors qu'il faudrait *au point de vue DU commerce* (ou *ou point de vue commercial*), *au point de vue DE l'argent* (ou *au point de vue financier*), *du point de vue DU droit* (ou *du point de vue juridique*).

Le nom contenu dans ces expressions *garde son sens propre,* même si on ne le perçoit plus nettement. Par exemple, *sous l'angle* est emprunté à l'optique, qui parle d'*angle visuel :* au figuré, cela signifie donc que vous envisagez un problème en limitant votre « angle de vision » à un aspect particulier. *En fonction de* vient de l'algèbre, où le mot « fonction » désigne de façon précise une relation entre deux quantités telle que toute variation de la première entraîne une variation correspondante de la seconde.
Aussi convient-il de les employer en respectant leur sens. On peut dire : *Au niveau de la commune, les dépenses seront très lourdes ;* car on peut considérer que l'État, le département, la commune sont à des « niveaux » différents. Mais il est assez ridicule d'écrire : « Voilà un fauteuil parfait au niveau de la salle de séjour » – à moins de considérer les « niveaux » du logement de la cave au grenier !

EXERCICES

EX A Complétez ces phrases par l'expression qui convient :

1. Il y a des convictions qui sont... de la foi, d'autres qui sont... de la raison. 2. Si l'on se place uniquement... de la rapidité d'exécution, c'est cette machine qu'il faut choisir. 3. Même vue...

purement scientifique, l'expérience comporte de nombreux aspects positifs. 4. En restant toujours... étroit de sa spécialité, le technicien borne son horizon et limite ses possibilités. 5. La semaine du 8 au 15 vous sera bénéfique... professionnel ; par contre, ...familial, vous connaîtrez des difficultés. 6. La Direction des Transports a dû modifier ses projets... de l'augmentation sans cesse croissante du nombre de voyageurs. 7. C'est en le replaçant... historique qu'on comprend toute la portée de l'événement. 8. C'est un art aux dimensions nouvelles, ...des grandes réalisations du monde moderne. 9. Il est évident que, ...de l'avocat, l'accusé ne peut avoir commis ce meurtre.

EX B **Pour vous amuser, cherchez à compléter les locutions données au début de cette rubrique, de manière à obtenir des expressions absurdes. Par exemple :** Au point de vue de l'odorat...

EX C **Faut-il modifier les phrases suivantes ? Si oui, pourquoi ? Et de quelle façon ?**

1. Dans le cadre de vos besoins, choisissez le réfrigérateur X. 2. Le public n'a pas ressenti cette mesure sous l'angle politique, mais plutôt sous l'angle financier. 3. Et au point de vue gruyère, qu'est-ce que vous avez ? (Phrase authentique, recueillie sur un marché parisien). 4. Une telle mission n'entre pas dans le cadre de mes attributions. 5. La commission oriente maintenant ses recherches au niveau d'une meilleure rentabilité des investissements. 6. En fonction de ses préoccupations du moment, le gouvernement n'est pas disposé à débloquer des crédits. 7. Dans le contexte du Marché européen, une chambre laquée blanc : lit, chevet, armoire... pour 2 995 francs. 8. C'est surtout à l'échelon foie que j'ai des ennuis en ce moment. 9. Dans le contexte économique actuel, le chômage ne semble pas pouvoir être totalement résorbé. 10. C'est à l'échelle du logement que la municipalité a accompli ses plus grands efforts.

CORRIGÉ DES EXERCICES

► LE RÉSUMÉ

EX 1 (Voici un exemple de la disposition du brouillon conseillée dans le chapitre, cf. 2, E, 3.)

1. Les États commettent aujourd'hui plus	de meurtres, en dehors des
2. guerres, que les individus. Chaque	homme peut un jour être
3. exécuté au nom d'une	politique invoquant, pour se justifier,
4. le droit ou une idéologie.	

(Texte : 173 mots; résumé : 35 mots)

EX 2

Les études sont conditionnées en partie seulement par les origines sociales différentes. Ceux qui héritent d'un patrimoine culturel ou bien le dilapident dans des activités mondaines et superficielles, ou bien l'utilisent rationnellement et réussissent, tout en conservant une certaine liberté à l'égard de l'Enseignement et de son prestige.

Ceux qui appartiennent à des classes défavorisées puisent parfois dans leur désavantage même le courage de le surmonter.

EX 3 ***La commercialisation du spectacle sportif***

Remarques

Le texte proposé traite d'un sujet souvent dans l'actualité et qui peut intéresser la plupart d'entre vous. Il est très clair et ne présente pas de difficulté de compréhension. Le taux demandé (1/5) n'est pas une contrainte excessive. L'auteur cite quelques livres ou articles (Meynaud, Lucot, Marquet). Dans un résumé, sauf s'il s'agit d'une citation très marquante ou d'une formule frappante et irremplaçable, les idées empruntées doivent être incorporées à celles de l'auteur, sans indication de leur origine.

Plan du texte

I. Multiplication des spectacles sportifs *(§ 1)*

II. Développement de l'affairisme *(§ 2-5)*

- *affaires financières (§ 2-3)*
- *tours cyclistes (§ 4)*
- *football (§ 5) : droits de retransmission, d'organisation (d'où les grands stades sont privilégiés).*

III. Modification de l'organisation *(§ 6-7)*

- *nombre des épreuves*
- *confusion des valeurs*

Conclusion *(§ 8) : L'organisateur ne s'intéresse plus au sport, mais à l'argent.*

Résumé

Le sport devient un grand spectacle. Dans des enceintes gigantesques, tel le stade de Rio qui accueille 200 000 personnes, le public vient en masse assister à des manifestations de plus en plus fréquentes, que la télévision retransmet dans le monde entier.

Les organisateurs y ont trouvé une activité extrêmement profitable. Les courses cyclistes sont de vastes entreprises publicitaires et, comme aux 24 heures du Mans, les sports mécaniques rapportent aux fabricants et au commerce local. Le succès du football apporte de multiples recettes : droits versés par les réseaux de télévision, par les villes organisatrices des grandes compétitions, ces dernières n'étant accordées qu'aux villes les mieux équipées, d'où une inégalité entre les concurrents.

La rentabilité s'avère ainsi le seul but des gestionnaires. Ils multiplient les championnats et concours, sources de revenus importants. La qualité sportive s'efface devant le bénéfice financier. Non seulement le football, mais aussi le tennis, les courses automobiles, le ski et même l'athlétisme se professionnalisent progressivement.

La seule règle du spectacle sportif est celle du profit.

(Texte : environ 900 mots; résumé : 173 mots)

EX 4 ***La presse et l'argent***

La presse d'argent considère d'abord l'information comme un produit à vendre. Elle privilégie le sensationnel, soit le nouveau et le surprenant, soit le mythique comme les amours des grands de ce monde. Elle s'oppose à la presse d'opinion qui interprète l'information.

D'autre part, la presse d'argent choisit l'information qui profite au pouvoir de l'argent. Parfois ces deux

finalités (gagner de l'argent, défendre l'argent) se contrarient : taire un scandale financier serait faire le jeu des concurrents.
Ainsi, la multiplicité des médias empêche la dissimulation. Seul un pouvoir autoritaire peut étouffer une nouvelle.
La pluralité des sources est donc nécessaire, que ce soit grâce à la concurrence dans la presse d'argent ou grâce à l'indépendance institutionnelle dans un régime de presse d'État.
Et la mondialisation de la diffusion aujourd'hui triomphe, tôt ou tard, des censures organisées çà et là. (Texte : environ 670 mots ; résumé : 152 mots.)

EX 5 ***L'art, tierce réalité***

Dès la Préhistoire, les arts graphiques ont imité la réalité, mais pour exprimer des idées ou des croyances. Il en fut de même au Moyen Âge où la représentation artistique a souvent un sens religieux.
Dans les siècles suivants, l'imitation précise du monde sensible a été recherchée. Cependant le but de la peinture se réduit-il à un tel réalisme? Ce n'est vrai que lorsque domine une vision bourgeoise de l'art, ne s'intéressant qu'à la matière.
Car deux conceptions esthétiques se confrontent. La première, le réalisme, reproduit le monde extérieur en se voulant objective. Mais en nous, avec nos sentiments, nos pulsions, nos pensées, se constitue une autre réalité, intérieure et subjective, comportant des significations symboliques.
Le rôle spécifique de l'art est de mettre en rapport ces deux réalités, celle du « dehors », permanente et comprise par tous les hommes, et celle du « dedans », variable et individuelle, soumise à l'éducation et aux évolutions.
C'est du compromis nécessaire à cette contradiction esthétique que naît la variété des regards de chaque époque, de chaque créateur et de chaque amateur. (184 mots.)

• ***Remarques***

a) Nature du texte

Il s'agit d'une réflexion générale sur l'art, sans aucun exemple précis. L'auteur parle du problème de fond de la conception de l'œuvre, dont l'art moderne (cubistes, surréalistes, abstraits) a fait pour le public un sujet de vives discussions.

b) Taux de contraction

Le texte fait environ 650 mots, le résumé demandé est à peine supérieur au quart étant donnée la nature abstraite du développement.

c) L'organisation des idées

Évoquant d'abord une évolution chronologique *(§ 1 jusqu'au début du § 4), l'auteur distingue deux périodes :*

a. des origines au Moyen Âge, les œuvres reflètent le monde tout en exprimant des valeurs symboliques ou mystiques ;

b. ensuite, avec l'avènement de la bourgeoisie, l'art tend à privilégier le réalisme le plus parfait.

Il définit alors sa propre conception de l'art (fin du § 4 et § 5), à partir de l'analyse des deux réalités *entre lesquelles l'art est un intermédiaire.*
Enfin, dans les § 6 et 7, il montre les variations *entre les deux tendances selon les groupes et les moments. Ses idées sont claires et ordonnées, et le résumé suit le même mouvement.*

EX 6 On désigne souvent par *folklore* soit les danses régionales costumées, soit la gentillesse un peu bornée des provinces rurales, soit un comportement original et fantaisiste, soit un désordre invraisemblable. Ces contresens péjoratifs surprennent : le terme, d'origine anglaise, signifie « science du peuple ». Le vrai folklore se définit par la conscience qu'a une population, sur un territoire limité, d'appartenir à une même tradition de civilisation ; spirituellement, grâce à une langue, des arts, des parures, des activités de loisir, des coutumes religieuses, sociales et juridiques ; matériellement, par des habitudes de construction, de travail artisanal ou agricole, d'alimentation et de santé.

Or la plupart des hommes sont folkloriques. Ils maintiennent des usages qui les protègent contre un futur inquiétant. Les fêtes, comme Noël ou le Carnaval de Nice, les cérémonies solennelles ne sont pas instituées seulement par l'Église ou le commerce. Elles remontent à un passé immémorial antérieur au christianisme, elles sont indispensables. Le folklore ressortit à l'éternel.
Et il évolue et se crée encore de nos jours. Il est dans le rassemblement sportif, dans les inaugurations, dans les mariages, dans les défilés officiels. Mais il se distingue de la mode passagère, il symbolise ce qui est durable dans la vie de l'homme. Le folklore perpétue des modes d'existence naturelle contre l'uniformisation et la machinisation modernes. Il exprime une contestation, dont les Bretons ont donné l'exemple avec leurs orchestres typiques.
Le folklore, c'est un retour aux sources, et l'Histoire reconnaîtra sa portée.

► ADVERBES EN -MENT

EX A

1. puissamment (I, A). 2. furieusement (II, A). 3. sottement (II, A). 4. bonnement (II, A). 5. négligemment (I, B). 6. bellement (II, A). 7. grossièrement (II, A). 8. résolument (II, C, 3). 9. méchamment (I, A). 10. joliment (II, C, 3). 11. crûment (II, C, 2). 12. aisément (II, B). 13. énormément (II, B, Note). 14. goulûment (II, C, 2).

EX B

1. obscur (II, B, Note). 2. gentil (exception). 3. évident (I, B). 4. indu (= contre la règle, l'usage...) (II, C, 2). 5. bref (l'adverbe est formé sur un adjectif disparu). 6. traîtreuse (adjectif ancien ; aujourd'hui : traîtresse) (II, A).

► DANS LE CADRE DE...

EX A

1. Du domaine, du domaine. 2. Du point de vue. Ou mieux : si l'on tient compte uniquement de la rapidité. 3. Sous l'angle. 4. Dans le cadre. 5. Sur le plan, sur le plan. 6. En fonction. 7. Dans le contexte. 8. À l'échelle. 9. Dans l'optique.

EX B

Voici quelques perles, mais vous pouvez trouvez mieux : dans le cadre de la bicyclette (à propos de la circulation urbaine !). Dans le contexte de l'analphabétisme... Du côté de l'infini... Dans le domaine de la spoliation... À l'échelle des sapeurs-pompiers... En fonction de l'immobilisme gouvernemental... Au niveau de la course des salaires et des prix... Dans l'optique de l'aveugle... Au point de vue des tunnels...

EX C

1. Il convient à vos besoins : choisissez le réfrigérateur X. 2. Le public n'a pas *vu* ce problème sous l'angle... 3. Quelles variétés de gruyère avez-vous ? 4. Phrase correcte. 5. Oriente ses recherches *en direction de...* 6. Vu ses préoccupations, ou : étant donné ses préoccupations... 7. Grâce au Marché européen, nous vous proposons une chambre... 8. C'est surtout à cause de mon foie que j'ai des ennuis (ou : c'est surtout mon foie qui me fait souffrir). 9. Phrase correcte. 10. C'est en faveur du logement que...

CHAPITRE 6

L'EXPRESSION ORALE

Si « le message écrit est un message différé au plan spatio-temporel »(1), si on peut le corriger en cours d'élaboration mais non plus après son envoi, si le scripteur est privé des réactions du ou des destinataires, **le message oral,** lui, **est immédiat, on mesure son effet sur l'auditeur, on bénéficie du droit de repentir, de reprises** (ce que les linguistes appellent la redondance), **les paroles sont confortées par la gestuelle, le regard, la mimique, la voix** du locuteur.

La personnalité, le charme de l'individu tiennent aussi à son langage. Dans l'intimité ou les situations quotidiennes, il faut parler comme l'on est, comme on le désire.

Mais la spontanéité totale n'est plus de mise **quand il s'agit de la fonction sociale du langage. La tradition, les modèles imposés par le cadre de la communication impliquent** non pas une hypocrisie, mais **une réserve et un respect des us et coutumes. On doit rechercher un compromis entre sa personnalité et le conformisme.** L'excès de l'un ou de l'autre peut être nuisible.

C'est pourquoi **ne seront ici envisagées que les interventions orales un peu soignées** que l'on a à assumer dans les relations professionnelles et sociales.

Nous examinerons les principales situations de communication orale : **la lecture à haute voix, l'intervention improvisée, l'exposé préparé, la présentation de documents.** Les techniques du débat seront étudiées dans le tome 2, chapitre 6.

(1) J. Peytard : Pour une typologie des messages oraux. In *« La Grammaire du français parlé ». Le Français dans le Monde, n° 57, juin 1968.*

1 Les présentations

Nous avons tous ressenti la gêne d'une première rencontre. Rien n'est plus embarrassant que d'aborder un groupe de personnes dont certaines ne nous sont pas connues. Si aucune d'entre elles ne nous accueille d'une parole aimable, nous avons rapidement l'impression d'être isolés, de ne pas participer à la conversation sur un pied d'égalité. Nous devenons timides, maladroits, empruntés. Cela tourne parfois au supplice.

Il existe un moyen d'établir la relation entre individus, ce sont *les présentations*. Elles détendent l'atmosphère, fournissent un point de départ à l'entretien, et vous procurent de l'assurance. L'habitude vous donnera de l'aisance à ce moment déterminant de la prise de contact, votre comportement ultérieur en sera facilité.

A SE PRÉSENTER

Vous avez à le faire en l'absence d'intermédiaire.

1. Un homme aborde une personne inconnue

il se nomme, surtout devant une femme, *Dupont,* avec une légère inclinaison de la tête. Il n'indique ses titres ou sa fonction professionnelle que si c'est un élément d'information utile pour l'entretien qui va suivre.

2. Une femme

se présente en faisant précéder à sa convenance son nom de *Madame* ou *Mademoiselle.*

Une jeune fille donne son prénom et son nom : *Clarisse Beauminois.*

Attention : on ne se présente pas à n'importe qui, au passant à qui l'on demande du feu sur un trottoir, par exemple.

B PRÉSENTER

Nous sommes reconnaissants envers ceux qui nous présentent à des inconnus. Aussi *ne manquons jamais de présenter* les unes aux autres nos relations qui ne se connaissent pas encore. C'est un devoir de courtoisie.

1. Règle générale

On présente toujours les hommes, quel que soit leur rang, aux femmes ; la personne la moins importante à la plus importante ; les jeunes aux plus âgées. Dans les cas embarrassants, agissez avec tact. Par exemple, demandez auparavant à une haute personnalité si elle ne trouve pas d'inconvénient à ce que vous lui présentiez telle ou telle personne de votre entourage. Ne respectez la différence d'âge, surtout à l'égard des femmes, que si elle est très marquée.

2. Les formules d'introduction

Je crois que vous connaissez M. James Bond.

Puis-je vous présenter M. James Bond ?

Vous aurez plaisir, j'en suis sûr, à connaître M. James Bond.

À un personnage important à qui l'on présente une femme :

Permettez-moi, Monsieur le Directeur Général, de vous présenter à Madame Maigret.

Après l'une de ces formules, on nomme la personne à qui a été faite la présentation :

Monsieur Hercule Poirot.

Avec des familiers, on peut ajouter quelques mots qui situent les relations :

Je suis heureux à cette occasion de vous présenter mon ami William Shakespeare, puis : *Monsieur Jean-Baptiste Poquelin, mon ancien voisin de chambre à la Cité Universitaire.*

C LES FORMULES DE RÉPONSES

On emploie souvent le mot *enchanté.* Il est impropre. Seul celui qui est supérieur peut l'utiliser.

À un égal, on dit simplement : *Bonjour, Monsieur* ou *Je suis heureux de vous connaître.*

Un homme présente ses hommages à une femme mariée : *Madame, mes hommages.*

À un supérieur, on se déclare *honoré* ou *très honoré* de lui être présenté.

À une haute personnalité, un homme présente ses *respects.*

D REMARQUES

a) Pour une présentation, on se tient toujours *debout,* et sans cigarette, les hommes sont découverts évidemment.

b) On *regarde* dans les yeux la personne que l'on salue.

c) On ne remet pas sa carte de visite *à une femme* en guise de présentation.

d) C'est la femme ou le supérieur ou le plus âgé qui *tend la main*, s'il le désire.

e) On donne les titres les plus courants : *Monsieur le Docteur X, Monsieur l'Abbé W, le Capitaine Y, Maître Z* (pour un avocat, un notaire, un huissier), *Monsieur le Directeur Général.*

2 La lecture à haute voix

En maintes circonstances, on peut être amené à lire à haute voix, pour citer par exemple un extrait d'un document.

Pour en avoir été parfois l'auditeur, vous savez que cet exercice présente certains dangers : le lecteur ânonne, trébuche, se reprend, ou bien, même si sa lecture est correcte, le ton et le débit sont si monotones qu'on « perd le fil » au bout de quelques minutes.

Comment éviter ces difficultés ?

Trois impératifs : **Être audible,**
Être clair,
Être vivant.

A ETRE AUDIBLE

1. Articulez

Plus encore que l'exposé simplement parlé, dont l'auditeur suit aisément le cours grâce aux intonations personnelles, à toute la mimique dont on accompagne inconsciemment ce qu'on dit, la lecture, moins « vécue », doit parvenir à l'auditoire sans qu'il en perde un mot ni une syllabe. Ne parlez pas entre vos dents ; ouvrez assez la bouche pour qu'on entende parfaitement vos voyelles ; sans asperger de postillons les malheureux du premier rang, faites sentir nettement vos consonnes. Les exercices bien connus auxquels se livrent les apprentis comédiens ne seraient pas ici sans utilité.

2. Regardez l'auditoire

Si vous tenez les yeux obstinément fixés sur ce que vous lisez, d'abord vous perdez le contact avec les assistants ; ensuite, votre voix ne s'adresse qu'au plancher. Obligez-vous à lever la tête, et pour cela tenez à la main le papier ou le livre que vous avez à lire ; vous n'avez d'ailleurs pas besoin d'avoir constamment le texte sous les yeux : comme l'œil va plus vite que la voix, habituez-vous à retenir un ensemble de mots et à le dire tout en regardant votre auditoire. (Il est évidemment préférable, quand cela est possible, d'avoir pris connaissance auparavant de ce qu'on aura à lire.)

B ETRE CLAIR

1. Les groupements de mots

Sous peine de devenir inintelligible, groupez, dans votre lecture, les mots qui, pour le sens et la construction, constituent des sous-ensembles de la phrase.

Ainsi on pourra grouper les mots comme indiqué dans l'exemple suivant (le double trait marquant une pause plus importante) :

Le gouvernement japonais a annoncé,// mardi 17 mars, // des mesures de stimulation de l'activité et de stabilisation des prix.// Celles-ci portent/ principalement/ sur une baisse du taux d'escompte/ qui revient de 7,25 à 6,25 %,// l'octroi anticipé de contrats de travaux publics,// une relance de la construction dans le secteur privé,// des mesures d'assistance financière aux petites et moyennes entreprises/ très touchées depuis des mois,// comme le montrent les nombreuses faillites/ qui se sont produites parmi elles.

Cependant l'emplacement et la durée des pauses ne dépendent pas seulement du souffle du lecteur et de son intention de rendre le texte intelligible, mais aussi du désir de faire ressortir telle ou telle indication en fonction d'une situation de communication déterminée.

2. La ponctuation

Elle signale les principaux groupements qui doivent être respectés, et dans une certaine mesure, la durée des diverses pauses. Mais il ne suffit pas de régler mécaniquement sa lecture sur elle. Ainsi, dans l'exemple proposé ci-dessus, l'adverbe *principalement* doit être détaché, parce qu'il exprime une réserve importante et qu'il ouvre une énumération dont il faut bien marquer les termes successifs.

3. Les liaisons

La rencontre de certains sons est désagréable à l'oreille et donne à la prononciation une allure saccadée qui peut même vous amener à bafouiller. D'où la nécessité de respecter à la lecture, plus scrupuleusement que dans la conversation courante, les *liaisons.*

La liaison se fait entre deux mots groupés par le sens ; on dira par exemple : « il parlait‿encore », « un problème particulièrement‿épineux », « d'autres‿aspects ». On ne fait pas la liaison entre deux mots faisant partie de groupes différents ; on dira donc : « ces problème(s)/ont perdu de leur intérêt », « sans‿eu(x)/on ne peut rien faire ».

Si certaines liaisons sont obligatoires (par exemple, celles qui permettent de distinguer le singulier du pluriel dans les conjugaisons : il arrive/ils‿arrivent), d'autres sont facultatives (on peut dire par exemple : « vous‿aussi » ou « vou(s)/aussi ») ; d'autres mêmes sont d'une recherche excessive, peu naturelles : « vers‿elle », « de part‿et d'autre ».

D'ailleurs, dans la pratique, l'usage est assez variable ; on a tendance aujourd'hui à faire de moins en moins de liaisons. Retenez que le langage soigné (conférence, lecture) *lie davantage* que la conversation familière.

Quelques règles (1) :

– on lie un adjectif au nom qui le suit : « un grand‿homme », « de nombreux‿amis », « le second‿élément », « certains‿aspects »... ;

– on ne lie pas un adjectif au nom qui le précède : « les événement(s)/actuels », « des salaire(s)/avantageux » ; on entend pourtant souvent cette liaison, surtout dans le langage soutenu. (Exception : les groupe(s)/inséparables comme « les États‿-Unis », « le cas‿échéant ».) ;

– inutile aussi de faire la liaison d'un *t* ou d'un *d* après *-r :* « de par(t) en part », « à tor(t) et à travers », « bor(d) à bord », « le nor(d)-est ».

Attention :

aux liaisons « mal-t-à propos » bien connues ! C'est très souvent un *s* malencontreux (prononcé *z*) qu'on introduit là où il n'a que faire : « Il est bien trop z-intelligent pour... » (par analogie avec « très‿intelligent ») ; « qu'as-tu z-apporté » (à cause de « qu'avez-vous‿apporté ») ; « moi z-aussi » (à cause de « vous‿aussi ») ; « quatre z-enfants » (à cause de deux‿enfants, trois‿enfants).

C ETRE VIVANT

Même correcte et claire, la lecture, que l'on croit plus facile que la parole improvisée, est très souvent *morne,* ennuyeuse et ne retient pas l'attention des auditeurs. Pourquoi ? La parole est rendue diverse et animée par la recherche de l'expression qui arrive aux lèvres selon la vie de la pensée, tantôt lente, tantôt pressée, tantôt hésitante ; mais dans la lecture à voix haute, l'esprit du lecteur se livre à une activité plus mécanique, les termes lui sont fournis sûrement, régulièrement. Du coup, le lecteur est entraîné vers une cadence monotone ; il lui faut faire un effort pour l'éviter. Comment ? C'est une question de *rythme* et de *ton.*

1. Changez de rythme

Que la vitesse de votre débit ne soit pas uniforme. Tout n'est pas capital dans ce que vous lisez : vous pouvez lire plus vite – sans bredouiller – certains membres de phrase moins importants, et sur un rythme plus large ce qui vous semble intéressant. Si vous avez parcouru au préalable le texte à lire, vous pouvez prendre la précaution de *souligner* les endroits où votre lecture sera plus lente, plus appuyée.

Par un arrêt marqué, un silence, rompez la régularité du débit, *détachez le mot important,* celui qui doit frapper l'auditoire. Mais n'abusez pas de ce procédé : si vous insistez en trop d'endroits, tout se retrouvera au même niveau et l'attention trop sollicitée ne retiendra rien.

(1) Vous trouverez, si nécessaire, des renseignements plus abondants dans la *Grammaire du français contemporain,* Larousse, p. 24, § 27, ou dans *La prononciation française, Traité pratique,* de M. Grammont, Delagrave, pp. 129-135.

2. Variez le ton

Vous savez ce que c'est qu'une voix *monocorde* : elle énonce tout *sur la même note.* Il ne s'agit pas de chanter, bien sûr, mais d'étendre un peu votre registre. Les interrogations que comporte votre texte, les parenthèses sont déjà une occasion d'utiliser des « notes » plus hautes ou plus basses.

Méfiez-vous des *fins de phrases* : ne laissez pas tomber la voix (ou ne la montez pas) systématiquement.

Enfin, traduisez par vos inflexions de voix les intentions de l'auteur : ironie, gravité, mais seulement s'il y a lieu, et sans excès.

EXERCICES

EX 1 **Articulez soigneusement la phrase suivante :**

J'exige l'exactitude : c'est ici, songez-y, que se juge et se jauge le zèle d'un associé ; sans ce soin assidu, sévissent les défaillances successives et surgissent sans cesse de fâcheux incidents.

EX 2 **Préparez une lecture claire et si possible expressive de ce passage oratoire. Prévoyez les groupements de mots et les diverses pauses, les reprises de respiration, les mises en valeur, les changements de ton et de rythme.**

Vous aurez beau, devant un spectacle de la nature ou devant un mouvement de l'humanité, éprouver une émotion profonde, une sensation rare, si vous ne pouvez la traduire à vous-même, avant de la traduire aux autres, par un moyen d'expression approprié, cette sensation, cette lueur naissante de beauté, s'éteint en vous, comme une flamme qui ne rencontre pas une atmosphère où elle puisse brûler. Eh bien, la classe prolétarienne de France, aujourd'hui classe ouvrière et paysanne, ne dispose pas suffisamment d'un moyen d'expression pour traduire en beauté d'art ses sensations, ses pensées et ses rêves. C'est une honte pour la société d'aujourd'hui qu'il y ait tant d'hommes, tant de travailleurs, tant de prolétaires écrasés par le labeur de chaque jour, ayant reçu une éducation et une instruction incomplètes, qui ne possèdent pas dans sa beauté, dans sa puissance, dans la richesse, la subtilité de ses nuances, cette langue française créée par le génie des penseurs, des écrivains, des artistes.

Jean Jaurès, *Conférence du 13 avril 1900,* in *Pages choisies de J. Jaurès,* Rieder et Cie, 1922, pp. 65-66.

EX 3 **Même travail.**

L'appel du 18 juin 1940

Le Général de Gaulle arrive à Londres le 17 juin. Le dernier Gouvernement de la IIIe République a disparu au cours de la nuit précédente. Le Maréchal Pétain ayant demandé l'armistice et invité les Français à déposer les armes, le Général de Gaulle lance son premier appel.

Les chefs qui, depuis de nombreuses années, sont à la tête des armées françaises, ont formé un gouvernement.

Ce gouvernement, alléguant la défaite de nos armées, s'est mis en rapport avec l'ennemi pour cesser le combat.

Certes, nous avons été, nous sommes, submergés par la force mécanique, terrestre et aérienne, de l'ennemi.

Infiniment plus que leur nombre, ce sont les chars, les avions, la tactique des Allemands qui nous font reculer. Ce sont les chars, les avions, la tactique des Allemands qui ont surpris nos chefs au point de les amener là où ils en sont aujourd'hui.

Mais le dernier mot est-il dit? L'espérance doit-elle disparaître? La défaite est-elle définitive? Non!

Croyez-moi, moi qui vous parle en connaissance de cause et vous dis que rien n'est perdu pour la France. Les mêmes moyens qui nous ont vaincus peuvent faire venir un jour la victoire.

Car la France n'est pas seule! Elle n'est pas seule! Elle n'est pas seule! Elle a un vaste Empire derrière elle. Elle peut faire bloc avec l'Empire britannique qui tient la mer et continue la lutte. Elle peut, comme l'Angleterre, utiliser sans limite l'immense industrie des États-Unis.

Cette guerre n'est pas limitée au territoire malheureux de notre pays. Cette guerre n'est pas tranchée par la bataille de France. Cette guerre est une guerre mondiale. Toutes les fautes, tous les retards, toutes les souffrances, n'empêchent pas qu'il y a, dans l'univers, tous les moyens nécessaires pour écraser un jour nos ennemis. Foudroyés aujourd'hui par la force mécanique, nous pourrons vaincre dans l'avenir par une force mécanique supérieure. Le destin du monde est là.

Moi, Général de Gaulle, actuellement à Londres, j'invite les officiers et les soldats français qui se trouvent en territoire britannique ou qui viendraient à s'y trouver, avec leurs armes ou sans leurs armes, j'invite les ingénieurs et les ouvriers spécialistes des industries d'armement qui se trouvent en territoire britannique ou qui viendraient à s'y trouver, à se mettre en rapport avec moi.

Quoi qu'il arrive, la flamme de la résistance française ne doit pas s'éteindre et ne s'éteindra pas.

Demain, comme aujourd'hui, je parlerai à la Radio de Londres.

Charles de Gaulle, *Discours et messages*, tome 1,
Librairie Plon, 1970, Éd. Berger-Levrault 1946, pp. 3-4.

EX 4 Quelles liaisons faites-vous dans ces phrases? (Lire à haute voix et assez rapidement.)

1. Nous avons étudié ensemble ce point particulièrement important. 2. Après avoir pris livraison de vingt-deux envois successifs groupant cent échantillons, j'ai pu vérifier que tout était complet. 3. En parfait accord avec la direction, nous sommes arrivés à la conclusion qu'il était absolument inutile de pratiquer des prix élevés. 4. Il est très important de s'entourer de collaborateurs actifs mais qui ne soient pas trop autoritaires. 5. C'est très intéressant, vous êtes trop aimable. 6. Le prochain envoi pourra avoir lieu bientôt : il n'y en a jamais assez. 7. Il faut soit écrire, soit envoyer quelqu'un. 8. Quantité de travaux utiles ont été effectués en vue des Jeux Olympiques. 9. Vu les dépenses immenses engagées et les sommes importantes accumulées, industriels et commerçants ont été amenés à s'intéresser de très près à l'affaire. 10. Au cours de différents entretiens, je me suis aperçu que c'était un garçon sérieux et intelligent sur lequel on peut fonder de grands espoirs; d'un commun accord nous avons décidé de lui faire des offres avantageuses. 11. Sans rien en dire, pour mieux atteindre son but, il a accepté un poste très élevé, mais en réalité trop important pour ses capacités.

Certaines expressions employées dans ces phrases ont été empruntées à l'ouvrage de Pierre Fouché, *Traité de prononciation française*, Klincksieck, 2e éd., 1959.

3 Adapter l'information au destinataire

Lorsque l'on veut transmettre une information de façon efficace, il convient d'analyser la situation de communication. Deux éléments sont particulièrement importants : la différence de quantité d'information entre l'émetteur et le récepteur et les conditions matérielles de la transmission. Vous vous adressez à une personne ou à un groupe travaillant dans le même domaine que vous ? Inutile de délayer, on vous comprendra tout de suite. Avez-vous la personne devant vous ou l'avez-vous « au bout du fil » ? Ces diverses situations modifient non seulement la « forme », mais le contenu de votre message. Et, dans la communication orale, cette adaptation peut et doit être continuelle, car, à chaque instant, vous observez, vous appréciez les réactions de votre interlocuteur ; jeux de physionomie, gestes, paroles, inflexions de la voix vous renseignent ; on vous comprend ou bien on ne vous comprend pas. À vous de passer rapidement ou, au contraire, d'insister.

Ainsi votre effort d'adaptation au destinataire porte simultanément sur l'information même et sur le langage.

1. Un exposé concis, mais suffisant

Le souci d'éviter le bavardage ne fera pas tomber dans le défaut opposé qui est la densité excessive. Dans les deux cas, on rend le message obscur.

Or, très souvent, celui qui détient l'information se contente d'énoncer un fait ou de décrire une situation, d'une façon très rapide, très sèche. Il ne songe pas un instant à la difficulté pour un auditeur, même attentif et favorablement disposé, à comprendre ce qu'on lui dit, à en saisir toute la portée, surtout si cette information est très nouvelle pour lui, si elle échappe à son expérience.

Il sera donc indispensable pour « faire passer » le message, non pas de délayer, mais d'expliciter, de développer, de mettre en valeur, de donner plus de détails.

Et si le niveau d'information est très inégal, il faut faire un véritable effort de *vulgarisation.* Dans de nombreux cas, il est vrai, la communication n'est possible qu'entre spécialistes, ou alors le message devient très pauvre. Vous admettez très bien que votre médecin, votre électricien, votre garagiste simplifient la réalité pour vous en donner une idée. Toutefois certaines personnes, même très savantes, savent parfaitement intéresser un public très large et faire comprendre des choses difficiles.

2. Un langage bien choisi

Ce dosage de l'information véhiculée par le langage s'opère en même temps qu'une adaptation de ce dernier au destinataire et à la situation.

Il y a, à l'intérieur de chaque *code,* des *niveaux* différents : l'oral peut être familier (conversation entre amis) ou soutenu (exposé), l'écrit aussi (lettre personnelle, ou note de service). En somme, c'est un peu comme si chacun de nous était plus ou moins « multilingue » – tout en parlant la même langue ! Ce serait une erreur de vouloir uniformer tous ces niveaux de langue dans l'intention de respecter les canons du « bon français », modèle unique et souverain. Toutefois entre les divers éléments du langage à un niveau donné, une certaine *cohérence* doit être maintenue : vocabulaire, tournures de phrases, façon d'articuler font partie d'un ensemble, sont « assortis », pour ainsi dire.

Ce qui est souhaitable, c'est de *maîtriser plusieurs façons de s'exprimer ;* par exemple, de posséder des « registres » assez divers pour que ce ne soit pas le terme familier ou argotique qui vous vienne aux lèvres en toute occasion – et seulement celui-là –, alors même que vous le sentez déplacé.

Mais, si vous choisissez de rester familier par anticonformisme, ce sera alors en toute connaissance de cause, non par ignorance et manque de moyens « langagiers ».

Rappelons ici simplement deux exigences qui nous paraissent fondamentales dans la transmission de l'information :

a) construisez des phrases simples, assez courtes. Ainsi vous ne perdrez pas le fil, vous arriverez à boucler votre phrase sans peine, mais surtout vous n'égarerez pas votre interlocuteur ;

b) ne lancez pas, par pédantisme ou par inadvertance, des mots difficiles, techniques ou abstraits. Si ce vocabulaire est indispensable, alors songez à le définir.

3. Un exemple

Dans une longue côte ensoleillée, un automobiliste, qui s'était arrêté un instant pour contempler le panorama ne peut remettre en route son moteur. Après une demi-heure d'énervement et d'inquiétude, il réussit à démarrer et, de retour dans la vallée, il décrit au garagiste la panne : « J'avais de l'essence, les bougies en état, le circuit électrique fonctionnait. Que s'est-il passé ? » Le professionnel répond : « Ne vous inquiétez pas : c'est le *vapor-lock* ». Tête interrogative du client. Le garagiste explique : « Quand le moteur chauffe trop, la pression de la vapeur d'essence dans les tuyauteries du carburateur devient trop forte, l'essence n'arrive plus. Alors, vous calez. »

Cette anecdote contient deux types d'information :

- la réponse brève purement technique = le *vapor-lock*,
- l'information adaptée au niveau du client = le mécanicien a estimé que l'automobiliste possédait assez de notions pour comprendre une sorte de *définition* du terme de métier.

On peut imaginer un autre degré d'adaptation, à destination d'un profane. L'automobiliste, en rentrant chez lui, dira à sa femme : « J'ai été retardé par une panne de moteur. » Il s'en tiendra à cette généralité vague car il croit que l'automobile reste un mystère entier pour son épouse !

EXERCICES

EX 5 Trouvez des équivalents, à un niveau de langue plus soutenu, pour les mots suivants :

1. se débrouiller. 2. pagaille. 3. râler. 4. engueulade. 5. embêtant. 6. drôlement (beau). 7. ne pas se fouler. 8. être emballé. 9. se tenir peinard. 10. c'est chouette.

EX 6 Transposez les phrases suivantes à un niveau plus soutenu.

1. Quand il m'a dit ça, j'en revenais pas. 2. Tu l'as lu ? C'est drôlement bien. 3. Vous en faites pas, je vais remettre la main dessus. 4. C'est pas que je veux pas, c'est que je peux pas. 5. C'était couru, il en rate pas une. 6. Y a pas moyen de faire autrement. 7. Faut pas compter sur moi pour accepter ce truc-là. 8. C'est pas la peine de rouspéter, ça sert à rien. 9. On a commencé par se farcir un baratin d'une bonne demi-heure. 10. Bon alors allons-y hein si ça ne vous fait rien ! (au début d'une réunion, pour inviter à passer au travail sérieux).

TRAVAUX DIRIGÉS

TD 1 Le spécialiste qui installe un « œil électrique » à la porte de mon garage me donne les explications suivantes :

L'essentiel, c'est la cellule photo-émettrice qui est un organe de traduction lumière-courant. Lorsque vous coupez, avec votre voiture, le faisceau lumineux du projecteur placé en face, la cathode de la cellule, support recouvert d'une couche photo-sensible, n'envoie plus d'électrons sur l'anode. La production du courant s'arrête dans votre cellule. Alors le relais agit sur le contacteur et celui-ci met en route le moteur qui manœuvre votre porte. Vous voyez, c'est très simple.

a) **Je ne suis pas de cet avis. Malgré les quelques connaissances que j'ai en électricité et en mécanique, je trouve cette explication très obscure. Ai-je raison ? Pourquoi ? Cherchez à me présenter cette information plus clairement.**

b) **Grâce à votre obligeance, j'ai enfin compris. Mais mon voisin est curieux, et encore plus ignare que moi : il y a deux jours, il a demandé au marchand une ampoule de 220 watts ! Stupéfait par l'ouverture magique de ma porte et un peu jaloux, il insiste pour savoir ce qui se passe. Que lui dirai-je ?**

TD 2 **Voici un texte écrit, mais volontairement rédigé par imitation de la langue orale populaire, voire triviale. Cette imitation vous paraît-elle réussie et efficace ?**

Pour que les gens parlent, faut aussi qu'ils osent parler. Ça aussi ça a l'air de rien et pourtant c'est quelque chose le nombre de gens qu'osent pas l'ouvrir, y a même pas besoin de les empêcher, ils se la coupent très bien tout seuls et ils trouvent toutes sortes de bonnes raisons pour pas se faire entendre, que de toute façon on les écoutera pas, et que ça servira à rien – et le jour où ils sont un peu sincères ils finissent par avouer qu'ils ont peur qu'on se foute d'eux, qu'ils ont peur de dire des conneries. En voilà une affaire, cette peur de dire des conneries. Comme si tout le monde en disait pas, des conneries, comme si dans tout ce qu'on débite y avait pas quatre-vingt-dix % de conneries en moyenne, j'évalue ça en gros et vous m'en voudrez pas si je tombe en peu en dessous de la vérité. Et puis qui c'est qu'en juge, que vous dites des conneries, qui c'est qu'en décide que c'est des conneries ? C'est toujours la même histoire : au lieu de constater tout bêtement que les *valeurs,* c'est ni plus ni moins des mirontons comme vous et moi qui les font, aussi plats, aussi cons, aussi limités que vous et moi et sûrement pas infaillibles, les gens ils ont toujours derrière la tête, ce qui fait qu'ils peuvent même jamais le voir en face, ce modèle idiot de comment le monde est fait qu'y a quelque part dans les hauteurs une espèce de dépôt des poids et mesures ousqu'on trouve les étalons de tout ce qu'il faut dire et de ce qu'il faut pas dire, de ce qu'il faut penser et de ce qu'il faut pas penser, et toutes les fois qu'ils voudraient en sortir une ils se demandent ce que l'étalon va en dire, si elle sera à la bonne longueur ou si elle va pas avoir l'air trop minable, alors neuf fois sur dix après avoir bien réfléchi ils préfèrent la rentrer en douce, ils ont trop peur d'avoir l'air con. Moi si je refaisais les Droits de l'Homme, qui commencent à en avoir bien besoin, celui que je mettrais avant tous les autres parce que c'est le plus fondamental et c'est peut-être le seul qui pourrait vraiment changer la vie, c'est le DROIT À LA CONNERIE. Le jour où chacun en sera pénétré, le jour où chacun sera décidé à l'exercer, vous pouvez pas imaginer ce que le monde sera plus heureux, et plus détendu, et plus aimable aussi.

R. Gentis, *Guérir la vie,* Maspéro, 1972.

TD 3 **Voici un paragraphe rédigé en français courant.**

Récrivez-le : a) à un niveau plus recherché,
b) dans un langage plus populaire.

Je suis allé avec mes amis chinois visiter le Palais Impérial. Nous avons pris l'autobus. Il était plein de voyageurs, on y était serré les uns contre les autres. Je me demandais comment en sortir lorsque ce serait notre arrêt. Les Chinois semblaient être habitués à cette bousculade. Ils gardaient le sourire. Je n'ai rien vu de la ville pendant le trajet et je suis enfin descendu avec plaisir près de ce monument célèbre que chacun doit avoir vu.

4 L'intervention improvisée

Ce que nous envisageons maintenant, ce n'est ni la simple réplique au cours d'une conversation ni l'exposé d'une certaine étendue que nous aborderons dans la partie 5. Nous parlons de l'intervention non préparée que l'on est amené à faire à l'improviste. Il faut, par exemple, donner une information un peu développée, décrire un processus, fournir une explication assez circonstanciée, développer un point de vue. On va devoir s'exprimer pendant quelques minutes. Même une improvisation de trois minutes paraît déjà longue si l'on n'est pas aguerri !

Avec un peu d'entraînement, vous réussirez à maîtriser assez vite la technique de telles interventions.

A AVANT DE COMMENCER

accordez quelques secondes à la *réflexion :*

- fixez-vous un *objectif* (qu'est-ce que je veux dire ?) ; déterminez en quelque sorte votre idée de manœuvre. Non seulement vos idées seront plus nettes, mais en plus vous gagnerez de la confiance en vous parce que vous aurez effectué un choix tactique ;

- précisez dans votre tête le point d'*où vous allez partir* et celui *auquel vous voulez arriver.* N'oubliez pas qu'une des difficultés de l'improvisation, c'est le démarrage et le bouclage de votre intervention. Ces deux moments doivent être très fermes et très clairs. Si vous ne bredouillez pas au départ, si vous terminez sur une formule bien assise, vous donnez déjà une impression favorable ;

- essayez aussi de prévoir les deux ou trois parties ou articulations de votre « discours », autrement dit mettez de *l'ordre* dans votre intervention, ayez à l'esprit *un plan* simple. Inspirez-vous des conseils donnés dans le chapitre 2. Des structures modestes, comme l'addition, le regroupement par catégories, l'opposition ou le mouvement linéaire, peuvent être utilisées aisément. Écoutez les hommes politiques dans les débats ou les conférences de presse : vous constaterez qu'ils font souvent appel à ces plans pour organiser leurs réponses et qu'ils se montrent ainsi habiles ou éloquents.

Si vous en avez le temps, en attendant par exemple votre tour de parole, jetez sur un petit bout de papier les deux ou trois *mots-clés* qui esquisseront votre plan et vous éviteront de connaître les affres du « trou » de mémoire, notamment lorsque la situation de communication est un peu éprouvante pour vous.

B EN PARLANT

- Sachez *respirer* pour ne pas étouffer votre voix et manifester trop évidemment des signes d'émotion qui dévaluent toujours un peu un « discours ». Inspirez lentement à la fin d'une phrase, d'une partie de l'exposé. Entraînez-vous à respirer avec l'abdomen, et pas seulement avec le haut du buste. Attention aux respirations trop fortes et bruyantes, amplifiées par le micro...

- Concentrez-vous sur *la démarche que vous suivez ;* tenez compte des réactions de votre auditoire, mais sans vous laisser aller à des digressions, sans perdre votre fil directeur.

- Gardez-vous de retours en arrière fréquents.

- Variez le rythme et l'intensité de votre voix.

- S'il faut marquer quelques arrêts très brefs et ne pas précipiter le débit, il convient aussi d'éviter les silences trop longs, marques d'embarras dont un autre interlocuteur peut profiter pour vous enlever la parole.

- Marquez nettement que vous en avez terminé, par une phrase assurée, une formule conclusive, et par le ton de votre voix.

C LES LEÇONS DE VOS EXPÉRIENCES

- Si vous n'êtes pas satisfait de votre prestation, *analysez* ce qui n'a pas marché, reconnaissez ce qu'il aurait fallu dire autrement ; peu à peu, vous progresserez, soyez en certain.

- Réfléchissez aussi aux procédés et à la méthode de ceux qui, autour de vous, vous semblent réussir des interventions efficaces ; on apprend beaucoup par *imitation* comme vous le démontrent les peintres débutants qui s'astreignent à réaliser des copies de tableaux de grands maîtres.

• Entraînez-vous enfin *à l'aide d'un magnétophone* dont vous vous servirez comme d'un miroir vocal, mais en sachant que ces essais et répétitions rendent un peu artificielle la situation de communication : vous êtes alors seul et sans public.

5 L'exposé préparé

Celui qui n'a pas l'habitude de prendre la parole en public s'en tiendra d'abord à de courts exposés ; il trouvera ici des *conseils pratiques* qui lui éviteront de commettre les maladresses du débutant.

A LA PRÉPARATION DE L'EXPOSÉ

Quelques-uns sont capables d'improviser ; qu'ils remercient la nature ! La plupart sont obligés de méditer ce qu'ils vont dire et de s'aider de notes écrites. Quelles préoccupations doit-on avoir ?

1. Bien utiliser le temps prévu

Dès l'instant où vous commencez à réfléchir ou à vous documenter sur le sujet, songez à proportionner le contenu de l'exposé au *temps* dont vous disposerez.

L'utiliser entièrement, ne pas « déborder » n'est pas aussi aisé qu'on pourrait le croire. Certains traînent, cherchent leurs idées et leurs mots, se répètent, « gonflent » l'exposé de considérations inutiles ; plus souvent, surtout aux premiers essais, il arrive que *le trac précipite le débit,* donnant à l'exposé un rythme trop rapide, impossible à suivre, et « l'orateur » quitte sa place stupéfait de n'avoir « tenu » que quelques minutes.

Pour vous débarrasser de l'angoisse d'être « trop court » ou « trop long », prévoyez un certain *jeu,* c'est-à-dire quelques *idées secondaires* que vous aurez la liberté de développer ou d'abandonner : surveillez votre montre !

2. Adapter l'exposé à l'auditoire

Lorsque vous rédigez une lettre, vous l'adaptez à la personnalité du destinataire ; de même, dès le premier moment de votre travail, réfléchissez à votre public. L'exposé d'information doit intéresser pour instruire. Évitez deux excès :

- traîner sur des faits connus de vos auditeurs ;
- passer rapidement sur ce qu'ils ignorent ; se contenter d'une allusion là où il conviendrait d'être explicite.

Méfiez-vous du vocabulaire technique accessible aux seuls spécialistes ; évitez le jargon inutile, prévoyez de définir les mots savants dont l'emploi vous paraît indispensable.

3. Que faut-il écrire ?

Des notes trop sèches, trop réduites, vous laisseront peut-être « en panne » : qu'ai-je voulu dire par là ? Qu'avais-je mis sous ce titre ?

Les débutants ont plutôt tendance à rédiger le texte complet de leur exposé : ils se sentent ainsi à l'abri, il n'y a plus qu'à lire... quitte à endormir l'auditoire.

Évitant ces erreurs, vous relèverez :

a) un plan, très clair et assez détaillé. Recherchez la formulation la plus brève et la plus nette ; utilisez des caractères de dimensions différentes ou des couleurs pour distinguer idées principales, idées secondaires, exemples... Numérotez ; vous n'hésiterez pas d'ailleurs à annoncer ces divisions : « premièrement, deuxièmement... »,

b) les chiffres, les citations, l'indication des *pages* de livres ou de revues dont vous voulez lire un passage ; placez dans l'ouvrage un *signet,* de façon à éviter les « temps morts ». Le volume des notes dépend évidemment de votre mémoire et de la difficulté du sujet pour vous (très technique ou non, bien ou peu connu).

Écrivez entièrement votre *introduction* et votre *conclusion,* ce qui vous permettra de ne pas bafouiller au départ et de terminer avec fermeté.

4. Comment disposer ces notes ?

La présentation doit être aussi claire que possible pour faciliter le *repérage :* où en suis-je ? Qu'est-ce qui vient après ?

– Écrivez très lisiblement ; aérez vos notes.

– Employez un papier de bon format ; on met parfois de la coquetterie à n'utiliser que des petits bouts de papier très discrets. Nous ne le conseillons pas aux débutants.

– N'écrivez que sur un seul côté de la feuille et paginez ; évitez d'agacer ou d'amuser vos auditeurs en vous interrompant pour chercher la suite, en froissant du papier devant le micro.

Ces précautions prises, il faudra, le moment venu, vous faire confiance à vous-même pour la part d'improvisation qui reste. Vous vous apercevrez qu'avec un peu d'habitude on arrive presque toujours à terminer correctement la phrase dans laquelle on s'était engagé imprudemment. Vous veillerez à ne pas trop répéter le même mot ou la même formule (ou le même son, car le phénomène d'écho ou de rime est assez fréquent). Ne vous imaginez pas que tout est perdu si vous avez à corriger une construction, à chercher une expression plus juste : ces améliorations spontanées donnent au contraire à votre « discours » une allure vivante.

B LA RÉUSSITE MATÉRIELLE DE L'EXPOSÉ

Des indications générales ont été données à propos de la lecture à haute voix : articuler, regarder l'auditoire, etc. (voir partie 2 ci-dessus). Mais certaines conditions, certaines difficultés sont propres à l'exposé.

1. Assurez-vous que tous vous entendent

Gênés par le « trac », absorbés par ce qu'ils ont à dire, les débutants oublient parfois qu'ils doivent transmettre quelque chose à quelqu'un. D'où des exposés inaudibles, même à 2 ou 3 mètres seulement, et cette situation peut se prolonger jusqu'au moment où le public proteste.

Parlez pour celui qui est le plus éloigné de vous. Ne criez pas : c'est le moyen le plus sûr de se fatiguer et de n'être même pas écouté. Une intensité de voix moyenne suffit habituellement, à condition que vous articuliez avec soin.

Tenez compte des bruits ambiants (circulation dans la rue, machines, etc.). Au besoin interrogez les auditeurs : « M'entendez-vous bien ? ».

On produit plus souvent une mauvaise impression à cause d'une diction défectueuse que par suite d'une insuffisance d'idées ou d'un manque d'ordre.

2. Le micro n'est pas la panacée

Beaucoup manifestent une fierté naïve lorsqu'ils se trouvent devant un public et... un micro (Me voilà speaker !).

Vous serez dispensé d'efforts vocaux, mais n'oubliez pas :

1. de mettre au point l'installation (essai, réglage d'intensité, élimination des résonances, des sifflements),

2. de vous « adapter » au micro (distance de 25 à 30 cm, orientation de l'appareil, articulation nette),

3. d'éviter tout bruitage intempestif (faire glisser les feuilles l'une sur l'autre sans les tourner ; ne pas les tenir à la main si l'on tremble ; ne pas bousculer le micro ni déplacer le fil ; se méfier des boutons de manchettes qui viennent heurter la table à intervalles irréguliers ; éliminer bruits de bouche, râclement des pieds, grincement du siège ; se moucher de côté, etc.).

Ces contraintes matérielles ont pour effet de figer celui qui parle : plus question de se lever et de s'asseoir, de se déplacer, d'aller au tableau et de revenir. Quelques mouvements des bras et de la tête sont seuls permis ; à vous de ne pas les rendre trop mécaniques. Il existe des micros sans fil, « baladeurs », des micros « cravates », qui donnent de l'aisance à votre gestuelle.

3. Utilisez adroitement le tableau

Si vous le pouvez, dessinez *à l'avance* vos croquis, schémas, etc. Le tableau dit de conférencier (chevalet sur lequel est fixée une liasse épaisse de feuilles de grand format) est, malgré ses dimensions plus restreintes, souvent préférable au tableau noir traditionnel : couleurs plus vives et plus variées, liberté de préparer et de conserver de nombreuses pages d'inscriptions, de revenir en arrière.

Dans ce cas, il vaudrait mieux ne démasquer votre tableau qu'au moment de vous en servir. Vous produirez ainsi un léger effet de surprise et surtout vos auditeurs n'auront pas été distraits par vos « graffiti » depuis le début de l'exposé. Placez-vous de côté, pour ne gêner personne, au cours de la démonstration ; munissez-vous d'une règle ou d'une baguette.

Si vous devez écrire au tableau, en même temps que vous parlez :

- vérifiez auparavant que vous avez de la craie, une éponge à votre disposition,
- utilisez méthodiquement toute la surface ; partez de l'angle gauche supérieur,
- écrivez gros et lisiblement,
- continuez à parler en même temps que vous écrivez (mais attention ! que l'on vous entende...),
- déplacez-vous sur le côté dès que possible.

De même, si vous avez besoin d'un matériel divers, prenez toutes les précautions nécessaires pour éviter des « trous » et ne pas « rater » la démonstration.

Soyez persuadé que votre exposé sera plus efficace si vous utilisez un tableau ou si vous montrez une pièce, une maquette, etc. Mais connaissez bien votre sujet, car il vous sera plus difficile de consulter des notes en même temps.

La réussite matérielle de votre exposé dépendra aussi de votre attitude, de votre tenue; rappelez-vous que « l'imagination dispose de tout », selon le mot de Pascal, et ne ressemblez pas à ce prédicateur qui, la voix enrouée, le visage mal rasé, déclenche le rire malgré la gravité du sujet.

C INTÉRESSER ET INFORMER

Certains estiment que la qualité intellectuelle de l'exposé en garantit le succès (je suis bien informé, ils n'ont qu'à m'écouter!), établissant ainsi entre eux-mêmes et le public un rapport d'autorité. Maladresse comparable à celle du professeur, directeur, etc. qui pense (et toute son attitude le prouve) : « Je suis le professeur, le directeur... ils doivent m'écouter. »

Sans doute entre spécialistes appréciera-t-on surtout la valeur, la nouveauté de l'information, mais on sera sensible à l'agrément de la présentation. Les exposés les plus techniques, les plus arides peuvent être vivants.

1. Animez votre exposé

Si vous manquez de dons manuels, ne sombrez pas dans le pessimisme : la réflexion, l'entraînement et l'expérience peuvent amener des progrès surprenants. On apprend à parler.

• ***Variez les formules d'entrée en matière et de conclusion***. Rien de plus lassant que d'entendre : « Je vais vous parler de, le sujet de cet exposé est, Pour conclure, En guise de conclusion... » ou même : « Euh, Eh bien! Aujourd'hui... », « Voilà, j'ai fini ».

Les anciens orateurs apprenaient à s'attirer dès le début la sympathie du public. Essayez, vous aussi : une introduction heureuse vous gagne l'auditoire.

La conclusion sera ferme, élégante si possible : résumé vigoureux, phrase dégageant la portée de l'information ou montrant ses rapports avec d'autres problèmes. Fuyez la platitude, mais aussi la recherche excessive ou la citation banale et « tirée par les cheveux »; ce dernier moyen est parfois ridicule.

• ***Prévoyez des « relais »,*** des moments où vous ressaisirez un auditeur qui se lasse vite, même pour un bref exposé : présentation piquante d'un argument, comparaison, tour interrogatif, exclamatif, trait d'humour, etc. Si vous n'osez vous fier à votre « créativité », méditez à l'avance ces formules. Mais courage! Tel découvrira avec joie qu'il est bien plus adroit qu'il ne l'imaginait. Il suffisait de se jeter à l'eau.

2. L'efficacité

Dans ce genre de « discours », on s'efforce avant tout de bien « faire passer » une information, c'est-à-dire d'être exactement compris.

Rappelons seulement ici trois moyens pour « être suivi » et attirer l'attention sur l'essentiel :

• ***bien marquer la succession des développements;*** indiquer au besoin le plan;

• ***formuler avec vigueur les idées principales,*** en particulier celles qui trouvent naturellement leur place au début et à la fin de chacun de ces développements;

• ***changer de rythme, de force et d'intonation.*** Quand vous indiquez un résultat important de votre enquête, ralentissez, articulez davantage, changez de ton (voix plus grave généralement).

Vous pouvez aussi répéter (sans en abuser), ménager un court silence avant ou après, etc. Inutile de multiplier les conseils théoriques : que chacune de vos expériences soit une occasion de réflexion et de progrès.

6 La communication téléphonique

Le téléphone établit *un contact rapide et direct entre deux individus.* Mais il ne devient pas pour autant le seul moyen de communication. Il ne remplace :

• *ni l'entretien de vive voix :* le « coup de fil » n'excède normalement pas 5 minutes, sinon il encombre le réseau intérieur de l'entreprise, ou peut être fort onéreux. De plus, les interlocuteurs sont privés des gestes, des jeux de physionomie, des regards qui accompagnent une conversation, ainsi que de la consultation en commun d'un document ;

• *ni la communication écrite :* le « coup de fil » ne laisse aucune trace, il intervient pour l'appelé dans des conditions qui n'assurent pas toujours l'efficacité de l'échange.

Donc le téléphone n'est pas utilisé au hasard ou à tout propos. On le réserve *à des services précis :*

- prendre un rendez-vous,
- demander un renseignement,
- donner une information brève,
- règler les questions urgentes : excuses, incident, modification d'une activité prévue, etc.

Dans le travail, la communication n'est pas adressée à n'importe qui n'importe comment. Elle exclut le bavardage.

Dans la vie privée, ce n'est un moyen de correspondance qu'avec les intimes. On n'appelle pas avant 9 h ni après 22 h, sous peine de transformer la sonnerie en supplice ; on épargne les heures des repas, à moins que ce ne soit l'unique moment où l'on puisse atteindre son correspondant.

> *Le téléphone conserve son efficacité, si la* ***communication*** *est* ***brève, motivée*** *et* ***opportune.***

A AVANT D'APPELER

Parce que la liaison n'exige que quelques gestes, parce qu'elle est presque spontanée, on se figure qu'elle peut être établie dès qu'on en a l'envie ou le besoin. C'est une erreur. Combien de rappels dus à un oubli, à un complément qui vient trop tard à l'esprit ! Combien de liaisons établies en pure perte : on a parlé dans la confusion, et l'essentiel n'a pas été communiqué !

D'autre part, un « coup de fil » ne coûte pas seulement au correspondant la durée de l'entretien ; il vient aussi perturber une activité qu'il faudra reprendre ensuite au prix d'un effort. Deux appels de 5 minutes en l'espace d'une heure « consomment » la moitié de cette heure.

Donc l'appel téléphonique et le contenu du message doivent être pertinents et, pour cela, préparés.

1. Préparation matérielle

• Rassembler devant soi de quoi écrire, les documents qui peuvent être nécessaires, son carnet d'adresses, son agenda pour un R.V. éventuel.

• Assurer les conditions d'une communication tranquille : on ne téléphone pas d'une cabine dans la rue pour demander des renseignements techniques délicats ; si l'heure d'appel a été convenue, on la respecte ; on se libère à temps ; etc.

2. Préparation de l'entretien

• *Que va-t-on dire ou demander ?* Une réflexion préalable fera noter *un petit plan* qui servira de guide.

• *Qui appeler ?* On détermine la personne ou le service précis auxquels il faut s'adresser ;

• *Quand ?* On tient compte des heures favorables ; avec de l'expérience, on se souvient des habitudes de ceux qu'on appelle fréquemment ; on ne « sonne » pas un collaborateur quand on le sait occupé à un travail délicat.

B L'ENTRETIEN

1. Le demandeur

s'assure de *l'identité de son correspondant :*

- le n° ou le nom de la collectivité ?
- le poste ? la personne ?
- ou, plus directement : « Est-ce Monsieur un tel qui est à l'appareil ? » ou encore : « Un tel ? »
- il prie qu'on l'excuse s'il s'est trompé ;
- s'il doit parler longtemps, il demande d'abord si le correspondant dispose du temps nécessaire.

2. L'appelé

se fait reconnaître :

« Ici Rastignac, ou l'Entreprise Bidon, ou l'atelier de montage. »

Un responsable dit : « Ici le Directeur du bureau d'études. »

Un employé : « Ici Valenod, de l'Hôpital départemental. »

3. Pour tous

– ne pas crier, mais articuler distinctement et ralentir un peu le débit habituel ;

– ne pas livrer de noms inconsidérément, ou de secrets ;

– réduire les formules de politesse, surtout dans le travail ; on ne commente pas les prévisions météorologiques à un homme qui va prendre le train ;

– pour mettre fin à l'entretien, remercier (c'est en général compris) ou présenter des excuses : « Je ne veux pas vous importuner davantage. »

C APRÈS

– On ne passe pas tout de suite à autre chose, on prend le temps de noter ce qui est important.

– On prend les dispositions conséquentes : retenir un rendez-vous, diffuser l'information reçue si elle est destinée aussi à d'autres.

– On prépare la *lettre de confirmation* ou le « pour mémoire » qui viendra fixer la conclusion d'un entretien important.

D EN PRÉSENCE D'UN TIERS

– On demande l'autorisation, au moins par un geste, si l'on accepte une communication.

– On se méfie des micros sensibles : « Quelle barbe, ce téléphone » est une appréciaion qui, au-delà du visiteur, indispose celui qui vous appelle.

– Si la communication est pour le visiteur, ne pas demander l'origine de l'appel, mais dire : « Je vous prie de ne pas quitter, je vais voir. » Et, si possible, laisser seul le visiteur, par discrétion.

– Chez un tiers, en cas d'urgence, demandez l'autorisation de vous servir de l'appareil, et proposez de régler le montant de la communication.

7 La présentation des documents graphiques

Un bon dessin, dit-on, vaut mieux qu'un long discours. C'est vrai. Dans un écrit ou un exposé oral, il est excellent d'utiliser plans, schémas, reproductions, organigrammes, tableaux, courbes... qui donnent précision et relief à l'information.

Mais *il est puéril de croire que le recours à un moyen graphique dispense de toute explication :* les renseignements que fournit un croquis ne sont pas perçus automatiquement par l'auditeur ou le lecteur. La suppression de l'effort n'est qu'apparente. Car si une photographie, un dessin, bien choisis, ont l'immense avantage, sur le discours, de transmettre une information globale et synthétique, une analyse demeure indispensable, ne serait-ce que pour énumérer les renseignements qui sont procurés à tous les destinataires. Aucun document graphique n'est une histoire sans paroles.

Un encart publicitaire représentant une jolie fille béatement allongée sur un matelas X cherche à nous persuader du confort inégalable de ce matériel. Or, si rien – c'est-à-dire aucun mot – ne signale les bienfaits du matelas X, l'illustration risque de ne pas atteindre son but : nous n'aurons d'yeux que pour la charmante créature et les qualités de l'article proposé échapperont à notre attention. La relation entre le matelas et la jolie fille doit être explicitée. Dans la grande majorité des cas, *l'image n'est qu'un message partiel* ou, plus exactement, *potentiel.*

Même des données numériques ne peuvent suffire à elles seules ; elles ont besoin d'être accompagnées de quelques phrases qui en dégagent la signification. Les scientifiques savent bien qu'un calcul exact, sans raisonnement exprimé, est considéré comme incomplet. La légende qui suit une carte ou un schéma est déjà un premier recours au langage, destiné à éclairer les conventions employées. Mais souvent elle ne réussit pas à renseigner complètement, à faire apparaître toutes les informations contenues dans cette carte, dans ce schéma.

Ne tombons pas non plus dans l'excès inverse : noyer sous un flot de paroles la simplicité des chiffres ou du dessin. Il ne faut dire que l'indispensable, succinctement, nettement.

Insistons sur un point. Une maladresse d'expression menace particulièrement le discours ou le texte qui explique un document graphique : c'est *la répétition*. Répétition des tours introductifs et alourdissants, tels que : *nous notons, nous trouvons, ceci montre que, vous voyez là...* Répétition du vocabulaire : *nombre, courbe, point...*, et surtout des termes techniques relevant du sujet sur lequel porte le graphique. Un effort de variété et de contrôle du langage sera le bienvenu.

EXERCICES

EX 7 **Présentez les diagrammes suivants qui illustrent la croissance de la population et de la production dans les deux groupes de pays du monde.**

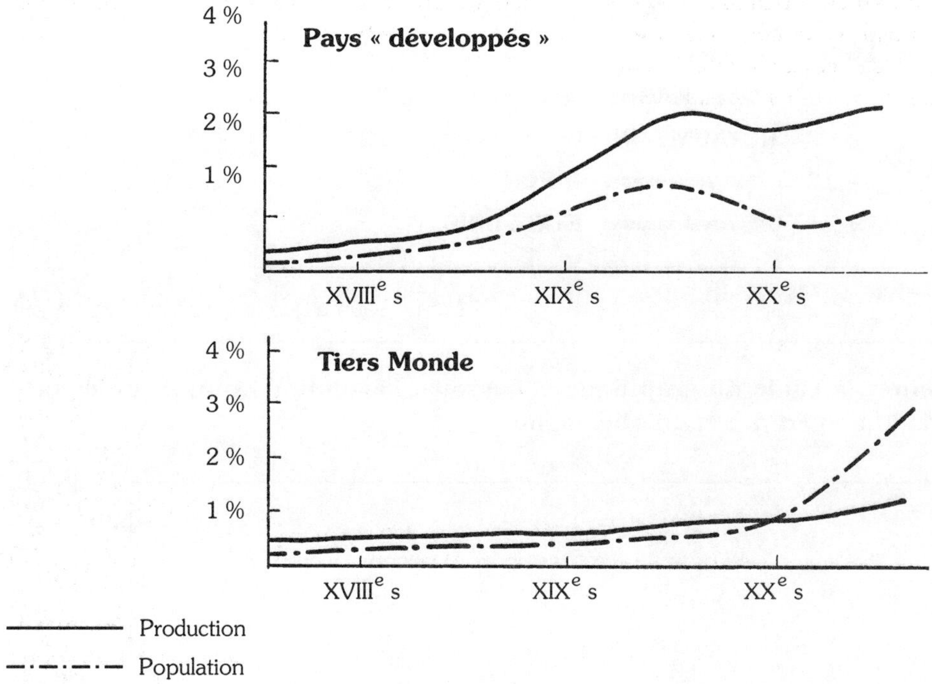

D'après Y. Lacoste, *Géographie du sous-développement* P.U.F., 1965, p. 198.

EX 8 **Le graphique ci-après indique le solde, en milliards de francs, de la balance touristique en France.**
Que diriez-vous si vous aviez à le présenter brièvement ?

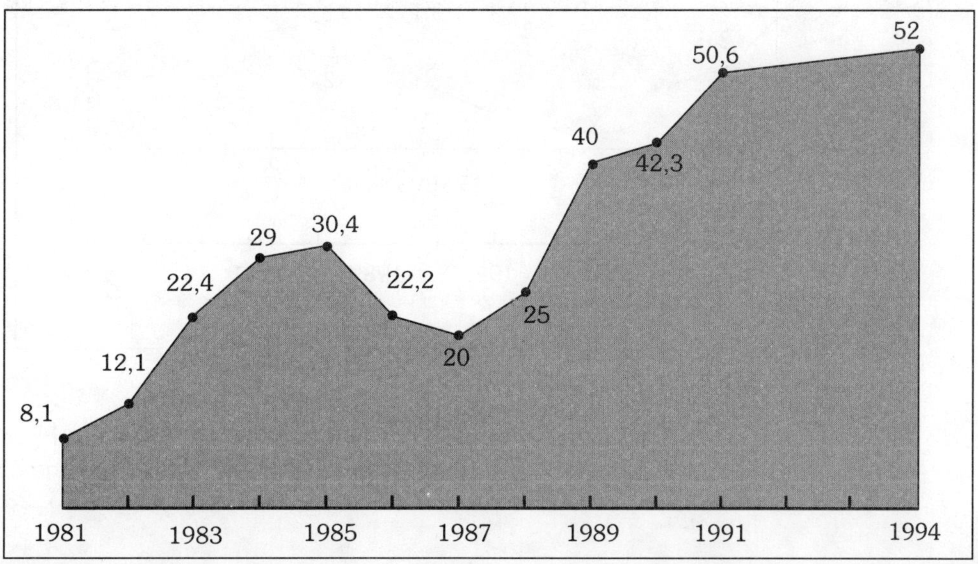

D'après Frédéric Garet, AFP infographie, in *Le Dauphiné libéré,* 16 janvier 1992, actualisé.

EX 9 **Le graphique ci-dessous montre comment a évolué le tourisme étranger en France, en 1991.**
Présentez-le rapidement.

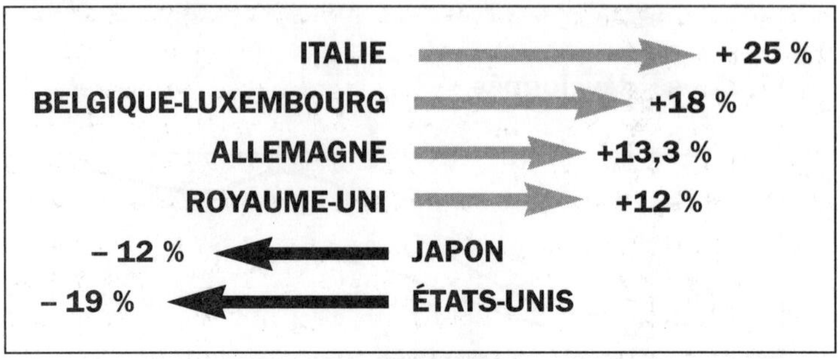

Même source que le graphique précédent.

EX 10 **Présentez, à l'aide du graphique ci-dessous, l'évolution comparée des taux d'inflation en France et en Allemagne.**

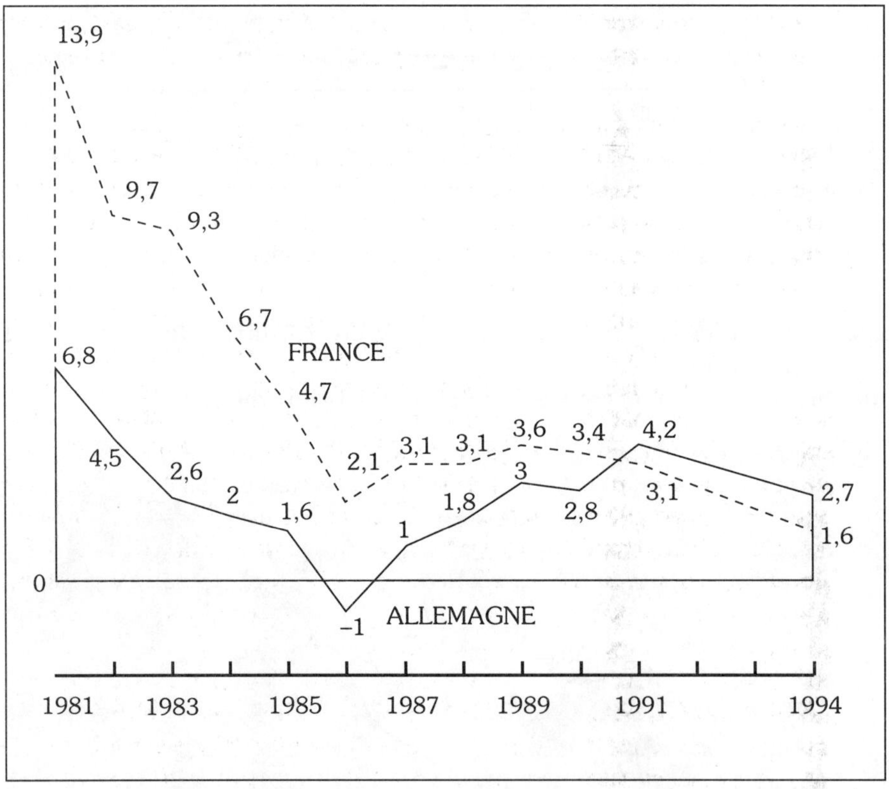

d'après Francis Nallier, AFP infographie,
in Y.D., *Les maux de la politique économique, Économie et Politique,* fév. 1992, p. 28, actualisé.

LES PARASITES

Le langage parlé charrie toutes sortes de **locutions** qui ne veulent pas dire grand'chose, mais **qui donnent le temps de trouver l'idée suivante et les mots pour l'exprimer :**

Euh, alors, bien sûr, n'est-ce pas, c'est le cas de le dire, cela va sans dire, si je puis m'exprimer ainsi, etc.

Leur répétition agace rapidement l'auditeur.
De même **le langage, parlé ou écrit, se charge de *mots inutiles.*** Cette inflation atteint parfois des proportions considérables.
Signalons :

Les mots ou formules souvent vides de sens

Exemples :

Je crois que, il me semble que, il apparaît que, il est à remarquer que, etc.

Je vous écris pour vous dire que votre chat est perdu.

J'espère que cette lettre vous trouvera en bonne santé (= J'espère que vous êtes en bonne santé).

Les périphrases

ou circonlocutions, que l'on emploie par paresse ou par ignorance du terme exact :

Prêtez-moi *votre appareil à mesurer l'humidité* (= votre hygromètre).

Les pléonasmes

Le hasard m'a donné l'occasion de le rencontrer.

Le mot *hasard* et l'expression *donner l'occasion* répètent la même idée de rencontre fortuite.
Corrigeons :

J'ai eu l'occasion de le rencontrer ou il m'est arrivé de le rencontrer ou je l'ai rencontré par hasard.

Autres exemples du langage courant :

monter en haut, descendre en bas, suivre derrière, etc.

EXERCICES

EX A Dans les phrases suivantes, éliminez les formules creuses.

1. Il semble évident que la production a baissé ce dernier mois. 2. Je crois pouvoir affirmer que cette machine ne rend pas les services que l'on attendait d'elle. 3. Pourquoi ne pas ajouter à cette première information la seconde que voici... 4. Mais il se trouve d'autre part que des réserves énormes de pétrole et de gaz sont localisées dans les pays dont les populations sont incapables de les exploiter elles-mêmes. 5. Comment m'y prendrai-je pour arriver à vous persuader de l'importance de ce contrat ?

EX B Refaites les phrases suivantes, en éliminant les pléonasmes :

1. Il n'a dit seulement que trois mots. 2. Votre zèle est trop excessif. 3. Il pourrait en résulter un échec éventuel. 4. Je vous présente la machine la plus hautement perfectionnée. 5. Nous nous entr'aidons réciproquement dans cette tâche. 6. Rien ne le laissait prévoir ; une force imprévisible me jeta entre ses bras. 7. De fait, ce moteur a effectivement sa particularité propre. 8. Ils se donnaient de mutuels baisers.

EX C Éliminez tout ce qui paraît superflu dans les phrases suivantes (adverbes, adjectifs, groupes de mots, etc.).

1. Nous voulons lancer et organiser une campagne publicitaire toute nouvelle et d'un genre entièrement différent. 2. Le dynamisme de ces deux entreprises est certain, pour ainsi dire, mais les choses ne sont pas si faciles que cela pour autant. 3. (Une héroïne de roman) Profondément bouleversée, Marguerite accepta sans discuter ce qu'on lui offrit. 4. Assise devant un vaste bureau-ministre, Marguerite venait de subir le traditionnel interrogatoire qui accompagne toujours la candidature à une place de confiance. 5. Un soir, après le dîner, toutes deux étaient restées seules en tête-à-tête dans la salle à manger. 6. Les conditions de l'industrie française du pétrole sont originales et particulières.

EX D Expliquez (en vous servant du dictionnaire, au besoin) les pléonasmes contenus dans les phrases suivantes. Éliminez-les.

La cortisone est une panacée universelle. 2. J'ai de cette lointaine expédition quelques souvenirs rétrospectifs. 3. Avez-vous envisagé toutes les éventualités possibles ? 4. Que l'on puisse un jour vivre à la surface de la lune, c'est là une anticipation sur l'avenir. 5. La double alternative d'un développement continu de notre production ou bien d'une dégradation rapide s'offre à nos yeux. 6. Il est à envisager que la nouvelle T.V.A. pourrait amener les constructeurs d'automobiles à baisser leurs prix.

TRAVAUX DIRIGÉS

TD 4 **Présentez le diagramme ci-dessous qui montre, de façon comparative, la part du crédit dans la consommation des ménages de 5 pays développés.**

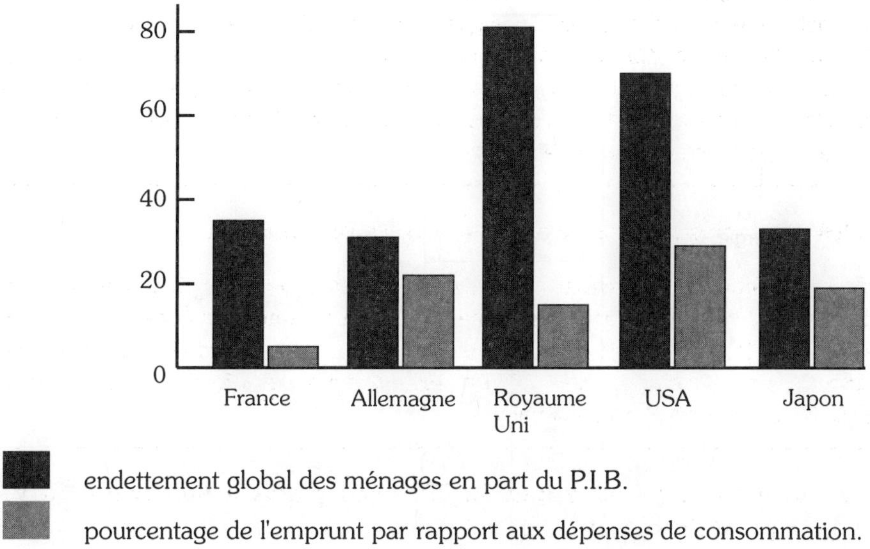

d'après Services des Économies étrangères, Banque de France, in *Science et vie Economie,* n° 80, fév. 1992, p. 48.

TD 5 **Le tableau ci-dessous indique la croissance du P.I.B. par habitant pour chaque région. Présentez les données essentielles et faites un bref commentaire.**

(Base 100 : 1975)	**1975-1982**		*(Base 100 : 1982)*	***1982-1989***	
1	Midi-Pyrénées	250	*1*	*Franche-Comté*	*172*
2	Limousin	249	*2*	*Ile-de-France*	*170*
3	Aquitaine	248	*3*	*Alsace*	*168*
4	Bourgogne	247	*4*	*Basse-Normandie*	*166*
4	Alsace	247	*5*	*Rhône-Alpes*	*165*
6	Bretagne	245	*6*	*Pays de la Loire*	*164*
7	Pays de la Loire	244	*7*	*Bourgogne*	*163*
8	Centre	243	•	*Moyenne nationale*	*163*
9	Haute-Normandie	239	*8*	*Centre*	*162*
9	Basse-Normandie	239	*8*	*Auvergne*	*162*
9	Languedoc-Roussillon	239	*10*	*Poitou-Charentes*	*161*
12	Auvergne	237	*11*	*Midi-Pyrénées*	*160*
•	Moyenne nationale	237	*11*	*Bretagne*	*160*
13	Ile-de-France	236	*13*	*PACA*	*159*
14	Champagne-Ardennes	235	*13*	*Limousin*	*159*
15	Poitou-Charentes	234	*13*	*Nord-Pas-de-Calais*	*159*
15	Rhône-Alpes	234	*16*	*Languedoc-Roussillon*	*158*
17	PACA-Corse	231	*16*	*Lorraine*	*158*
18	Picardie	230	*18*	*Champagne-Ardennes*	*157*
18	Nord-Pas-de-Calais	230	*19*	*Picardie*	*156*
20	Lorraine	228	*20*	*Aquitaine*	*155*
21	Franche-Comté	224	*21*	*Haute-Normandie*	*152*
Source : Insee			*22*	*Corse*	*150*

D'après Marc Jézégabel avec Carole Yerochewski, *Ce que les régions font de votre argent,* in *Science et Vie Economie,* n° 81, mars 1992, p. 16.

TD 6 **À l'aide du schéma ci-dessous et, au besoin, d'une documentation complémentaire (dictionnaires, encyclopédies, etc.), présentez les pièces principales d'un moteur à explosion et le principe de fonctionnement.**

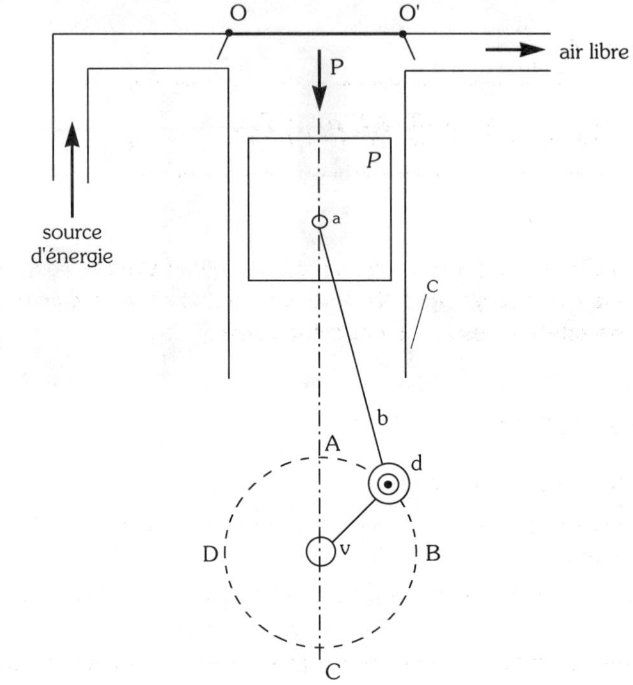

Marcel Menardon, *Le moteur à explosion*, éd. Chotard et Associés, 1977, p. 4.

LE SUJET, C'EST LE MAÎTRE

Le sujet principal est le maître de la phrase. Cependant, lorsqu'on élabore son énoncé, par écrit ou oralement, **il arrive que des groupes de mots échappent à cette domination. D'où une rupture qui produit des effets amusants ou nuit à la clarté.**

Attention au départ

1. Changement brusque de direction

Pris de malaise, // son véhicule s'est écrasé contre un platane.

Cette phrase fait rire. Pourquoi ?

- Celui qui l'a prononcée a d'abord songé au conducteur et à sa défaillance, puis au véhicule et à l'accident.
- Celui qui l'entend, dérouté, impute au véhicule ce qui était dit du conducteur : il est assez drôle d'imaginer une voiture prise de malaise.

L'effet est parfois moins brutal :

Pris de malaise, sa « deux chevaux » s'est écrasée contre un platane.

La différence de genre atténue l'ambiguïté.

De toute façon, c'est un mauvais départ : *le début de la phrase ne concerne pas le sujet.*

On court ce risque, *quand on commence une phrase par :*

1. *un adjectif ou un participe,*

   Bien que pourri, // nous nous engageâmes sur le pont.

2. *en + forme verbale terminée par -ant,*

   En allant à la cantine, // le vent soufflait dans les escaliers.

3. *une préposition + un infinitif,*

   Afin de terminer mon travail, // le chef de service me demande de rester après 18 heures.

Dans ces trois phrases incorrectes, le groupe de mots initial ne se rapporte pas au sujet.

2. Pour éviter ce flottement,

1. Ou bien faire apparaître un premier sujet dans le groupe de mots initial :

Le pont était pourri ; *nous* nous y engageâmes pourtant.

Nous allions à la cantine ; *le vent* soufflait dans les escaliers.

Pour que **je** puisse terminer mon travail, *le chef de service* me demande de rester après 18 heures.

2. Ou bien faire que le terme concerné par le groupe de mots initial devienne le sujet unique :

Bien que pourri, *le pont* ne nous arrêta pas.

En allant à la cantine, *nous* entendions le vent souffler dans les escaliers.

Afin de terminer mon travail, *j'*ai accepté, sur la demande du chef de service, de rester après 18 heures.

Laissons le sujet commander jusqu'au bout

L'inverse se produit fréquemment. Le sujet est exprimé, mais on s'en éloigne, on l'oublie et l'on s'expose à :

1. *reprendre inutilement le sujet par un pronom,*

Le cèdre que j'aperçois de ma fenêtre, *il* est très vieux.

L'ensemble de la phrase n'est pas dominé. On a perdu de vue le sujet principal « le cèdre » exprimé dès le début, on le reprend par le pronom « il », ce qui est inutile et incorrect.
Corrigeons :

Le cèdre, que j'aperçois de ma fenêtre, est très vieux.

Cette incorrection est fréquente dans des phrases du type suivant :
Le piéton, comme il regardait passer une jolie fille..., il a été happé par une voiture.
Le deuxième « il » est à supprimer ;

2. *ajouter à la phrase des éléments dont le sujet n'est plus le maître :*

Grâce à Génie, nous lavons // sans bouillir.

Faut-il comprendre qu'avec ce produit miraculeux, on lave son linge sans entrer soi-même en ébullition ? Cette construction trop libre d'un infinitif avec préposition s'explique par *glissement du sujet exprimé à un deuxième sujet sous-jacent.*

L'équivoque rend plaisante la formule publicitaire, mais la clarté oblige à :

- exprimer le sujet sous-entendu de l'infinitif « bouillir » :

  Grâce à Génie, *nous* lavons sans que *le linge* bouille (!)

- ou employer un infinitif complément dont « nous » puisse aussi être le sujet :

  Grâce à Génie, *nous* lavons sans *faire* bouillir le linge.

EXERCICES

EX A **Corrigez les phrases suivantes (proposez plusieurs solutions) :**

1. En vous remerciant, veuillez agréer, Monsieur... 2. Attendant une réponse, veuillez croire, Monsieur... 3. Trop courte, j'avais l'air ridicule avec cette jupe. 4. En quittant la maison, son chagrin était si grand qu'il pleurait. 5. Mal conservé, fermenté ou éventé, on n'apprécie pas ce vin. 6. Il n'a pas de chance : en sortant de chez lui, un cycliste l'a renversé. 7. Pris de court, sa réponse a été évasive. 8. Je tiens à vous rencontrer pour me dire ce qui s'est passé. 9. La peinture noire qui recouvre cet avion servant à des missions secrètes et volant à très grande vitesse, elle permet d'abaisser la température. 10. Ce candidat présente des garanties suffisantes et permettant d'être accepté.

EX B **Même travail (attention ! Certaines phrases sont correctes.).**

1. Revenant au premier point, il n'est pas exact de dire que... 2. En marchant côte à côte, il m'expliqua... 3. En considérant cela sous l'angle juridique, c'est un abus de confiance. 4. En s'inscrivant deux jours plus tôt, il était accepté. 5. En y consacrant peu de temps, il a mené à bien cette affaire. 6. À première vue, cette boutade fait sourire. Mais, en l'examinant de plus près, elle nous donne à réfléchir. 7. En analysant les empreintes sonores obtenues en soumettant les missiles à des vibrations à haute fréquence, les faiblesses sont découvertes avant de constater des ruptures. 8. Ayant chez vous un grand nombre d'appareils ménagers de toutes sortes, des instruments de mesure s'imposent pour les dépanner au besoin. 9. La consommation de courant de l'appareil utilisateur est contrôlée sans couper le circuit, en utilisant un instrument particulier. 10. On m'offre des avantages financiers et la perspective de lointains voyages de façon à mener une vie plus libre et plus agréable.

CORRIGÉ DES EXERCICES

► L'EXPRESSION ORALE

EX 1

Pas de corrigé.

EX 2

Il est impossible de donner un corrigé complet de cet exercice. Voici quelques remarques visant à la clarté.

La première et la troisième phrases sont longues : il faudra respirer et, pour être compris, bien souligner la construction.

Ainsi, pour la première phrase, on prendra soin de :

1) relier nettement *Vous aurez beau* et *éprouver...*, en isolant par des pauses marquées et un changement de ton (vers le bas) le groupe prépositionnel intermédiaire *// devant un spectacle de la nature ou devant un mouvement de l'humanité//;*

2) pratiquer une pause importante après *par un moyen d'expression approprié//,* de façon à indiquer nettement le début de la proposition principale : *cette sensation, cette lueur naissante de beauté, s'éteint en vous...*

La troisième phrase se charge d'énumérations qu'il est aisé de marquer (*tant d'hommes,/tant de travailleurs,/*etc. – *dans sa beauté,/dans sa puissance,/*etc.) ; il faut toutefois bien relier, en leur conservant la même hauteur de ton, le verbe *qui ne possèdent pas* à son complément d'objet *cette langue française.*

EX 3

Il est impossible de donner ici un corrigé complet de cet exercice. L'important c'est de repérer les termes que l'on veut souligner par l'intensité de la voix ou des pauses de la phrase.

Vous aurez été attentif aux reprises de mots *(un gouvernement... ce gouvernement; force mécanique... force mécanique supérieure),* aux répétitions *(elle n'est pas seule! elle n'est pas seule),* à l'anaphore *(Cette guerre... cette guerre... cette guerre...).*

Vous aurez remarqué la brièveté des phrases correspondant au caractère martelé de cet appel mobilisateur.

Si vous le pouvez, comparez votre lecture à haute voix à l'enregistrement de ce discours : vous noterez bien sûr, la diction très particulière du Général de Gaulle. Cf. le coffret de Radio France, *L'épopée de la France libre,* K5015, Ovidis.

EX 4

1. Nous‿avons étudié ensemble ce point particulièrement‿important. 2. Après‿avoir pris livraison de vingt-deux‿envois successifs groupant cent‿échantillons, j'ai pu vérifier que tout‿était complet. 3. En parfait‿accord avec la direction, nous sommes‿arrivés à la conclusion qu'il était‿absolument inutile de pratiquer des prix/élevés. 4. Il est très‿important de s'entourer de collaborateurs/actifs mais qui ne soient pas trop‿autoritaires. 5. C'est très‿intéressant, vous‿êtes trop‿aimable. 6. Le prochain‿envoi pourra avoir lieu bientôt : il n'y en‿a jamais assez. 7. Il faut soit‿écrire, soit‿envoyer quelqu'un. 8. Quantité de travaux/utiles/ont‿été effectués/en vue des Jeux‿Olympiques. 9. Vu les dépenses/immenses/engagées/ et les sommes/importantes/accumulées, industriels et commerçants/ ont‿été amenés/à s'intéresser de très près/à l'affaire. 10. Au cours de différents‿entretiens, je me suis‿aperçu que c'était‿un garçon sérieux‿et intelligent sur lequel on peut fonder de grands‿espoirs; d'un commun‿accord, nous‿avons décidé de lui faire des‿offres avantageuses. 11. Sans rien‿en dire, pour mieux‿atteindre son but, il a accepté un poste très‿élevé, mais‿en réalité trop‿important pour ses capacités.

EX 5

1. Se débrouiller : se tirer d'affaire, s'arranger, faire en sorte que (ou de). 2. Pagaille : désordre, gabegie, fouillis, fatras. 3. Râler : protester, grogner. 4. Engueulade : réprimande, semonce, dispute. 5. Embêtant : ennuyeux, fastidieux, contrariant, fâcheux. 6. Drôlement : très (beaucoup), extrêmement, singulière-

ment. 7. Ne pas se fouler : faire peu d'efforts, ne pas se donner beaucoup de peine. 8. Être emballé : être enthousiasmé, enchanté. 9. Se tenir peinard : rester à l'abri, éviter les risques, se tenir tranquille. 10. C'est chouette : quelle chance, c'est beau, c'est agréable, c'est confortable...

EX 6 1. J'ai été très (extrêmement) surpris par ce qu'il m'a dit (appris). 2. L'avez-vous lu? C'est remarquable (très intéressant; passionnant). 3. Rassurez-vous, je vais le retrouver. 4. Ce n'est pas manque de bonne volonté (de ma part), mais impossibilité absolue. 5. Cela devait arriver; il est coutumier du fait. 6. Je ne vois pas d'autre méthode (solution). 7. N'espérez pas que j'accepte cet arrangement (proposition...). 8. Les récriminations sont bien inutiles. 9. Nous avons d'abord dû subir un assez long exposé. 10. Commençons, si vous le voulez bien.

EX 7

1. Dans les pays développés, la production a suivi une évolution semblable à celle de la population, en la devançant de plus en plus : l'écart dépasse 2 % au milieu du XXe siècle.
2. Dans le Tiers-Monde, la croissance de la production a été parallèle à celle de la population jusqu'à la fin du XIXe siècle; elle lui restait supérieure. L'explosion démographique au XX° siècle (grâce à la révolution sanitaire) a renversé la tendance et l'écart de 2 % est en sens inverse de celui des pays développés.
3. D'où le problème des pays sous-développés : l'expansion économique doit rattraper la croissance démographique. Ce qui rend vaine toute comparaison entre la situation actuelle du Tiers-Monde et l'évolution passée des pays développés.

EX 8 Le solde de la balance touristique, en France, n'a cessé de progresser, de façon positive, depuis 1981. Après une période de ralentissement (1986-1988), il a atteint 50,6 milliards de francs en 1991, soit 18 % de plus que l'année précédente.

Le tourisme occupe donc une place de plus en plus importante dans l'économie française. Les festivités du bicentenaire de la Révoluion ont provoqué un accroissement très visible sur le graphique.

EX 9 En 1991, les touristes d'origine européenne sont venus plus nombreux en France; c'est le contraire pour les Japonais et les Américains.

Ainsi la fréquentation italienne a augmenté de 25 % tandis que la présence américaine a baissé de 19 %. On peut lire, sur ce graphique, l'effet de la guerre du Golfe : on a voyagé à proximité, on a répugné à entreprendre des déplacements lointains.

EX 10 De 1981 à 1986, les taux d'inflation ont nettement diminué en France, comme en Allemagne. Depuis 1986, l'inflation a augmenté en Allemagne de –1 % à 4,2 %, alors qu'elle ne connaît, en France, qu'une faible croissance (de 2,1 % à 3,1 %). En 1991, pour la première fois dans la période considérée, le taux est plus élevé en Allemagne qu'en France.

► LES PARASITES

EX A 1. La production a baissé ce dernier mois. 2. Cette machine ne rend pas les services espérés. 3. Voici une seconde information... 4. Des réserves énormes de pétrole, etc. 5. Comment vous persuader, etc.

EX B 1. Il a dit seulement trois mots/Il n'a dit que trois mots. 2. Votre zèle est excesssif/trop grand. 3. Il pourrait en résulter un échec. 4. Je vous présente la machine la plus perfectionnée. 5. Nous nous aidons réciproquement dans cette tâche/Nous nous entr'aidons dans cette tâche. 6. Rien ne le laissait prévoir; une force me jeta dans ses bras/Une force imprévisible me jeta entre ses bras. 7. Ce moteur a effectivement sa particularité. 8. Ils se donnaient des baisers.

EX C Supprimez : 1. et organiser/toute nouvelle et. 2. pour ainsi dire/si... que cela. 3. Profondément. 4. vaste/toujours (ou traditionnel). 5. un soir/seules. 6. originales et.

EX D 1. La cortisone est une panacée (dictionnaire : panacée = remède universel). 2. J'ai conservé, de cette lointaine expédition, quelques souvenirs. (Se souvenir, c'est toujours regarder en arrière.) 3. Avez-vous envisagé toutes les éventualités? (éventualité # possibilité). 4. Que l'on puisse un jour vivre à la surface de la lune, c'est une anticipation. 5. Voici l'alternative qui s'offre à nos yeux : développement continu de notre production ou dégradation rapide. 6. La nouvelle T.V.A. pourrait amener les constructeurs d'automobiles à baisser leurs prix. (Le conditionnel comme le verbe « envisager » traduisent l'un et l'autre l'éventualité.)

► LE SUJET, C'EST LE MAÎTRE

EX A 1. En vous remerciant, je vous prie d'agréer, Monsieur... – Je vous remercie et vous prie d'agréer, Monsieur... – Avec mes remerciements, je vous prie d'agréer, Monsieur... 2. Attendant votre réponse, je vous prie de croire, Monsieur... – J'attends votre réponse et vous prie de croire, Monsieur... 3. Trop courte, cette jupe me donnait un air ridicule. – J'avais l'air ridicule avec cette jupe trop courte. 4. Il quittait la maison et son chagrin... – Au moment où il quittait la maison, son chagrin... 5. Ce vin est mal conservé, fermenté ou éventé ; on ne l'apprécie pas. – On n'apprécie pas ce vin, mal conservé,... 6. Il sortait de chez lui et un cycliste... – Alors qu'il sortait de chez lui, un cycliste... 7. Pris de court, il fit une réponse évasive – Il a été pris de court et sa réponse a été évasive. 8. Pour savoir... – pour que vous me disiez... 9. La peinture noire qui recouvre cet avion servant à des missions secrètes et volant à très grande vitesse, permet d'abaisser la température – ou mieux : servant à des missions secrètes et volant à très grande vitesse, cet avion est recouvert d'une peinture noire qui... 10. ...des garanties suffisantes pour qu'on puisse l'accepter – des garanties suffisantes qui lui permettront d'être accepté.

EX B 1. Revenons au premier point. Il n'est pas exact de dire que.../Revenant au premier point, je pense qu'il, etc. 2. Marchant à côté de moi, il m'expliqua.../Pendant que nous marchions côte à côte, il m'expliqua. 3. Si nous considérons cela sous l'angle juridique, c'est un abus de confiance/À considérer cela sous l'angle juridique, c'est, etc. 4. S'il s'était inscrit deux jours plus tôt, il était accepté. (Le sens peut ainsi être plus net, mais la phrase proposée dans l'exercice est correcte.) 5. Phrase correcte. 6. ...Mais, si on l'examine de plus près, elle/Mais, examinée de plus près, etc. 7. (Ici à la fois, incorrection et lourdeur.) Grâce à l'analyse des empreintes sonores... 8. Comme vous avez chez vous, etc./Ayant chez vous... de toutes sortes, vous devez posséder des instruments de mesure pour les dépanner au besoin. 9. La consommation de courant de l'appareil utilisateur est contrôlée sans que l'on ait à couper le circuit, au moyen d'un instrument particulier. 10. On m'offre des avantages financiers et la perspective de lointains voyages de telle sorte que je mènerai une vie plus libre et plus agréable/ou : je pourrai ainsi mener, etc.

CHAPITRE 7

ÉCRITS PROFESSIONNELS

L**es *écrits d'information* (compte rendu, note, procès-verbal...)** doivent être distingués des textes qui expriment un jugement ou orientent une décision, par exemple le *rapport*, que nous étudierons dans le second volume.

Le rédacteur cherchera à être simple, exact, précis et clair. Les mêmes qualités sont requises lorsqu'on formule des ordres ou lorsque l'on écrit son curriculum vitae.

1 La note

C'est un écrit très court, sans forme fixe. Il en circule beaucoup dans l'entreprise, pour communiquer des renseignements ou des avis entre services ou entre échelons de la hiérarchie.

On peut en imaginer cent et un types. Quelques exemples en donneront une idée. La note est d'un usage commode parce qu'elle n'exige pas de mise en forme épistolaire. Les formules de politesse, qui alourdissent la correspondance, en sont exclues.

L'en-tête comporte les mentions suivantes :
- *origine* : nom du rédacteur et du service ;
- *destinataire ;*
- *objet* : désignation simple de l'affaire concernée (dans le cas où cette indication est nécessaire) ;
- *date.*

Cette souplesse dans l'emploi de la note ne doit pas conduire à des abus : vous paraîtrez désinvolte si vous en « bombardez » à tout propos votre Directeur Général.

Dans certains bureaux et administations, des formules sont prévues pour ce procédé d'information. Nous en présentons un modèle d'abord.

Compagnie XXX Département des Recherches techniques	Le ....
Le Directeur	
informe demande à rappelle à	M. .... Fonction .... Département ....

1er *exemple de note :*

Compagnie XXX Le...................
J. Dupont
Inspecteur des ventes
Zone Sud-Ouest

signale au service des Facturations que les traites sur la Maison YYY, à Bordeaux, doivent sans faute lui être expédiées le 20 juillet pour acceptation avant la fermeture annuelle.

2e *exemple de note :*

Société PPP Le...................

M. Simon, atelier de montage n° 2, prie les « approvisionnements » de lui faire apporter 10 x 1 000 ressorts 8/40.

Et les remercie de ne pas le faire attendre...

3e *exemple de note :*

Société PPP Le...................
Comptabilité

à l'intention du Service Reproduction-Impression.

Nous aurons besoin le 5 avril d'un tirage de 5 000 circulaires de 3 pages.

2 Le compte rendu (C.R.)

Type même de l'écrit d'information, il donne une image exacte mais succincte d'un événement, d'une situation, d'une négociation, d'un document. Il laisse un témoignage durable d'une phase de discussion ou d'opération en cours.

Il se contente d'être descriptif, mais il cherche à l'être complètement en n'omettant aucune circonstance notable (quoi ? ou qui ?, où ?, quand ?, comment ?, avec qui ?, de sorte que). L'en-tête comprend les mêmes indications que celui d'une note. On introduit parfois le C.R. par une phrase du genre : « J'ai l'honneur de porter à votre connaissance les faits suivants... ».

Dans la pratique, les C.R. recouvrent des réalités diverses. Sauf dans les sociétés très centralisées et d'une organisation bureaucratique rigoureuse, comme l'armée ou certains services administratifs, il ne faut pas être esclave d'un formalisme qui souvent paralyse. Cependant, surtout par commodité d'exposition, nous distinguons quatre types de C.R.

A LE C.R. D'UN ÉVÉNEMENT

Il est d'un usage courant : témoignage écrit sur un accident, avis qu'un fournisseur ne respecte pas une date de livraison, relation d'un différend avec un client, description d'un incident de fonctionnement d'une machine-outil, etc.

En voici un spécimen amusant.

Monsieur,

Je soussigné ...., maçon ...chargé des réparations dans la toiture du Bâtiment à..., j'ai l'honneur de vous informer de l'accident suivant :

Le 21 novembre, quand je suis arrivé au bâtiment j'ai découvert que l'ouragan avait fait tomber du toit quelques briques. J'ai donc installé sur le toit du bâtiment une poutre et j'ai hissé un couple de caisses de briques. Quand j'ai eu réparé le toit, il restait une quantité de briques. J'ai hissé de nouveau la caisse et j'ai fixé la corde en bas et je suis descendu et j'ai détaché la corde. Malheureusement la caisse était plus lourde que moi et avant que j'ai su ce qui m'arrivait la caisse a commencé à descendre, me soulevant de terre d'un seul coup.

J'ai décidé de m'aggriper et à mi-montée j'ai rencontré la caisse qui descendait et j'ai reçu un sérieux coup à l'épaule. Alors j'ai continué jusqu'en haut me cognant la tête contre la poutre et m'écrasant les doigts dans la poulie. Quand la caisse a frappé le sol le fond a lâché et toutes les briques se sont répandues. Alors j'étais plus lourd que la caisse et je suis reparti vers le bas à toute vitesse. À mi-chemin j'ai rencontré à nouveau la caisse qui montait et j'en ai reçu de nombreuses blessures au tibia. Alors j'ai heurté le sol, j'ai atterri sur les briques dont les arêtes tranchantes m'ont infligé plusieurs coupures douloureuses.

À ce moment j'ai dû perdre ma présence d'esprit car j'ai lâché la corde. Alors la caisse est redescendue me donnant un autre coup violent sur la tête.

Je demande respectueusement un congé de maladie.

Je vous prie de croire, Monsieur, à ma haute bienveillance.

B LE C.R. DE MISSION

Il a pour but de rendre compte d'une action accomplie par son auteur, seul ou en groupe. Si la mission est de longue durée, des C.R. partiels renseignent, à intervalles réguliers, sur le déroulement des opérations. Ce type de C.R. s'en tient aux faits marquants. C'est souvent le premier document fourni, dès la fin de la mission ; il est suivi, s'il s'agit d'une affaire importante, d'un rapport de synthèse qui reprendra l'ensemble des données déjà livrées dans le ou les C.R., mais qui en tirera les conséquences.

De tels C.R. sont demandés aux inspecteurs, représentants, délégations, etc. Ils peuvent prendre la forme d'une lettre : phrase d'introduction + le C.R. lui-même + une formule de salutations.

Exemple d'un C.R. de voyage d'inspection :

Durand
Inspecteur des
Messageries TT

Le...................

à Monsieur le Directeur
Commercial de la
Compagnie ZZZ
Paris

Monsieur le Directeur,

À la suite de la réclamation que vous avez présentée aux Messageries TT le 9 courant, nous avons effectué les constatations suivantes concernant la distribution de vos produits sur le marché italien.

Aucun retard n'est imputable à nos services de transport.

Mais les emballages cartonnés dans lesquels vous livrez la marchandise ne semblent pas d'une résistance suffisante. Notre agent général a dénombré 45 % de colis endommagés au cours des trois derniers acheminements.

Les vérifications entraînées par ces avaries, qui ralentissent la distribution, et la mise au rebut d'une partie des envois expliquent les ruptures d'approvisionnement qui se sont produites à Bologne, Rome et Naples.

Le conditionnement de vos marchandises est à étudier de nouveau.

Nous vous soumettrons un rapport complet à la fin du mois, mais nous tenions à vous informer aussitôt de ces faits.

Veuillez agréer, Monsieur le Directeur Commercial, l'expression de nos sentiments empressés.

C LE C.R. D'UN ENTRETIEN

Nous groupons dans cette catégorie les relevés qui rendent compte d'une démarche, d'une audience, d'une conversation. Parfois ils constituent des C.R. partiels pendant une mission, et ils entrent donc alors dans la catégorie précédente (B). Ils laissent une trace d'une intervention orale, ils font le point d'une négociation en cours ; on en devine l'utilité.

À la suite d'une communication téléphonique, un tel C.R. servira de base à la lettre de confirmation qu'on enverra à l'interlocuteur pour fixer par écrit les conclusions de l'entretien. Une lettre pourra aussi rappeler les termes importants de tout autre type de conversation.

Exemple de C.R. d'une audience :

Compagnie XXX — Le 6 novembre 1999
Service Général
Objet : construction prévue à J...

Monsieur Durand, Attaché au Service Général, a été reçu ce jour, à notre demande, par M. le Directeur régional de la Construction.

Il a exposé les modalités de construction des bâtiments qui seront implantés dans la zone industrielle de J... Il a remis le dossier d'études techniques, comprenant notamment le plan de masse, le rapport de l'architecte, et les demandes d'autorisation relatives à la voirie.

M. le Directeur Régional de la Construction estime à deux mois environ la durée de l'instruction du dossier et, à premier examen, ne semble pas envisager de difficultés pour l'obtention du permis.

Exemple de C.R. d'un entretien téléphonique :

Compagnie XXX — Le 11 octobre 2005
Transports

La S.N.C.F. avertit ce jour par téléphone de l'entrée au dépôt d'E... de cinq citernes de... en provenance de Sarrebruck.

La S.N.C.F. demande de prendre toutes dispositions pour un déchargement rapide.

Notez que des C.R. comme ce dernier exemple sont immédiatement utilisés pour informer et déclencher des ordres et des actions.

D LE C.R. D'UN DOCUMENT

Il consiste en un résumé très réduit d'un ou de plusieurs textes. Sous une forme ou sous une autre, il est assez répandu dans les entreprises ; citons :

– le C.R. d'une publication technique, intéressant l'activité d'un département ou d'un atelier (utilisation fréquente dans les services de documentation et dans les bureaux d'études) ;

– le C.R. d'un ensemble de correspondances (utilisation dans les directions, les services comptables et administratifs) ;

– le C.R. d'articles de journaux et périodiques concernant un produit de l'entreprise (ce qu'on appelle « revue de presse », dans les services commerciaux et dans les services de publicité).

Ne pas confondre ce type de C.R. avec la note critique sur un ouvrage, note qui analyse, mais aussi apprécie la portée et la valeur de l'ouvrage. Pour le C.R., on s'en tient à la simple indication du contenu du texte dont on rend compte.

Exemple de C.R. d'un ouvrage technique :

Louis SUSSFELD : *Le Factoring,* P.U.F., Paris 1968, 130 p.

La société de factoring achète aux entreprises productrices les créances qu'elles détiennent sur leurs clients. Elle facilite ainsi le financement commercial.

L'auteur expose l'origine américaine de cette activité qui se développe en France, son statut, la technique de ses opérations, son importance économique.

3 Le procès-verbal (P.V.)

Bien entendu, nous ne considérons pas ici l'acte officiel établi par des agents de l'autorité administrative ou judiciaire, mais une forme particulière de compte rendu, relatant les débats d'une assemblée ou d'une réunion.

Il est bon qu'un texte établisse, pour les participants et afin de prévenir toute contestation, ce qui a été discuté et décidé en commun. L'extension du travail, des recherches et de la confrontation en équipe, conseil, comité ou commission, – extension qui caractérise la gestion moderne et qui est en même temps une condition de la démocratie – impose de plus en plus la rédaction de procès-verbaux. On prend ainsi conscience de leur importance et de l'exactitude souhaitable de leur libellé. C'est le texte qui fait foi de la délibération et de la décision collectives.

Les documents rendant compte des réunions d'un organisme peuvent être présentés sous deux formes que nous allons définir. Auparavant un mot sur l'en-tête qui, dans les deux cas, exige de la précision.

A L'EN-TÊTE

comprend les renseignements suivants :

- nom de la collectivité dont les débats sont rapportés,
- lieu, date et heure de la réunion,
- objet du débat (ou ordre du jour décidé),
- nom et qualité du président de séance, du ou des secrétaires, et, s'il y a lieu, des membres du bureau de l'assemblée,
- énumération des participants, des excusés, des absents, ou bien, si l'assemblée est nombreuse, indication du nombre de membres présents ou représentés,
- mention des personnalités assistant aux travaux.

Exemples d'en-tête de P.-V. de séance :

1. Procès-verbal de la réunion de la Commission sociale de la Mutuelle Sanitaire, du 18 décembre 1998 à 17 h au siège de la société.

Président : M. Agénor, secrétaire de la Commission.

Secrétaire de séance : Mme Plume.

Présents : Mlle Cassis, Mme Poire, MM. Boule, Minix, Régime, Termite.

Excusé : M. Loir.

Absents : Mme Silence, M. Paresse.

2. Procès-verbal de l'Assemblée générale ordinaire des Pêcheurs Amicalistes Méchigonnais, tenue le 7 janvier 1999, à la Mairie,

sous la Présidence de M. Beaucuir, Conseiller général.

Bureau : M. Tireligne, président de la P.A.M.
M. Fil, vice-président,
M. Plomb, trésorier.

Secrétaires : MM. Apa et Bouchont.

91 présents (quorum = 67).

Ordre du jour :

- adoption du P.-V. de l'A.G. de 1998,
- allocution de M. le Conseiller général,
- rapport d'activité du Président,
- rapport financier,
- modification du domaine de la société,
- vœux divers.

B LE COMPTE RENDU DE SÉANCE

Rédigé par le ou les secrétaires de séance, il contient le détail des interventions individuelles dans la suite chronologique rigoureuse de la discussion, même si parfois celle-ci est confuse ou s'égare. Il relève de la technique de la *prise de notes* (chap. 1).

1. *Le secrétaire de séance* est en général un des participants les moins notables et les moins dynamiques de l'assemblée. Au début de votre carrière, ne vous vexez pas si vous êtes chargé de ce « pensum » et ainsi contraint à suivre avec attention tous les méandres de la délibération. Pensez qu'on rend un hommage indirect à votre jeunesse... et profitez-en pour vous familiariser avec les affaires discutées, reconnaître les personnalités présentes, et prouver que vous êtes capable de comprendre vite et de rendre compte avec méthode. Il n'est guère de meilleure initiation que celle-là.

2. Le C.R. est remis en fin de séance, ou dans les délais les plus brefs si une mise au net est indispensable, au Président ou au responsable de la réunion. Par courtoisie, ce dernier en envoie au plus tôt une copie aux personnes ayant participé aux travaux : elles peuvent demander une rectification si le C.R. leur paraît ne pas traduire fidèlement les propos qu'elles ont tenus.

3. Dans la présentation du C.R., les décisions prises et les textes approuvés seront nettement distingués des interventions. Parfois ces textes seront tirés à part et expédiés dès que possible aux participants, en même temps qu'aux diverses instances intéressées (administratives, hiérarchiques, politiques...).

4. Pour des assises qui ont des conséquences générales (sessions d'un Comité officiel, tenue d'un Congrès National, confrontation paritaire entre Patronat et Syndicats ouvriers), les notes prises par le secrétariat de séance seraient insuffisantes. En ce cas, on assure la reproduction intégrale de toutes les interventions par enregistrement au magnétophone, sténographie et sténotypie. Vous trouverez un exemple de ces comptes rendus exhaustifs dans un numéro du *Journal Officiel* publiant les débats d'une séance de l'Assemblée Nationale.

5. Si la réunion est simplement importante, le secrétaire de séance rapporte d'une manière succincte mais cursive la discussion.

Il précise les résultats des votes. C'est ce type de C.R. que vous aurez peut-être à établir et que l'on appelle aussi procès-verbal analytique des débats.

Voici un extrait de C.R. d'une assemblée départementale annuelle d'une société mutualiste (les noms propres sont modifiés) :

L'Assemblée aborde le *point 3* de l'ordre du jour : *aménagement des barèmes d'intervention mutualiste* à la suite des nouveaux décrets réformant le taux des prestations de la Sécurité Sociale.

M. Saint, rapporteur : notre société, pour les assujettis à la SS, assurait un remboursement complémentaire, 80 % du ticket modérateur laissé à la charge de l'assuré, soit 16 % des frais réels. Pour 100 F de débours, le mutualiste recevait 80 F de la SS et 16 F de la Mutuelle ; restait à son compte une charge de 4 F.

Les récentes dispositions réglementaires abaissent à 70 % la participation de la SS et obligent les mutuelles à laisser au moins à l'assuré une charge de 5 %.

Compte tenu de l'ignorance où nous sommes de l'évolution du budget de notre société pour l'année qui vient, votre commission financière propose de limiter à 20 % la participation mutualiste, ce qui fixerait la part des frais revenant à l'assuré à 10 %. Pour 100 F de dépenses, 70 F de la SS et 20 F de la Mutuelle. Cette mesure, qui permettra de nous adapter avec prudence à la nouvelle situation, entraînera cependant une augmentation des dépenses mutualistes, puisque leur part passerait de 16 à 20 %.

Le Président remercie le rapporteur de son exposé technique et ouvre la discussion.

M. Arau : est indigné par le fait qu'une part assumée auparavant par la SS soit transférée à la charge des mutuelles. Il ne votera pas la proposition de la commission, car il estime qu'une protestation doit être élevée contre les nouveaux décrets avant d'en aménager l'application.

M. Martin : trouve que la commission a été sage et il votera la proposition.

M. Debon : s'inquiète des conséquences financières pour la société. En effet, portée de 16 à 20 %, la contribution mutualiste est de ce fait augmentée de 25 %. L'équilibre du budget ne sera-t-il pas menacé ?

Mme Serret : est d'accord avec la commission, à la condition que le nouveau régime des remboursements n'entraîne pas une augmentation des cotisations.

Le rapporteur répond à M. Debon qu'il est urgent que la Mutuelle fixe ses barèmes de remboursement, ce qui n'interdit pas une action énergique pour modifier les décrets. Il assure que la société ne connaîtra pas de déficit pour l'exercice en cours et qu'aucune majoration des cotisations ne paraît nécessaire dans l'immédiat.

Le Président met aux voix *le texte de la commission* qui *est adopté* par 134 voix contre 12 et 7 abstentions.

C LE PROCÈS-VERBAL RÉGLEMENTAIRE

Plus *résumé* que le C.R. de séance, il est en général rédigé, d'après celui-ci, par le secrétaire ou le responsable de l'organisme qui a délibéré. Après l'en-tête, ne sont mentionnés que les principaux points examinés et les décisions arrêtées. Ce P.-V. est la pièce qui fait autorité, il est conservé dans les archives de la société ou de la commission, ou bien transcrit sur le registre légal prévu à cet effet. Il est signé par le Président de séance et doit être adopté au début de la réunion suivante.

Nous vous donnons maintenant l'extrait de P.-V. correspondant au C.R. de séance présenté ci-dessus :

Sur rapport de la commission financière et après discussion, l'Assemblée décide de porter de 16 à 20 % la part de remboursement mutualiste en raison des nouveaux décrets relatifs à la SS (134 pour, 12 contre, 7 abstentions).

Les dimensions des deux extraits font mesurer la différence de nature entre le C.R. et le P.-V.

EXERCICES

EX 1 **Faites une note pour signaler à un camarade un changement d'horaire dans l'emploi du temps de la semaine.**

EX 2 **a) Pour les lecteurs qui sont déjà dans la profession : rédigez le C.R. d'une séance de commission, de section syndicale, de groupe de travail à laquelle vous participez, même si elle est peu importante et si le nombre de participants est réduit.**

b) Pour les étudiants : rédigez le compte rendu de l'assemblée où vous désignez vos représentants aux organismes de gestion.

EX 3 **Signalez par un C.R. un livre susceptible d'intéresser un de vos camarades qui doit faire un exposé, ou un collègue qui recherche une documentation.**

EX 4 **Composez un bref C.R. de vos prochaines conversations téléphoniques. (C'est un bon moyen d'apprécier l'usage que vous faites du téléphone : bavardage? communication utile? clarté de l'expression?).**

TRAVAIL DIRIGÉ

TD 1 **Redressez l'orthographe de la lettre du maçon citée en 2.A. Composez une version amendée de ce texte en supprimant les maladresses d'expression et les détails inutiles.**

4 Le questionnaire

Vous pouvez avoir besoin de recueillir des informations auprès du personnel, de la clientèle, des utilisateurs, etc. Souvent, pour ce faire, vous demandez que l'on remplisse un questionnaire ou une formule. Ce cadre présente l'avantage d'harmoniser les réponses que vous recevrez et ainsi d'en rendre l'exploitation plus facile.

Mais la mise au point d'un questionnaire requiert du soin et de la réflexion. Trop souvent on n'obtient pas ce que l'on désirait parce que les questions ont été mal posées : inutiles, incomplètes, trop floues. Il n'y a pas de questions « passe-partout », chaque cas doit entraîner la rédaction minutieuse des formules interrogatives. Vous avez sûrement, comme nous, dû perdre votre temps à compléter les longs questionnaires que votre employeur ou votre administration vous soumettait, parfois en exemplaires multiples, et vous vous êtes demandé à quoi pouvait bien servir tous les détails qu'on exigeait de vous. Ce souvenir ne doit pas vous quitter lorsque vous préparez à votre tour un questionnaire.

1. Définissez d'abord soigneusement **les renseignements que vous désirez recueil--lir.**

2. Éliminez ainsi toutes **les demandes superflues.** L'économie ici est la condition de l'efficacité : vous ne lasserez pas la patience de ceux qui doivent répondre et vous consulterez plus rapidement les fiches à leur retour.

3. Groupez vos questions **en rubriques** afin d'éviter la dispersion, les doubles emplois, et le désordre.

4. Rédigez les formules avec **précision.** Les questions trop générales embarrassent et entraînent des réponses trop vagues, confuses, indirectes. Rejetez tout ce qui peut être ambigu pour l'intéressé. **Décomposez** une question globale en une série de questions de détail. N'invitez qu'à des réponses simples, brèves (un nom, une date, un nombre, une phrase courte). S'il le faut, donnez un exemple de réponse, ou expliquez rapidement la question.

5. Adaptez les demandes au niveau de ceux auxquels vous vous adressez. Ils doivent tout comprendre, facilement et clairement. Veillez surtout au vocabulaire utilisé.

6. Guidez par des suggestions, proposez s'il y a lieu, un choix entre deux ou trois réponses et indiquez qu'il convient d'encadrer celle qui est retenue ou de rayer les autres.

7. Vérifiez que vous n'avez **rien oublié.**

8. Une **explication** rapide **des motifs** de votre enquête disposera l'intéressé à répondre correctement et l'aidera à mieux orienter ses réponses. Un mot de remerciement à la fin n'est pas inutile non plus.

9. Enfin ne faites pas imprimer votre questionnaire avant de l'avoir **essayé** sur deux ou trois personnes autour de vous. Vous serez immédiatement fixé sur la valeur de vos questions et pourrez les corriger à temps.

Note : d'autres écrits, comme la **petite annonce** et le **télégramme,** exigent encore plus de densité et de précision que le questionnaire.

EXERCICES

EX 5 **Voici un questionnaire diffusé dans une entreprise. Étudiez-le à la lumière des conseils ci-dessus. Relevez ses défauts. Proposez des corrections en vue de l'améliorer.**

XXX et Cie
Direction du personnel.

Paris, le 15 décembre 2004

Mise à l'approbation d'un élargissement d'horaire.

I. Informations :

Un supplément de travail nous étant demandé, nous sommes, dans votre intérêt comme dans le nôtre, obligés d'accroître la production pour parer à toute éventuelle concurrence de la part de nos confrères. Ce but devant être rapidement atteint, nous pensons que la meilleure solution réside dans un élargissement des horaires de travail.

Il est entendu que ce nouvel horaire entraînerait une rémunération supplémentaire qui serait le résultat de votre bonne volonté.

Nous avons jugé opportun de vous demander votre accord sur cette question et pour cela nous vous prions de répondre à ce questionnaire.

II. Questionnaire :

NOM : PRÉNOM :

POSTE OCCUPÉ :

Cet accroissement de production suppose 5 heures supplémentaires aux 39 heures déjà effectuées normalement.

Les acceptez-vous ?

OUI NON

Si oui, quel est l'horaire que vous préférez ?

- commencer plus tôt le matin,
- terminer plus tard l'après-midi,
- travailler le samedi de 7 h à 12 h.

Nous vous remercions par avance pour vos réponses.

Toute autre suggestion nous serait fort utile ; veuillez les noter ci-après :

Le Directeur du Personnel
F. DURAND.

EX 6 **Vous êtes chargé de l'organisation matérielle de deux journées d'information les 12 et 13 mars auxquelles participeront des collègues de toutes les régions. Rédigez la fiche, jointe à l'invitation, que les participants devront vous retourner pour réserver chambres d'hôtel et repas au restaurant.**

EX 7 **J'ai rencontré il y a un mois un vieil ami suisse que j'avais perdu de vue depuis plusieurs années. Il m'a invité à venir passer un week-end chez lui. Parisien, père de quatre enfants, j'accepte et lui envoie le télégramme suivant :**

SERONS HEUREUX TE REVOIR ARRIVERONS SAMEDI 17 HEURES GENÈVE REMERCIEMENTS AMITIÉS BERNARD

Le message est-il trop long? insuffisant? Corrigez s'il y a lieu.

EX 8 **Transmettez l'information suivante sous forme de télégramme adressé à la filiale provinciale d'une société d'industrie chimique :**

« Une délégation de neuf techniciens russes viendra visiter l'usine de Villeurbanne du groupe Chimie-Durand le mardi 16 février. Ils seront accompagnés de notre Directeur commercial, ainsi que d'un interprète. Il faudra prévoir les deux repas de la journée. Le voyage de retour est organisé par le siège. »

TRAVAUX DIRIGÉS

TD 2 **Faites, seul ou en groupe, la critique de l'imprimé de la Direction des impôts sur laquelle vous devez, en février, déclarer vos revenus de l'année précédente. Certains renseignements demandés vous paraissent-ils inutiles? Quelle rubrique vous embarrasse? Quelles explications supplémentaires souhaiteriez-vous?**

TD 3 **Supposez que vous avez la responsabilité de louer les logements pour les étudiants de votre école ou les travailleurs de votre entreprise. Composez le questionnaire que les nouveaux inscrits ou employés auront à remplir.**

5 Donner des ordres

Nous ne nous adressons certainement pas à des lecteurs qui sont ou seront tous des dirigeants ayant à délivrer des ordres au sens strict du terme, c'est-à-dire des prescriptions impératives. Cependant, à tous les postes de travail dans la production, la gestion ou la distribution, chacun est amené à formuler des instructions : l'un exerce une responsabilité, l'autre transmet des indications sur la tâche collective, celui-ci prépare un ordre qu'un supérieur mettra au point et endossera, celui-là demande à un service voisin de lui fournir les données nécessaires à sa propre action. Les ordres ne cheminent pas toujours du haut vers le bas d'une hiérarchie, mais aussi fréquemment d'un échelon à l'autre sans qu'il y ait dépendance. Voilà pourquoi vous trouvez ici quelques remarques sur cette question qui met en jeu le langage.

La *décision* qu'on prend est précédée d'une réflexion, d'un jugement, d'un choix. Mais l'*ordre* par lequel on la transmet est à un double titre un écrit d'*information* : il fait connaître et comprendre la décision, il fournit des renseignements sur son exécution. Il comporte donc deux éléments : consignes définissant de quelle manière le destinataire doit agir pour accomplir la tâche attendue de lui, et éclaircissements sur le but que l'auteur de la directive veut atteindre.

Toutes les instructions, de la plus simple à la plus ambitieuse, demandent des qualités qui seront rappelées en premier lieu.

A UN ORDRE DOIT ÊTRE COMPRIS

1. L'ordre est clair et précis

Rien d'aussi nuisible et coûteux qu'un ordre confus, équivoque, maladroit ; il sera mal interprété, impossible à exécuter, il engendrera des actions inutiles ou insuffisantes. C'est là surtout qu'il faut éviter l'imprécision, le mot vague. Ne diffusez jamais un ordre sans avoir réfléchi auparavant, et sans l'avoir relu s'il est écrit.

2. L'ordre est adapté à l'exécutant

a) Tous les termes en seront *compréhensibles* pour lui. Ce qui est requis de sa part est *à la mesure de ses compétences et de ses moyens* en matériel, en personnel, en horaire. On n'exige l'impossible que dans une situation exceptionnelle. Mais en temps normal, une demande exorbitante est source de découragement et d'inefficacité. *La formulation* même suffit parfois à rendre pénible une exigence tout à fait naturelle.

b) Un ordre établit une relation particulière d'homme à homme ; même dans l'anonymat d'un imprimé, conservez à travers votre langage *le sens de l'humain.* Personne n'aime à entendre une injonction brutale, car on a l'impression d'être considéré comme une machine insensible. Dans vos demandes, instructions et, s'il y a lieu, manifestations d'autorité, n'oubliez jamais que la manière d'ordonner influence déjà l'exécution.

c) Celui qui émet une directive doit tenir compte de *la personnalité* du destinataire (âge, sexe, fonctions, caractère) et des *circonstances* (urgence, lieu, présence de témoins, ordre personnel ou collectif, rapports entre les deux intéressés, etc.). La compétence, la volonté de s'exprimer nettement interviennent, mais le doigté également. Sans gêner la concision, un mot d'amitié, de déférence ou d'encouragement transforme parfois un ordre désagréable en une directive bien acceptée. La fermeté n'exclut pas la courtoisie.

d) On mentionnera en tête d'un ordre écrit le nom et la qualité du destinataire.

3. L'ordre est complet

L'oubli d'un renseignement indispensable affaiblit trop de directives et a pour conséquences une exécution lente et imparfaite, ou des correspondances, communications téléphoniques, demandes orales qui entraînent des pertes de temps. On s'assure que la directive qu'on donne est complète en se mettant à la place du destinataire et en supputant les informations dont il a besoin pour agir.

Nous proposons un canevas d'ensemble qui aidera à effectuer une révision systématique. Nous verrons dans la partie B que toutes les rubriques n'ont pas à figurer dans tous les types d'ordre.

1. ***Situation*** analysée dans ses grandes lignes.
Par exemple :
– le bilan,
– les anciennes conditions de travail,
– les nouvelles conditions de travail,
– les facteurs défavorables,
– les facteurs propices,
– les possibilités, etc.
Cette analyse doit justifier l'objectif que l'on se fixe.

2. ***Objectif :*** indication claire et intégrale du but choisi, de la mission confiée, du projet proposé.

3. ***Plan d'ensemble :*** exposé des intentions faisant apparaître l'économie générale du travail qu'on entreprend.

4. ***Actions prévues :*** énumération schématique des tâches respectives incombant aux divers ateliers, services et personnels concernés par l'exécution.

5. ***Rythme :*** délais impartis et coordination des différentes tâches.

6. ***Moyens :***
– machines,
– matières premières,
– transport,

- transmissions,
- personnel, etc.

et éventuellement lieux :
- locaux,
- site,
- régions,
- pays, etc.

7. ***Information :***
- répartition des responsabilités,
- quand, où et à qui rendre compte,
- les contacts à établir, etc.

(Formule mnémotechnique : SOPARMI).

Cette formule générale reste indicative. Elle sera adaptée ou remplacée par des schémas mieux appropriés aux cas particuliers. Mais elle attire l'attention sur les éléments constitutifs d'un ordre.

B LES DIFFÉRENTES CATÉGORIES D'ORDRES

Selon la portée de l'ordre, la durée de sa validité et la nature des renseignements qu'il doit contenir, nous distinguerons :

1. Les ordres de simple exécution

Ce sont les plus fréquents, les plus brefs. Ils concernent des personnes précises et des actions limitées. Ils sont composés tout au plus des rubriques 4, 5, 6 et 7.

• ***L'ordre verbal :*** désigne une action ponctuelle, avec des renseignements concis sur l'exécution, du type « Faites ceci, avec cela, pour telle date ou telle heure ». Il peut être transmis par téléphone.

• ***La note :*** version écrite du précédent. Pour la forme, elle ne diffère pas de la note d'information étudiée à la partie 1 ci-dessus.

• ***La note de service :*** elle contient un ordre simple diffusé à tous les membres d'un service ou d'un atelier.

• ***Les consignes ou règlement :*** prescriptions de caractère permanent; par exemple, un horaire, ou les règles impératives de sécurité.

2. Les ordres généraux

• ***La circulaire :*** texte d'une certaine ampleur, destiné à informer autant qu'à diriger. Elle remplit une double fonction. Communiquée *pour information,* elle fait connaître une décision à des échelons supérieurs, à des services parallèles ou éloignés. Communiquée *pour action,* elle en impose l'exécution aux destinataires directs. La circulaire a parfois une portée à moyen terme.

Parce qu'elle concerne des utilisateurs divers, elle réclame une rédaction minutieuse. Le style est sobre; il évite l'uniformité responsable de textes ennuyeux et insipides. Les rubriques 3, 4, 5 et 7 y figurent presque obligatoirement. On trouvera des circulaires dans les *Bulletins Officiels* des Ministères.

• ***Les directives verbales :*** exposé général, fait devant des responsables, et qui comporte tous les points énumérés ci-dessus (A, 3). Il est l'occasion de susciter les remarques sur l'ordre donné.

• ***La directive :*** document qui contient un ordre général. Elle est souvent la confirmation des directives transmises oralement. La directive laisse aussi place à l'initiative des responsables; elle n'indique que les grandes lignes d'une opération, trace un cadre à l'intérieur duquel chaque échelon agira comme il l'entendra pour atteindre le but fixé. Ce type d'ordre écrit, à la différence des circulaires, n'est diffusé qu'auprès des responsables. Les points 1 à 3 sont les plus développés, les points 4 à 7 y sont traités plus sommairement, car ils relèvent des décisions à prendre dans chaque secteur par les différents responsables.

Réception des ordres

Si l'on désire avoir la certitude qu'un ordre a bien été reçu, on peut demander que le destinataire en *accuse réception.* Pour une note de service, une circulaire, ou un règlement, une *fiche d'émargement* jointe au texte sera retournée après lecture et signature, au bureau d'origine; le signataire reconnaît par là que l'ordre lui a été communiqué et engage ainsi sa responsabilité.

> 1. *Si un ordre n'est pas suivi de l'effet attendu, cela provient plus souvent d'une* **expression défectueuse** *que de la mauvaise volonté de celui qui l'a reçu.*
>
> 2. ***Plus un.ordre est important et largement diffusé, moins il supporte l'improvisation.***
>
> 3. *Diriger n'est pas soumettre, mais* **faire comprendre.**

SUGGESTIONS POUR DES TRAVAUX DIRIGÉS

TD 4 **Fixez oralement un rendez-vous pour une sortie que vous devez faire avec des camarades. Notez, expérience faite, les points que vous auriez dû préciser.**

TD 5 **Vous voulez faire installer un rayonnage supplémentaire dans votre chambre ou votre salle de travail. Rédigez les instructions que vous donnerez au menuisier.**

TD 6 **Expliquez à des amis en quoi consiste un jeu de société que vous proposez pour animer une soirée.**

TD 7 **Composez la circulaire organisant des élections universitaires, un voyage en groupe, le bal d'une société ou de votre école, etc. Faites-en la critique après usage : ce qui était inutile, ce qui était imprécis, ce qui avait été oublié.**

TD 8 **Rédigez une recette de cuisine ou une consigne de jardinage.**

6 La demande d'emploi

A LA LETTRE

Quand on est à la recherche d'un emploi, on tente souvent sa chance, pour poser sa candidature ou répondre à une annonce, à l'aide d'*une lettre.* Celle-ci devient très importante puisqu'elle établit le contact avec le futur employeur.

1. Il va donc de soi que *votre lettre sera soignée, présentée selon les règles,* de même que l'enveloppe (Revoir les indications données au chapitre 4, « l'Expression écrite », partie 3). Un Directeur du personnel avouait – confidence surprenante, mais à méditer – que si un grand nombre de réponses à une offre d'emploi lui parvenait, le premier tri s'effectuait au coup d'œil : il jetait au panier tous les envois tachés, à l'écriture maladroite, au papier froissé, etc. et n'examinait sérieusement que les réponses de présentation décente. D'autre part bien des services du personnel, surtout pour les cadres, font subir un déchiffrement graphologique aux lettres de candidature. C'est pourquoi certaines annonces exigent que les demandes soient manuscrites.

2. Indiquez nettement dans l'en-tête le poste auquel vous êtes candidat : un service du personnel offre souvent des emplois variés ; qu'il n'y ait pas de confusion possible.

3. Vous joignez à votre lettre un *curriculum vitae,* par conséquent il est inutile de reprendre les renseignements sur vous-même qu'il contient. Vous insistez simplement sur l'aspect de votre candidature qui vous paraît le plus décisif ; par exemple, vous soulignez telle qualification possédée qui correspond à l'offre faite (connaissance d'une langue, stage effectué ou expérience acquise, etc.), vous expliquez brièvement en quoi consiste votre formation si elle n'est pas connue (cas des diplômes universitaires et écoles dont la création est récente), vous montrez que votre situation vous permet d'accepter les sujétions de l'emploi offert (possibilité de déplacements fréquents, de logement dans telle région, etc.).

4. Vous n'oubliez pas des précisions indispensables :

– nom et adresse très lisibles,

– date précise à laquelle vous pourriez prendre vos nouvelles fonctions.

5. Parmi ces précisions, des références éventuelles : entreprises ou personnes qui fourniraient des renseignements à votre sujet. Le fait de les proposer inspire déjà confiance. Ne jamais bluffer : tout finit par se savoir. Mais ne pas fournir non plus des verges pour se faire battre : il est inutile de mentionner votre passage pendant quelques semaines dans une société qui ne vous aurait pas apprécié, ou de souligner que vous changez d'employeur parce que vous avez eu des mots avec votre précédent chef de service !

6. Sur la délicate question des appointements, soyez prudent.Ne demandez pas le Pérou, fixez le salaire approximatif que vous espérez, en prenant appui au besoin sur des cas similaires ou votre salaire précédent. Ne soyez pas non plus trop peu exigeant : si vous sollicitez trop modestement, on estimera peut-être que vous ne valez pas davantage. Il est préférable, sauf si on vous prie nettement d'indiquer vos prétentions, de remettre la discussion de ce sujet à un entretien ultérieur que vous souhaitez.

7. Quelques erreurs fréquentes :

- l'expression « suite à » est incorrecte : *« en réponse à votre annonce... »*;
- comme toujours, évitez l'abus du *je ;*
- inutile d'espérer que « cette demande sera prise en considération ». Cela va de soi, sinon vous n'auriez pas écrit !
- adressez votre lettre au Directeur ou au Chef du personnel de l'entreprise ;
- attention à l'orthographe : *emploi, intéressé,* etc. ;
- on *sollicite* un poste, on *présente* ou *propose* sa candidature à un emploi ;
- dans le doute, demandez à un ami, à un professeur de relire votre lettre.

Voici un exemple, non un modèle, de lettre de réponse à une offre d'emploi. Adaptez-le à votre cas ; le recopier serait utiliser une formule stéréotypée ; au contraire faites preuve de personnalité.

Le 27 juin 2000

Jacques DUPONT
28, Avenue de la Rivière
69006 LYON

à Monsieur le Chef du Personnel
de la S.M.A.P.
69-Villeurbanne

Réf. : V/offre d'emploi
de technicien en
micro-mécanique

Monsieur le Chef du personnel,

J'ai l'honneur de vous présenter ma candidature au poste de ... que vous proposez dans votre annonce parue dans le Figaro du...

Veuilez trouver ci-joint mon *curriculum vitae.*

Puis-je attirer votre attention sur le dipôme universitaire de technologie que je viens d'obtenir ? Il sanctionne deux années d'études supérieures à l'I.U.T. de Lyon, c'est-à-dire une formation technique qui a porté notamment sur...

Vous obtiendrez aisément des renseignements sur mes études en vous adressant à M. le Directeur du département de mécanique de l'I.U.T. de Lyon (adresse) ainsi qu'auprés de la société XYZ (adresse) qui m'a accueilli pour un stage de cinq semaines en avril-mai 1999.

Mais je serais heureux de vous apporter toute précision directement au cours d'un entretien que je vous prie de bien vouloir m'accorder. Nous pourrions alors évoquer le salaire éventuel.

Je vous prie d'agréer, Monsieur le chef du personnel, mes salutations distinguées.

B LE CURRICULUM VITAE

Le *curriculum vitae* (C.V.), littéralement la « carrière de la vie », est une sorte d'autobiographie résumée.

• ***Présentation***

Ne confondez pas le C.V., sorte de fiche technique, avec *la lettre qui doit l'accompagner.* Cette dernière est courte et complètement rédigée ; le C.V., destiné à prendre place dans votre dossier, regroupe, par rubriques, des indications brèves et précises.

Présentez un texte lisible et correct. N'oubliez pas que beaucoup d'entreprises emploient un personnel qualifié, spécialement chargé d'examiner les demandes d'emploi ; rien n'échappe à ces spécialistes, votre réponse constituant un excellent test : orthographe, écriture, choix du papier, etc... L'usage se répand de joindre une photo d'identité récente... et de bonne qualité.

• ***Contenu***

Le C.V. sera complet, mais limité aux renseignements strictement nécessaires : pas de bavardage sans intérêt, par d'exhibitionnisme, ni de confession larmoyante.

Vous pourrez utiliser le cadre suivant :

1. État civil

NOM (en lettres capitales)
Prénom usuel :
Date de naissance :
Situation de famille :
Adresse :
Situation militaire :

Ce n'est pas l'occasion de vous plaindre de votre épouse ou de gémir sur « le prix de revient » des enfants.

2. Études et compétences

Diplômes :

Ne citez, en général, que le dernier titre obtenu, le plus important ; ne remontez à vos études antérieures que si les circonstances l'exigent ; évitez l'historique interminable de toute votre scolarité.

Langue(s) étrangère(s) pratiquée(s) :

Renseignement souvent essentiel à notre époque ; mais ne vous vantez pas de parler une langue, si vous écorchez quelques mots privés de leur accent tonique. Mieux vaut signaler une connaissance rudimentaire et accepter, par la suite, un « recyclage ».

3. Expérience professionnelle

Entreprise(s) ou Administration(s) :
Années de présence :
Titre exact :
Fonctions exercées ou Emploi(s) tenu(s) :

Ces derniers renseignements doivent être détaillés.

Cette rubrique ne concerne évidemment pas un débutant ; un « ancien » pourra y ajouter quelques indications, s'il a amélioré sa qualification par des études complémentaires et des stages, ou s'il a exercé des possibilités para- ou extra-professionnelles.

4. Références

Elles concernent aussi bien vos études ou stages que vos activités professionnelles. Elles sont précises : nom des personnes, adresse exacte, numéro de téléphone.

5. Divers

Signalez ici ce qui est relatif à des circonstances particulières.

Exemple : vous disposez d'une voiture, vous pouvez parcourir telle région que vous connaissez bien, vous avez telle compétence en informatique (langages, types de systèmes...), etc.

Certains renseignements, jugés confidentiels, prendront naturellement place, non dans le C.V., mais dans la lettre d'accompagnement.

• ***Remarque***

Le plan du C.V. proposé ci-dessus n'est pas le seul possible.

Le contenu restant sensiblement le même, à chacun de choisir ce qu'il veut mettre en évidence en fonction de la situation précise.

Ainsi, il est de plus en plus courant aujourd'hui d'indiquer, *dès le début,* l'expérience professionnelle, *en procédant à rebours,* c'est-à-dire en commençant par les activités les plus récentes. On pourra ensuite décrire rapidement ses études, sa formation, pour terminer par l'état civil et les renseignements divers. Il n'y a pas de signature à la fin du C.V.

LES ÉTAPES D'UNE ÉVOLUTION

Vous avez souvent l'occasion de **parler d'une *progression*** et **d'en distinguer les *étapes* :** tout un vocabulaire « spatial » est à votre disposition. Mais pour éviter une maladresse, il conviendra de respecter le sens de chacun de ces mots.

❐ *Degré*

Les « degrés » d'un escalier, ce sont les marches. Au figuré, le mot désigne donc les parties intermédiaires d'un ensemble « vertical », par exemple, *les degrés de l'échelle sociale.* Par analogie avec les « degrés » d'un appareil de mesure, le mot désigne aussi les gradations, les nuances qui peuvent exister entre deux limites : *Il y a des degrés entre l'ignorance complète et la culture universelle.*

❐ *Étape*

C'est l'endroit où l'on s'arrête : *Notre prochaine étape sera Reims.* Au figuré, on peut donc écrire : *La première étape de la civilisation industrielle a été la découverte de la vapeur.*
Mais c'est aussi la distance à parcourir pour arriver à cette halte : *faire une longue étape.* D'où, au figuré : *Il faudra d'abord parcourir toute l'étape des enquêtes et des recherches avant d'arriver à des conclusions statistiques.*

❐ *Niveau*

Le terme suggère l'élévation relative d'une chose par rapport à une autre ou à un ensemble : *niveau social, niveau mental...* si bien que le sens du mot finit par être très voisin de celui de « valeur » : *niveau des études, niveau de la conversation.*

❐ *Palier*

C'est un espace plan, une plate-forme entre deux parties d'un escalier : par conséquent, au figuré, ce sera une position stable et intermédiaire atteinte au cours d'une évolution ; on dira qu'*un rajustement des salaires va se faire par paliers,* que *le développement démographique d'un pays est arrivé à un certain palier.*

❐ *Phase*

La lune, les planètes ont des « phases », c'est-à-dire nous présentent des aspects différents selon leur éclairage par le soleil. On parlera donc de « phases » pour désigner des états successifs d'un phénomène en évolution : *les phases du développement économique, les phases de la lutte* ou *les phases d'une opération.*

Seuil

Le seuil de la maison, c'est son entrée, ce qu'on franchit pour y pénétrer ; par extension, c'est tout passage à un niveau supérieur ou inférieur : ainsi peut-on parler de *seuil thermique* (température à laquelle commence une réaction), du *seuil de rentabilité d'une entreprise,* etc.

Tranche

Le mot est assez clair ! Dans une opération de longue haleine, les « tranches » découpent des parties de volume variable : *un programme important s'effectuera par tranches.*

D'autres mots encore peuvent vous servir à exprimer les formes successives d'une activité ou d'un phénomène : *période, époque, cycle, point, stade, jalon...* Il importe surtout de ne pas les associer à des images qui ne leur correspondent pas : *le lancement du produit revêt deux phases...* Non ! Des « phases » ne peuvent habiller quoi que ce soit. Par ailleurs, seul le mot *étape* peut être suivi d'une autre préposition que *de :* on peut dire *la première étape vers un but,* on ne peut pas dire *c'est là un stade vers...*

EXERCICES

EX A **Complétez les phrases suivantes avec un des termes énumérés ci-dessus :**

1. À cette époque, la fabrication des récepteurs de radio en état encore... de l'artisanat. 2. La comparaison entre les pays industrialisés et les pays sous-développés fait apparaître une très grande différence entre les... de production. 3. En alpinisme, chaque « passage » d'une escalade est coté selon son ...de difficulté. 4. La réduction des effectifs dans l'ensemble secondaire ne peut se faire que par ...successifs. 5. L'échangeur sera mis en chantier au cours d'une deuxième... de travaux. 6. L'usinage d'une pièce mécanique comprend plusieurs... : tournage, fraisage, traitement thermique, etc. 7. La fabrication de ce produit va être interrompue, car le marché semble avoir atteint... de saturation. 8. La réalisation des lasers a constitué une... essentielle dans le progrès de nos connaissances sur la nature de la lumière. 9. Le système commercial est soumis aux... économiques, aux... de prospérité et de crise. 10. La roue, la charrue, le haut-fourneau au charbon de bois, le gouvernail, la boussole : ces découvertes sont les... principaux de l'évolution des techniques jusqu'au XVIIIe siècle.

EX B **Modifiez les phrases suivantes, qui comportent des maladresses :**

1. Dans le lancement du nouveau produit, ce palier a pour but d'assurer une meilleure diffusion publicitaire. 2. L'opération chirurgicale se déroule en deux tranches : l'incision des tissus, puis l'ablation de l'organe. 3. Ce jalon important est à marquer d'une pierre blanche. 4. Le rythme annuel de construction a gravi cette année-là un seuil jamais atteint. 5. Trois étapes dominent la réalisation d'un film : le découpage, le tournage, le montage. 6. L'équipement urbain vient de franchir une phase décisive dans sa modernisation. 7. Le tableau, clair et complet, permet de dresser les degrés de concentration industrielle des différentes régions. 8. La crise récente n'a pas permis d'accomplir le niveau de production de l'année précédente. 9. Dans son introduction, le conférencier doit tout d'abord tracer les différents points de son plan. 10. Les statistiques établies par l'auteur permettent de jauger le stade de mécanisation de l'agriculture.

CORRIGÉ DES EXERCICES

► ÉCRITS PROFESSIONNELS

EX 1 à 4 N.B. Les sujets proposés sont surtout des suggestions en vue d'un entraînement. Aussi ne pouvons-nous fournir le corrigé.

EX 5

Relevons d'abord les qualités de cette note de service : c'est une bonne idée que de consulter les ouvriers sur les modalités d'extension de l'horaire, au lieu de les leur imposer; le texte est poli et cherche à expliquer; aucun renseignement inutile n'est sollicité; les deux questions sont distinguées nettement et posées dans leur ordre logique.

Reproches :
- le titre est mal formulé;
- l'explication de la situation manque de clarté : pourquoi les ouvriers ont-ils intérêt à ne pas refuser le travail?
- les conditions de rémunération restent confuses;
- la durée des mesures à décider n'est pas fixée;
- la décision à prendre est-elle individuelle ou bien le choix de la majorité s'imposera-t-il à tous?
- la date avant laquelle il faut répondre, la personne ou le bureau qui doit recueillir les questionnaires ne sont pas indiqués;
- les précisions sont insuffisantes à propos des horaires qui peuvent être envisagés;
- aucun espace n'est réservé par une suggestion éventuelle (défaut que l'on remarque dans de nombreux formulaires).

Version améliorée :

XXX et Cie Paris, le 15 décembre 2004

Direction du personnel

Consultation en vue d'une augmentation provisoire des horaires.

Des commandes urgentes vont nous obliger à fournir un effort de production. Notre intérêt commun est de ne pas perdre, au profit de nos concurrents, des clients importants dont la fidélité garantit l'avenir de l'entreprise et de tous ses collaborateurs. Comme la livraison doit être rapidement exécutée et que cette demande est exceptionnelle, la seule solution consiste à accroître les horaires hebdomadaires.

C'est pourquoi nous vous demandons votre accord et vous prions de répondre au questionnaire ci-joint.

Ceux d'entre vous qui ne pourraient accepter un accroissement de l'horaire resteront soumis à l'horaire actuel. La majorité des autres déterminera par ses réponses le nouvel horaire provisoire. Celui-ci sera affiché dans les ateliers le 23 décembre, il entrera en application le 5 janvier prochain.

Ces heures supplémentaires seront rémunérées au taux de 150 % de l'heure normale. En plus, une prime exceptionnelle sera versée en fin de période, pour la bonne exécution de ces commandes dans les délais exigés. Elle aura au moins la valeur de 10 heures supplémentaires.

Nous vous remercions de votre effort éventuel.

Le Directeur du Personnel
F. DURAND

Questionnaire à remettre le 20 décembre au plus tard à votre chef d'atelier

NOM : PRÉNOM :

POSTE OCCUPÉ :

Rayez les mentions inutiles.

1) Il vous est proposé, en plus des 39 heures actuelles, d'accomplir 5 heures supplémentaires. Les acceptez-vous?

OUI NON

2) Si oui, quel horaire ci-dessous préférez-vous?
- 7 h à 12 h et 14 h à 19 h,
- 6 h 30 à 12 h et 13 h 30 à 18 h,
- travailler le samedi de 7 h à 12 h.

3) Veuillez indiquer ci-après toutes les suggestions qui vous paraîtraient nécessaires.

....

....

....

EX 6

Journées d'information des 12 et 13 mars.

NOM :
FONCTION :
ADRESSE :
TÉLÉPHONE :

– assistera
– n'assistera pas
} aux journées ;

– demande
– ne demande pas
} que lui soit retenue une chambre {
– 1 personne (prix : 260 F),
– 2 personnes (prix : 308 F),

pour la nuit du 11 au 12 mars,
la nuit du 12 au 13 mars,
la nuit du 13 au 14 mars ;

– prendra
– ne prendra pas
} les déjeuners en commun (prix : 95 F) {
– le 12 mars,
– le 13 mars.

Fiche d'inscription et de réservation à envoyer au plus tard le 5 mars à : Association pour l'information permanente, Monsieur Tolier, 190, rue de la Fidélité, 75010 PARIS.

EX 7

Il manque à ce télégrammes quelques précisions indispensables :
– qui arrivera ? ma femme et moi ? tous les six ?
– par quel moyen de transport ? et donc, où arriverons-nous ? faut-il qu'on vienne nous chercher ?
– par contre, le plaisir de revoir l'ami va de soi, sinon nous ne viendrions pas...

Versions proposées :
ARRIVERONS AVEC ENFANTS SAMEDI CHEZ TOI VERS 17 HEURES AMITIÉS BERNARD.
ou bien : ATTENDRE FERNANDE ET MOI AÉROPORT COINTRIN SAMEDI 17 HEURES. MERCI BERNARD.

EX 8

DIRECTEUR COMMERCIAL PLUS INTERPRÈTE PLUS NEUF VISITEURS RUSSES VILLEURBANNE 16 FÉVRIER DÉJEUNERONT DÎNERONT.

► *LES ÉTAPES D'UNE ÉVOLUTION*

EX A

1. au stade. 2. niveaux. 3. degré. 4. paliers. 5. tranche. 6. phases. 7. le seuil. 8. étape. 9. cycles, périodes. 10. jalons.

EX B

1. Cette étape doit permettre... 2. Se déroule en deux temps. 3. Un jalon est un piquet (blanc et rouge) qui sert de repère : inutile de lui rajouter une pierre ! « Cette étape importante est à marquer... » 4. S'est élevé à un niveau jamais atteint. 5. Les trois phases essentielles de la réalisation d'un film sont... 6. Franchir une étape... 7. Le tableau fait apparaître le degré de... 8. D'atteindre le niveau. 9. Curieuse géométrie... Tracer les grandes lignes de son exposé, ou préciser (énumérer) les différents points de son exposé. 10. Jauger le niveau ou apprécier le degré de mécanisation.

INDEX

Les chiffres romains distinguent les deux tomes du manuel.
Les chiffres arabes, en caractère gras, renvoient aux chapitres, les autres aux pages.
Ces index concernent la pagination des 2 tomes.

LANGUE FRANÇAISE

FORMES ET TECHNIQUES DE L'EXPRESSION

THÈMES

AUTEURS CITÉS

Saisie et mise en page : ***SCM,*** Toulouse
Imprimé par : Normandie Roto Impression s.a.
à Lonrai (Orne)
Dépôt légal : septembre 1996
Collection n° 58 – Édition n° 961817